모세의 회고록

모세의 회고록

1판 1쇄 인쇄 2022년 5월 25일
1판 1쇄 발행 2022년 5월 30일

지은이 김서택
발행인 한동인
펴낸곳 (주)씨뿌리는사람

등록번호 제2006-4호
주　　소 경기도 이천시 경충대로 2096-4
　　　　　(서울사무소) T. 741-5181, 4　F. 744-1634

책값은 뒤표지에 있습니다.
ISBN 978-89-90342-57-7

Web　www.kclp.co.kr

"천국은 마치 사람이 자기 밭에 갖다 심은 겨자씨 한 알 같으니
이는 모든 씨보다 작은 것이로되 자란 후에는 나물보다 커서 나무가 되매
공중의 새들이 와서 그 가지에 깃들이느니라"(마 13:31-32)

공급처　기독교문사 도매부　T. 741-5181~3　F. 762-2234

모세의 회고록

김서택

씨뿌리는사람

PROLOGUE 프롤로그

　가장 유명한 회고록이라고 하면 윈스턴 처칠의 '회고록'이라고 볼 수 있을 것입니다. 사람들은 대개 과거를 회상해서 회고록을 남기기를 원합니다. 그래서 수많은 정치인이 회고록을 남겼고, 그 안에는 많은 정치 비사들이 나타나고 있는 것을 볼 수 있습니다.

　신명기는 모세가 광야에서 이스라엘 백성들과 함께 겪었던 것을 회고하며 앞으로의 가나안 시대를 내다보는 회고록이라고 볼 수 있습니다. 물론 모세 개인의 회고록은 출애굽기부터 시작해서 신명기에서 이스라엘 백성이 가나안 경계선까지 왔지만 불신앙으로 돌아선 데부터 이야기를 시작하고 있습니다.

　신명기(Deuteronomy)는 '두 번째 율법'이라는 뜻입니다. 하나님께서 시내 산에서 주신 말씀을 재확인하고 설명하면서 앞으로 이스라엘 백성이 영원히 복 받을 수 있는 비결이 하나님의 말씀 안에 있다는 것을 가르쳐주고 있습니다.

　늘 저의 부족한 설교집을 기꺼이 책으로 내주시는 한동인 사장님께 감사드립니다. 그리고 말씀의 동역자 된 대구동부교회 장로님들과 교인들에게 감사드립니다.

대구 수성교 옆에서
김서택 목사

CONTENTS 차례

프롤로그 04

01	지금까지 걸어온 길	신 1:1-18	09
02	가나안의 현실	신 1:19-46	19
03	가나안의 청사진	신 2:1-37	30
04	축복의 맛보기	신 3:1-29	41
05	이스라엘이 사는 길	신 4:1-9	52
06	시내 산 체험	신 4:10-22	64
07	소멸하는 불이신 하나님	신 4:23-40	75
08	가장 중요한 언약	신 5:1-15	87
09	하나님의 법도	신 5:16-33	97
10	복을 가지고 있는 자들	신 6:1-25	109
11	가나안 땅의 사명	신 7:1-26	121
12	광야를 통과하는 이유	신 8:1-20	132
13	하나님이 주신 기회	신 9:1-29	143
14	두 번째 돌비	신 10:1-22	155
15	하나님 백성의 재산	신 11:1-32	166
16	세상과 다른 예배	신 12:1-32	178
17	미신의 유혹	신 13:1-18	188

18	깨끗한 사람들	신 14:1-29	199
19	약한 자에 대한 사랑	신 15:1-23	210
20	구원의 축제	신 16:1-22	220
21	부정을 씻는 법	신 17:1-20	231
22	이스라엘의 힘	신 18:1-22	241
23	패자의 기회	신 19:1-21	250
24	전쟁의 규칙	신 20:1-20	261
25	사회적 순결	신 21:1-23	270
26	사랑이 있는 관계	신 22:1-30	281
27	하나님의 백성의 자격	신 23:1-25	292
28	약한 자의 문제	신 24:1-22	304
29	가치 있는 태도	신 25:1-19	317
30	목표를 이루었을 때	신 26:1-19	328
31	가나안의 맹세	신 27:1-26	339
32	축복의 인생	신 28:1-24	351
33	이스라엘의 아킬레스건	신 28:25-68	362
34	새 시대의 언약	신 29:1-29	373

35	돌이키시는 하나님	신 30:1-20	**384**
36	새 시대의 사명	신 31:1-30	**395**
37	이스라엘의 변심	신 32:1-25	**406**
38	세상의 열매	신 32:26-52	**419**
39	축복의 행진	신 33:1-25	**430**
40	이스라엘의 비전	신 33:26-34:12	**441**

01

지금까지 걸어온 길
신 1:1-18

우리가 높은 산에 올라갈 때 처음에는 도저히 올라갈 자신이 없지만 한걸음한걸음 올라가다 나중에 뒤돌아보면 산 아래가 새카맣게 보일 정도로 많이 올라오게 됩니다. 이와 마찬가지로 우리가 어떤 일을 처음 시작할 때는 도대체 내가 이 일을 어떻게 감당하나 자신이 없지만, 바른길을 찾아서 꾸준하게 해나가다 보면 어느 순간 진도가 많이 나가 있는 것을 보게 됩니다. 그래서 젊은이들에게는 자신이 걸어가야 할 바른길을 찾는 것이 아주 중요합니다. 그러나 우리에게 자기 길을 찾기가 쉽지 않고 오히려 그것은 불가능하다고 보아야 합니다. 우리가 가는 길은 세상에서 성공하는 길이 아니라 하나님께로 가는 축복의 길이기 때문입니다. 그래서 우리는 하나님께 가는 길을 찾아야 바른 자기 인생의 길을 찾기가 쉽습니다.

하나님은 이스라엘 백성에게 '젖과 꿀이 흐르는 땅'을 영원한 소유로 주시겠다고 약속하셨습니다. 사실 '젖과 꿀이 흐르는 땅'이라는 것은 그만큼 목축이 잘 되고 농사가 잘 되는 곳이라는 뜻입니다. 옛날에는 목축이 잘 되고 농사 그중에서도 과일 농사가 잘 되는 곳이 최고의 땅이었습니다. 목축이 잘 되니까 젖이 넘치게 되고 벌이 많으니까 과일 농사가 잘 되는 것입니다. 오늘 우리나라 사람들이 생각하는 행복은 전쟁이 없고 실업자가 없으며 젊은이들이 취직 잘 되는 것인데 그런 나라에 산다면 아무 걱정거리가 없을 것입니다.

하나님은 이스라엘 백성에게 '젖과 꿀이 흐르는 가나안 땅'을 그들에게 영원한 땅으로 주시겠다고 하셨습니다. 그런데 하나님은 그들에게 전쟁하는 법이나 무기를 사용하는 법을 가르쳐주시지 않고 오직 하나님 율법의 말씀을 다시 가르쳐주셨습니다. 그 이유는 가나안 땅을 차지하는 것은 이스라엘 백성의 능력이 아니라 하나님에 대한 믿음이기 때문입니다. 이스라엘 백성은 오직 하나님의 말씀에 순종하기만 하면 되는 것입니다.

1. 신명기의 말씀

신명기는 영어로 'Deuteronomy'라고 하는데 '두 번째 율법'이라는 뜻입니다. 원래 히브리어 성경에서 신명기는 [엘데 하데바림](말씀은 이러하니)으로 시작해서 유대인들이 이 책을 '훈계의 책'이라고 불렀습니다. 그런데 히브리어 성경을 그리스어로 번역한 칠십인역 성경은 본서 신명기 17:18에 나오는 "율법서의 등사본"이라는 말을 번역하기를 [듀테로노미온](70인역)이라고 하였는데, 영어 성경의 명칭은 바로 그 낱말을 딴 것이고, 우리말 성경 역시 이 영어 성경에서 유래된 것입니다. 신명기란 '율법의 반복'이란 뜻입니다. 즉 신명기는 모세가 시내 산에서 선포한 '출애굽기'나 '레위기'에 비교하면 두 번째 율법이 되는 것입니다.

이 신명기는 이스라엘 백성이 40년 광야 생활을 다 마치고 가나안 땅에 들어가기 전에 모압 평지에서 모세가 이스라엘 백성에게 가르친 하나님의 말씀입니다. 그런데 이 신명기가 얼마나 가치 있는 말씀인가 하면 예수님께서 이 신명기의 말씀을 너무나도 사랑하셔서 구약성경 중에서 가장 많이 인용하신 것을 볼 수 있습니다.

하나님께서는 이제 가나안 땅에 들어가서 가나안 족속들과 전쟁을 해야 하는 이스라엘 백성에게 전쟁에 대해서는 아무것도 가르쳐주시지 않고 오직 그들이 지켜야 할 하나님의 말씀만 가르쳐주셨습니다. 하나님께서 그렇게 하신 이유는 이스라엘 백성이 가나안 땅을 차지하는 것은 이스라엘 백성의 능력에 달린 것이 아니기 때문입니다. 그것은 하나님께서 하실 일이고 이스라엘 백성은 하나님의 말씀만 지키면 되는 것입니다. 오늘도 우리를 축복하시는 분은 하나님이십니다. 우리는 하나님의 말씀만 붙들고 가면 우리가 어디에 있든지 젖과 꿀이 흐르는 축복의 땅을 차지할 수 있습니다.

하나님께서는 이스라엘 백성이 가나안 땅에 들어가기 전에 이 신명기의 강력한 말씀을 주셨습니다. 가나안 땅은 우상숭배와 음란과 죄가 들끓는 곳이었기 때문입니다. 이스라엘 백성이 가나안 땅을 차지할 수 있는 것은 지식이나 기술이 아니라 말씀의 능력이 필요했기 때문입니다. 그래서 하나님은 그들이 가나안 땅에서 죄를 이길 수 있도록 강력한 말씀을 주셨던 것입니다. 즉 우리도 복을 받는 것이 중요하지만, 복을 받은 후에 부패하지 않고 성령 충만하고 능력 충만해서 부패하지 않는 것이 더 중요하다는 것입니다.

예수님은 너희는 뱀 같이 지혜롭고 비둘기 같이 순결하라고 하셨습니다(마 10:16). 우리가 이 세상을 이길 힘은 강력한 믿음과 지혜입니다. 그러면 우리가 어느 곳에 있든지 그곳을 젖과 꿀이 흐르는 땅으로 만들 수 있습니다.

2. 모압 광야에 오기까지

신명기는 먼저 이스라엘 백성이 모압 광야에 오기까지의 과거의 여정을 모세가 회상하는 것으로 되어 있습니다.

1:1-3, "이는 모세가 요단 저쪽 숩 맞은편의 아라바 광야 곧 바란과 도벨과 라반과 하세롯과 디사합 사이에서 이스라엘 무리에게 선포한 말씀이니라 호렙 산에서 세일 산을 지나 가데스 바네아까지 열 하룻길이었더라 마흔째 해 열한째 달 그 달 첫째 날에 모세가 이스라엘 자손에게 여호와께서 그들을 위하여 자기에게 주신 명령을 다 알렸으나"

지금까지 이스라엘 백성은 긴 광야 생활을 청산하고 이제는 본격적으로 가나안 땅으로 들어가기 직전에 요단 건너편에 모여 있습니다. 이스라엘 백성은 원래 계획대로 했더라면 사십일만에 애굽에서 가데스바네아까지 올 수 있었습니다. 그런데 그들은 무려 사십 년이나 걸려서 요단 동쪽 땅에 오게 되었습니다. 왜 이스라엘 백성은 사십일이면 갈 수 있는 길을 사십 년에 걸려서 가야만 했을까요? 그것은 그들이 하나님 말씀의 능력을 믿지 못했기 때문입니다.

이스라엘 백성은 사십 년 전에 각 지파 대표를 뽑아서 자기들이 들어갈 가나안 땅을 정탐하게 했습니다. 그때 지파 대표들이 가나안 땅을 보니까 정말 좋은 땅인 것은 틀림없었습니다. 그러나 그들은 가나안 땅에 강한 백성이 버티고 있는 것을 보고서는 지레 겁을 집어먹고 우리는 가나안 땅을 차지하지 못한다고 악선전을 했던 것입니다. 그래서 이스라엘 백성은 하나님의 능력을 불신하고 애굽으로 다시 돌아가려고 하는 바람에 결국 그들은 광야에서 사십 년을 돌아다니게 됩니다.

이때 그들의 불신앙을 보신 하나님께서 애굽 땅을 나온 사람 중에서 단 두 사람을 제외하고는 가나안 땅을 밟지 못할 것이라고 맹세하셨습니다. 애굽을 나올 때 숫자에 포함되었던 이스라엘 백성은 60만 명이었는데 그중에 가나안 땅에 들어갈 수 있는 사람은 단 두 사람 여호수아와 갈렙뿐이었습니다. 그리고 그 나머지 사람들은 모두 광야에서 돌아다니면서 죽어야 했습니다. 결국 애굽을 떠난 사람은 육십만 명이었지만 약속의 땅에 들어갈 수 있는 사람은 단 두 명뿐이었습니다. 우리가 이것을 보면 끝까지 하나님의 말씀을 믿고 가는 것이 얼마나 어려운 일인지 알 수 있습니다. 이 세상에서 돈을 벌고 출세하는 것이 어렵다고 말을 하는데 실제로 어려운 것은 끝까지 하나님 말씀의 능력을 믿고 하나님의 말씀을 따라가는 것입니다.

실제로 이스라엘 백성 중에서 출애굽한 세대는 하나님의 능력을 가장 많이 체험한 세대입니다. 즉 모세의 지도하에 애굽을 나온 이스라엘 백성은 애굽에서 열 가지 재앙이 임하는 것을 보았고, 홍해가 갈라지는 것을 직접 보고 바다를 육지처럼 건넌 자들이었습니다. 아마 체험적인 신앙을 가지고 말한다면 출애굽을 한 세대가 최고의 체험을 했을 것입니다. 그러나 이렇게 많은 신앙 체험을 한 그들이 하나님의 능력을 믿지 않고 자기들의 생각과 맞지 않기만 하면 모세와 하나님을 원망했던 것입니다. 그래서 하나님은 출애굽한 세대 사람들은 여호수아와 갈렙 두 사람을 제외하고는 절대로 가나안 땅을 밟을 수 없게 하겠다고 말씀하셨습니다. 그래서 그들은 사십 년을 광야에서 돌면서 다 죽었던 것입니다.

그리고 이제 남아있는 사람들은 광야에서 태어난 2세들이었습니다. 이들은 모세의 열 가지 재앙을 경험하지 못했습니다. 또 홍해가 멋있게 갈라지면서 뒤에서 추격하던 애굽 군인들이 모두 물에 빠져 죽는 기적도 보지 못했습니다. 그러나 이 후에 태어난 사람들은 하나님의 말씀을 믿었습니다. 그래서 하나님께서는 이 광야에서 태어난 2세들을 사랑하셔서 하나님의 능력으로 가나안 땅을 정복하게 하셨습니다. 그래서 하나님 앞에서 중요한 것은 그 사람의 똑똑한 것이나 지식이나 체험이 아니라 하나님의 말씀을 믿느냐 믿지 않느냐 하는 것입니다.

이스라엘 백성이 사십 년 동안 광야를 빙빙 돌다가 결국 제자리에 오면서 깨달은 것은 '하나님이 우리보다 똑똑하시며 능력이 많으시다' 는 것이었습니다. 그들은 하나님 앞에서 입이 다물어지는데 무려 사십 년의 시간이 걸렸습니다. 우리도 하나님의 말씀이 없으면 한 걸음도 앞으로 나갈 수 없다는 사실을 알아야 합니다. 우리가 제아무리 똑똑하고 많은 계획을 세워서 앞으로 나가보려고 몸부림을 쳐도 하나님의 말씀이 없으면 실컷 고생한 후에 돌아보면 역시 제자리걸음입니다. 하나님은 하나님의 말씀을 인정하지 않고 사사건건 불평하는 자들을 사십 년 동안 광야에서 돌리시는 것입니다. 그러면 그들은 한평생 고생만 실컷 하고 아무것도 건지는 것이 없게 됩니다.

3. 이스라엘 백성의 체험

이스라엘 백성은 가나안 땅에 들어가기 전에 요단강 동쪽에 있는 가나안 족속들을 쳐서 정복하게 되었습니다. 이것은 하나님께서 앞으로 가나안 땅을 어떻게 정복할 것인지 보여주는 본보기였습니다.

1:4, "그 때는 모세가 헤스본에 거주하는 아모리 왕 시혼을 쳐죽이고 에드레이에서 아스다롯에 거주하는 바산 왕 옥을 쳐죽인 후라"

사실 과학자들이 이론을 가지고 씨름을 많이 하는데 이론이 입증되려고 하면 실험실에서 그것이 검증되어야 합니다. 그런데 만일 실험실에서 검증되고 실용화까지 된다면 이것은 벤처 산업의 기반이 되어 어마어마한 돈을 벌게 됩니다. 그래서 우리에게는 작은 기도의 체험이야말로 엄청난 사탄의 세력을 이기는 능력이 되는 것입니다.

이스라엘 백성은 가나안 땅에 들어가기 전에 이미 요단강 동쪽에 있는 헤스본에 거주하는 아모리 왕 시혼과 바산 왕 옥과 전쟁을 했습니다. 이 두 왕 모두 거인이었고 이 족속은 엄청나게 강했습니다. 그런데 이스라엘 백성이 하나님의 말씀을 의지하고 용감하게 나가서 싸우니까 이 두 왕을 이기고 그들의 성을 모두 다 차지할 수 있었습니다. 이것은 하나님께서 이스라엘 백성에게 미리 보여주신 '표본이요 본보기'였습니다. 즉 하나님께서는 이스라엘 백성에게 너희들의 적이 아무리 강하고 너희들이 힘이 없고 전쟁 경험이 없어도 하나님만 믿고 나가면 승리를 주시겠다는 뜻입니다. 이것은 오늘도 마찬가지입니다.

아무리 이 세상에 경쟁이 치열하고 우리가 설 땅이 없다 하더라도 믿음으로 나가서 최선을 다해서 싸우면 우리가 살 곳이 생기게 되어 있습니다. 그러나 만일 우리가 이 세상 현실을 두려워하고 벌벌 떨고 있으면 오도 가도 못 하는 신세가 되고 마는 것입니다. 우리는 죄와 불의가 들끓고 있는 세상 속으로 파고 들어가서 믿음으로 이길 때 우리의 기업이 생기고 우리의 땅이 생기게 되는 것입니다. 이 강한 적과 싸워 이길 방법은 오직 기도하고 하나님의 말씀을 믿고 순종하는 수밖에 없습니다.

하나님께서는 이스라엘 자손들이 헤스본 왕과 바산 왕을 정복하는 과정에서 두 가지 원칙을 보여주셨습니다. 그 하나는 이 악한 사람들을 불쌍히 여기지 말라는 것입니다. 하나님은 이스라엘 백성에게 가나안 땅을 철저하게 정복해야만 할 것을 명령했습니다. 그러나 사실 이스라엘 백성이 가나안 사람들을 살려놓으면 너무나도 유익한 것이 많았을 것입니다. 가나안 사람들은 농사를 짓는데 전문가들이었고 문화적으로도 배울 것이 많았기 때문입니다. 그러나 옛날에는 농사짓는 것에도 모두 미신이 있었고 문화 안에도 타락한 죄악이 있었습니다. 그래서 하나님은 이스라엘 백성에게 가나안 사람들로부터 일절 무엇을 배우지 못하게 명령하셨습니다.

하나님께서 이스라엘 백성에게 요구하신 것은 가나안 땅에서 철저하게 밑바닥에서부터 다시 출발하라는 것이었습니다. 하나님은 그들에게 아무리 시간이 오래 걸리고 시행착오를 하더라도 가나안 사람들의 도움을 받지 말고 완전히 자기들의 것을 가지고 새 출발을 하라는 명령이었습니다. 그래서 하나님께서는 이스라엘 백성에게 아예 가나안 땅에서 삼 년 동안은 농사를 지어도 그 식물을 먹지 말라고 하셨습니다. 즉 아예 삼 년 정도는 망칠 생각을 하라는 뜻이었습니다.

또 다른 하나는 하나님께서는 이스라엘 백성이 죄에 대해서는 단호하기를 원하셨습니다. 하나님께서 가나안 족속들을 모두 멸하라고 하셨습니다. 물론 이것을 우리가 오늘날 다른 사람에게 함부로 적용할 수는 없습니다. 그럼에도 불구하고 이 명령은 우리가 죄에 대해서는 철저하게 단호해야 할 것을 보여줍니다. 우리는 죄인이기 때문에 죄에 대하여 동정적이기 쉽습니다. 그러나 회개하지 않는 자에게는 관대하지 말고 단호해야 죄의 확산을 막을 수 있습니다. 의사들은 암세포에 대해서는 단호하게 잘라내는데 건강한 세포까지도 죽여가면서 암세포를 죽입니다. 그래야만 환자를 살릴 수 있기 때문입니다. 우리는 죄에 있어서는 단호하게 잘라내야 우리도 살고 다른 사람도 살릴 수 있습니다.

그리고 나서 하나님은 드디어 이스라엘 자손에게 가나안 땅으로 들어가서 하나님께서 사백 년 전에 아브라함에게 약속하셨던 축복의 땅을 차지하라고 명령하십니다.

1:5-8, "모세가 요단 저쪽 모압 땅에서 이 율법을 설명하기 시작하였더라 일렀으되 우리 하나님 여호와께서 호렙 산에서 우리에게 말씀하여

이르시기를 너희가 이 산에 거주한 지 오래니 방향을 돌려 행진하여 아모리 족속의 산지로 가고 그 근방 곳곳으로 가고 아라바와 산지와 평지와 네겝과 해변과 가나안 족속의 땅과 레바논과 큰 강 유브라데까지 가라 내가 너희의 조상 아브라함과 이삭과 야곱에게 맹세하여 그들과 그들의 후손에게 주리라 한 땅이 너희 앞에 있으니 들어가서 그 땅을 차지할지니라"

사람들은 무슨 약속을 했다가도 시간이 오래 지나면 흐지부지해지는 경우가 많이 있습니다. 우리나라 법에는 '시효(時效)'라는 것이 있어서 외상값이나 부채도 어느 정도 시간이 지나면 갚지 않아도 되고 심지어는 살인을 했다 하더라도 시효가 지나면 처벌을 할 수 없도록 되어 있습니다. 그러나 하나님 앞에서는 시효라는 것이 없습니다. 우리가 언제든지 하나님의 말씀을 믿고 그대로 하기만 하면 하나님의 복은 효력을 나타내게 됩니다. 그래서 사실 우리가 가지고 있는 이 성경은 하나님 축복의 보물 지도와 같습니다. 우리가 언제든지 이 안에 있는 하나님의 말씀을 파내기만 하면 능력이 나타나기 때문입니다.

사실 이스라엘 백성이 자신을 스스로 볼 때는 너무나도 자신의 처지가 막연했습니다. 그들은 무려 사십 년 동안 십 노 없이 낭도 없이 광야만 돌아다니고 있었습니다. 그러나 이스라엘 백성에게는 위대한 약속이 있었습니다. 그래서 이스라엘 자손은 겉으로 보기에는 이 세상에서 가장 불쌍하고 가난한 자들이었지만 실제로는 가장 부요하고 가장 축복받은 민족이었습니다.

이것은 오늘 우리도 마찬가지입니다. 오늘 우리 중에 많은 분은 정말 힘들게 하루하루를 살아가는 분들이 계실 것입니다. 그러나 우리에게는 무지무지한 축복의 약속이 있습니다. 그것은 바로 우리가 하나님의 말씀을 믿기만 하면 하늘에서 한없는 복을 주시겠다는 것입니다.

모세는 이백만 명이나 되는 이스라엘 백성을 바로 가나안 땅으로 데리고 들어가지 않고 광야에서 하나님의 말씀으로 가르쳤습니다. 이것은 하나님이 이스라엘 백성 자체를 보석으로 만드는 기간이었습니다. 우리가 이 세상에 가지는 복들은 우리 자신을 가치 있게 만들지 못합니다. 단지 사는 것을 편하게 할 뿐입니다. 그러나 하나님의 말씀은 우리 자신을 하나님 앞에서 가장 가치 있는 보석이 되게 합니다. 우리는 지금 하나님의 말씀으로 모두 가치를 따질 수 없는 보석으로 만들어지고 있습니다. 우리는 모두 하나님의 손에 붙들렸고 하나님의 손에 붙들린 이상 최고의 보석이 될 수밖에 없습니다.

　　오늘도 우리에게 축복의 미래가 있으려고 하면 보석과 같은 젊은 이들을 만들어내야 합니다. 이것은 다른 것으로는 할 수 없고 오직 하나님의 말씀만이 할 수 있는 것입니다. 우리는 모두 처음에는 잡석으로 들어왔지만 하나님 말씀의 용광로에서 모두 보석으로 변화되었습니다.

　　오늘 본문 말씀은 하나님께서 이스라엘 백성이 가나안 땅으로 들어가기 전에 다시 한번 진리로 무장시키신 내용입니다. 우리가 하나님의 진리로 무장되기만 하면 마귀의 어떤 시험도 이기고 이 척박한 세상을 젖과 꿀이 흐르는 축복의 땅으로 바꿀 수 있습니다. 우리가 다시 한번 하나님의 위대한 약속의 말씀을 붙들고 더 이상 이 세상에서 패배자가 아니라 승리자로 세워질 수 있기를 바랍니다.

02

가나안의 현실
신 1:19-46

이스라엘 백성은 하나님의 열 가지 재앙으로 애굽을 누르고 당당하게 애굽을 탈출했습니다. 또 그들은 앞에 홍해가 가로놓여 있을 때 하나님의 능력으로 홍해를 갈라서 육지처럼 건넜고 추격하던 애굽 왕과 군대는 다 바다에 빠져 죽었습니다. 이때 이 세상에서 이스라엘 백성보다 더 능력 있는 백성은 없는 것 같았고 그들은 무엇을 하더라도 성공할 수 있을 것 같았습니다. 그리고 이스라엘 백성은 불타는 광야를 건너서 드디어 가나안 땅 입구까지 오게 되었습니다.

그런데 이스라엘 백성이 막상 가나안 땅에 들어가 보려고 정탐을 해보니까 가나안의 현실은 그들의 생각과는 너무나도 달랐습니다. 가나안 사람들은 모두 장대했고 성은 튼튼했으며 성벽도 아주 높았습니다. 또한 거기에는 거인족이 살고 있었습니다. 이스라엘 백성은 이 가나안의 현실 앞에 갑자기 모든 자신감을 다 잃어버려서 자기들의 힘으로는 절대로 가나안 땅을 차지하지 못한다고 하면서 뒤로 물러서고 말았습니다. 우리가 여기서 이해되지 않는 것이 있습니다. 열 가지 재앙과 홍해를 가르는 능력으로 애굽을 떠난 이스라엘 백성이 왜 가나안의 현실 앞에서는 그렇게 어이없이 좌절하고 말았을까 하는 것입니다.

그런데 실제로 우리도 이 세상 현실 가운데서 절망하고 좌절을 겪을 때가 너무나도 많습니다. 우리가 이 세상에서도 승리하기 위해서 필요한 것은 도대체 무엇일까요? 도대체 어떻게 하면 우리가 하나님 앞에서 받은 은혜로 공부나 사업이나 직장생활에서 성공할 수 있을까요? 이것이 오늘 우리가 풀어야 할 숙제입니다.

1. 가나안 입구까지 온 이스라엘

1:19, "우리 하나님 여호와께서 우리에게 명령하신 대로 우리가 호렙 산을 떠나 너희가 보았던 그 크고 두려운 광야를 지나 아모리 족속의 산지 길로 가데스 바네아에 이른 때에"

이스라엘 백성은 애굽을 떠난 지 일 년 만에 가나안 땅의 입구인 가데스 바네아까지 오게 되었습니다. 본문에 보면, 이스라엘 백성이 "크고 두려운 광야를 지나" 가데스 바네아까지 오게 되었다고 했습니다. 즉 그들이 애굽을 떠난 후 가나안 입구까지 오기 위해서 통과한 길은 그야말로 혹독한 더위와 시련이 있는 길이었던 것입니다. 그렇게 그들은 일 년에 걸쳐서 가나안 남부 지역까지 오게 되었습니다.

원래 그들은 애굽을 떠난 후에 사십일 정도면 가나안 남부까지 올 수 있었지만 중간에 시내 산에서 율법을 받고 성막을 짓느라고 일 년을 시내 산 밑에서 체류하게 되었습니다. 거기서 이스라엘 백성은 출애굽기의 일부 말씀과 레위기의 말씀을 받게 됩니다. 그리고 그들은 열 하룻길을 걸어서 가데스 바네아까지 오게 되었습니다.

지금 이스라엘 백성의 위상은 그냥 애굽을 떠난 백성이 아니라 하나님의 율법을 받은 백성이고 성막을 가진 백성이 되었습니다. 이스라엘 백성이 시내 산에서 하나님의 말씀을 들을 때 그 하나님의 음성이 얼마나 크고 두려운지 시내 산 전체가 진동하는 것을 체험했습니다. 그리고 하나님의 말씀을 돌비로 받아서 지금 간직하고 있었고, 모두 '크고 두려운 광야'를 통과해서 가나안 입구까지 오게 되었던 것입니다. 이스라엘 백성은 이 무서운 광야를 통과하면서 단 한 명도 죽지 않고 모두 무사히 이곳까지 오게 되었습니다.

　이것이 의미하는 것이 무엇입니까? 이것은 지금까지 하나님께서 이스라엘 백성과 함께하셨듯이 앞으로도 함께 하실 것이므로 아무것도 두려워하지 말라는 뜻이었습니다. 이스라엘 백성은 아무도 살아서 나오지 못하는 애굽을 나왔고, 아무도 건널 수 없는 홍해를 걸어서 건넜고, 그 무섭고 뜨거운 광야를 통과했습니다. 그들은 광야에서 일 년 동안 하나님이 주시는 힘으로 사는 데 성공했습니다. 그런데 이스라엘 백성은 가나안의 현실 앞에서 주저앉고 말았습니다. 이것을 보면 우리가 이 세상 현실 가운데서 승리한다는 것이 얼마나 어려운 일인지 알 수 있습니다.

　모세는 가나안 입구까지 온 이스라엘 백성을 다시 하나님의 말씀으로 격려했습니다.

> 1:20-21, "내가 너희에게 이르기를 우리 하나님 여호와께서 우리에게 주신 아모리 족속의 산지에 너희가 이르렀나니 너희의 하나님 여호와께서 이 땅을 너희 앞에 두셨은즉 너희 조상의 하나님 여호와께서 너희에게 이르신 대로 올라가서 차지하라 두려워하지 말라 주저하지 말라 한즉"

　여기에 보면 "너희의 하나님 여호와께서 이 땅을 너희 앞에 두셨다"고 말씀하고 있습니다. 여기서 '두셨다'는 것은 '준비해 놓으셨다' 혹은 '차려 놓으셨다' 는 뜻입니다. 즉 너희들은 하나님께서 준비해 놓으신 잔치에 들어가서 마음껏 먹으면 된다는 뜻입니다.

그러나 이스라엘 백성은 이 결정적인 순간에 뒤로 물러서 버렸습니다. 그 이유가 무엇입니까? 그것은 가나안의 엄청난 현실 앞에서 기가 죽어버렸기 때문입니다. 그들은 가나안 땅이 주인도 없는 빈 땅인 줄 알고 그냥 들어가서 차지하기만 하면 되는 줄 알았는데 그것이 아니었습니다. 가나안 땅에는 엄청난 키나 체력을 가진 사람들이 살고 있어서 그들과 싸워서 그들을 물리쳐야만 했던 것입니다.

결국 가나안의 축복은 그냥 공짜로 주어지는 것이 아니라 이 세상 사람들과 실력으로 겨루어서 이겨야 했던 것입니다. 그런데 가나안 사람들은 어려서부터 세상 실력으로 훈련된 사람들이지만 이스라엘 백성은 노예로 한평생 지냈기 때문에 그런 실력이 전혀 없었습니다. 다른 것은 하루 이틀에 될 수 있을지 몰라도 실력이라는 것은 단 시간에 만들어지는 것이 아닙니다. 여기서 그들은 갑자기 자신감을 잃고 말았습니다.

여기서 이스라엘 백성이 생각하지 못한 것이 무엇일까요? 그것은 하나님께서는 이스라엘 백성의 실력이 가나안 사람들보다 절대적으로 부족하다는 것을 알고 데리고 오셨다는 것입니다. 하나님은 결코 이스라엘 백성의 사정을 모르는 분이 아닙니다. 그럼에도 불구하고 하나님께서 그들을 가나안 입구까지 데리고 오신 것은 하나님은 아주 빨리 그들을 훈련할 비법을 알고 계시기 때문입니다. 우리가 하나님을 믿고 하나님의 은혜를 받았다고 해서 절대로 이 세상에서 공짜로 성공할 수 있는 것은 아닙니다. 이 세상에서 성공하려고 하면 이 세상 사람들이 훈련받는 것을 전부 다 받을 각오가 되어 있어야 합니다. 그렇지만 우리가 하나님을 절대적으로 믿고 순종할 때 하나님은 우리를 밑바닥에서부터 철저하게 훈련시켜 결국은 세상 사람들을 이길 수 있도록 해주시는 것입니다.

그러나 이스라엘 백성은 지금 이 상태로 가나안 사람들을 이겨야 하는 줄 알고 그만 뒤로 물러서고 말았습니다. 즉 하나님께서 이스라엘 백성에게 주시는 땅은 전혀 실패도 없고 어려움도 없는 가나안 땅이 아니라, 위험도 있고 실패도 있을 수 있지만 철저하게 하나님을 믿으면 결국에는 승리할 수 있는 땅이었습니다. 그런데 이스라엘 백성이 결정적으로 흔들렸던 것은 하나님이 자신들을 가나안과 싸워서 이길 수 있도록 충분히 준비시켜주실 수 있다는 것을 믿지 못했기 때문입니다. 결국 이스라엘 백성이 애굽을 떠나서 저 두려운 광야를 무사히 건너서는 가나안의 현실 앞에서 주저앉고 말았던 것입니다. 안타까운 일입니다.

2. 가나안 땅의 정탐

이스라엘 백성은 가나안 땅에 바로 들어가기보다는 일단 가나안 땅을 한번 알아보고 난 후에 들어가는 것이 좋을 것 같다고 생각했습니다.

> 1:22, "너희가 다 내 앞으로 나아와 말하기를 우리가 사람을 우리보다 먼저 보내어 우리를 위하여 그 땅을 정탐하고 어느 길로 올라가야 할 것과 어느 성읍으로 들어가야 할 것을 우리에게 알리게 하자 하기에"

그래서 모세에게 우리가 무턱대고 가나안 땅으로 진격하는 것보다는 길도 좀 알아보고 성읍도 좀 알아보자고 했습니다. 이것은 반드시 나쁘다고는 볼 수 없습니다. 사실 우리가 어떤 일을 할 때 너무 무모하게 덤벼드는 것보다는 여러 가지 사정을 잘 알아보고 난 후에 행동에 옮기는 것은 지혜롭다고 할 수 있습니다. 그러나 사실 이스라엘 백성은 이렇게 가나안 땅을 정탐했기 때문에 큰 시험에 들게 되었습니다. 그 이유가 어디에 있을까요? 그것은 그들의 신앙이 너무나도 어렸기 때문입니다.

사람이 어느 정도 성숙했을 때는 전혀 모르고 부딪치는 것보다는 내용이 어떻게 되는지 알고 부딪치는 편이 훨씬 낫습니다. 예를 들어서 어른이 큰 수술을 받게 되었을 때 담당 의사로부터 수술이 어떻게 진행될지 설명을 듣고 수술을 받으면 충분히 마음의 준비를 할 수 있어서 더 잘 견딜 수 있을 것입니다. 그러나 만약 어린아이가 수술을 받으려고 할 때 어린아이에게 모든 수술 과정을 상세하게 설명하면 그 아이는 너무 겁을 집어 먹어버려서 오히려 수술이 더 어려워질 수 있습니다. 이럴 때 모든 것은 부모가 책임을 지고 아이는 차라리 모르는 상태에서 수술받는 것이 훨씬 나을 수 있습니다. 이와 마찬가지로 이때 이스라엘 백성의 신앙으로는 그 땅을 정탐하지 않는 편이 더 나을 뻔했습니다. 왜냐하면 그들은 가나안 땅을 정탐했으므로 더 하나님을 불신하고 자신감을 상실하게 되었기 때문입니다.

모세는 이스라엘 열두 지파에서 한 사람씩 대표를 뽑아서 가나안 땅에 정탐을 보내었습니다. 이 열두 사람은 사십일 동안 가나안 여러 지역을 돌아다니면서 지형과 성읍도 보고 사람들도 살펴보고 돌아왔습니다. 이 사람들은 돌아오면서 에스골 골짜기의 포도 한 송이를 가져왔는데, 그 포도 한 송이가 얼마나 큰지 두 사람이 작대기에 한 송이를 꿰어 메고 왔습니다(민 13:23). 이 정탐꾼들은 모세와 이스라엘 백성에게 자기들이 본 것을 보고하면서 그냥 보고만 한 것이 아니라 그들을 선동했습니다.

1:28, "우리가 어디로 가랴 우리의 형제들이 우리를 낙심하게 하여 말하기를 그 백성은 우리보다 장대하며 그 성읍들은 크고 성곽은 하늘에 닿았으며 우리가 또 거기서 아낙 자손을 보았노라 하는도다 하기로"

사실 가나안 땅의 정탐꾼들이 본 것은 사실이었습니다. 실제로 가나안 사람들은 이스라엘 사람들보다 장대했고 또 성읍은 크고 튼튼했으며 거인족인 아낙 자손이 살고 있었습니다. 그러나 중요한 것은 믿음입니다. 사실이 이러이러한데 우리는 어떻게 해야 하느냐 하는 것입니다. 적어도 이스라엘 대표들이라면 사실은 이러이러하지만 우리는 하나님의 말씀을 믿어야 한다고 보고했어야 합니다. '형제들이여, 가나안 땅은 좋지만 가나안을 차지하는 것은 결코 쉬운 일은 아닌 것 같습니다. 어쩌면 우리 힘으로는 불가능할지도 모르겠습니다. 그러나 우리는 한번 끝까지 하나님을 믿어 봅시다!' 라고 말을 했어야 합니다. 어떤 의미에서 오늘의 현실을 분석하고 판단하는 것은 신앙 없는 사람들이 훨씬 더 잘하고 정확할 수 있습니다. 그러나 중요한 것은 현실을 파악하고 분석하는 것이 아니라 이것을 어떤 눈으로 받아들이느냐 하는 것입니다. 결국 그것은 그 사람의 믿음입니다.

사실 우리 예수 믿는 사람들이 가장 위험한 것은 현실을 현실로 제대로 인정하지 않고 자기 혼자 생각에 도취해 모든 것을 하려고 덤벼드는 것입니다. 그러면 그 사람은 반드시 실패할 수밖에 없습니다. 그래서 우리 믿는 사람은 할 수 있는 한 현실을 객관적으로 보고 이해하는 것이 중요합니다. 그러나 더 중요한 것은 그 현실이나 현실적인 판단이 아니라 그것을 받아들이는 믿음의 눈입니다.

우리가 현실적인 어려움에 부딪히면 마음속에 신앙적인 생각과 불신앙적인 생각이 함께 일어나게 됩니다. 그때 우리는 생각이 떠오르는 대로 이리 휘청 저리 휘청해서는 안 됩니다. 우리는 믿음의 생각으로 불신앙의 생각을 눌러야 합니다. 그래서 야고보 사도는 바람에 밀려 요동하는 바다 물결같이 흔들리는 사람은 아무것도 얻지 못한다고 권면했습니다(약 1:6). 우리의 믿음은 무엇인가 대단한 것을 해내는 것이 아닙니다. 우리의 믿음은 마음에 일어나는 불신앙적인 생각을 누르고 하나님의 능력을 믿는 것입니다.

그런데 이스라엘 백성에게는 고질적인 병이 하나 있었습니다. 그것은 무엇인가 어려움이 하나라도 생기기만 하면 하나님께서 우리를 여기서 죽이려고 한다는 의심병이었습니다.

1:27, "장막 중에서 원망하여 이르기를 여호와께서 우리를 미워하시므로 아모리 족속의 손에 넘겨 멸하시려고 우리를 애굽 땅에서 인도하여 내셨도다"

사실 우리가 상식적으로 생각해봐도 하나님께서 이스라엘 백성을 이 고생하게 하시면서 이 먼 곳까지 데리고 와서 죽이실 이유가 없습니다. 하나님께서 우리를 산전수전 다 겪게 하시면서 여기까지 데리고 오신 것은 어마어마한 큰 복을 주시기 위함입니다. 그런데 그들은 하나님도 자기들과 같은 줄로 생각했습니다. 이스라엘 백성은 하나님께 대해서도 무조건 따지고 공격해야 자기들이 똑똑해지는 것으로 생각했습니다.

사실 하나님을 믿고 하라고 하는 대로 하는 사람을 보면 너무나도 미련하고 어리석게 보이는 것입니다. 그러나 그 미련하고 어리석은 사람들이 실제로는 훈련이 되어서 그런 것입니다. 이스라엘 백성은 우리가 무턱대고 하나님을 믿을 정도로는 어리석지 않다는 식으로 하나님을 향해 따졌습니다. 그러나 하나님은 우리가 하는 말을 모두 듣고 계십니다. 그래서 우리의 입에서 불신앙적인 원망이 터져 나올 때 하나님은 마음에 깊은 상처를 입으십니다. 그러나 우리 입에서 믿음의 말이 흘러나올 때 하나님은 정말 기뻐하십니다. 이런 믿음의 소리가 우리 입에서 나와야 합니다.

모세가 이스라엘 백성을 하나님의 말씀으로 격려했습니다. 모세는 이스라엘 백성에게 하나님은 애굽에서 능력을 행하셨듯이 가나안 땅에서도 능력을 행하실 수 있다고 강조했습니다. 모세는 그들에게 하나님께서는 광야에서 너희를 안아서 데려오셨고 앞으로도 그렇게 하실 것이라고 격려했습니다. 하나님은 과거에만 우리를 인도하신 분이 아니라 앞으로도 능히 도우시는 분이십니다. 하나님은 앞으로도 기적을 행하시고 끝까지 우리를 책임지시는 분이십니다. 우리가 끝까지 하나님을 의지한다면 하나님은 우리 모두에게 가나안의 복을 주시는 것을 믿어야 합니다.

3. 실패한 이스라엘

하나님께서 아무리 귀한 축복을 준비하셨더라도 믿음으로 받아들이지 않는 사람은 그 복을 빼앗기게 되어 있습니다. 하나님께서는 자기 생각만 가지고 하나님의 말씀대로 안 된다고 불평하는 자들에게는 그 복을 빼앗아 다른 사람에게 줘버리십니다.

하나님께서는 출애굽의 기적을 체험했고 시내 산에서 말씀의 복을 받았으며 가나안 땅 입구까지 온 이스라엘 백성을 모두 버리시기로 결정하셨습니다.

> 1:34-35, "여호와께서 너희의 말소리를 들으시고 노하사 맹세하여 이르시되 이 악한 세대 사람들 중에는 내가 그들의 조상에게 주기로 맹세한 좋은 땅을 볼 자가 하나도 없으리라"

원래 출애굽한 이스라엘 세대는 가장 많은 자격을 갖춘 자들이었습니다. 이들은 모두 할례를 받은 자들이고 열 가지 기적을 체험했으며 홍해를 걸어서 건넌 자들입니다. 그리고 이들은 모두 시내 산에서 하나님 율법의 의식을 체험한 사람들이었습니다. 이스라엘 백성으로서 모든 자격을 다 갖춘 자들이었습니다. 그러나 이들에게 딱 한 가지 부족한 것이 있었는데 그것은 위기 가운데 하나님께 감사하지 않고 원망하고 불평했다는 것입니다. 하나님은 아무리 훌륭하고 자격을 잘 갖춘 자라 하더라도 원망하고 불평하는 자에게는 은혜를 주시지 않습니다.

이스라엘 백성이 출애굽할 때 20세 이상 된 남자들이 60만 명이었는데 그중에서 가나안 땅을 밟을 수 있는 사람은 여호수아와 갈렙, 단 두 사람뿐이었습니다. 이 두 사람은 가나안 현실의 두려움 앞에서 굴복하지 아니하고 또 다른 동료들의 불평에 흔들리지 않고 끝까지 하나님을 의지했습니다. 특히 하나님은 갈렙에게 그가 밟은 땅은 모두 다 차지하는 복을 받게 될 것이라고 하셨습니다(36절). 믿음이 얼마나 좋은 것입니까? 발로 밟기만 하면 하나님께서 다 주십니다. 그러나 원망하고 불평하면 밟기는 실컷 밟았는데 차지하기는 다른 사람이 차지하게 됩니다.

하나님께서는 이 불신앙의 정탐꾼들이 가나안 땅을 정탐한 기간이 40일이었는데 하루를 일 년으로 쳐서 40년을 광야에서 돌 것이라고 말씀하셨습니다. 결국 하나님을 끝까지 의지하지 않던 사람들은 살아있는 내내 광야를 돌아다니다가 광야에서 한 발자국도 앞으로 나가지 못하고 가나안 땅은 발로 밟아보지도 못하고 광야에서 모두 다 죽고 말았습니다. 그 대신 가나안 사람들의 포로가 될 것이라고 걱정했던 아이들이 자라서 가나안 땅을 차지하게 되는 것입니다.

그런데 이때 하나님께서 모세에게 이스라엘 백성을 돌려서 다시 광야로 데리고 가라고 하셨을 때 그들의 마음이 갑자기 변해서 다시 가나안 땅에 올라가서 싸우겠다고 했습니다. 이스라엘 백성이 하는 것을 보면 완전히 하나님의 말씀에 반대되는 것만 하려고 했습니다. 이렇게 하는 것을 '청개구리'라고 합니다. 이스라엘 백성의 마음이 비뚤어져 있어서 하나님이 하라고 하시는 말씀에 언제나 반대로 하고 싶은 것입니다. 그들은 하나님이 가나안으로 가라고 하면 광야로 가겠다 하고, 광야로 가라고 하면 가나안 땅으로 들어가겠다고 고집을 부렸습니다. 결국 그들은 뒤늦게 가나안 땅을 차지하겠다고 가나안으로 진격했다가 아모리 족속들의 벌떼 같은 공격을 받고 완전히 패하고 말았습니다. 그들이 패배하고 하나님 앞에 아무리 통곡해도 하나님은 위로하지 아니하셨고 듣지도 아니하셨습니다.

우리는 모두 이 세상에서 살아야 합니다. 그러나 우리가 살아야 하는 세상은 공짜로 주어지는 세상이 아닙니다. 이 세상에서 승리하기 위해서는 다른 사람들과의 경쟁에서 이겨야 하고 신뢰를 받아야 합니다. 그런데 사실 우리는 이 세상에 대해서는 잘 준비되어 있지 않습니다. 물론 우리가 이 세상에서 믿음으로 나간다고 해서 모든 것이 다 저절로 잘되는 것은 아닙니다. 이 세상에서 실패하기도 하고 어려움을 겪기도 할 것입니다. 그러나 그것은 하나님이 우리를 가장 이른 시간 안에 준비시켜주는 과정입니다. 우리는 끝까지 하나님의 능력을 믿어야 가나안의 복을 받을 수 있습니다.

하나님께서 우리에게 원하시는 것은 감사하는 마음입니다. 하나님께서는 아무리 체험이 많고 능력이 많은 자라 하더라도 원망하고 불평하는 자에게는 축복하시지 않습니다. 우리는 어려운 위기를 닥치게 되었을 때 이것이 시험이라는 것을 깨닫고 우리 입에서 원망이나 불평의 말이 나오지 않게 해야 합니다. 우리는 무조건 감사하고 무조건 믿어야 합니다. 하나님께서는 한 번만 우리 도우시고 팽개치시는 분이 아니십니다. 하나님께서 우리를 이곳까지 인도하신 것은 여기서 우리를 죽이려고 하시는 것이 아닙니다. 하나님께서는 우리에게 우리가 생각하지도 못한 놀라운 복을 주시려고 여기까지 데리고 오신 것입니다. 한 분도 빠짐없이 가나안의 이 복을 다 받으시기 바랍니다.

03

가나안의 청사진
신 2:1-37

박물관이나 큰 전시장을 가보면 거의 벽면 하나를 차지할 정도로 엄청나게 큰 그림들이 있습니다. 화가가 어떤 그림을 그리는 데 있어서 가장 중요한 것은 밑그림을 잘 그리는 것입니다. 아무리 유명한 화가라 하더라도 밑그림을 그리지 않고 그림을 그리면 좋은 그림이 나올 수 없습니다. 밑그림도 없이 그림을 그리다가 중간에 여기저기 손을 대면 그림이 엉망이 되어버리게 됩니다.

우리도 마치 화가가 그림을 그리듯이 내 인생의 밑그림을 충분히 그린 후에 그 계획에 따라서 하나씩 실천하면 좋을 텐데, 우리는 우리의 미래에 대하여 아무것도 아는 것이 없어서 계획을 세울 수 없습니다. 그래서 대부분 사람은 닥치는 대로 살아가든지 아니면 그 사회가 주어지는 여건 안에서 성공적인 삶을 사는 수밖에 없습니다.

그러나 하나님의 백성은 이 세상 사람들과 달리 하나님께서 우리 인생의 밑그림을 그려놓고 계십니다. 그런데 우리는 그 하나님의 밑그림에 대하여 전혀 알지 못합니다. 우리는 하나님이 나의 미래에 대하여 어떤 계획을 가지고 계시는지 알지 못합니다. 그러나 하나님이 우리의 미래에 대해 멋진 계획을 가지고 계신 것이 틀림없습니다. 그래서 우리가 이 세상을 살아가는 것은 마치 거대한 모자이크 그림을 완성해 나가는 것과 같습니다. 화가가 모자이크 그림을 그릴 때 밑그림으로 그려놓고 꾸준하게 그림을 붙여 나가다 보면 나중에는 거대한 그림을 완성하게 되는 것입니다.

본문 말씀을 보면 이스라엘 백성이 가나안 땅에 들어가기 전에 이미 하나님은 가나안의 밑그림을 그려놓고 계신 것을 알 수 있습니다. 그래서 하나님께서는 이스라엘 백성에게 어느 백성의 땅은 차지하려고 하지 말라고 미리 알려주십니다. 왜냐하면 그 사람들의 땅은 이스라엘 백성의 땅이 아니기 때문입니다.

우리도 미래의 우리 자신에 대한 하나님의 뜻을 정확하게 알지 못합니다. 그러나 우리 인생에 대한 하나님의 밑그림이 있다는 사실을 믿어야 합니다. 그래서 우리는 너무 조급해서는 안 됩니다. 더욱이 우리는 죄를 지으면서까지 성공하려고 하는 욕심을 버려야 합니다. 죄와 타협하고 유혹에 넘어가면서 성공한 것은 나중에 반드시 후회하게 되는 일이 있게 됩니다. 우리는 하나님이 나에게 가장 좋은 것을 주실 줄 믿으시기 바랍니다. 단지 우리가 세상적인 기준으로 성공하려고 하면 하나님의 뜻을 결코 이해하지 못할 것입니다. 왜냐하면 하나님은 우리에게 완성품을 주시는 것이 아니라 미완성품이지만 앞으로 멋진 작품이 될 것을 주시기 때문입니다. 그러므로 우리는 그것을 볼 수 있는 눈이 있어야 합니다. 저는 감사한 것이 하나님의 뜻이 아닌 길들은 전부 다 막혔다는 것입니다.

사실 하나님께서 나에게 주시고 우리 교회에 주시는 바른 목표를 찾는 것이 얼마나 어렵고 힘든 일인지 모릅니다. 그러나 우리는 그것을 성경을 깊이 묵상하고 설교를 듣는 가운데 찾아야 합니다. 그리고 그것을 찾은 후에는 아무리 주위에서 반대가 심하고 결과가 금방 나타나지 않고 모든 사람이 비웃고 조롱한다 하더라도 끝까지 그 길로 가야 합니다.

1. 광야로 돌이켜

2:1, "우리가 방향을 돌려 여호와께서 내게 명령하신 대로 홍해 길로 광야에 들어가서 여러 날 동안 세일 산을 두루 다녔더니"

본문 말씀은 이스라엘 백성에게 너무나도 끔찍한 단어로 시작되고 있습니다. 그 말씀이 바로 "방향을 돌려"입니다. 개역한글 번역에는 '회정(回程)하여'로 되어 있습니다. 원래 하나님의 계획에 의하면 이스라엘 백성은 출애굽 한지 한 달 안에 가나안 땅으로 들어갈 수 있었습니다. 그런데 이스라엘 백성은 시내 산에서 율법의 돌비를 받고 성막을 짓느라고 일 년을 광야에서 소비했습니다. 그러나 이스라엘 백성은 돌비와 성막을 가짐으로 핵무기를 가진 백성보다 더 강한 힘을 가지게 되었습니다.

그러나 그들은 말씀의 힘과 성전의 힘을 믿지 않았습니다. 그래서 이스라엘 백성은 가나안 땅을 정탐하고 난 후 믿음이 없어서 자신들의 힘으로는 도저히 가나안 땅을 차지 못한다고 해서 뒤로 나자빠지고 말았습니다. 이스라엘 백성은 이 한 번의 불신앙으로 무려 사십 년의 대가를 지불해야만 했습니다. 하나님께서는 이스라엘 정탐꾼들이 가나안 땅을 정탐한 40일의 대가를 치르게 하셨는데, 그때 하루를 한 해로 계산해서 무려 40년 동안 광야에서 빙빙 돌게 하셨던 것입니다. 이스라엘 자손들은 40일이면 광야 생활을 청산하고 가나안 땅에 들어갈 수 있었는데 불신앙으로 인해 무려 40년을 광야에서 더 살게 된 것입니다.

그러나 이 40년의 광야 생활은 이스라엘 백성에게 꼭 나쁜 것만은 아니었습니다. 왜냐하면 이스라엘 백성은 이 40년 동안 세상과는 완전히 격리되어서 하나님의 말씀만 배웠기 때문입니다. 이스라엘 백성에게 이 광야 40년은 신앙 수련회와 같은 것이었습니다. 그들이 40일 광야에서 은혜받고 가나안 땅으로 들어가려고 하는데 하나님이 보시기에는 너무나도 은혜가 부족하고 준비가 덜 되어 있으니까 버스를 돌이켜서 40년 수련회를 무료로 시켜주신 것입니다.

우리가 하나님 앞에서 나와서 기도하고 말씀 듣고 은혜받는 것은 절대로 시간을 낭비하는 것이 아닙니다. 우리가 하나님 앞에서 찬양하고 기도하고 말씀을 들을 때 우리 얼굴에서 빛이 나게 되고 하나님의 능력이 임하게 됩니다. 단지 우리가 세상에서 아직 나의 길을 찾지 못해서 취직이 안 되는 것이고 하나님의 때가 안 되어서 그런 것이지 시간을 낭비하는 것은 절대 아닙니다. 그래서 이스라엘 백성이 광야로 방향을 돌이킨 것은 반드시 나쁜 것은 아니었습니다. 오히려 하나님께서 그들을 너무 사랑하셔서 그들을 바로 세상으로 보내지 아니하시고 은혜로 붙잡으셨던 것입니다.

이스라엘 백성이 광야에 있었던 40년은 하나님과 함께하시는 신앙 수련회였습니다. 우리는 할 수 있으면 세상에 빨리 나가야 성공할 것으로 생각하는데 세상에 빨리 나간다고 해서 성공할 수 있는 것이 아닙니다. 오히려 우리가 하나님 앞에서 은혜를 받으면 받을수록 더 지름길로 갈 수 있습니다.

2. 싸움을 피해야 할 대상

이스라엘 백성이 가나안 땅을 향하여 행진하는데 첫 번째 걸림돌이 있었습니다. 그들은 에돔 족속이었습니다. 에돔 족속은 이스라엘 백성에게 먼 친척뻘 되는 민족입니다. 그들이 길을 좀 비켜주면 이스라엘 백성은 훨씬 고생을 덜 하고 훨씬 더 빨리 지름길로 가나안 땅으로 갈 수 있었습니다. 그러나 에돔 족속이 자기 땅을 통과하지 못하게 막았기 때문에 이스라엘 백성은 너무나도 먼 광야 길을 돌아서 가야만 했습니다. 만일 이스라엘 백성이 처음 싸워야 할 대상이 있다면 길을 비켜주지 않고 그들의 진로를 방해하는 에돔 족속일 것입니다. 그러나 하나님은 에돔 족속과는 싸우지 말라고 말씀하셨습니다.

> 2:4-5, "너는 또 백성에게 명령하여 이르기를 너희는 세일에 거주하는 너희 동족 에서의 자손이 사는 지역으로 지날진대 그들이 너희를 두려워하리니 너희는 스스로 깊이 삼가고 그들과 다투지 말라 그들의 땅은 한 발자국도 너희에게 주지 아니하리니 이는 내가 세일 산을 에서에게 기업으로 주었음이라"

이스라엘 백성은 하루라도 빨리 가나안 땅 가까이에 가서 가나안 땅을 차지해야 하는데, 에돔 족속이 길목을 막는 바람에 엄청난 시간이나 노력의 손해를 봐야만 했습니다. 에돔 족속은 분명히 이스라엘 백성을 미워하고 있었고 적대적이었습니다. 그런데 만약 이스라엘 백성이 에돔을 피하여 먼 길을 돌아서 간다면 가나안의 모든 족속이 이스라엘은 비겁하며 별 것 아니라고 조롱할 것입니다. 이때 이스라엘 백성은 에돔 족속에게 무엇인가 본때를 보여주고 싶었을 것입니다.

그러나 하나님은 이스라엘 자손에게 에돔 자손을 상대로 해서 싸우지 말라고 명령하셨습니다. 오히려 하나님께서는 이스라엘 백성에게 에돔 사람의 땅은 한 발자국도 이스라엘 백성에게 주시지 않으셨기 때문에 거저 준다 하더라도 받아서는 안 된다고 하셨습니다. 그 이유가 무엇입니까? 에돔 땅이 당장 보기에는 크게 보이고 유리하게 보일지 몰라도 하나님의 큰 그림에 의하면 이것은 전혀 필요 없는 곳이기 때문입니다. 오히려 이스라엘 자손들이 에돔 땅을 가지게 되면 하나님의 그림이 망쳐지게 되기 때문입니다. 그래서 하나님은 이스라엘 백성에게 절대로 에돔 사람들과 싸우거나 그들의 땅이나 물건을 탈취하지 말라고 하셨습니다. 이것은 쓸데없는 시간낭비이기 때문입니다.

우리는 하나님께서 싸우지 말라고 하는 대상과 싸우지 않는 것은 물론이고 할 수 있으면 비겁하게 피하는 것도 잘하는 행동입니다. 우리는 우리 자신을 더 아낄 수 있어야 합니다. 우리는 쓸데없이 모든 싸움에 다 참견할 필요가 없습니다. 예수님께서는 "온유한 자는 복이 있나니 그들이 땅을 기업으로 받을 것임이요"(마 5:5)라고 하셨습니다. 여기서 온유한 자는 그냥 순하고 착한 사람이 아닙니다. 온유한 자는 자신의 목적이 있기 때문에 사소한 것을 가지고 싸우는 것을 피하는 사람입니다. 모든 것을 잘하려고 하는 사람은 아무것도 잘하지 못하는 사람과 같습니다. 사실 우리 자신의 인생 목표를 젊었을 때는 모를 때가 많습니다. 그러나 우리는 우리를 향한 하나님의 뜻이 있다는 것을 믿고 모든 것을 삼가면서 기다려야 합니다.

사울이라는 청년은 자신에 대한 하나님의 뜻을 몰랐기 때문에 유대교를 위해서 쓸데없이 많은 노력을 했습니다. 그러나 사울은 예수님을 만나고 난 후에는 오직 복음 하나에 모든 것을 다 바쳐서 기독교 사상 최고의 신학자가 되었습니다. 어거스틴은 세상에서 많은 것을 추구했습니다. 그래서 연극도 연구하고 수사학도 공부해서 강사가 되기도 하고, 조로아스터교나 플라톤 철학에 빠지기도 했습니다. 그러나 결국 그는 어느 날 성경을 읽으면서 하나님이 자기를 부르시는 것을 깨닫고 하나님의 말씀으로 돌아와서 최고의 신학자가 되었습니다.

만일 이스라엘 백성이 에돔을 공격했더라면 너무 시간이 많이 걸려서 실제로 가나안을 차지하는데 더 늦어졌을 것입니다. 그래서 하나님께서는 이스라엘 백성에게 에돔 사람이 아무리 약을 올리고 불친절하다 하더라도 절대로 싸우지 말고 그들이 통과를 허락하지 않으면 오히려 먼 길을 돌아가라고 명령하신 것입니다. 이것은 가나안 정복에 대한 하나님의 밑그림이 있기 때문입니다.

우리가 신앙생활을 하는 것은 마치 하나님의 모자이크 그림을 완성시키는 것과 같습니다. 우리 눈에는 하나님의 밑그림이 보이지 않습니다. 그러나 때로는 우리 머리로 이해되지 않고 때로는 시간을 허비하는 것 같더라도 매순간을 하나님의 말씀에 순종해서 자꾸 메워나가면 나중에 거대한 하나님의 그림이 완성되게 되는 것입니다.

하나님께서는 이스라엘 백성에게 만일 에돔을 통과하게 된다면 모든 것을 돈을 주고 사서 쓰라고 말씀하셨습니다.

> 2:6-7, "너희는 돈으로 그들에게서 양식을 사서 먹고 돈으로 그들에게서 물을 사서 마시라 네 하나님 여호와께서 네가 하는 모든 일에 네게 복을 주시고 네가 이 큰 광야에 두루 다님을 알고 네 하나님 여호와께서 이 사십 년 동안을 너와 함께 하셨으므로 네게 부족함이 없었느니라 하시기로"

하나님께서는 이스라엘 백성에게 에돔을 통과하게 되면 돈을 아끼지 말고 달라고 하는 대로 주라고 하셨습니다. 이스라엘 백성은 애굽에서 나올 때 많은 금을 가지고 나왔지만 광야 생활을 하다 보니까 돈 쓸 일이 없었습니다. 이스라엘 백성은 광야 생활하는 동안에 사치할 일이 없었습니다. 화장을 할 필요도 없었고 화려한 옷을 살 필요도 없었고 먹는 것도 모두 만나뿐이었습니다. 그러나 하나님께서는 이스라엘 백성에게 에돔 땅에서는 돈을 쓰라고 하셨습니다.

하나님은 이스라엘 백성에게 에돔 사람에게 돈을 주고 양식을 사고 심지어는 물을 마실 때도 돈을 주고 물을 마시라고 말씀하셨습니다. 우리 생각에 양식을 돈을 주고 사는 것은 이해가 되지만 물까지 돈을 주고 사는 것은 너무 심하다는 생각이 들 것입니다. 그러나 하나님은 에돔 족속에게 후하게 값을 쳐주라고 하셨습니다. 왜냐하면 이스라엘 백성은 이미 40년 동안 하나님으로부터 공짜로 양식과 물을 제공받았기 때문입니다. 그 대신에 이스라엘 백성이 작은 것에서 손해를 보면 하나님께서는 이스라엘 백성이 생각하지 못하는 엄청나게 큰 것을 주실 것입니다. 바로 젖과 꿀이 흐르는 가나안 땅을 통째로 주시는 것입니다.

우리는 때때로 너무 작은 것에 인색해서 인심과 신뢰를 잃을 때도 있습니다. 그러나 우리 그리스도인들은 이미 하나님 앞에서 어마어마한 복을 이미 받았고 앞으로는 더 상상할 수 없는 복을 받을 사람들입니다.

이스라엘 백성이 광야에서 하나님의 도움을 받은 것은 돈으로 환산할 수 없습니다. 특히 하나님의 백성은 좀 어수룩해서 이 세상에서 손해 볼 때가 많습니다. 우리가 마음이 독하지 못해서 손해를 보고 거래를 하면 속이 많이 상하게 됩니다. 그러나 하나님은 그런 우리를 위로해주시며 더 큰 복을 주실 것입니다.

또 하나님은 이스라엘 백성에게 에서의 자손 외에도 모압이나 암몬이나 블레셋 자손과도 싸우지 말라고 하셨습니다. 그 중요한 이유는 이들도 이스라엘이 오기 전에 가나안 족속들을 몰아내고 그 땅을 차지했기 때문입니다.

> 2:10-12, "이전에는 에밈 사람이 거기 거주하였는데 아낙 족속 같이 강하고 많고 키가 크므로 그들을 아낙 족속과 같이 르바임이라 불렀으나 모압 사람은 그들을 에밈이라 불렀으며 호리 사람도 세일에 거주하였는데 에서의 자손이 그들을 멸하고 그 땅에 거주하였으니 이스라엘이 여호와께서 주신 기업의 땅에서 행한 것과 같았느니라"

가나안 족속을 몰아내고 가나안 땅을 차지하는 사람들은 이스라엘 백성만이 아니었습니다. 하나님은 이 명령을 에돔 자손에게도 주시고 모압 자손에게도 주시고 심지어는 블레셋 자손들에게도 주셨던 것입니다.

하나님은 이 넓은 천지에 이스라엘 백성만 사는 것이 아니라는 것을 가르쳐주셨습니다. 우리가 세상을 보면 강한 나라들이 모든 것을 다 차지하는 것 같지만 실제로 하나님의 밑그림에 따라서 나라마다 차지할 수 있는 한계가 다 있는 것입니다. 우리가 이 세상에서 다른 사람들의 공도 인정할 것은 인정하고 그들의 재산과 행복을 귀하게 생각해줄 때 더 풍성하고 아름다운 하나님의 백성이 되는 것입니다.

3. 이스라엘의 전쟁 대상

이스라엘 백성이 원래 계획대로 하면 남쪽에서 올라가야 하는데 에돔 족속이 돈을 주고 통과하겠다고 해도 거부하는 바람에 이스라엘 백성은 엄청나게 고생해서 세일산을 뺑 돌아서 요단강 동쪽으로 오게 되었습니다. 이렇게 하나님께서 이스라엘 백성에게 뺑 둘러서 먼 길로 돌아오게 하심으로 전쟁할 필요가 없는 나라들과는 전쟁을 피하게 하셨습니다. 그 이유는 가나안 정복에 대하여 하나님의 밑그림이 있기 때문입니다.

대개 전략이 없는 사람은 모든 일을 닥치는 대로 하려고 합니다. 그러나 모든 일을 닥치는 대로 하면 힘은 힘대로 엄청나게 들지만 나중에 결과는 보잘것없을 것입니다. 결국 사람의 능력은 한계가 있으므로 닥치는 대로 하는 사람은 오래 가지 않아서 스스로 지쳐서 무너질 수밖에 없습니다.

하나님께서는 이스라엘 자손에게 오직 가나안 족속만 대상으로 싸우되 가나안 족속에 대해서는 인정사정을 보지 말고 싸우라고 하셨습니다. 그래서 이스라엘 백성은 오직 가나안 족속만 대상으로 싸우면 되는 것입니다. 그 첫 번째 대상이 요단 동쪽에 있는 헤스본 왕 시혼이었습니다.

2:24, "너희는 일어나 행진하여 아르논 골짜기를 건너라 내가 헤스본 왕 아모리 사람 시혼과 그의 땅을 네 손에 넘겼은즉 이제 더불어 싸워서 그 땅을 차지하라"

이 헤스본은 모압과 암몬 사이에 있는 요단 동쪽의 땅인데 상당히 비옥한 땅이지만 워낙 가나안 족속들이 강하니까 아무도 차지하지 못하고 있었습니다. 하나님께서는 이스라엘 자손에게 바로 여기에서부터 그들의 전쟁이 시작된다고 말씀하셨습니다. 하나님께서는 이스라엘 자손들이 남들이 다 빼앗아 놓은 곳에 자기들이 늦게 가서 차지하는 것을 원하지 아니하셨습니다.

우리는 다른 사람들이 쉽게 해내지 못하는 것을 해내었을 때 이 일이 오래간다는 것을 알아야 합니다. 그래서 우리 믿는 사람들은 이 세상을 쉽게 잘 살려고 하는 생각을 버리고 아주 어렵게, 하나씩하나씩 정복해서 자기 것으로 만들어 가야 합니다.

하나님께서는 모세에게 헤스본 왕에게 그들과 전쟁하겠다고 말하지 말고 통과하겠다고 말하라고 하셨습니다. 우리가 생각하기에 하나님의 백성이라면 정직하게 지금부터 너희들과 전쟁하겠다고 해야지, 왜 통과하겠다고 거짓말하느냐 하는 것이 이해되지 않을 것입니다. 그러나 이것은 헤스본 왕의 본심을 테스트하는 것입니다. 헤스본 왕이 살 수 있는 길은 그야말로 지금까지 죄를 지은 것을 회개하고 이스라엘 백성을 맞이해서 그들의 종이 되는 것뿐입니다. 그러나 교만한 사람들은 하나님 백성의 말만 들어도 화가 나면서 욕이 튀어나오고 공격을 하게 됩니다. 그 이유는 이미 그들은 마귀의 종이기 때문입니다. 하나님께서 헤스본 왕에게 통과하겠다고 하신 것은 마지막으로 한번 살 수 있는 기회를 주신 것이었습니다. 그러나 헤스본 왕은 이스라엘에 굴복할 리가 없었습니다. 그래서 결국 헤스본은 이스라엘 백성에 의해서 첫 번째로 멸망한 가나안 족속이 됩니다.

우리가 알아야 할 것은 하나님의 백성은 모든 것을 다 잘하려고 해서는 안 된다는 것입니다. 우리는 하나님의 밑그림을 믿어야 합니다. 우리는 하나님이 하지 말라고 하는 것은 하지 말아야 합니다. 그 대신에 하나님이 나에게 하라고 하시는 명령은 아무리 힘들고 어렵게 보인다 하더라도 최선을 다해서 해내어야 합니다. 모세와 이스라엘 백성은 헤스본 땅에 있는 성 중에서 차지하지 못한 것이 없었다고 말씀하고 있습니다.

하나님은 우리 인생의 가장 아름다운 밑그림을 가지고 계신 분입니다. 우리가 작은 욕심에 빠져서 하나님의 밑그림을 망쳐서는 안 됩니다. 성경에 보면 하나님의 밑그림을 망친 사람들이 너무나도 많습니다. 그들은 모두 작은 욕심에 눈이 어두워서 하나님의 큰 축복을 보지 못한 사람들입니다. 우리는 작은 일에 집착하지 맙시다. 결국 하나님께서 한번 우리의 믿음을 인정하시면 모든 것을 다 주실 것입니다. 하나님께서 우리에게 넓은 마음을 주셔서 사소한 일에 집착하지 않고 하나님의 큰 그림을 보고 나아갈 수 있는 성도들이 다 되시기를 바랍니다.

04

축복의 맛보기
신 3:1-29

우리는 때때로 모든 것을 다 겪지 않아도 작은 경험을 통해서 전체를 맛볼 수 있습니다. 젊은 남녀가 사랑해서 서로 결혼을 약속하고 약혼을 할 때 그들은 서로에게 큰 장롱을 주거나 침대를 주거나 혹은 비싼 전기밥통을 주지 않습니다. 그들이 약혼할 때 주는 것은 아주 작은 반지 하나에 불과합니다. 그러나 그 반지에는 내 모든 것을 당신에게 다 주겠다는 약속이 들어있는 것입니다.

마찬가지로 하나님께서 우리에게 은혜를 주시고 축복을 주실 때 당장 부자가 되게 하시거나 유명하게 하시거나 많은 땅을 차지하게 하시지 않습니다. 오히려 하나님은 우리에게 아주 작은 은혜와 작은 감동과 체험을 주십니다. 그러나 하나님이 주시는 그 작은 은혜와 감동 속에 하나님이 앞으로 우리에게 계속 행복하고 능력 있게 살게 해 주시겠다는 약속이 들어있는 것입니다. 이것은 하나님의 은혜에서도 마찬가지입니다. 하나님은 때때로 우리에게 하나님의 작은 은혜를 맛보게 할 때가 있습니다. 그러나 우리는 이 작은 하나님의 은혜를 통해서 하나님께서 우리와 함께하시며 승리하리라는 것을 믿게 됩니다.

엘리야 선지 때 이스라엘에는 삼 년 반 동안 비가 오지 않아서 농사나 경제 전체가 엉망이 되었습니다. 삼 년 반이 지난 후 엘리야가 갈멜산 꼭대기에서 하나님께 다시 비를 내려달라고 일곱 번 기도했는데 기도 응답의 결과는 바다 쪽에 손바닥만한 구름이 한 개 떠오르는 것에 불과했습니다. 그러나 잠시 후에 그 손바닥만한 구름은 온 천지를 시커멓게 만드는 구름이 되더니 억수 같은 비가 되어서 쏟아지게 되었습니다. 그래서 우리는 하나님의 은혜를 받을 때 아주 작은 응답, 아주 작은 감동, 아주 작은 체험을 매우 소중하게 생각해야 합니다.

하나님께서는 이스라엘 백성으로 하여금 가나안 땅을 모두 다 정복하게 하시지 아니하시고 먼저 요단강 동쪽에 있는 두 나라를 정복하게 하셨습니다. 그 한 나라가 헤스본이고 다른 한 나라가 바산 왕국이었습니다. 그리고 하나님께서는 앞으로 가나안 땅도 이런 식으로 모두 다 정복하게 될 테니까 미래에 대하여 두려워하지 말고 앞으로도 지금까지 해 온 방식대로 계속 나가기만 하면 된다고 말씀하셨습니다. 이스라엘 백성은 이 두 나라를 정복한 체험을 가지고 앞으로 계속 믿음으로 나가기만 하면 가나안 땅을 정복하게 되는 것입니다.

1. 바산 왕 옥의 대적

3:1, "우리가 돌이켜 바산으로 올라가매 바산 왕 옥이 그의 모든 백성을 거느리고 나와서 우리를 대적하여 에드레이에서 싸우고자 하는지라"

이스라엘 백성은 40년 전에 가나안 땅 경계선까지 가기는 갔지만 믿음이 없어 뒤로 후퇴하는 바람에 무려 40년 동안을 광야에서 돌아다녀야만 했습니다. 그리고 40년이 지난 후에 이스라엘 백성이 두 번째로 가나안 땅에 들어오려고 할 때는 이스라엘 남쪽에서부터 올라온 것이 아니라 요단 동쪽에서부터 중부 지방을 통해서 가나안 땅으로 들어왔습니다. 이것은 마치 한국 전쟁 때 맥아더 장군이 남쪽에서부터 밀고 올라오지 않고 인천에 연합군을 대규모로 상륙시켜서 중간을 자르고 들어온 상황과 같습니다. 하나님께서 이렇게 하신 이유는 그동안 이스라엘 자손이 광야에서 많은 훈련을 받았으므로 더 이상 시간을 낭비할 필요가 없었기 때문입니다.

우리가 알아야 할 것은 신앙적으로 훈련을 받는 것이 결코 시간 낭비가 아니라는 사실입니다. 만일 이스라엘 백성이 40년 전에 가나안 땅에 들어왔다면 그들의 신앙 상태로는 남쪽에서 가나안 족속들과 싸우고 밀고 밀리면서 오히려 더 많은 시간을 낭비했을 것이 분명합니다. 차라리 이스라엘 백성이 광야에서 40년 동안 죽도록 하나님의 말씀으로 훈련되어서 이제는 하나님의 말씀 하나에 죽기도 하고 살기도 하는 사람들이 되었을 때 하나님께서는 가나안 땅을 중간에서부터 들어가게 하셔서 가장 이른 시간 안에 정복하게 하셨습니다. 그래서 이스라엘 백성의 생각에 에돔 족속이 길을 막고 방해하는 바람에 너무 길게 돌아서 요단 동쪽으로 오게 되었지만 실제로는 이렇게 돌아가는 것이 가장 빠른 길이었던 것입니다.

제 경우 저는 직장생활을 하던 중에 어느 날 "무엇을 먹을까 무엇을 입을까 염려하지 말고 그의 나라와 그의 의를 구하라"는 말씀에 붙잡혀서 직장에 사표를 내고 대학원도 논문을 포기하고 오직 하나님의 말씀을 가지고 청년들 성경 공부하는 일을 했습니다. 제가 주님에게 제 인생을 맡기니까 주님은 저를 성공의 고속도로로 데리고 가시는 것이 아니라 길도 없는 자갈밭으로 데리고 가시고 가시덤불이 우거진 길로 끌고 가셨습니다. 그래서 저는 한때 제 인생을 주님께 맡기지 말 걸 그랬나 보다 생각을 한 적이 있었습니다. 그런데 나중에 알고 보니까 바로 그 돌짝 밭이나 가시덤불 길이 지름길이었고 주님이 데리고 가신 길은 어마어마한 축복의 노다지가 있는 길이었습니다.

이스라엘 백성이 요단 동쪽에서 가나안 땅으로 들어오기 위해서 반드시 해결해야만 하는 두 나라가 있었습니다. 그 하나가 헤스본 왕국이고 또 하나가 바산 왕국이었습니다. 그런데 헤스본 왕국은 이스라엘 자손이 가야 하는 길목에 있었기 때문에 돌아갈 수도 없었습니다. 헤스본은 이스라엘이 싸우든지 아니면 그들이 길을 양보하든지 해야 했는데 헤스본 왕이 양보하지 않는 바람에 결국 싸웠는데, 어떻게 된 영문인지 모르겠지만 이기게 되었습니다. 그러나 이스라엘 백성이 헤스본을 이긴 것은 자기들의 실력이 아니었습니다. 그들이 헤스본을 이긴 것은 하나님의 말씀을 믿고 싸우다 보니까 자기들도 모르게 이긴 것이었습니다. 그런데 그 후에 싸울 바산 왕 옥과의 전쟁은 이긴다는 보장이 없었습니다. 이것이 이스라엘 백성의 고민이었습니다.

이스라엘 백성이 가나안 땅으로 들어오는 것은 마치 우리 성도들이 은혜를 받고 현실 세상으로 다시 돌아오는 것과 같습니다. 우리는 많은 경우 이 세상에서 하나님을 붙드는 과정에서 세상에서 도태될 때가 많습니다. 어떤 분은 병으로 몇 년간 병원에 입원해서 지나기도 하고, 어떤 분은 사업에 실패해서 실직자로 몇 년을 지내기도 하고, 어떤 분은 경제적인 어려움 때문에 학교를 중퇴하고 지내기도 합니다. 우리는 대개 이런 어려운 과정을 통해서 하나님을 붙들게 되고 진정한 신앙을 가지게 되지만, 그 고난을 받는 동안 세상은 너무나도 멀리 가버리고 맙니다. 즉 다시 정신을 차리고 이 세상 현실로 돌아오려고 할 때 우리는 세상과 너무 뒤떨어져 버려서 도저히 따라갈 수 없게 되어버리는 것입니다. 그래서 과연 우리가 다시 이 세상에서 정상적으로 아름다운 가정을 이루고 행복하게 사는 것이 가능할까 하는 의구심을 가지게 될 때가 많습니다.

그러나 하나님께서는 우리에게 다시 이 세상으로 들어가는 것을 두려워하지 말라고 말씀하십니다. 왜냐하면 우리는 이 세상 사람들이 알지 못하는 어마어마한 신앙적인 유산을 가지고 있기 때문입니다. 단지 우리는 이 세상에서 요구하는 최소한의 것을 준비할 필요는 있습니다. 우리가 하나님을 잘 믿지만, 세상이 요구하는 교사 자격증이나 전공 관련 자격이나 기술 같은 것들을 준비하고 있어야 합니다. 이때 우리는 현실에 적응하기 위하여 이런 재교육을 받는 것을 두려워하지 말아야 합니다.

우리는 처음 예수를 믿으면서 세상에서 자랑하는 것들을 모두 배설물처럼 생각해서 쓰레기통에 버렸습니다. 사도 바울은 예수를 아는 지식이 가장 고상하므로 세상의 모든 자랑을 배설물처럼 버렸다고 고백하고 있습니다(빌 3:8). 그래서 세상이 요구하는 것은 옛날에 쓰레기통에 버렸던 것들입니다. 그러나 우리는 때때로 그런 것들을 다시 주워서 써야 할 때가 있는 것입니다. 우리는 그렇게 하는 것을 두려워할 필요가 없습니다.

2. 이스라엘 백성의 믿음

하나님께서 이스라엘 백성에게 요단 동쪽에 있는 바산 왕 옥과 싸우라고 하시면서 그들에게 새로운 무기를 주신 것도 아니고 무슨 특별한 전략을 가르쳐주신 것도 아니었습니다. 하나님께서 이스라엘 백성에게 주신 것은 오직 "내가 너희와 함께 하겠다"는 말씀뿐이었습니다.

그런데 이스라엘 백성이 이 말씀을 붙들고 나가서 싸웠을 때 정말 자신들의 눈으로는 믿을 수 없는 엄청난 결과를 얻게 되었습니다.

3:3, "우리 하나님 여호와께서 바산 왕 옥과 그의 모든 백성을 우리 손에 넘기시매 우리가 그들을 쳐서 한 사람도 남기지 아니하였느니라"

본문 말씀에는 모세와 이스라엘 백성이 구체적으로 어떻게 바산 왕의 군대와 싸웠는지 설명하지 않고 있습니다. 그래서 이스라엘 백성이 바산 나라와 전쟁한 것을 마치 식은 죽 먹기식으로 쉬웠을 것이라고 생각해서는 안 됩니다. 이스라엘 백성이 바산 왕과 싸우기 전에 그들이 이 전쟁에서 이길 가능성은 제로였습니다. 이스라엘 백성의 머리로는 바산의 그 수많은 성읍 중에서 단 한 개라도 이길 자신이 없었습니다.

그런데 이스라엘 백성이 오로지 하나님의 말씀만 믿고 죽을힘을 다해서 공격했을 때 이상하게 첫 성을 빼앗게 되었습니다. 그래서 또 다음 성도 죽을힘을 다해서 공격했더니 이상하게 또 이기게 되었습니다. 그래서 그다음 성도 또 공격하고 그다음 성도 또 공격해서 차지하게 되었는데, 나중에 헤아려보니까 무려 육십 개나 되는 성을 정복하게 되었습니다.

이처럼 하나님이 우리에게 하라고 하시는 일 중에서 처음부터 한꺼번에 다 할 수 있을 정도로 쉬운 일은 아무것도 없습니다. 오히려 우리가 어떤 일을 하기 전에 미리 생각해보면 그 일 하나하나가 너무 어렵고 힘들고 도저히 감당할 수 없어서 도망치고 싶고 자포자기하고 싶은 심정입니다. 그러나 우리가 믿음을 가지고 온 힘을 다해서 하면 한 가지를 겨우 해내게 됩니다. 사실 이 한 가지를 해내었다는 것도 엄청난 것이지요. 그러나 하나님은 그다음 일도 할 수 있는 힘을 주십니다. 그래서 또 온 힘을 다해서 죽도록 수고하면 그다음 일도 겨우 마칠 수 있게 됩니다. 그런 식으로 이스라엘 백성도 하나씩 하나씩 싸워나갔는데 나중에 돌아보았을 때는 바산의 모든 성읍을 다 정복했고 그 숫자가 무려 육십 개나 되었던 것입니다. 그 육십 개의 성들은 모두 성벽이 높고 문이 크고 튼튼한 것들이었는데 어떻게 이런 성들을 다 정복했는지 도무지 이해되지 않았습니다.

이스라엘 백성이 하나님의 말씀을 믿고 순종했을 때 성에서 단

한 사람도 놓치거나 도망친 사람 없이 모두 다 죽였고 또 엄청난 전리품을 얻게 되었는데, 무지무지하게 많은 양이나 가축들을 전리품으로 얻었습니다. 이것은 우리의 머리로는 도저히 이해되지 않는 것입니다.

이것이 바로 우리가 하나님의 일을 하는 원리입니다. 우리가 하나님의 일을 한꺼번에 다 해내려고 덤벼들면 하나도 해내지 못하고 실패하고 말 것입니다. 하나님의 일은 도저히 우리의 힘으로는 해낼 수 없는 것들입니다. 우리가 할 수 있는 것은 지금 나에게 맡겨진 그 첫 번째 작은 일을 최선을 다해서 하는 것입니다. 중간에 주저앉고 싶고 때려치우고 싶어도 끝까지 참고 계속 꾸준하게 해나가는 것입니다.

이스라엘 백성이 바산의 육십 개의 성을 완전히 정복했던 원리는 두 가지였습니다. 하나는 눈에 보이지 않는 하나님의 말씀을 붙든 것이었습니다. 이스라엘 백성은 "내가 너와 함께 하리라" 하는 하나님의 말씀을 눈에 보이는 무기나 말이나 군인들의 수나 튼튼한 성보다 더 믿었습니다. 이것이 바른길을 찾은 것입니다. 그리고 나서는 그 어느 하나 정복하기 쉬운 성이 없었지만 끝까지 꾸준하게 인내심을 가지고 하나씩 정복해나갔습니다. 그렇게 했더니 결국 바산의 모든 성이 다 무너졌던 것입니다. 이스라엘 백성은 이 똑같은 원리를 가지고 가나안 땅 전부를 다 차지하게 되는 것입니다. 우리가 하나님 말씀의 가치를 알고 붙들었다면 우리는 바른길을 찾은 것입니다. 이제 우리는 눈에 보이지 않는 하나님의 말씀을 생명처럼 붙들고 나가야 합니다. 우리는 누가 뭐라고 하든지 죽으나 사나 이 말씀을 붙들고 나가야 합니다.

그리고 둘째로 우리는 아주 작은 일부터 차근차근하게 엄청난 인내심을 가지고 천천히 해나가야 합니다. 이때 주위에 있는 사람들은 우리 속도가 너무 늦다고 욕을 할 것입니다. 우리 자신도 무엇인가 새로운 변화를 추구하고 싶은 욕망을 많이 느낄 것입니다. 사람들은 같은 것만 자꾸 반복하니까 재미가 없다고도 할 것입니다. 또 이것도 해보고 저것도 해보고 여러 가지를 섞어서 해보는 것이 더 좋은 결과를 얻을 것이라고 주장도 할 것입니다. 그러나 그런 말에 흔들리면 길을 잃게 됩니다. 이스라엘 백성은 광야 사십 년 훈련을 통해서 하나님의 말씀이 없으면 한 걸음도 앞으로 나갈 수 없다는 사실을 배웠습니다. 이스라엘 백성이 아무리 몸부림쳐도 도무지 광야를 벗어날 수 없었습니다. 그러나 그들은 어떻게 되든지 철저하게 하나님의 말씀대로 최선을 다해보자고 했을 때 처음에는 생각지도 못했던 결과를 얻게 되는 것입니다.

그래서 우리가 하나님의 일을 하는 것은 높은 산에 올라가는 것과 같습니다. 처음 산 밑에서 높은 산을 쳐다보면 너무 높아서 도무지 올라갈 자신이 없습니다. 그러나 앞만 보고 한 걸음 한 걸음씩 꾸준히 올라가다 보면 나중에 산 밑이 저 아래에 보일 정도로 높이 올라가게 되는 것입니다.

그러므로 우리는 부딪쳐보기도 전에 너무 겁을 집어먹지 않기를 바랍니다. 그리고 한꺼번에 하나님의 일을 다 하려고 덤벼들거나 혹은 너무 많은 것을 한꺼번에 하려고 하지 말고 주어진 일을 최선을 다해서 하시기 바랍니다.

본문 성경을 보면 바산 왕 옥이 얼마나 거인이었는지 보여주고 있습니다.

3:11, "르바임 족속의 남은 자는 바산 왕 옥뿐이었으며 그의 침상은 철 침상이라 아직도 암몬 족속의 랍바에 있지 아니하냐 그것을 사람의 보통 규빗으로 재면 그 길이가 아홉 규빗이요 너비가 네 규빗이니라"

바산 왕 옥이 얼마나 거구였는가 하면 나무 침대로는 도저히 감당되지 않아서 철 침대를 만들어 썼습니다. 그런데 그 철 침대의 크기가 지금 도량형으로 세로 4미터, 가로 2미터 가까이 되었습니다. 이 사람은 마지막 남은 거인족이었습니다. 40년 전에 이스라엘 지도자들은 가나안의 성이나 거인들만 보고 지레 겁을 먹어서 약속의 땅을 포기하고 말았지만, 지금은 바로 그 똑같은 거인을 믿음으로 이겨내었던 것입니다.

3. 하나님의 전체 그림

하나님께서는 요단 동쪽의 헤스본과 바산의 땅을 이스라엘 세 지파에게 나누어주셨습니다. 그 지파가 르우벤 지파와 갓 지파와 므낫세 반 지파였습니다.

> 3:12-13, "그 때에 우리가 이 땅을 얻으매 아르논 골짜기 곁의 아로엘에서부터 길르앗 산지 절반과 그 성읍들을 내가 르우벤 자손과 갓 자손에게 주었고 길르앗의 남은 땅과 옥의 나라였던 아르곱 온 지방 곧 온 바산으로는 내가 므낫세 반 지파에게 주었노라"

우리가 생각하기에 온 이스라엘 백성이 힘을 합쳐서 길르앗과 바산 땅을 차지했으면 공평하게 열두 토막을 내어서 이스라엘 열두 지파가 골고루 차지하는 것이 옳을 것 같습니다. 그러나 하나님께서는 두 지파와 므낫세 반 지파에게 주시고 나머지 이스라엘 지파에게는 가나안 동쪽 땅을 전혀 주시지 않았습니다. 하나님께서 그렇게 하신 이유가 어디에 있을까요?

이스라엘 백성은 보지 못한 하나님의 큰 그림이 있기 때문입니다. 하나님의 머릿속에는 이스라엘 각 지파들이 차지할 땅의 그림이 다 그려져 있습니다. 그래서 눈앞에 보이는 것만 가지고 서로 차지하려고 싸울 필요가 전혀 없는 것입니다. 단지 두 지파 반은 먼저 자신의 땅을 차지했을 뿐이고 다른 지파에게는 더 좋은 땅이 기다리고 있습니다. 그러니까 이스라엘 백성은 다른 사람들이 먼저 성공하고 먼저 안정되는 것에 대하여 시기하거나 질투할 필요가 없었습니다. 하나님께서는 먼저 땅을 차지한 두 지파 반 사람들에게 먼저 가나안 땅을 건너가서 가나안 족속들과 싸워서 다른 지파가 땅을 차지하는 것을 도와주라고 하셨습니다.

오늘 우리가 알아야 할 것은 하나님께서는 나의 삶에 대해서도 거대한 그림을 가지고 계신다는 사실입니다. 우리는 하나님의 모자이크 그림을 완성해 나가고 있습니다. 우리는 다른 사람들이 나보다 빨리 성공하고 좋은 자리를 차지하는 것에 대하여 시기할 필요가 없습니다. 우리는 처음에 왜 하나님께서 나에게 이런 것을 안 주시는지 이해가 되지 않지만 시간이 지나고 나면 더 좋은 것을 주시기 위해서 그렇게 하신 것을 알게 될 것입니다.

그런데 중요한 것은 바산과 길르앗 땅이 하나님 축복의 맛보기라는 사실입니다. 즉 하나님께서는 이스라엘 백성이 이런 식으로 하나님의 말씀을 믿고 끝까지 인내하면 바산 나라를 정복했듯이 가나안 땅 전체도 차지하게 된다고 약속하셨습니다.

> 3:21-22, "그 때에 내가 여호수아에게 명령하여 이르기를 너희의 하나님 여호와께서 이 두 왕에게 행하신 모든 일을 네 눈으로 보았거니와 네가 가는 모든 나라에도 여호와께서 이와 같이 행하시리니 너희는 그들을 두려워하지 말라 너희의 하나님 여호와께서 친히 너희를 위하여 싸우시리라 하였노라"

그런데 여기서 사람들의 반응은 갈라지게 됩니다. 어떤 사람은 지금까지는 우연히 일이 잘되었지만, 앞으로도 이런 식으로 반드시 잘 된다는 보장이 없다고 생각해서 미래에 대해 벌벌 떠는 사람들이 있습니다. 어떤 의미에서 이것은 사실입니다. 이스라엘 백성이 헤스본이나 바산을 이긴 것은 자기들의 힘이 아니었습니다. 사실 자기들도 어떻게 해서 이렇게 잘 싸웠는지 이해가 되지 않았습니다. 그러나 하나님은 한 번만 우리를 도우시고 우리를 비참하게 망하도록 버리시는 분이 아닙니다. 하나님께서 지금까지 우리를 도우셨다면 앞으로도 우리를 도우시고 축복하실 줄 믿어야 합니다. 즉 이스라엘 백성은 지금까지 했던 대로 하기만 하면 앞으로 가나안 땅에서도 얼마든지 모든 적을 다 물리칠 수 있는 것입니다.

우리 성도들은 연단을 받으면서 오늘까지 살아왔습니다. 그러면 우리는 앞으로도 이 방식대로 믿으면 되는 것입니다. 그러나 많은 사람은 성공하고 난 후에는 더 세련되어야 하고 더 나은 원리가 필요하다고 생각해서 바른 믿음을 잃을 때가 많습니다.

우리는 우리 앞에 어떤 미래가 기다리고 있을지 알지 못합니다. 그러나 우리는 이미 부흥을 체험했고 하나님 말씀의 능력을 체험했습니다. 우리는 이 믿음 이대로 나가기만 하면 앞으로도 얼마든지 성공할 수 있을 것입니다. 우리는 이미 하나님의 복을 맛을 보았습니다. 이 축복과 부흥들이 작아도 이것은 우리가 앞으로도 이 믿음대로 나가면 된다는 하나님의 약속입니다. 우리의 이 신앙의 원리를 바꾸어야 할 이유가 없습니다. 우리는 지금까지 해온 방법 그대로 나가기만 하면 되는 것입니다.

우리는 불안한 세상을 보지 말고 어제나 오늘이나 동일하신 하나님을 붙들고 앞으로 계속 하나님의 능력으로 승리하는 성도들이 다 되시기 바랍니다.

05

이스라엘이 사는 길
신 4:1-9

요즘 많은 사람은 우리나라의 눈부신 발전에 대하여 놀라고 있습니다. 우리나라는 자원이나 돈은 물론 기술도 없고 식민지와 전쟁의 폐허 위에서 굶주리고 있던 가난한 나라였는데 이제는 세계 일곱 번째의 경제 대국이 되었습니다. 우리나라가 이렇게 기적적으로 부흥하게 된 비결은 하나님의 축복이 있었기 때문입니다. 이 하나님 축복의 배경에는 엄청난 영적인 부흥이 있었습니다. 그러나 최근에 우리나라 교회에 엄청난 영적인 교만과 독선이 팽배하면서 나라 전체에 부정적인 일들이 많이 일어나는 것을 볼 수 있습니다. 이것이 바로 오만이고 정신이 썩은 것입니다. 사람들이 정신이 썩으면 일단 배울 생각을 하지 않고 말도 되지도 않는 억지 고집을 부리는데 우리나라 지도자들이 하고 있는 행태가 바로 이것입니다.

모세가 이스라엘 백성에게 오늘 이 말씀을 전할 때 이스라엘은 광야에서 땅 한 평도 없이 떠돌아다니는 난민의 처지에 불과했습니다. 우선 나라가 되려면 땅이 있어야 하는데, 그들은 땅을 구하지 못했습니다. 그리고 군사력도 없고 경제력도 없었습니다. 그런데 모세는 이스라엘 백성에게 그들이 가나안 땅을 차지하고 잘 살 수 있는 길을 가르쳐 주었습니다. 그것은 오직 하나님의 말씀을 지키고 그대로 순종하며 사는 길이었습니다. 그러면 하나님께서는 이스라엘 백성은 아무 것도 없는 철저하게 빈털터리 상태에서 아주 큰 축복의 나라가 될 것이라고 약속하셨습니다.

오늘 이스라엘이 사는 길은 바로 우리가 사는 길입니다. 우리가 이 세상에서 잘만 하면 얼마든지 성공할 기회가 있을 것 같습니다. 그러나 이 세상의 어느 누구도 하나님의 축복 없이 성공한 사람은 없습니다. 하나님을 믿지 않는 사람도 복을 받는데 그들은 하나님이 자기에게 복을 주셨다는 것을 모르고 있습니다. 그러나 우리는 축복의 길을 분명히 알고 있습니다. 우리는 이 하나님의 말씀의 길을 걸어갈 때 세상의 복을 능가하는 복을 받게 되는데, 그것은 바로 하나님의 기적의 능력이 우리에게 임하게 되는 것입니다. 그래서 우리가 이 세상일들을 보면 반드시 사람의 머리대로는 안 된다는 것을 알 것입니다. 그것이 바로 하나님의 능력입니다. 우리는 하나님의 능력과 축복으로 성공할 것입니다.

1. 이스라엘이 사는 길

4:1, "이스라엘아 이제 내가 너희에게 가르치는 규례와 법도를 듣고 준행하라 그리하면 너희가 살 것이요 너희 조상의 하나님 여호와께서 너희에게 주시는 땅에 들어가서 그것을 얻게 되리라"

모세는 이스라엘 백성이 이 세상에서 망하지 않고 사는 길을 분명하게 제시하고 있습니다. 그것은 하나님의 말씀을 듣고 순종하는 것입니다.

"이제 내가 너희에게 가르치는 규례와 법도를 듣고 준행하라 그리하면 너희가 살 것이요"

지금 이스라엘 백성의 형편은 사람은 많지만 살 수 있는 땅을 한 평도 소유하지 못했습니다. 그렇다고 군사력이 있는 것도 아니고 무기가 준비되어 있는 것도 아니고 돈이 많은 것도 아니었습니다. 어떤 의미에서 그들은 거의 맨몸으로 도망쳐 나온 피난민과 같은 처지였고 이 세상 어느 곳에서도 환영받지 못하는 사람들이었습니다. 이 넓은 세상에 이스라엘 백성이 갈 곳은 없었습니다. 하나님의 능력으로 애굽을 탈출했지만 이 넓은 세상에 가서 살 수 있는 곳은 어디에도 없었습니다. 인간적인 생각으로는 아직도 돈이 많은 애굽에 다시 종으로 들어가든지 아니면 영원히 광야에서 떠도는 수밖에 없었습니다.

그러나 하나님은 그들에게 다른 것은 걱정하지 말고 오직 하나님의 말씀을 듣고 그대로 순종하기만 하면 살 것이라고 말씀하셨습니다. 즉 이미 이스라엘 백성에 대한 하나님의 계획은 서 있었는데 그들이 해야 할 것은 하나님의 말씀만 죽도록 붙들고 지키는 것입니다. 그러면 하나님께서 가나안 땅도 차지하게 해주시고 복이 있는 큰 나라가 되게 해주시고 다른 나라의 공격에서도 망하지 않게 지켜주시겠다고 약속하셨습니다. 우리가 생각하기에 이보다 더 쉬운 방법이 어디에 있겠습니까? 그러나 이것은 생각보다 결코 쉽거나 간단한 것이 아니었습니다.

우리가 하나님의 말씀을 붙드는 것이 어려운 것은 이것이 그냥 손으로 붙든다고 해서 되는 것이 아니기 때문입니다. 우리가 하나님의 말씀을 붙들면 하나님의 말씀이 우리 속을 관통하게 되는데, 이때 우리는 모든 인간적인 생각과 방법을 다 버리고 내 모든 재주나 자랑을 버리는 대수술을 받게 됩니다. 그래서 하나님의 말씀을 붙들라는 것은 그냥 형식적으로 하나님의 말씀을 듣는 것을 말하는 것이 아니라 우리가 하나님의 말씀을 통해서 변화되어서 오직 하나님만 의지하는 의존적인 사람이 된다는 것입니다.

　여기서 이스라엘 백성이 이해하기 어려웠던 것은 사실 그들이 가만히 있는다고 해서 가나안 땅이 저절로 얻어지는 것이 아니었기 때문입니다. 그들이 가나안 땅을 차지하려면 어차피 가나안 족속들과 전쟁해야 하는데 그 전쟁은 결코 쉬운 것이 아니었습니다. 온 힘을 다 쏟아부어도 사실은 불가능한 일이었습니다. 그런데 하나님께서는 그들에게 다른 것은 걱정하지도 말고 오직 하나님의 말씀만 붙들고 지키라고 하시는데 이것이 현실적으로 불가능한 일이었습니다.

　그러면 하나님께서 이스라엘 백성에게 명령하시는 것이 무엇일까요? 우리는 이 세상에서 성공하려고 하면 하나님도 믿어야 하고 세상 공부나 일도 해야 합니다. 이것이 우리에게 엄청난 스트레스가 될 것입니다. 우리는 도저히 자신이 없는 일들을 끊임없이 죽을힘을 다해서 해야 합니다. 그래서 우리는 기도 없이는 살아갈 수 없습니다. 그리고 하나님의 말씀을 붙들고 나가면 하나님이 나의 미래를 축복해주신다는 사실을 믿어야 합니다. 하나님을 믿는 사람들은 세상 사람들과 비교하면 분명히 불리할 것입니다. 하나님도 믿고 공부도 해야 하고, 또 하나님도 믿고 일도 해야 하기 때문입니다.

　그러나 우리는 그것을 두려워해서는 안 됩니다. 하나님께서 우리에게 지혜를 주셔서 감당하게 하시기 때문입니다. 그렇다고 우리는 하나님을 믿기 때문에 최고로 모든 일을 잘할 것이라는 과대망상증에 빠지면 실패하게 됩니다. 왜냐하면 이것은 바른 믿음이 아니기 때문입니다. 우리가 최선은 다하지만 정확하게 자신의 실력을 알고 있다면 틀림없이 성공할 수 있습니다. 하나님께서 해낼 수 있는 지혜와 방법을 가르쳐주시기 때문입니다. 그래서 우리가 하나님의 말씀을 듣고 순종한다는 것은 성경만 읽고 아무것도 하지 않는 것을 말하지 않습니다. 오히려 이것은 신앙을 앞세우되 나에게 주어진 공부나 일에 최선을 다해야 하는 것을 의미합니다.

세상 사람들의 능력은 어떻게 하면 이 세상에 있는 것들을 많이 모을 수 있느냐 하는 데 달려 있습니다. 돈과 지식을 모으며 표를 모을 수 있는 것이 능력입니다. 그러나 하나님의 백성에게 중요한 것은 하나님과 막혀 있는 관계를 뚫어서 하나님의 복이 나를 통하여 이 세상에 쏟아지게 하는 것입니다. 그러면 이 세상에 있는 복도 진정으로 가치 있는 복으로 변하게 됩니다.

그래서 우리는 이 세상에 두 가지를 다해야 합니다. 즉 우리는 하나님도 믿어야 하지만 나에게 주어진 일도 최선을 다해서 해야 합니다. 그래서 하나님의 백성은 게으를 시간이 없습니다. 우리는 너무 모든 것을 걱정해서는 안 됩니다. 우리는 단지 종으로 최선을 다하기만 하면 되는 것입니다. 그러면 하나님이 모든 것을 해결해주실 것입니다.

하나님의 복을 받지 못하면 아무리 돈을 많이 벌고 공부를 많이 했다 하더라도 전혀 행복하지 않습니다. 우리가 살 수 있는 길이 무엇입니까? 그것은 하늘의 복을 이 세상에 부어지게 하는 것입니다. 하나님의 복이 부어지게 하는 방법은 말씀과 믿음밖에 없습니다. 이 땅에 하나님의 사랑이 부어지고 하나님의 은혜와 축복이 부어질 때 이것이 우리가 망하지 않는 길입니다.

2. 하나님의 말씀을 붙드는 데 주의 사항

여기서 하나님께서는 이스라엘 백성에게 세 가지를 당부하고 있습니다.

첫째는 하나님의 말씀을 가감하지 말라는 것입니다.

4:2, "내가 너희에게 명령하는 말을 너희는 가감하지 말고 내가 너희에게 내리는 너희 하나님 여호와의 명령을 지키라"

이스라엘 백성은 절대로 하나님의 말씀을 가감해서는 안 됩니다. 여기서 가감한다는 것은 하나님의 말씀에 자기 생각을 집어넣거나 하나님의 말씀을 취사선택을 하는 것인데, 그래서는 안 된다는 것입니다.

특히 이스라엘 백성은 하나님의 말씀에 세상의 신화와 다른 종교, 철학이나 세상의 지식을 집어넣어서 희석해서는 안 됩니다. 하나님의 말씀을 희석하면 능력도 희석되어버립니다. 희석된 말씀을 듣고 만들어진 믿음은 바른 믿음이 아니기 때문에 하나님을 향하여 바로 나아가지 못하고 이상한 방향으로 가게 만들므로 아무리 애를 쓰고 몸부림을 쳐도 하나님의 축복이 오지 않게 됩니다. 그러나 오염되지 않은 순수한 하나님의 말씀은 단 하나의 말씀도 기적을 불러일으키며 죽은 영혼을 살려냅니다. 순수한 하나님의 말씀은 단 한 번만 들어도 죽어가던 사람이 힘을 얻고 살아나게 됩니다.

특히 이스라엘 백성은 하나님의 말씀에서 좋은 부분만 취사선택해서 들으려고 해서는 안 됩니다. 만일 사람들이 하나님의 말씀을 골라서 듣기 좋은 축복의 말씀만 듣고 책망하는 저주의 말씀을 듣지 않으면 신앙이 바르게 자라지 않게 됩니다. 만일 우리가 하나님의 백성이라면 당연히 하나님의 순수한 말씀을 먹어야 하며, 또 하나님의 말씀을 먹어야 한다면 성경 전체의 내용에 관심을 가지는 것이 당연합니다.

오늘 우리나라 교인들의 문제도 바로 여기에 있습니다. 하나님의 말씀에 대한 편식이 너무 심하다는 것입니다. 그래서 죄를 지적하고 책망하는 말씀은 절대로 들으려고 하지 않습니다. 그러니까 설교도 은혜스러운 부분만 골라서 하게 되니까 신앙이 자라지 않고 조금만 시험이 와도 다 넘어지고 마는 것입니다. 우리는 성경에 다른 것을 집어녕을 생각을 해서는 안 되고 성경을 체계적으로 전부 다 배울 생각을 해야 합니다. 그러면 우리의 신앙이 아주 장성한 사람의 신앙이 될 것입니다. 이런 신앙의 사람은 웬만한 시험이 와도 거뜬히 이길 수 있습니다.

두 번째는 우상과 음행을 주의하라는 것입니다.

4:3, "여호와께서 바알브올의 일로 말미암아 행하신 바를 너희가 눈으로 보았거니와 바알브올을 따른 모든 사람을 너희의 하나님 여호와께서 너희 가운데에서 멸망시키셨으되"

이스라엘에게 가장 무서운 유혹은 하나님만 섬기지 않고 우상을 하나님과 같이 섬기려고 하는 것입니다. 만일 이스라엘 백성이 아무리 시시한 우상이라도 받아들이게 되면 하나님의 능력은 마비되게 됩니다.

여기 '바알브올' 사건은 무엇입니까? 이스라엘 백성의 광야 생활이 거의 다 끝나갈 무렵 모압 왕이 이스라엘 사람을 시험하기 위하여 발람이라는 선지자를 청하여서 이스라엘 백성을 저주하려고 했습니다. 그리고 실제로 발람은 돈을 받고 이스라엘을 저주하려고 했습니다. 그러나 하나님이 발람의 입을 막으셔서 저주하지 못하고 오히려 축복하는 말을 하게 했습니다.

그래서 그 후에 발람은 모압 왕으로 하여금 이스라엘 백성이 지나가는 길 옆에 모압의 여인들로 하여금 우상에게 제사하면서 이스라엘 백성을 유혹하게 했는데 그들이 여기서 무너지면서 많은 사람이 우상의 제물을 먹고 여자들과 성관계를 맺었던 것입니다. 그래서 하나님께서 그들을 치셔서 이만 사천 명이 죽은 사건이 있었습니다. 이스라엘 백성은 무려 사십 년 동안 모세의 신앙 훈련을 받았는데 모압 여인의 유혹을 받은 한순간에 사십 년 훈련받은 것이 다 물거품이 되고 말았습니다. 그리고 하나님은 그들을 치셔서 결국 바알에게 절하고 모압 여자와 관계를 한 사람은 다 죽게 하셨습니다. 이스라엘 백성은 전쟁하지 않았는데도 이만 명이 넘는 사람들이 단번에 죽어버렸습니다.

이것을 보면 우상이나 음행이 얼마나 하나님의 백성에게 치명적인 영향을 주는지 알 수 있습니다. 하나님의 백성은 절대로 다른 우상에 절을 하거나 머리를 숙여서는 안 됩니다. 그리고 사람이 성적으로 타락하는 순간 그 가치는 똥값으로 폭락하게 됩니다.

세 번째는 끝까지 하나님께 붙어 떠나지 않아야 한다는 것입니다.

4:4, "오직 너희의 하나님 여호와께 붙어 떠나지 않은 너희는 오늘까지 다 생존하였느니라"

여기서 '붙어 떠나지 않는다'는 말은 무슨 의미입니까? 다른 사람이 우리를 아무리 떼어 놓기 위하여 흔들고 몸부림을 쳐도 사생결단을 하고 붙어 있어야 산다는 것입니다.

어린아이들은 누군가 모르는 사람이 엄마로부터 아이를 떼어놓으려고 하면 기를 쓰면서 엄마에게서 떨어지지 않으려고 합니다. 아이들은 엄마에게서 떨어지는 순간 죽는다고 생각하기 때문입니다. 마찬가지로 이스라엘 백성이 광야에서 죽지 않고 살아남은 것은 하나님께 붙어서 떨어지지 않았기 때문입니다.

그러나 이 세상에는 우리를 하나님으로부터 떼어놓으려는 것이 너무나 많이 있습니다. 이 세상에는 할 수만 있으면 우리로 하여금 하나님으로부터 느슨하게 붙어 있게 해서 기회만 있으면 떼어버리려고 하는 일들이 많습니다. 이때 우리는 하나님에게서 쉽게 떨어져서는 안 됩니다. 우리는 아예 목숨을 걸고 하나님을 붙잡으면 죽지 않고 살게 되는 것입니다.

하나님과 우리 사이에는 틈이 생기면 안 됩니다. 우리는 하나님을 마치 연인들이 서로 한창 사랑하듯이 열렬하게 사랑해야 합니다. 연인들은 사랑할 때 하루라도 보지 않으면 못살 것 같고 한순간이라도 목소리를 듣지 못하면 죽을 것 같은 심정으로 서로 사랑합니다. 그런데 문제는 하나님은 눈에 보이지 않는데 어떻게 사랑할 수 있느냐는 것입니다. 우리는 하나님의 말씀으로 사랑하게 됩니다.

3. 하나님의 말씀을 붙들 때 얻는 유익

만일 이스라엘 백성이 하나님의 말씀을 꼭 붙들고 그대로 지키면 어떻게 될까요? 하나님께서는 그것에 대하여 여러 가지 약속을 하셨습니다.

첫째로 이스라엘 백성은 어디서나 형통하게 될 것입니다.

4:5, "내가 나의 하나님 여호와께서 명령하신 대로 규례와 법도를 너희에게 가르쳤나니 이는 너희가 들어가서 기업으로 차지할 땅에서 그대로 행하게 하려 함인즉"

지금 이스라엘 백성은 광야에 있고 가나안 땅을 차지한다는 것은 상상할 수도 없는 일이었습니다. 그러나 하나님께서 가르쳐주신 말씀대로만 하면 광야에서 형통했듯이 가나안 땅에서 형통하게 될 것입니다. 그 이유는 하나님은 동일하게 역사하시기 때문입니다. 이스라엘 백성이 하나님의 말씀을 붙들고 순종하면 그들은 반드시 가나안 땅을 차지하게 될 것입니다. 단지 그들은 그 자세한 과정은 알지 못합니다.

그러나 언젠가는 가나안 땅을 처지하게 될 것입니다.

오늘 우리가 이 세상을 사는 것을 보면 믿지 않는 사람들은 문제를 푸는 방법은 잘 아는데 답을 알지 못하는 것 같습니다. 그러나 우리는 문제의 답은 아는데 풀이 과정을 모르는 때가 많습니다. 세상 사람들은 그때그때 일은 잘 해결하는데 결국 자기가 어디로 가는지 모릅니다. 그런데 우리는 언젠가는 분명히 하나님이 나를 축복하시며 귀하게 사용하실 텐데 언제 어떻게 그렇게 하실지 모릅니다. 이때 우리는 끝까지 하나님의 말씀을 따라가면 됩니다. 하나님의 말씀 안에 풀이도 있고 답도 있기 때문입니다.

그러나 또 한 가지를 더 말씀하십니다. 그것은 가나안 땅에 들어간 후에도 이 광야에서 들은 말씀대로 살아야 한다는 것입니다. 즉 이스라엘 백성이 가나안 땅에 들어갈 때까지만 하나님의 말씀을 붙들고 그 후에는 버려도 되는 일회용이 아니라 가나안 땅에 들어간 후에도 계속 이 광야의 말씀을 붙들어야 한다는 것입니다. 그러나 이것은 매우 어려운 일입니다. 그러나 이스라엘 백성은 광야의 하나님의 신앙을 부끄러워해서는 안 되고 광야의 체험들을 부끄러워해서는 안 됩니다. 이스라엘 백성은 아무리 시대에 뒤떨어진 신앙이라 하더라도 기쁜 마음으로 그대로 지킬 때 순수한 신앙이 유지되는 것입니다.

하나님 앞에서 가장 위험한 것은 성공하고 난 후에 그리고 유명해지고 난 후에 하나님 앞에서 교만해지는 것입니다. 이스라엘이 교만해지면 하나님의 축복의 문은 다시 닫히게 됩니다. 그래서 우리는 이 세상에서 아무리 좋은 것을 많이 가지고 아무리 유명해져도 하나님 앞에서 가난하고 겸손한 마음을 잃어버리지 않으면 절대로 망하지 않습니다.

두 번째로 하나님의 말씀을 지켜 행하면 다른 모든 나라 사람이 인정하는 큰 나라 백성이 됩니다.

4:6, "너희는 지켜 행하라 이것이 여러 민족 앞에서 너희의 지혜요 너희의 지식이라 그들이 이 모든 규례를 듣고 이르기를 이 큰 나라 사람은 과연 지혜와 지식이 있는 백성이로다 하리라"

이스라엘 백성이 하나님의 말씀을 지켜 행하면 하나님께서는 그들에게 세상의 모든 지혜와 지식을 능가하는 지혜와 지식을 주십니다. 그래서 이방 사람들이 이스라엘의 지혜와 지식을 보았을 때 지혜와 지식이 있는 백성이라고 인정할 것입니다. 우리는 가끔 신문에서 어떤 나라에 대하여 나라는 큰데 정치인들이 대국답게 행동하지 않는다고 비난하는 것을 볼 수 있습니다. 이것은 나라는 큰데 큰 나라답게 행동하지 않는다는 뜻입니다. 그러나 이스라엘 백성은 누구든지 만나 보면 이미 스케일이나 접근 방식이 다른 것을 볼 수 있습니다. 하나님의 백성은 하나님의 지혜를 가지고 접근하기 때문입니다.

세 번째는 우리가 하나님의 말씀을 붙들 때 하나님이 가까이 오십니다.

4:7, "우리 하나님 여호와께서 우리가 그에게 기도할 때마다 우리에게 가까이 하심과 같이 그 신이 가까이 함을 얻은 큰 나라가 어디 있느냐"

우리가 하나님의 말씀을 붙들고 기도할 때 하나님은 바로 우리 곁에 찾아오십니다. 그래서 우리의 모든 신음 소리를 들으시고 우리 눈에서 눈물을 다 닦아주시는 것입니다. 양은 목자가 없으면 도저히 살 수 없는 짐승입니다. 목자가 없을 때 양은 때로 굶기도 하고 때로는 매를 맞기도 하고 무서운 짐승에게 쫓기기도 합니다. 그러나 목자의 소리가 들리는 순간 양은 모든 두려움과 공포에서 벗어나게 됩니다. 우리에게 하나님의 말씀은 하나님이 우리에게 찾아오신 것이고 목자가 바로 우리 곁에 계신 것입니다. 목자가 우리의 모든 상처를 치료해 주실 것이요 우리의 주린 배를 채워주실 것입니다.

우리가 하나님의 말씀을 들을 때 하나님은 바로 우리 옆에 서서 계십니다. 우리의 얼굴을 살피고 계시고 우리의 다친 부분을 보고 계신 것입니다. 우리가 하나님의 말씀을 가지고 기도하면 하나님은 반드시 우리에게 가까이 오셔서 우리의 모든 기도를 다 들어주십니다.

하나님께서는 이스라엘 백성에게서 가장 염려하시는 것이 그들이 너무나도 쉽게 하나님의 은혜를 잊어버리고 세상에 동화되는 것이었습니다. 그래서 하나님은 이스라엘 자손에게 돈이나 명예를 지키는 것보다 자기 마음을 지켜서 하나님의 은혜를 잊어버리지 않도록 하라고 말씀하셨습니다.

4:9, "오직 너는 스스로 삼가며 네 마음을 힘써 지키라 그리하여 네가 눈으로 본 그 일을 잊어버리지 말라 네가 생존하는 날 동안에 그 일들이 네 마음에서 떠나지 않도록 조심하라 너는 그 일들을 네 아들들과 네 손자들에게 알게 하라"

우리는 은혜를 받는 것도 중요하지만 은혜를 지키는 것이 더 어렵고 중요합니다. 사람이 어려울 때는 간절한 마음으로 은혜를 사모하고 하나님을 붙들지만, 편해지거나 물질적으로 복을 많이 받게 되면 그만 마음이 방심해져서 눈앞에 있는 것으로 만족해버리게 되기 때문입니다.

우리는 아무리 이 세상에 좋은 것이 많고 또 많은 것을 가지고 있다 하더라도 그것으로 만족해서는 안 됩니다. 우리는 하나님의 은혜에 주리고 목마른 자들이 되어서 더 하나님의 말씀을 붙들어야 합니다. 세상이 우리를 아무리 하나님에게서 떼어놓으려고 해도 떨어지지 말아서 한 사람도 실족하지 않고 끝까지 다 살아남는 성도들이 다 되시기를 바랍니다.

06

시내 산 체험

신 4:10-22

우리나라에서는 높은 자리에 있거나 혹은 유명하고 인기 있는 자리에 있는 사람들을 공인이라고 부르면서 다른 일반인들보다 높은 도덕성을 요구하는 것을 볼 수 있습니다. 그래서 고위직에 있는 사람들을 임용하기 전에 국회에서 청문회를 하는데 거기서 많은 비리나 잘못이 드러나면서 결국 임명이 취소되는 것을 많이 볼 수 있습니다. 그래서 우리나라에서는 도대체 똑똑한 사람 중에서 장관을 시킬 사람이 없을 정도로 비리가 없는 사람이 없다는 말을 하는 사람들이 있습니다. 그러나 많은 사람은 이렇게 하는 것이 당연하다고 생각합니다. 높은 자리에 올라가거나 사회적으로 큰 영향을 미치는 위치에 있는 사람들은 더 높은 수준의 도덕성이 요구된다고 보기 때문입니다.

그러나 이런 현상은 신앙의 영역에서도 똑같이 적용될 수 있습니다. 즉 우리가 하나님의 위대한 말씀을 듣고 하나님의 엄청난 축복을 받는다면 하나님께서는 우리에게 예전이나 다른 사람보다 훨씬 더 성숙함을 요구하시는 것입니다. 하나님은 이스라엘 백성이 출애굽하는 과정에서 그들에게 많은 능력과 축복을 부어주셨습니다. 하나님께서 그들에게 이런 놀라운 기적을 체험하게 하신 것은 "너희는 과거 애굽에 종으로 있을 때보다 혹은 다른 이방인보다 훨씬 성숙한 자세로 신앙생활을 해야 한다"는 것을 요구하시는 것이라 할 수 있습니다.

그러나 이스라엘 백성은 은혜는 은혜대로 받고 위대한 말씀은 들었지만 옛날 애굽에서 종살이할 때처럼 유치한 상태에 머무르려고 했기 때문에 무려 사십 년 동안 광야를 돌아다니게 되었습니다. 오늘 우리에게 중요한 것은 우리가 위대한 체험을 하고 위대한 말씀을 들었을 때 어떻게 하면 더 성숙한 사람이 될 수 있는가를 진지하게 고민해야 한다는 것입니다.

1. 시내 산의 놀라운 체험

이스라엘 백성은 출애굽 하면서 하나님의 엄청난 능력을 목격하게 되었습니다. 이스라엘 백성이 경험한 기적은 대략 네 가지로 요약할 수 있습니다. 그 첫 번째가 애굽에 임했던 열 가지 재앙이었고, 그 다음이 홍해가 갈라지는 기적이었습니다. 이때 그들은 홍해와 애굽 군대 사이에 끼여서 죽을 수밖에 없었는데, 하나님이 바다를 가르시면서 이스라엘 백성을 건너게 하셨고 추격하던 애굽 군대는 모두 바다에 빠져서 죽었습니다. 그리고 세 번째는 이스라엘 백성이 하늘에서 내리는 만나라는 것을 먹게 된 것이고, 또 물이 없을 때 반석을 쳐서 생수가 터져 나온 기적이었습니다. 그리고 네 번째는 모세가 시내 산에서 율법을 받은 것입니다. 아마도 이 네 가지 기적 중에서 어느 하나도 이스라엘 백성에게 덜 중요한 기적은 없을 것입니다. 이스라엘 백성은 하나님의 열 가지 재앙과 홍해가 갈라지는 기적 때문에 애굽에서 나올 수 있었습니다. 그리고 그들은 지금 하늘에서 만나가 내리고 있기 때문에 하루하루 굶어죽지 않고 살아가고 있습니다. 그런데 그중에서 이스라엘 백성에게 가장 중요한 것은 살아계신 하나님의 음성을 듣고 율법의 말씀을 받은 것이었습니다.

이스라엘 백성은 시내 산에서 하나님의 말씀을 받을 때 특별한 기적을 체험했습니다. 하나님께서는 시내 산 앞에 모든 이스라엘 백성을 다 모이게 하신 후에 불이 붙는 가운데서 하나님의 계명을 모세에게 주셨습니다.

4:10, "네가 호렙 산에서 네 하나님 여호와 앞에 섰던 날에 여호와께서 내게 이르시기를 나에게 백성을 모으라 내가 그들에게 내 말을 들려주어 그들이 세상에 사는 날 동안 나를 경외함을 배우게 하며 그 자녀에게 가르치게 하리라 하시매"

하나님은 모든 이스라엘 백성이 보는 앞에서 살아계신 하나님의 음성을 육성으로 듣게 하셨습니다. 하나님이 그렇게 하신 이유는 하나님이 살아계신 것을 모든 이스라엘 백성으로 하여금 깨닫게 하기 위함이었습니다. 즉 여호와라는 하나님은 모세가 만들었거나 조상들이 상상했던 신이 아니라 실제로 살아계신 분이라는 사실을 믿게 하시려는 것입니다.

하나님은 모세에게 이스라엘이 하나님을 경외하는 법을 배우게 하라고 하셨습니다. 여기서 하나님을 경외한다는 것은 하나님이 살아계시고 나를 보고 계신 것을 인식하면서 사는 것을 말합니다. 우리에게 하나님이 살아계셔서 우리가 하는 모든 일을 다 보고 계신다는 것은 너무나도 심각한 일입니다. 왜냐하면 만약 어떤 사람이 나의 행동 일거수일투족을 지켜보고 있다면 부담이 되어서 아무것도 할 수 없기 때문입니다. 그런데 하나님께서는 이스라엘 백성에게 하나님이 항상 그들의 모든 행동을 보고 계신다고 말씀하셨습니다.

그래서 우리는 하나님 앞에서는 아무것도 감출 수 없고 하나님 앞에서 우리의 모든 것은 다 드러나게 됩니다. 그래서 하나님의 백성들은 하나님이 보시기 때문에 엄청난 스트레스를 받게 됩니다. 그러나 이것 때문에 우리는 결국 죄를 회개하게 되고 자꾸 하나님 앞에 정직하게 살려고 노력하게 됩니다. 결국 이 긴장이 우리가 사는 비결입니다. 만일 사람에게 통증이 없다면 뜨거운 물건도 겁 없이 만지고 다른 사람에게 맞아도 피하지 않고 또 몸이 아파도 병원에 가지 않아서 결국은 죽게 될 것입니다. 우리는 하나님이 살아계신다는 것을 알기 때문에 양심이 덜 타락하게 되는 것입니다. 이스라엘 백성은 사실 죄를 짓고 싶어도 하나님 때문에 죄를 짓지 못하는 것입니다.

그런데 이스라엘 백성이 하나님을 가장 강하게 인식할 수 있는 시간은 함께 모여서 말씀을 들을 때입니다. 우리가 하나님의 말씀을 듣는 것은 하나님께서 바로 내 옆에서 우리에게 이 말씀을 하시는 것입니다. 만약 이스라엘 백성이 하나님을 인식하지 않는다면 하나님을 믿지 않는 자들과 다를 바가 아무것도 없게 됩니다. 그래서 하나님의 말씀을 듣는 시간이 우리를 살리며 깨우는 시간입니다.

이스라엘 백성이 하나님의 말씀을 들을 때 아주 특별한 체험을 했습니다.

> 4:11-12, "너희가 가까이 나아와서 산 아래에 서니 그 산에 불이 붙어 불길이 충천하고 어둠과 구름과 흑암이 덮였는데 여호와께서 불길 중에서 너희에게 말씀하시되 음성뿐이므로 너희가 그 말소리만 듣고 형상은 보지 못하였느니라"

하나님께서 모세와 이스라엘 백성에게 말씀하실 때 그냥 평범한 언어로 말씀하신 것이 아니라 불과 연기 가운데서 아주 뚜렷한 언어로 말씀을 하셨습니다. 여기서 '어둠'이라고 했는데 아마도 하나님의 말씀이 없는 곳은 아주 캄캄했던 것 같습니다. 그런데 하나님이 말씀하시면서 환한 불이 일어나서 이 불빛이 산도 비추고 이스라엘 백성들도 비추었습니다. 그들은 하나님의 말소리는 들었지만 하나님의 얼굴은 보지 못했습니다. 하나님의 말씀이 없었던 호렙산은 캄캄했는데 하나님의 말씀이 선포되면서 불이 붙게 되고 결국 온 세상이 환해지게 되었습니다.

이스라엘 백성의 최고의 축복은 하나님의 음성을 듣는 것입니다. 오늘 우리에게도 최고의 기적은 하나님의 말씀이 내 귀에 들리는 것입니다. 우리에게 하나님의 말씀이 들리는 것은 하나님이 나에게 찾아오신 표징입니다. 특히 오늘 우리 모두는 형편과 처지가 다 다른데 성령님은 나에게 맞는 말씀을 듣게 하십니다. 이것이 바로 설교의 이적입니다. 그래서 우리가 하나님 앞에서 하나님의 말씀을 듣는 것이 최고의 은사이고 최고의 기적인 것을 알아야 합니다. 만일 그 이상을 기대하게 되면 그것은 우상 숭배에서 나온 교만이고 타락한 마음입니다.

하나님의 말씀은 불이었습니다. 하나님의 말씀은 온 산을 밝혔을 뿐 아니라 산 밑에 있는 이스라엘 백성의 얼굴도 밝혔고 그들의 진영도 밝혔습니다. 그러나 말씀이 없는 곳은 완전히 새카만 흑암뿐이었습니다. 결국 다윗이 시편에서도 말했듯이 하나님의 말씀은 내 발에 등이요 내 길에 빛이십니다(시 119:105). 캄캄한 밤에 길이 보이지 않으면 많은 고생 하면서 길을 가게 되고, 길을 찾지 못해서 방황하고 점점 더 위험한 곳으로 가게 됩니다. 그러나 하나님의 말씀이 있을 때는 모든 것이 대낮처럼 환하므로 넘어지지도 않고 웅덩이나 골짜기에 빠지지 않고 안전하게 길을 갈 수 있습니다. 결국 우리 인생길이 바른 목표를 향하여 나아가기 위해서는 하나님의 말씀이 있어야 합니다. 하나님의 말씀이 없는 인생은 아무리 기를 쓰고 돌아다녀도 결국 같은 자리를 계속 맴돌거나 아니면 더 위험한 곳으로 들어갈 뿐입니다.

그리고 하나님의 말씀이 불이었다는 것은 생명이 있고 능력이 있음을 의미합니다. 불이 붙으면 모든 것이 다 타 죽게 되어 있습니다. 그러나 하나님의 말씀은 생명이 있으므로 불 가운데도 모세는 죽지 않았습니다. 오히려 모세는 사십일 동안 음식을 먹지도 않고 물을 마시지도 않았는데 살았습니다. 아무리 이 세상이 기근이 심하고 불이 붙어도 하나님의 말씀만 있으면 우리는 살게 되어 있습니다. 이스라엘 백성은 불붙는 사막을 사십 년 동안 돌아다녔지만 아무도 굶어 죽지 않았습니다. 하나님의 말씀은 생명이기 때문입니다. 하나님의 말씀은 죽은 생명을 살려내고 사탄의 세력을 쳐부수는 능력이 있습니다. 하나님의 말씀이 있는 곳에는 사탄이 힘을 쓰지 못합니다.

2. 이스라엘의 위험

하나님께서 우리에게 큰 은혜나 체험을 주실 때는 우리에게 기대를 하십니다. 그것은 우리가 위대한 하나님의 말씀을 듣고 은혜를 받았으면 이제는 어린아이 같은 유치한 상태에서 벗어나서 성숙한 신앙이 되어야 한다는 것입니다. 그러나 우리에게 가장 어려운 것이 바로 이것입니다. 우리는 여전히 유치한 상태에 있는 것이 더 편하기 때문입니다.

그러나 하나님께서 이스라엘 백성에게 여러 번의 기적을 체험하게 하신 것은 이제 이만큼 살아계신 하나님을 체험했으니까 옛날처럼 유치한 어린아이 같은 모습을 벗어버리고 성숙한 신앙이 되어서 하나님의 말씀을 사랑하고 지키라는 의미입니다. 그러나 그들은 이 엄청난 하나님의 능력을 체험하고서도 옛날 애굽의 종살이 하던 습관을 버리지 못했습니다. 그래서 그들은 먹을 것이 없으면 모세를 원망했고 물이 떨어지면 우리를 죽이려고 여기로 데리고 왔다고 불평하면서 모세를 원망했습니다. 하나님은 유치한 짓을 하는 이스라엘 백성을 매로 치셨습니다. 그래서 어느 곳에서는 불뱀이 그들을 물기도 했고, 또 금송아지를 만들었을 때는 하나님께서 이스라엘 백성을 다 죽이려고 하시기도 하셨습니다. 그리고 그들은 이 유치함 때문에 가나안 땅 입구까지 왔지만 들어가지 못하고 사십 년을 돌아다녀야 했던 것입니다.

사실 우리는 모두 신앙적으로 더 성숙하고 싶은데 그것이 잘 안 됩니다. 이것은 우리 힘으로 잘되지 않습니다. 우리가 자꾸 하나님의 말씀을 듣고 부르짖으면서 기도해야 과거를 벗어버리고 미래를 향해서 나갈 수 있습니다. 우리가 옛날 옷을 벗고 새 옷을 입으려고 하면 자꾸 자기 자신에 대하여 새로운 인식이 생겨야 하는 것입니다.

그래서 하나님께서는 이스라엘 백성이 두 가지 큰 함정에 빠질 수 있다고 경고하셨습니다.

첫째는 이스라엘 백성들이 하나님의 말씀만으로 만족하지 못하고 어떤 형상을 만들어서 하나님을 섬기는 위험입니다.

4:15-18, "여호와께서 호렙 산 불길 중에서 너희에게 말씀하시던 날에 너희가 어떤 형상도 보지 못하였은즉 너희는 깊이 삼가라 그리하여 스스로 부패하여 자기를 위해 어떤 형상대로든지 우상을 새겨 만들지 말라 남자의 형상이든지, 여자의 형상이든지, 땅 위에 있는 어떤 짐승의 형상이든지, 하늘을 나는 날개 가진 어떤 새의 형상이든지, 땅 위에 기는 어떤 곤충의 형상이든지, 땅 아래 물 속에 있는 어떤 어족의 형상이든지 만들지 말라"

하나님은 이스라엘 백성에게 어떤 우상도 만들지 말라고 말씀하셨습니다. 그런데 첫째는 왜 인간은 자꾸 이런 형상들을 만들려고 할까요? 물론 우리 인간에게는 예술적인 재능이 있어서 우리가 보고 생각한 것을 이미지로 만들고 싶은 욕망이 있습니다. 그러나 하나님은 예술을 하지 말라고 하신 것이 아니라 숭배의 목적으로 만들지 말라고 금하신 것입니다. 그런데 왜 꼭 어떤 형상을 만들어서 숭배하려고 할까요? 그것은 어떤 상대방에게 의미를 부여할 때 종교적인 본성이 충족되어서 굉장히 만족스럽기 때문입니다.

그리스 사람 중에 '피그말리온'이라는 사람이 있었는데, 그 사람은 자기가 이상적으로 생각하는 여자를 대리석으로 조각해서 옷을 입히고 침대에 재우면서 아예 같이 살았습니다. 물론 그렇게 해봐야 돌이지만, 그 사람은 그것을 여자라고 상상할 때 굉장한 만족감이 생겼던 것입니다.

사실 사람들은 누군가가 자기 기분이나 생각을 알아주거나 표현해 줄 때 감동하게 됩니다. 사람들은 자신의 다른 부분은 다 불순하다 하더라도 자기 안에 있는 종교적 감정이나 정성은 순수하다고 믿습니다. 그러나 하나님은 바로 그런 종교성이 가장 타락해 있어서 순수하지 못하다고 경고하시는 것입니다.

하나님의 말씀은 불이기 때문에 일단 우리 속에 들어오면 우리의 모든 죄를 다 밝히고 다 태우고 모든 더러운 것을 다 없애게 됩니다. 그래서 사실 우리가 하나님의 말씀을 듣는 시간은 우리 영혼이 수술받고 치료받는 시간이기 때문에 가장 고통스러운 시간일 것입니다. 그래서 사람들은 할 수 있으면 하나님의 말씀을 듣는 것보다는 스스로의 상상에 만족하려고 합니다.

또 하나님은 이스라엘 백성에게 이방인의 사상이나 종교를 따라가지 말라고 경고하셨습니다.

이스라엘 백성이 가장 이해되지 않는 것이 있습니다. 그것은 자기들이 최고의 하나님을 믿고 이방인은 다 가짜 신을 믿기 때문에 자기들이 최고의 복을 받고 이방인은 다 망해야 하는데 그렇지 않다는 것입니다. 오히려 이스라엘 백성이 이방인을 보니까 자기들보다 더 실력도 있고 더 잘 살고 더 복도 많이 받고 있습니다. 이것은 도대체 어떻게 된 것일까요? 바로 여기서 이스라엘 백성의 성숙한 자세가 요구되는 것입니다. 하나님이 예수 믿지 않는 사람들에게 부를 주고 명성을 주시는 것은 그들이 부모 없는 자식 같아서 그들을 사랑하시기 때문입니다. 그러나 세상 사람들이 아무리 잘 살아도 우리에게는 하나님이 계십니다. 하나님은 이 세상의 어떤 돈이나 명성보다 더 큰 복입니다. 그래서 하나님의 백성은 이방인들이 아무리 복을 받고 잘 살아도 그것을 부러워하지 말고 하나님께서 주신 복으로 만족하고 더 성숙한 자세로 살아가야 합니다.

많은 사람이 말하기를 "우상은 그냥 인간이 만든 생각의 표현이 아니지 않느냐?"고 질문할지 모릅니다. 그러나 우상은 하나님이 가장 싫어하시는 것이고 이스라엘로부터 하나님의 능력을 모두 빨아먹는 영적인 거머리였던 것입니다. 이스라엘 안에 우상이 있으면 하나님의 능력은 마비가 되었습니다.

3. 모세의 낙오

모세는 이제 요단강을 건너서 가나안 땅으로 진격하는 이스라엘 백성에게 가장 비장하고 엄숙한 말을 남깁니다.

4:20-22, "여호와께서 너희를 택하시고 너희를 쇠 풀무불 곧 애굽에서 인도하여 내사 자기 기업의 백성을 삼으신 것이 오늘과 같아도 여호와께서 너희로 말미암아 내게 진노하사 내게 요단을 건너지 못하며 네 하나님 여호와께서 네게 기업으로 주신 그 아름다운 땅에 들어가지 못하게 하리라고 맹세하셨은즉 나는 이 땅에서 죽고 요단을 건너지 못하려니와 너희는 건너가서 그 아름다운 땅을 얻으리니"

여기서 모세는 이스라엘 백성을 하나님께서 쇠 풀무불에서 끌어내셨다고 강조하고 있습니다. 하나님께서 애굽을 '쇠 풀무불'이라고 말씀하신 것은 이스라엘 백성이 애굽에서 무지무지하게 고생했다는 의미가 있습니다. 쇠를 풀무불에 넣어서 녹이면 뻘건 쇳물이 됩니다. 대장장이는 그 뻘건 쇳물을 틀에 부어서 쟁기도 만들고 괭이나 칼도 만드는 것입니다.

이스라엘 백성은 쇠도 녹일 정도로 심한 고난 가운데 살아남았습니다. 그 이유가 어디에 있을까요? 그것은 하나님의 말씀이 그들을 지켜주었기 때문입니다. 그러니까 하나님의 백성이 하나님의 말씀만 붙들면 불에 들어가도 살고 물에 들어가도 살 수 있는 것입니다. 다른 민족 같으면 이 정도의 핍박이나 연단을 받으면 다 멸망 받아서 없어졌을 것입니다. 그러나 이스라엘 백성은 이런 고난을 통해서 더 순수해지고 더 깨끗해졌습니다.

하나님께서 이스라엘 백성에게 이런 고생을 하게 하신 것은 하나님의 유익한 도구를 만들기 위함이었습니다. 그런데 하나님께서는 모세에게 너는 결코 가나안 땅에 들어가지 못한다고 말씀하셨습니다. 그래서 모세는 결국 광야에 혼자 남게 됩니다. 왜 모세는 끝까지 가나안 땅에 들어가지 못하고 광야에 남아야만 했을까요? 모세는 딱 한 번 이스라엘 백성 앞에서 혈기를 부린 적이 있습니다. 즉 이스라엘 백성이 물이 없다고 모세를 원망하고 불평하니까 화가 나서 반석을 두 번 친 적이 있는데, 그 행동에서 하나님의 영광을 가렸기 때문입니다.

그런데 모세가 가나안 땅에 들어갈 수 없는 또 다른 이유가 있었습니다. 그것은 이스라엘 백성이 앞으로는 모세와 함께 있을 때보다 더 성숙한 신앙이 되어야 하기 때문입니다. 모세는 광야에서 불순종하는 이스라엘 백성을 인도하다 보니까 강한 카리스마가 필요했습니다. 그래서 모세의 지팡이에서는 능력이 나타났고 모세의 얼굴에서 빛이 났습니다. 그러나 이스라엘 백성이 가나안 땅에 들어갈 때는 모세의 지광이나 얼굴의 광채 없이 오직 율법의 말씀 하나만 붙들고 가나안 땅에 들어가서 그 땅을 정복해야 하는 것입니다. 그래서 인간 모세가 있으면 그들은 하나님을 의지할 생각을 하지 않고 모세만 쳐다보려고 하기 때문에 오히려 더 손해입니다. 그래서 여호수아는 능력의 지팡이나 얼굴의 광채 없이 요단강을 가르고 여리고성을 무너뜨리며 태양을 멈추게 하는 기적을 나타내게 됩니다.

지금도 우리 세대는 옛날보다 더 성숙한 신앙이 필요한 세대입니다. 여호수아와 이스라엘 신세대는 하나님의 말씀만 믿고 가나안 땅을 정복했습니다.

하나님께서는 오늘 우리 민족에게 보다 성숙한 시민 의식을 요구하고 계십니다. 만약 우리 민족이 이런 하나님의 요구를 외면하고 끝까지 자기 고집을 부리고 떼를 쓰면서 서로 다투고 싸운다면 우리나라는 더 후진적인 나라가 될 것입니다. 오늘 우리 믿는 우리에게는 광야 세대보다 훨씬 더 높은 신앙을 요구하고 계십니다. 우리는 아무리 다른 사람들이 이 세상에서 성공하고 출세해서 부러워 보인다고 하더라도 그런 것을 너무 부러워해서는 안 됩니다. 우리는 아무것도 눈에 보이는 것 없고 손에 잡히는 것 없어도 하나님의 말씀 하나 붙들고 세상을 이겨야 하는 것입니다.

우리는 하나님의 말씀으로 만족하고 하나님의 말씀이 양식이 되며 세상에서 아무리 가진 것이 없다 하더라도 만족하고 감사하며 다른 사람들을 축복하는 위대한 신앙의 사람들이 다 되시기를 바랍니다.

07

소멸하는 불이신 하나님

신 4:23-40

20세기에 들어와서 인류는 지금까지 경험하지 못했던 엄청난 에너지를 찾아내게 되었는데 그것은 바로 핵에너지였습니다. 미군은 이 핵에너지를 찾아내는 데 성공해서 일본에 두 개의 폭탄을 떨어트렸는데 그 폭탄이 떨어진 히로시마와 나가사키는 완전 잿더미로 변했습니다. 아마 이런 실전 경험이 없었더라면 사람들은 핵무기의 위력을 믿지 않았을 것입니다.

그런데 이스라엘 백성은 지금의 핵무기보다 더 무서운 위력을 경험하게 되었는데 그것은 바로 하나님 자신이었습니다. 이스라엘 백성이 출애굽할 때 하나님은 애굽 땅에 여러 차례 재앙을 내리셨는데 그 하나하나가 그야말로 핵무기급이었습니다. 이때 이스라엘 백성이나 애굽 사람들이 놀랐던 것은 애굽 땅에 나타났던 하나님의 재앙들은 모두 거의 메가톤급의 핵폭발과 같았지만 이 재앙들이 전부 하나님의 말씀의 통제를 받는다는 사실이었습니다.

대개 우리 인간이 세상에서 겪는 재앙들은 그야말로 '속수무책'입니다. 우리 인간은 홍수나 지진, 쓰나미가 덮치면 그야말로 손을 쓰지 못하고 당하고 맙니다. 그러나 애굽에 나타난 재앙들은 그 하나하나가 엄청난 것들이었지만 모두 정확하게 모세의 말과 기도에 통제가 되는 것들이었습니다. 하나님의 능력의 절정은 역시 홍해가 갈라지는 것이었습니다. 이스라엘 백성이 출애굽할 때는 물벽이 세워져서 그들이 바다를 다 건너갈 때까지 바다를 갈라놓고 서 있었습니다. 이스라엘 백성이 더 놀랐던 것은 시내 산에서 하나님께서 임재하실 때 온 산이 불붙었고 진동하는데 그중에 하나님께서 말씀하셨다는 것입니다. 이것도 거의 메가톤급의 핵 위력이었습니다. 그러나 이스라엘 백성은 이런 위력 가운데서도 아무도 죽지 않고 하나님의 말씀을 받았습니다.

여기서 이스라엘 백성은 놀라운 사실을 깨달았어야만 합니다. 그것은 하나님 자신이 핵무기의 수억만 배 되는 위력을 가진 분이라는 사실입니다. 그러나 하나님께서 이스라엘 백성에게 말씀으로 찾아오실 때는 이 핵무기가 재앙이 아니라 축복으로 변하게 된다는 것입니다.

본문은 만일 이스라엘 백성이 하나님의 축복을 받은 후에 하나님의 말씀을 저버리고 우상을 만들거나 다른 신을 섬기게 될 때 어떻게 될 것인지 경고하시는 말씀입니다. 이스라엘 백성이 하나님의 말씀을 놓치게 되고 하나님을 마음과 뜻과 정성을 다하여 섬기지 않으면 결국 이 하나님의 능력이 재앙으로 변하게 되어서 그들은 초토화되어버리고 말 것입니다. 그래서 이스라엘 백성에게 가장 무서운 적은 자신들의 교만이고 하나님의 말씀을 멀리하는 자만심입니다. 그러므로 이스라엘 백성에게 가장 중요하면서도 어려운 문제는 어떻게 하면 하나님만 붙들고 하나님의 말씀만 붙들고 살 수 있을까 하는 것입니다.

1. 이스라엘의 책임

어느 나라든지 중요한 위치에 있는 사람들은 모두 무엇인가를 해야 할 책임이 있습니다. 우리나라 한전 직원들은 우리나라의 전기가 정전되지 않도록 스물네 시간 전기의 수요와 공급을 체크해야 할 책임이 있습니다. 만약 우리나라 전기가 블랙아웃이 되어버리면 전자시설들이 회복할 수 없는 피해를 입게 됩니다. 또 여름에 태풍이 밀려오면 전 공무원들은 비상근무 해서 집에 가지도 못하고 홍수의 피해 상황이나 복구 상황을 지켜보아야 합니다.

마찬가지로 하나님의 백성은 이 세상에서 그들만이 해야 할 매우 중요한 책임이 있습니다. 그것은 언제나 하나님의 말씀을 붙들고 하나님의 진노를 막아야 할 책임이 있다는 것입니다.

> 4:23-24, "너희는 스스로 삼가 너희의 하나님 여호와께서 너희와 세우신 언약을 잊지 말고 네 하나님 여호와께서 금하신 어떤 형상의 우상도 조각하지 말라 네 하나님 여호와는 소멸하는 불이시요 질투하시는 하나님이시니라"

오늘 모든 인간의 살고 죽는 것은 바로 이 하나님의 말씀 속에 다 들어있다고 볼 수 있습니다.

먼저 본문에서 하나님을 "소멸하는 불"이라고 말씀하고 있습니다. 여기서 '소멸하는 불'이라는 것은 어마어마한 에너지를 가지신 하나님을 말합니다. 과학자들은 오래전 우주가 만들어질 때 거대한 폭발이 있었다고 합니다. 사실 하나님은 태양을 만드시고 거대한 폭발을 만드신 분이십니다. 그 하나님 앞에서 우리 인간이나 지구는 아무것도 아닙니다. 그런데 문제는 그 하나님이 이스라엘 백성 안에 계시다는 사실입니다. 이것은 마치 이스라엘 백성이 핵무기 수억만 개를 늘 가지고 있고 원전을 늘 가동시켜서 살고 있는 것과 같습니다.

이때 이스라엘 백성이 가장 신경 써야 하는 부분은 자신들의 행복이나 성공이 아니라 하나님의 진노를 잘 막아내는 일입니다. 하나님의 가장 중요한 성품은 우리 인간의 죄를 용납하실 수 없다는 것입니다. 여기서 인간의 죄라는 것은 우리 인간이 피조물이면서 창조자이신 하나님을 인정하지 않고 자기가 최고인 것처럼 자기 멋대로 사는 것을 말합니다. 그래서 인간의 일차적인 문제는 바로 이런 영적인 교만입니다. 하나님께서는 인간의 이런 교만에 대하여 자동적으로 진노하시게 됩니다.

그래서 우리 인간은 하나님이 가까이 오셔서 진노하시면 모두 멸망할 수밖에 없습니다. 그러나 사람들이 오늘까지 멸망하지 않고 살 수 있었던 것은 하나님께서 스스로 참으시고 숨으셨기 때문입니다. 그것이 바로 '성전'의 비밀이었습니다. 이스라엘의 성전은 하나님의 진노를 축복으로 바꾸는 위력이 있었습니다.

그러나 이스라엘의 두 번째 문제는 하나님은 그들을 사랑하시며 결코 포기하시지 않는다는 것입니다. 본문에 보면 "질투하는 하나님이시니라"고 말씀하고 있습니다. 여기서 '질투'라는 말은 부부 사이나 사랑하는 연인 사이에 나타나는 특별한 감정입니다. 부부나 연인은 자기가 사랑하는 사람을 다른 사람에게 빼앗기지 않고 완전히 소유하기 위해서 질투하게 됩니다. 즉 사람은 자기가 사랑하는 사람을 너무나도 사랑하기 때문에 어느 누구에게도 절대로 빼앗기지 않으려고 합니다. 하나님께서 우리 인간을 시시하게 생각하셔서 일찌감치 포기하셨더라면 우리 인간의 문제는 오히려 더 간단할 수도 있었을 것입니다. 사랑하지 않고 소중하지 않는 사람은 그만 포기해버리고 상대하지 않으면 그것으로 끝이기 때문입니다. 그러나 하나님은 우리의 죄에 대하여 너무나도 진노하시지만 다른 한편으로는 우리 인간을 너무나도 사랑하셔서 이스라엘 백성은 한 사람도 잊지 아니하시고 모두 다 기억하시며 절대로 포기하지 않으신다는 것입니다.

우리는 내가 하나님을 모르기 때문에 하나님도 나를 모르실 것이라고 생각하든지, 아니면 내가 실컷 죄를 짓고 못된 짓을 많이 했기 때문에 하나님께서는 '나 같은 존재'는 생각도 하지 않으리라 생각합니다. 그러나 하나님은 우리 같은 죄인들을 한 사람도 잊지 아니하시고 포기하지 아니하십니다.

하나님께서는 이스라엘 백성에게 이 사실을 분명히 알려주셨습니다. 왜냐하면 이스라엘 백성의 살고 죽는 문제를 결정하는 것은 하나님과의 관계에 달렸기 때문입니다. 즉 이스라엘 백성이 다른 모든 것을 포기하고 오직 하나님의 말씀대로만 순종하면 하나님은 이스라엘을 축복하시고 그들에게 살 수 있는 길이 열리는 것입니다. 즉 '소멸하는 불이신 하나님'이 이스라엘을 축복하시는 능력과 기적의 하나님이 되시는 것입니다. 그리고 이스라엘 백성이 목숨을 걸고 하나님의 말씀을 붙들 때 이 말씀은 모세가 했던 것처럼 재앙을 통제할 수 있는 능력의 말씀이 됩니다.

이스라엘 자손이 발견했던 놀라운 사실은 이스라엘 백성이 하나님의 심판을 축복으로 바꾸는 능력을 가지고 있다는 것이었습니다. 소멸하는 불이신 하나님께서 애굽 땅에는 무려 열 가지 재앙을 내리셨지만 이스라엘 백성에게는 생명과 구원의 능력으로 나타나셨습니다. 이스라엘 백성에게는 재앙 대신에 홍해를 가르는 능력으로 나타나셨고, 바위를 치니까 생수가 터져 나왔습니다. 아침마다 하늘에서 만나를 내리게 하셨고, 모든 질병으로부터 치료하는 능력으로 나타났던 것입니다.

2. 이스라엘 백성의 위기

이스라엘 백성은 어마어마한 하나님의 능력을 가진 백성이었기 때문에 이 세상에서 두려워하거나 걱정할 것이 아무것도 없었습니다. 이스라엘 백성은 길이 없으면 홍해를 치듯이 바다를 치면 되는 것이고 마실 물이 없으면 반석을 때리면 충분했습니다. 그러나 이스라엘 백성의 위기는 너무 행복하게 잘 사는 데서 나타나게 되었습니다.

4:25-26, "네가 그 땅에서 아들을 낳고 손자를 얻으며 오래 살 때에 만일 스스로 부패하여 무슨 형상의 우상이든지 조각하여 네 하나님 여호와 앞에 악을 행함으로 그의 노를 일으키면 내가 오늘 천지를 불러 증거를 삼노니 너희가 요단을 건너가서 얻는 땅에서 속히 망할 것이라 너희가 거기서 너희의 날이 길지 못하고 전멸될 것이니라"

이스라엘 백성에게 가장 위험한 것은 그들의 마음이 부패해지는 것입니다. 여기서 부패해진다는 것은 마음이 진지하지 못하고 호기심이나 욕심을 따라서 하나님을 더 이상 두려워하지 않는 것입니다.

하나님께서는 이스라엘 백성이 가나안 땅에서 아들을 낳고 손자를 얻고 오래 살 때 그들이 더 이상 하나님의 말씀을 중요하게 생각하지 않고 세상의 욕심을 따라가게 될 텐데, 그것을 마음이 부패하게 된다고 말씀하고 있습니다. 우리는 음식이 상했으면 일단 냄새가 나고 맛이 변하기 때문에 먹을 수 없습니다. 그런데 우리는 자주 사람의 마음이 부패하는 것을 보게 됩니다. 우리 인간에게 가장 무서운 것은 하나님을 향해서 맛이 가는 것입니다. 그러면 더 이상 인간은 하나님을 겁내지 않고 오히려 하나님을 부정하며 하나님이 싫어하는 일을 더 골라서 하게 됩니다.

사람에게 있어서 이상한 것은 어려운 환난이 밀어닥치고 고통이 계속되면 하나님 앞에서 마음이 가난해지면서 간절하게 기도도 하고 하나님의 말씀도 사모하게 되는데, 어려움이 없이 오래 잘살게 되면 그때부터는 기도하고 말씀을 듣는 것보다는 자꾸 세상 사람들과 어울려서 유명해지려고 하고 자신의 생각과 능력을 하나님의 말씀보다 더 믿으려고 하는 경향이 나타나게 됩니다. 그래서 이스라엘 백성의 위기는 경제적으로 어렵고 살기 힘들 때 나타나는 것이 아니라 경제적으로 풍족하고 세상적으로 성공했을 때 나타나게 되는 것입니다.

이스라엘 백성이 이미 잘살게 되고 난 후에 계속 하나님 앞에서 가난한 마음을 가지고 기도하고 긴장한다는 것은 참으로 어려운 일입니다. 신앙에서도 마찬가지입니다. 돈과 명예를 가지고 세상으로 나가면 얼마든지 존경을 받으면서 큰소리를 칠 수 있는데 구질구질하게 가난한 사람들과 같이 딱딱한 예배만 드리는 것이 되지 않는 것입니다. 그래서 이스라엘 백성은 성공하고 난 후에 점점 하나님을 멀리하게 됩니다. 결국 우리는 아무리 이 세상에서 성공하고 유명해져도 하나님 앞에서는 어린아이에 불과하고 한 죄인에 불과한데 그것이 싫은 것입니다. 그러면 결국 하나님은 진노하시게 되고 이스라엘 백성은 아무리 성공하고 잘 산다 하더라도 빨리 망하게 될 것입니다.

또 이스라엘 백성이 잘 이해되지 않는 것은 자신들을 이방인들과 비교했을 때입니다. 이방인들은 하나님을 믿지 않는 자들이기 때문에 멸망해야 옳습니다. 그러나 이방인들은 하나님을 믿지 않고 우상을 섬기는데도 불구하고 망하지 않고 더 복을 받고 잘 살고 세상적으로도 더 출세하고 있다는 것입니다. 이스라엘 백성은 이해가 되지 않았습니다. 그러면서 이스라엘 백성도 마음속으로 우리가 혹시 하나님을 섬기지 않아도 망하지 않는 것이 아닐까 하는 유혹이 생기게 되었습니다. 그리고 일단 세상적인 방법으로 성공해놓고 보자는 유혹이 들게 됩니다.

이스라엘 백성이 마음이 부패하게 되는 가장 중요한 요인은 이방인들의 성공과 축복을 부러워하는 것입니다. 우리가 알아야 할 것은 하나님께서는 이방인들도 사랑하신다는 사실입니다. 하나님께서는 굳이 하나님을 믿지 않는다고 해서 그들이 이 세상에 살면서 비참하게 고통을 받아야 한다고 생각하시지 않습니다. 하나님은 악한 자나 선한 자 모두에게 비를 주시고 햇빛을 주시는 분이십니다. 오히려 하나님을 믿지 않는 자들이 이 세상에서만이라도 복을 받으면서 잘살게 되면 얼마나 좋습니까? 그러나 세상 사람들이 세상에서 아무리 좋은 것을 다 가진다 하더라도 우리보다 더 부자일 수는 없습니다. 왜냐하면 우리는 하나님을 가지고 있기 때문입니다.

또한 하나님의 백성은 이방인들이 받지 않는 많은 믿음의 연단을 받습니다. 하나님은 우리로 하여금 하나님 앞에서 더 정직하고 겸손한 사람이 되게 하시려고 연단을 받게 하십니다. 그러나 이것은 하나님이 우리를 사랑하시지 않거나 혹은 능력이 없어서서 그런 것이 결코 아닙니다. 그러나 사람들은 일단 눈에 보이는 결과만 가지고 판단하기 때문에 하나님을 믿는 사람들이 세상에서는 성공하지 못한다고 무시하는데 그것이 싫은 것입니다. 우리도 세상 사람들에게 이만큼 잘 살 수 있다는 것을 뽐내고 싶습니다. 그래서 이스라엘 백성 자신도 모르는 사이에 하나님으로부터 진노가 자꾸 흘러나오게 되는 것입니다.

우리는 이 세상에서도 나름대로 성공도 해야 하겠고 물질적인 복도 받아야 하겠지만 우리에게 더 큰 책임이 있습니다. 그것은 하나님의 진노를 축복으로 바꾸는 책임입니다. 우리에게 부흥이 계속 일어나면 모든 저주는 축복으로 변하게 됩니다. 이것이 전쟁을 막고 지진을 막고 경제적인 위기를 막을 수 있습니다. 그것을 위해서 우리는 하나님의 말씀에 미쳐야 합니다.

3. 이스라엘의 기적적 회복

이스라엘 백성에게 놀라운 것은 언제나 기적의 가능성이 있다는 것입니다. 이스라엘 백성은 아무리 망해서 인생 밑바닥까지 내려가 있어도 거기서 하나님의 말씀을 붙들면 다시 기적적으로 살아나게 됩니다.

4:29, "그러나 네가 거기서 네 하나님 여호와를 찾게 되리니 만일 마음을 다하고 뜻을 다하여 그를 찾으면 만나리라"

4:31, "네 하나님 여호와는 자비하신 하나님이심이라 그가 너를 버리지 아니하시며 너를 멸하지 아니하시며 네 조상들에게 맹세하신 언약을 잊지 아니하시리라"

하나님은 참 이상한 성품을 가지고 계십니다. 하나님은 죄는 절대로 용서하지 않고 심판하시지만, 누구든지 자기 죄를 인정하고 자복하면 한없이 자비로우십니다. 하나님이 얼마나 죄인을 사랑하시는지 죄를 짓지 않은 의인보다 더 사랑해주십니다. 이것은 우리 인간의 머리로는 이해할 수 없는 것입니다. 우리 인간은 아무래도 누군가 죄를 지은 사람이 있으면 그 사람이 밉습니다. 그리고 그를 비난하고 할 수 있으면 추방하고 싶을 것입니다. 그러나 하나님은 누구든지 하나님 앞에서 자기가 죄지었다는 것을 인정하고 겸손한 마음으로 나아오면 하나님은 그 죄를 다 용서해주시고 죄를 감추어주시고 죄를 지을 수밖에 없는 상황을 이해해주시고 복을 내려주십니다. 그래서 우리는 하나님의 인자하심을 맛보아 안다고 했습니다. 그런데 끝까지 자기가 잘났다고 생각해서 끝까지 회개하지 않고 버티는 사람은 전혀 생각하지 못했던 일에 불똥이 튀어서 자기 죄가 드러나서 심판받게 되는데 그때는 정말 자비 없는 심판을 받게 됩니다.

인간 중에서 죄짓지 않는 사람은 아무도 없습니다. 그런데 이상한 것은 사람이 죄를 지으면 마음이 더 굳어지고 강퍅해져서 도저히 하나님께 나오게 되지 않는다는 것입니다. 그런데 하나님이 사랑하는 사람은 자기 스스로 견디지 못해서 하나님 앞에 나와서 두 손 두 발 다 들고 항복하는데 이것이 사는 길입니다.

　그래서 이스라엘 백성에게 있어서 하나님의 언약이라는 것은 망한 자들에게는 완전히 노다지와 같은 것이었습니다. 하나님의 진노의 심판으로 망하고 흩어져서 전혀 소망이 없는 자들에게 하나님의 말씀이 되살아나는 것은 사랑의 하나님께서 그들을 찾아오신 것입니다. 그때 만나게 되는 것이 바로 자비의 하나님이십니다. 자비의 하나님은 회개하는 자에게 그렇게 관대하실 수 없으십니다. 회개하지 않고 끝까지 고집을 부리는 자들에게는 '국물'(?)도 없으신 하나님께서 일단 자기 죄를 뉘우치고 나아오는 자에게는 한없이 부드러우시며 한없이 은혜를 베푸시는 분이십니다. 그래서 하나님 앞에서 가장 좋지 못한 것은 자존심과 끝까지 내 생각대로 해 보겠다는 고집입니다. 이렇게 고집스러운 사람들은 하나님께서 끝까지 심판하시고 전혀 긍휼을 보이시지 않습니다.

　그래서 하나님께서는 이스라엘 백성이 가진 엄청난 재산을 소개해주셨습니다. 이것은 세상의 어떤 강한 군대나 무기나 돈과도 비교가 되지 않는 것입니다. 이스라엘의 가장 큰 재산은 하나님의 말씀이었습니다. 그래서 일부러 하나님께서는 시내 산에서 불 가운데서 말씀하시는 음성을 들려주셨습니다. 이스라엘 백성이 시내 산에서 들은 하나님의 음성은 수천만 개의 핵폭탄보다 더 위력 있는 소리였고 말씀이었습니다.

　그런데 이스라엘 백성은 그 무서운 말씀을 듣고서도 모두 죽지 않고 살아 있었습니다. 바로 이것이 이스라엘의 위력입니다. 이스라엘 백성은 하나님이 애굽에 믿지 않는 자들에게는 원자폭탄 같은 분이신 것을 보았습니다. 하나님의 말씀 한마디 한마디에 애굽에서는 사람의 힘으로는 도저히 불가능한 재앙들이 터지기 시작했습니다. 그러나 그 놀라운 재앙들이 철저하게 모세의 기도에는 복종하고 통제되는 것을 보았습니다. 그리고 이스라엘 백성에게 나타나신 하나님은 먹을 것을 주시는 여호와 이레의 하나님이셨고, 병든 자를 치료하시는 라파의 하나님이셨고, 적과 싸워 승리하시는 닛시의 하나님이셨습니다.

이스라엘 백성의 재산은 눈에 보이는 많은 돈이나 사회적인 지위가 아니라, 하나님 자신이었고 하나님의 말씀이었습니다. 이것은 도저히 이 세상의 그 어떤 돈이나 지식으로도 환산할 수 없는 재산입니다.

> 4:40, "오늘 내가 네게 명령하는 여호와의 규례와 명령을 지키라 너와 네 후손이 복을 받아 네 하나님 여호와께서 네게 주시는 땅에서 한 없이 오래 살리라"

우리가 하나님의 말씀을 붙들면 우리와 우리 자손이 천대까지 복을 받을 수 있습니다. 다른 사람들은 우리가 하나님의 말씀만 붙들 때 무식하며 융통성이 없고 독선적이라고 비난할 것입니다. 그러나 그들이 그렇게 할 수밖에 없는 것은 하나님 말씀의 맛을 모르기 때문입니다.

우리는 언제나 마음속에 아무도 알아주지 않는 말씀과 예배를 포기하고 세상에서 다른 사람들처럼 능력을 발휘해서 유명해지고 인기를 끌고 싶은 유혹이 있을 것입니다. 그러나 그렇게 되면 가장 심각한 것이 하나님의 진노를 막을 수 없다는 것입니다. 자동적으로 이 땅에 터지게 되어 있는 하나님의 진노의 심판을 아무도 막을 수 없게 됩니다.

지금 우리에게는 부흥의 불이 일어나고 있습니다. 우리는 하나님의 말씀만으로 얼마나 큰 축복과 기적이 일어나는지 눈으로 볼 수 있기를 바랍니다. 이 부흥의 불이 성도들의 병을 치료하며 젊은이의 미래를 열어주고 불말과 불병거가 되어서 이 나라를 지킬 줄 믿습니다.

08

가장 중요한 언약
신 5:1-15

이스라엘 백성이 시내 반도 광야를 무려 사십 년 동안 걸어서 모압 평지까지 오게 되었습니다. 이스라엘 백성은 지금까지 살아온 것도 까마득하지만 앞으로 그들이 살아갈 것을 생각하면 더 까마득했습니다. 왜냐하면 지금까지 이스라엘 백성은 더위나 추위를 참기만 하면 되었지만 앞으로 그들이 해야 할 일은 자기들보다 훨씬 강하고 무기와 문명을 갖춘 사람들과 전쟁해서 그들을 몰아내어야 하기 때문입니다. 그때 이스라엘 백성의 처지는 앞으로 더 갈 수도 없고 뒤로 물러설 수도 없는 형편이었습니다. 이럴 때 대개 사람들은 거기에 주저앉으면 된다고 하지만 그들은 거기에 주저앉을 수도 없었습니다.

아마 이것이 이 설교 말씀을 듣는 우리의 형편이 아닐까 생각됩니다. 우리 성도들이 지금까지 살아온 것을 생각하면 도대체 내가 어떻게 이 어려운 순간들을 이기고 여기까지 살아왔는지 기적 같은 생각이 들 것입니다. 그러나 우리가 앞으로 살아가야 할 미래를 생각해보면 더욱 자신이 없을 때가 많습니다. 우리는 도대체 어디로 가야 할지, 길조차 모르고 있는 것입니다. 이때 하나님께서는 이스라엘 백성에게 약속을 하나 하셨습니다. 그것은 그들이 지금 이 모압 평지에서 듣고 있는 하나님의 말씀을 배우고 지키면 하나님께서 이스라엘 백성의 미래를 축복해주시겠다고 약속하신 것입니다.

요즘 우리나라에서는 '2050'이라는 말을 많이 합니다. 우리나라 50대는 어렸을 때 모두 가난했지만, 죽도록 공부하고 일해서 이제는 부자가 되었습니다. 그러나 지금 20대는 어렸을 때는 부모가 주는 돈으로 과외도 하고 좋은 옷을 입고 학교를 다녔습니다. 그러나 이제는 사회에 나가야 하는데 직장은 구하지 못하고 아르바이트나 취업 준비로 시간을 보내고 있으니 이제 정말 가난하게 되었습니다. 그렇게 이제 우리나라는 2050세대가 모두 가난하게 되었습니다. 인생에 가장 자신이 넘치고 미래가 보장되었던 사람들이 가장 불확실하게 된 것입니다. 그러나 오늘 우리가 살 수 있는 길은 지금 우리가 듣는 이 하나님의 말씀을 붙들고 가는 것입니다. 오늘 하나님은 왜 우리가 하나님의 말씀을 붙들고 가면 복 받을 수 있는지 그 이유를 설명해주셨습니다.

1. 하나님의 약속

5:1, "모세가 온 이스라엘을 불러 그들에게 이르되 이스라엘아 오늘 내가 너희의 귀에 말하는 규례와 법도를 듣고 그것을 배우며 지켜 행하라"

하나님께서는 모압 평지에서 모세를 통해서 오늘의 이 말씀을 하시면서 이것은 하나님의 약속이라고 말씀하셨습니다. 즉 하나님께서는 오늘 하신 이 말씀에 의해서 반드시 지키셔야 하는 책임이 생기는 것입니다.

하나님께서 모세를 통해서 이스라엘 백성에게 하신 말씀은 "오늘 내가 너희의 귀에 말하는 규례와 법도를 듣고 그것을 배우며 지켜 행하라"는 것이었습니다. 우선 하나님께서 "오늘 내가 너희의 귀에 말하는" 것이라고 하셨습니다. 지금 "너희의 귀에 대어놓고 하시는"이라는 의미는 하나님의 말씀이 이스라엘 백성에게 아주 가까이 있다는 뜻입니다. 즉 하나님께서는 이스라엘 백성에게 너희가 가나안 땅에 들어가서 쫓겨나지 않고 살려고 하면 그들의 귀에 대어놓고 하시는 이 말씀을 배우고 지켜 행하라는 것입니다.

그런데 이스라엘 백성은 과연 하나님의 말씀만 배우고 있으면 모든 일이 저절로 될까 걱정했습니다. 하지만 하나님께서 하나님의 규례와 법도를 배우고 지켜 행하라고 하시는 명령은 세상 물정을 전혀 모르고 율법만 달달 외우라는 뜻이 아닙니다. 우리는 이 세상에서 살아야 합니다. 그러나 우리가 하나님의 말씀을 앞세우고 살아갈 때 하나님은 능히 이 세상을 이길 지혜와 힘을 주시는 것입니다. 우리가 하나님의 말씀을 우선해서 살아갈 때 하나님은 아무리 어려운 현실이라도 뚫고 나갈 힘과 지혜를 주시는 것입니다.

그런데 하나님은 이스라엘 백성에게 오직 하나님의 말씀만 붙들고 자기 머리나 세상 지혜를 의지하지 말라고 하셨습니다. 이것이 옛날 이스라엘 백성이나 오늘 크리스천에게 가장 어려운 문제입니다. 왜냐하면 하나님은 오직 하나님 율법의 말씀만 붙들라고 하시지만 세상 지식 중에는 너무나도 좋은 것이 많고 도움 되는 것이 많기 때문입니다. 그런데 우리가 너무 하나님의 말씀 하나만 붙든다는 것은 너무 지나치게 독선적이고 외골수에 빠지는 것이 아닐까 하는 생각이 듭니다. 하나님은 우리가 도박하듯이 하나님의 말씀에 내 모든 것을 다 걸어야 한다고 말씀하십니다. 왜냐하면 그래야 하나님도 하나님의 모든 것을 우리에게 주시기 때문입니다.

이스라엘 백성이 실패했던 이유는 세상의 좋은 것들에 욕심을 내어서 하나님의 말씀만 붙들지 못했기 때문입니다. 사실 이 세상의 많은 복도 다 하나님이 만드신 것입니다. 결국 우리가 만복의 근원이 되신 하나님을 붙잡으면 이 세상의 복도 자연적으로 오게 되어 있는 것입니다. 우리가 하나님의 최고 좋은 능력을 받으려면 우리도 세상을 향한 모든 욕심을 포기해야 합니다.

또 우리에게 갈등이 생기는 것이 있는데, 과연 우리가 하나님을 전적으로 붙든다고 해서 완전히 거룩한 신앙생활을 할 수 있느냐 하는 것입니다. 그것은 우리에게 불가능한 일입니다. 우리가 아무리 하나님을 믿고 말씀에 순종해서 산다고 하더라도 우리는 인간이기 때문에 죄를 짓기도 하고 불순종하기도 하고 세상을 따라가지 못해서 몸부림을 칠 때도 있습니다. 또 하나님은 우리의 신앙을 연단시키기 위해서 우리에게 많은 고난을 주십니다. 이때 믿는 사람들의 마음에 찾아오는 유혹은 내가 하나님을 열심히 믿어도 어려움이 오고, 세상으로 나가서 멋대로 살아도 어려움이 온다면 차라리 내가 하고 싶은 대로 실컷 세상으로 나가보자고 생각하기 쉬운 것입니다. 사실 이스라엘 백성이 망한 것이 바로 이런 생각 때문이었습니다.

우리가 하나님의 말씀대로 믿고 살아도 어려움이 오는 것은 징계가 아니라 하나님께서 우리에게 경건의 걸음마를 가르쳐주시는 것입니다. 그래서 믿음대로 살아도 어려움이 오는 것은 우리의 성장 과정이며 이것을 겪은 후에는 훨씬 더 강건한 자가 되어서 하나님의 큰 축복을 받게 됩니다. 그러나 말씀대로 살지 않아서 어려움이 오는 것은 장차 올 멸망에 대한 경고입니다. 몇 번 하나님께서 경고의 사인을 보내셔도 우리가 돌이키지 않으면 그때는 어마어마한 심판의 몽둥이가 날아오게 됩니다.

또한 우리가 아무리 믿음이 부족하고 연약하다 하더라도 위선적으로만 행하지 않으면 하나님은 절대로 우리를 버리지 아니하시고 축복해주십니다. 그래서 하나님은 우리에게 완전한 신앙을 요구하시는 것이 아니라 솔직한 것을 요구하시는 것입니다.

2. 하나님의 말씀의 능력

5:4-5, "여호와께서 산 위 불 가운데에서 너희와 대면하여 말씀하시매 그 때에 너희가 불을 두려워하여 산에 오르지 못하므로 내가 여호와와 너희 중간에 서서 여호와의 말씀을 너희에게 전하였노라"

이스라엘 백성이 처음 시내 산에서 하나님의 말씀을 받을 때 시내 산 전체가 불덩어리여서 그들은 산에 가까이 갈 수 없었습니다. 시내 산은 전체가 돌산으로 되어 있기 때문에 나무 한 그루가 없는 곳입니다. 그런데 어떻게 해서 나무도 없는 산이 불덩이가 될 수 있었을까요? 그것은 바로 하나님의 불 때문이었습니다. 하나님께서 시내 산에 임재하시는데 얼마나 뜨거우신지 산 전체가 불덩어리가 되어서 불붙었고 산이 폭발하려고 진동했습니다. 하나님께서 이런 불 가운데서 이 십계명의 말씀을 주셨던 것입니다.

그런데 왜 하나님은 이런 불 가운데서 이스라엘 백성에게 말씀을 주셨을까요? 그것은 가장 중요한 이유가 하나님의 본성을 보여주시기 위해서입니다. 이스라엘 백성이 경험했던 하나님은 원자폭탄의 수억만 배 되는 위력을 가지신 하나님이셨습니다. 그 하나님 앞에 누구도 설 수 없으며 어느 누구도 그 말씀을 받을 수 없었습니다.

아무리 이스라엘 백성이 하나님의 택한 백성이라고 해도 불에는 가까이 갈 수 없었습니다. 이스라엘 백성이 아무리 하나님을 만나고 복을 받기 원한다 하더라도 하나님은 엄청난 불 가운데 계시기 때문에 다른 어떤 것으로도 하나님께 접근하는 것이 불가능했습니다. 그러나 하나님께서는 이스라엘 자손이 얼마든지 하나님을 만나며 얼마든지 하나님을 가까이할 수 있는 아주 쉬운 방법을 가르쳐주셨습니다. 그것은 바로 모세가 전하는 하나님의 말씀을 듣는 것이었습니다. 모세가 전하는 말씀은 아주 난해한 철학적인 내용도 아니고 어려운 외국어를 공부해야 알 수 있는 어려운 언어도 아니었습니다. 그저 모든 이스라엘 백성이 일상적으로 사용하는 평범한 언어였습니다. 그리고 모세는 말을 하는 것이 유창하지도 못하고 어눌했으며 설교도 그렇게 세련된 설교가 아니었던 것 같습니다. 그러나 놀라운 것은 그 평범하고 쉬운 말씀 속에 불을 통과해서 이스라엘 백성은 얼마든지 하나님께 나아가서 복을 받을 수 있는 길이 있다는 것입니다.

오늘 어떤 의미에서 우리가 하나님의 말씀을 듣는 것은 참으로 쉽게 신앙생활을 할 수 있는 방법입니다. 우리에게 무슨 어려운 철학이나 문학적인 소양이 필요한 것도 아니고 어려운 라틴어나 히브리어나 헬라어를 능숙하게 잘해야 하는 것도 아닙니다. 또 우리가 한 번씩 죽었다가 다시 살아나는 체험이 있어야 하는 것도 아니고 며칠씩 금식하면서 기도를 해야 하는 것도 아닙니다. 우리는 단지 모여서 평범한 우리 언어로 전해지는 성경 말씀을 듣습니다. 그러나 바로 이것이 불이신 하나님께 가까이 나아가는 유일한 길인 것입니다. 그런데 왜 사람들은 이런 방식으로 하나님께 나아가려고 하지 않을까요? 아마도 가장 중요한 이유는 이 길이 너무 평범하고 시시하다고 생각해서 그러는 것 같습니다.

이스라엘 백성은 모세를 많이 미워하고 시기했습니다. 심지어는 고라 같은 족장은 모세에게 "왜 너만 독재하느냐?"고 하면서 대적하다가 땅이 갈라져서 죽기도 했습니다(민 16:1-35). 심지어는 모세의 누이 미리암도 모세를 흉보다가 나병에 걸려서 진영 밖으로 쫓겨나기도 했습니다(민 12:1-16). 왜 많은 사람이 모세를 시기하고 미워했을까요? 이유는 바로 이 말씀의 능력 때문이었습니다. 모세가 전하는 하나님의 말씀은 어려운 학적인 말씀이 아닙니다. 그리고 다른 사람은 흉내

낼 수 없는 고행이나 수양에서 나온 말씀도 아닙니다. 어떤 의미에서는 너무 쉽고 평범한 대수롭지 않은 말씀인데 능력은 거기에서 다 나타나는 것입니다.

오늘도 많은 사람이 몹시 어렵고 수준 높은 지식이나 대단한 영적인 체험이 있어야 하나님께 가까이 갈 수 있을 것으로 생각하는데 그렇게 나아가다가는 불에 타 죽을 것입니다. 아주 평범하고 쉬운 말씀 속에 하나님께 나아가는 유일한 길이 있습니다.

그리고 하나님께서 불 가운데 말씀하신 또 하나의 이유는 바로 이 말씀이 하나님의 불을 축복으로 바꾸는 능력이 있는 것을 가르쳐주시기 위해서입니다. 우리가 이 세상을 살아갈 때 인간의 힘으로는 어떻게 할 수 없는 많은 재앙이 닥쳐옵니다. 그런데 하나님의 말씀은 그 재앙들을 막는 능력이 있습니다. 우리 성도들이 하나님의 말씀을 듣고 믿으면 마음속에 부흥의 불이 붙게 됩니다. 이런데 이 부흥의 불이야말로 기적을 일으키는 불이고, 병을 치료하는 불이며, 불가능한 것을 가능하게 하는 불입니다.

사람들이 그냥 하나님께 나아가려고 하면 그 불은 죄인들을 태워서 죽이는 불이지만 말씀 속에 들어 있는 불은 살리는 불이요, 치료하는 불이요, 능력을 주는 불인 것입니다. 그래서 이스라엘 백성이 위대한 것은 그 하나님의 말씀을 듣고도 살아남았다는 것입니다. 오늘도 우리에게 가장 위대한 것은 하나님의 말씀을 듣는 것입니다. 하나님은 우리에게 많은 일을 하라고 말씀하시지 않습니다. 우리가 하나님의 말씀을 듣고 믿을 때 하나님은 우리에게 하나님 자신의 능력을 부어주십니다.

하나님의 말씀은 불입니다. 그러나 심판의 불이 아니라 능력을 주는 불이며 치료하는 불이며 사랑하게 하는 불입니다.

3. 하나님만 섬기라

5:6-7, "나는 너를 애굽 땅, 종 되었던 집에서 인도하여 낸 네 하나님 여호와라 나 외에는 다른 신들을 네게 두지 말지니라"

하나님께서 이스라엘 백성에게 가장 먼저 말씀하신 것은 그들이 존재하는 목적입니다. 이스라엘 백성이 이 세상에 존재하는 것은 자신들의 행복을 위해서가 아닙니다. 물론 하나님께서는 이 세상에서 하나님을 믿는 사람들을 축복하시고 모든 삶을 아름답고 풍성하게 하십니다. 그러나 그것이 그들이 존재하는 일차적인 목적은 아닙니다.

이스라엘 백성이 이 세상에 존재하는 가장 중요한 목적은 '하나님이 살아계신 것'을 나타내기 위함입니다. 그래서 이스라엘 백성은 일계명 때문에 존재하는 사람들이라는 것을 알아야 합니다. 즉 하나님이 이 세상의 모든 것을 창조하셨고 우리 인간을 만드셨으며 하나님만이 우리 모든 인간이나 피조물들로부터 영광을 받아야 할 분이라는 것을 나타내기 위해서 존재하는 것입니다. 만약 이스라엘 백성이 하나님의 존재를 나타내지 않고 자기들의 행복만을 추구한다면 이스라엘 자손은 더 이상 하나님 앞에서 존재해야 할 이유가 없는 것입니다.

그러나 이스라엘 백성이 하나님의 살아계심을 나타낸다는 것이 쉬운 것은 아니었습니다. 왜냐하면 이스라엘은 결코 강하고 큰 나라가 아니었기 때문입니다. 하나님께서 바벨론이나 앗수르 같은 나라에 하나님을 나타내라고 했다면 믿지 않는 자들을 다 죽이면 되었겠지만 이스라엘은 그렇게 크고 강한 나라가 아니었습니다. 이스라엘은 큰 나라도 아니고 강한 나라도 아닌데 무엇을 가지고 하나님을 나타내겠습니까? 그것은 이스라엘 백성이 하나님의 말씀을 붙들고 사는 그 자체였다는 것입니다. 하나님의 백성의 가장 놀라운 특징은 하나님의 말씀만 가지고 살아가는데 멸망하지 않고 하나님의 복이 임한다는 것입니다. 더 놀라운 것은 그 백성은 이 세상의 죄에 오염되지 않는 깨끗하고 순수한 백성이 되는 것입니다.

이스라엘 백성은 애굽에서 비참한 노예로 있다가 백 퍼센트 하나님의 은혜와 도우심으로 복을 받은 자들이었습니다. 그래서 이스라엘 백성은 앞으로도 하나님의 도우심으로 살아갈 수 있습니다. 지금까지 우리가 하나님의 능력으로 살아왔다면 앞으로도 얼마든지 하나님의 능력으로 살아갈 수 있습니다. 이것은 다른 민족들이 하나님 없이 자기 힘이나 우상의 힘으로 아무리 복을 받고 잘 살아도 그것과는 본질적으로 다른 것입니다. 우리의 복은 따로 준비되어 있고 우리의 길은 따로 있는 것입니다.

하나님은 이스라엘 백성에게 "다른 신들을 네게 두지 말라"고 하셨습니다. 이것이 바로 제일 계명입니다. 이것은 하나님 외에는 신이 없다는 것입니다. 마귀나 천사는 모두 피조물입니다. 그리고 다른 신들은 모두 사람들의 상상이 만들어 낸 것입니다.

그런데 여기서 가장 어려운 것이 하나님의 침묵입니다. 하나님은 자신만이 참 신이시면서 계속 침묵하고 계시다는 것입니다. 그것 때문에 인간은 하나님이 없다고 하기도 하고 자신들의 생각으로 만들어 낸 것을 신이라 부르기도 하고 그것을 숭배하기도 합니다. 그럼에도 불구하고 하나님께서 침묵하고 계신 것은 우리 인간의 인격을 끝까지 존중하시기 때문입니다. 하나님은 우리 인간에게 강압적인 힘으로 억지로 하나님을 믿게 하시는 것이 아니라, 자신의 지각을 사용해서 인격적으로 하나님을 찾기를 바라시는 것입니다. 정상적인 모든 인간은 하나님을 찾게 되어 있습니다. 마치 자녀가 부모를 모르면 인생이 풀리지 않는 것처럼 우리는 하나님을 만나지 않으면 인생 전체가 의문 부호이고 풀리는 것이 아무것도 없게 됩니다. 우리가 하나님을 인격적으로 만나지 못하면 마음속에 죽을 때까지 풀리지 아니하는 공허함이 있게 됩니다. 바로 이것이 인간 자신이 하나님을 찾지 않는 벌인 것입니다.

하나님은 자신을 질투하는 분이라고 말씀하고 있습니다. 여기서 질투한다는 것은 부부나 연인같이 사랑하는 사람 사이에서 사랑하는 사람을 빼앗기지 않으려고 하는 감정입니다. 사실 우리 인간은 하나님이 질투할 만한 대상이 아닙니다. 우리는 하나님 앞에서 벌레보다 더 무가치한 존재입니다. 그러나 하나님은 우리에 대하여 연인들이 서로 사랑하는 마음을 가지듯이 그런 감정으로 우리를 사랑하십니다. 이것이 우리를 엄청나게 불편하게 할 수 있습니다. 우리 인간은 하나님 없이 우리끼리 잘 지내면 훨씬 간단하게 살 수 있습니다. 그러나 하나님은 우리에게 하나님 수준의 사랑을 요구하십니다. 이것을 우리 머리로는 절대로 이해할 수 없습니다. 우리는 이것을 무조건 믿어 버려야 합니다. 그래서 우리도 하나님을 연인처럼 사랑하고 하나님을 절대로 다른 것에 빼앗기지 않기를 바랍니다.

하나님은 하나님을 사랑하고 그 계명을 지키는 자는 자손 천대까지 복을 주신다고 약속하셨습니다. 하나님을 사랑하는 것과 그 계명을 지키는 것은 같은 것입니다. 우리가 하나님을 사랑하는 것은 그분의 말씀을 사랑하고 지키는 것입니다. 그러면 자손 천대까지 복을 주십니다. 즉 부모가 말씀을 사랑하고 목사가 말씀을 사랑하면 자기도 모르게 그런 신앙을 배우게 되고 천대까지 부흥의 불길이 이어지게 되는 것입니다. 우리 성도들은 하나님을 최고로 사랑하시는 성도들이 다 되시기 바랍니다. 그래서 모두 자손 천대까지 복을 받는 축복의 가정이 다 되시기 바랍니다.

09

하나님의 법도

신 5:16-33

말이나 소를 키우는 목장에 가보면 울타리를 해서 소나 말이 밖으로 나가지 못하게 합니다. 소나 말을 울타리도 없이 그냥 키우면 밖으로 나가서 잃어버리게 되기도 하고 혹은 남의 밭에 들어가서 피해를 주기도 하고 또는 차에 치이거나 해서 죽을 수도 있기 때문입니다.

엄마가 아이들을 키워보면 아이들은 갇혀있는 것을 아주 싫어합니다. 그래서 처음 방바닥을 길 때는 보행기에 넣어주면 좋아하지만 조금 더 크면 보행기에서 꺼내 달라고 칭얼거리게 됩니다. 그리고 아이들이 조금 걷게 되면 엄마 손을 뿌리치고 자기가 가고 싶은 대로 달려가는데 찻길 같은 데로 달려가기 때문에 빨리 붙들지 않으면 위험하게 됩니다.

사회가 문명화되면 될수록 사람들은 모두 규칙을 잘 지킴으로 자신도 안전하고 다른 사람도 안전하게 살려고 합니다. 그러나 모든 사람의 마음속에는 한순간 죄의 충동이 있어서 그 충동을 받으면 자기도 모르게 죄를 짓고 마는 것입니다. 그래서 하나님은 모세를 통하여 이스라엘 백성에게 분명히 말씀하셨습니다. 즉 이스라엘 백성이 이 세상에서 하나님의 복을 오래 받거나 받지 못하는 것은 얼마나 유능하고 똑똑한 데 달린 것이 아니라 얼마나 하나님의 말씀을 지키느냐 하는 데 달렸다는 것을 강조하셨습니다. 즉 이스라엘 백성이 이 세상에서 행복하게 살기 위해서는 하나님 말씀의 한계 안에 있어야 한다는 것입니다. 그러나 인간은 누구나 모두 끊임없이 출세하고 성공하고 싶은 욕망이 있으므로 자기 자신을 어느 한계선 안에 가두어놓는다는 것은 매우 어렵습니다. 그러면 어느 순간 멸망이 찾아오게 됩니다.

1. 두 가지 멍에

옛날에 밭이나 논에서 일하는 소의 목에 멍에를 메어서 수레를 끌거나 쟁기질을 하게 했습니다. 그래서 소에게는 가장 힘든 것이 바로 멍에를 매고 일을 해야 하는 것이었습니다.

그런데 이스라엘 백성에게는 두 가지 종류의 멍에가 있었습니다. 그 하나는 사람의 멍에였고 노예의 멍에였습니다. 이스라엘 백성은 애굽에서 노예의 멍에를 매고 죽도록 강제노동을 해야 했습니다. 그러나 하나님은 그들을 애굽의 노예 상태에서 건져내셔서 노예의 멍에를 풀어주셨습니다. 그 후에 하나님은 이스라엘 백성에게 마음대로 자기 하고 싶은 대로 살게 하신 것이 아니라 새로운 멍에를 매어주셨습니다. 그것은 바로 그들이 모두 자진해서 하나님의 말씀을 지켜야 하는 것이었습니다. 그러나 하나님 말씀의 멍에를 자세히 보면, 거의 멍에라고 할 수도 없는 오히려 사람으로서 너무나도 당연히 지켜야 할 것들이었습니다. 즉 하나님은 이스라엘 백성에게 네 부모를 공경하라, 살인하지 말라, 간음하지 말라, 도둑질하지 말라 등등의 계명을 주셨던 것입니다.

하나님께서는 이스라엘 백성이 하나님의 복을 받는데 이 말씀의 멍에를 메는 것보다 더 중요한 것은 없다고 말씀하셨습니다. 이스라엘 백성이 하나님의 말씀에 즐겨 순종하면 그들은 계속 하나님의 복을 받을 것입니다. 그러나 이스라엘 백성이 하나님의 말씀을 싫어하고 자기 정욕대로 살 때는 망해야만 했습니다. 그래서 이스라엘 백성이 지속적으로 하나님의 복을 받는데 가장 중요한 것은 어떻게 하면 하나님의 말씀을 자진해서 순종하느냐 하는 데 달렸습니다.

> 5:16-20, "너는 네 하나님 여호와께서 명령한 대로 네 부모를 공경하라 그리하면 네 하나님 여호와가 네게 준 땅에서 네 생명이 길고 복을 누리리라 살인하지 말지니라 간음하지 말지니라 도둑질 하지 말지니라 네 이웃에 대하여 거짓 증거하지 말지니라"

우선 하나님께서는 이스라엘 백성에게 절대로 우상을 섬겨서는 안 된다고 말씀하셨습니다. 이스라엘 백성은 하나님의 살아계심을 나타내기 위하여 존재하는 사람들이었기 때문입니다. 만일 이스라엘 자손이 하나님 외에 다른 신들을 섬기면 그들은 존재할 이유가 없게 되는 것입니다. 그래서 이스라엘 백성에게 가장 무서운 원수는 우상이었습니다. 우상은 이스라엘 백성에게 하나님의 모든 능력을 빨아버리는 흡혈귀였습니다. 그러나 사실 하나님은 눈에 보이지 않기 때문에 사람들은 하나님을 믿는다고 미쳐 날뛰면서 스스로 잘 믿는다고 떠들어대기 쉽습니다. 그래서 하나님께서는 신앙이라는 것은 광신적으로 미쳐 날뛰는 것이 아니라 더 아름다운 인간이 되는 것임을 보여주시기 위해 이스라엘 백성이 사람들 사이에 지켜야 할 계명을 주셨습니다.

하나님께서 이스라엘 백성에게 가장 먼저 주신 계명은 "네 부모를 공경하라"는 것이었습니다. 동서고금을 막론하고 인간이 부모를 공경하는 것은 너무나도 당연한 것입니다. 왜냐하면 우리 인간은 모두 부모 때문에 세상에 태어났고 어렸을 때 부모의 헌신적인 사랑으로 행복하게 자랄 수 있었기 때문입니다. 그래서 우리 모든 인간은 부모의 사랑의 빚진 자들입니다. 우리 속담에도 있듯이 곡식이 익으면 익을수록 고개를 숙이게 되어 있습니다. 우리가 성공한 것이 전부 부모와 다른 사람들의 사랑의 빚으로 됐고 나는 다른 모든 사람의 사랑에 빚진 자라는 마음 자세를 가질 때 이것은 어느 누가 보아도 아름다운 것입니다.

하나님은 우리가 그렇게 하기만 해도 엄청난 복을 받게 될 것이라고 약속하셨습니다. 이것은 하나님의 백성은 이미 복을 받은 것을 전제로 하고 말씀하시는 것입니다. 하나님을 모르는 사람들은 복을 찾아 나서야 하지만 하나님을 믿는 자들은 이미 복을 찾은 자들입니다. 그러므로 하나님의 말씀에서 벗어나지만 않으면 복은 저절로 이루어지게 되어 있습니다.

"그리하면 네 하나님 여호와가 네게 준 땅에서 네 생명이 길고 복을 누리리라"

이스라엘 백성이 가나안 땅에서 오래오래 복을 누리고 귀한 하나님의 백성으로 살 수 있는 비결은 하나님의 말씀 안에 순종해서 사는 것입니다. 그러나 이것은 우리가 지금 세상에서 보는 것과는 정반대 되는 것입니다. 이 세상에서 똑똑하고 유능한 사람들은 모두 하나님의 말씀만 붙드는 사람이 아니라 세상으로 뛰쳐나가서 자신의 능력을 발휘하고 다른 사람들에게 인정받는 사람들입니다. 오로지 하나님의 말씀만 믿고 사는 사람들은 그야말로 평범한 사람밖에 되지 못하는 것처럼 보입니다. 어떻게 생각하면 가장 소극적이고 가장 무능한 것처럼 보이기 쉽습니다. 그래서 이스라엘 백성도 이것을 믿지 못했습니다. 그러나 나타난 결과는 멸망이었습니다. 왜냐하면 그 길은 야생

동물의 길이기 때문입니다.

우리가 이 세상을 살아가면서 사람의 힘으로는 도저히 감당할 수 없는 위기를 평생 한 번 이상은 당하게 됩니다. 그때 야생동물처럼 살아온 자들은 하나님의 도움을 받지 못하고 사냥을 당해서 망하게 됩니다. 이때 하나님의 말씀을 순종하는 사람은 하나님이 막아주셔서 오히려 복을 받게 하십니다.

그래서 우리가 하나님 앞에서 우리 안에 있는 욕심이 변화되어 온유하고 겸손한 자가 되기만 한다면 하나님으로부터 복을 받지 못할 사람이 없습니다.

2. 다른 사람의 행복을 해치지 말라

하나님은 모든 이스라엘 백성은 다 형제와 자매 관계이기 때문에 자기 욕심이나 정욕 때문에 해를 끼치거나 그들의 행복을 빼앗지 말라고 하셨습니다. 예를 들어서 집에 여러 형제자매가 있을 때 힘이 있다고 해서 형이 동생의 돈을 빼앗거나 도둑질하거나 심지어 때려서 죽이거나 그 부인을 빼앗는다면 다른 사람들은 그 사람은 인간도 아니라고 할 것입니다.

하나님께서 가장 먼저 이스라엘 백성에게 명령하신 것은 "살인하지 말라"는 것입니다. 이것은 다른 사람의 생명을 내 생명같이 존중하라는 것입니다. 하나님은 모든 사람에게 온 천하보다 귀한 생명을 주셨는데 우리는 함부로 다른 사람의 생명을 해쳐서는 안 됩니다. 심지어는 자기 자신도 자신의 생명을 해칠 수 없습니다. 우리 인간에게 생명을 주신 분은 하나님이시기 때문입니다. 그러나 우리가 다른 누군가가 미우면 그 사람과 말하기도 싫고 얼굴을 보기도 싫게 되고 나중에 그 사람이 죽기를 바라게 됩니다. 그러나 우리는 다른 사람의 죽음을 기대해서는 안 됩니다. 사람의 생명을 만드신 분은 하나님이시기 때문에 하나님 외에는 어느 누구도 다른 사람의 생명을 빼앗을 수 없습니다.

예수님께서는 여기서 한 걸음 더 나아가서 다른 사람에 대하여 화를 내는 것도 심판을 받게 된다고 말씀하셨습니다(마 5:22). 누군가가 화가 나서 말을 하게 되면 그 말을 들은 사람은 그때부터 속에서 병들기 시작합니다. 그 사람이 화가 나서 한 말이 그 사람의 마음을 갉아먹어 들어가기 때문입니다.

또 하나님은 "간음하지 말라"고 하셨습니다. 사람은 누구나 마음속에 이성에 대한 사랑의 감정이 있고 육체적인 정욕이 있습니다. 우리가 아름답고 멋있는 이성에 대하여 좋은 감정을 느끼거나 가지고 싶은 욕망이 생기는 자체는 죄라고 할 수 없습니다. 그러나 우리가 알아야 할 것은 나의 사랑의 감정이 중요하듯이 다른 사람의 정조나 사랑도 중요하다는 사실입니다. 사람에게 가장 행복한 것은 남녀의 성적인 사랑인데 이것을 가지려고 하면 자신의 한평생을 상대방에게 주어야 합니다. 그렇지 않고 사랑한다고 해서 다른 사람을 탐내는 것은 하나님의 사랑을 도둑질하는 행위입니다. 하나님은 자신의 형상을 남자와 여자에게 주셨습니다. 그래서 남녀관계를 더럽히는 것은 하나님의 얼굴에 침을 뱉는 것과 같은 행위입니다.

오늘날 하나님을 믿지 않는 사람들은 육체가 자기 것이기 때문에 자기 마음대로 얼마든지 할 수 있으며 사랑의 감정만 있으면 얼마든지 성관계를 가질 수 있다고 생각합니다. 이것은 간음죄이고, 간음죄는 살인죄보다 더 악한 것입니다. 왜냐하면 살인은 다른 사람의 생명을 빼앗는 것이지만 간음은 다른 사람의 한평생의 행복을 빼앗는 것이기 때문입니다.

하나님께서는 "도둑질하지 말라"고 하셨습니다. 도둑질하지 말라는 것은 다른 사람의 재산이나 소유를 소중하게 생각하라는 뜻입니다. 많은 사람은 자기 행복만 중요하게 생각해서 다른 사람의 행복을 파괴하는 것은 아무것도 아닌 것처럼 생각합니다. 그러나 하나님의 백성은 자기 행복이 중요한 것처럼 다른 사람의 행복도 중요하며 남이 번 재산을 쉽게 차지하려고 하지 말고 반드시 수고하고 땀을 흘려서 자기 행복을 만들어나가야 합니다. 저희 가운데 행복할 권리가 없는 사람은 한 사람도 없습니다. 모두 하나밖에 없는 생명을 가지고 있고 단 한 번밖에 없는 인생을 살아가고 있습니다.

또 하나님께서는 "네 이웃에 대하여 거짓 증거하지 말지니라"고 하셨습니다. 이것은 법정에서 진실을 왜곡되게 진술해서 다른 사람을 불행하게 해서는 안 된다는 말씀입니다. 하나님의 백성은 진실을 말할 책임이 있습니다. 왜냐하면 하나님의 백성은 내가 좋아하거나 싫어하거나를 떠나서 사실을 사실대로 밝혀서 억울하게 피해를 보지 않게 해야 할 책임이 있습니다.

요즘 사람들은 거짓말을 너무 쉽게 하는데 그것은 우리 양심이 얼마나 가치 있는지 모르기 때문입니다. 하나님 앞에서 가장 가치 있는 것은 깨끗한 양심입니다. 우리는 약간의 이익을 위해 거짓말하기보다는 어렵더라도 진실해야 합니다. 우리는 너무나도 거짓말을 많이 하고 자기 행복을 위해서라면 다른 사람의 행복을 너무 쉽게 파괴하고 이성의 감정과 욕망을 채우기 위해 사랑의 헌신과 책임을 지키지 않기 때문에 그렇게 좋은 환경에서도 행복하게 살지 못하는 것입니다.

이어서 하나님은 자기의 것이 아닌 것을 탐내지 말라고 하셨습니다.

> 5:21, 네 이웃의 아내를 탐내지 말지니라 네 이웃의 집이나 그의 밭이나 그의 남종이나 그의 여종이나 그의 소나 그의 나귀나 네 이웃의 모든 소유를 탐내지 말지니라"

사람들은 자기가 가지고 있는 것은 소중한지 모르고 자꾸 다른 사람의 것을 탐낼 때가 많습니다. 결국 남의 것을 탐내는 사람은 자기 것도 빼앗기게 되는 것입니다. 결국 인간은 죄 때문에 자기에게 주어진 복이 얼마나 귀하고 아름다운지 알지 못하고 남의 것을 탐내다가 죄를 짓는 바람에 자기 행복도 빼앗기고 마는 것입니다. 그래서 우리는 자기에게 주어진 인생, 그리고 자기에게 주어진 가족, 자기에게 주어진 환경이 얼마나 소중하고 복된지 알고 감사할 줄 알아야 합니다.

사람이 왜 다른 사람의 아내를 탐하겠습니까? 남의 것을 탐을 내 봐야 자기 사람보다 훨씬 못하다는 것을 알아야 합니다. 그래서 야고보 사도는 "욕심이 잉태한즉 죄를 낳고 죄가 장성한즉 사망을 낳느니라"(약 1:15)고 했습니다. 결국 자기 사람이 아닌 사람을 사랑하거나 자기 돈이 아닌 돈을 가질 때 나중에 비참하게 죽음으로 인생이 끝나게 될 것입니다. 그래서 절대로 내 것이 아닌 것을 가지려고 해서는 안 됩니다.

3. 하나님의 말씀을 듣는 데서 생긴 어려움

이스라엘 백성은 하나님의 말씀을 들으면서 굉장한 어려움을 겪었습니다. 처음에 이스라엘 백성은 하나님의 말씀을 직접 들었는데 그것이 너무나도 무서웠기 때문입니다. 그래서 그들은 견디다 못해 모세에게 우리는 도저히 직접 하나님의 말씀을 들을 수 없으니까 당신이 중간에서 하나님의 말씀을 듣고 전달해 달라고 부탁했습니다. 하나님도 불이시고 하나님의 말씀도 불이었기 때문입니다. 그런데 모세는 그 불 속에 들어가서 하나님과 대화를 나누었습니다.

이스라엘 백성은 이 불을 보면서 하나님은 살아계시며 하나님의 말씀이 불덩어리같이 능력이 있는 말씀이라는 것을 알게 되었습니다. 그러나 이스라엘 백성이 더 두려워했던 것은 하나님의 말씀이 하나씩 선포될 때마다 그들의 마음속에 불덩어리가 떨어진 것처럼 죽을 것 같았기 때문입니다. 사실은 이것이 하나님의 말씀이 바로 선포될 때 일어나는 현상이고 이것이 바로 은혜를 받는 것입니다. 하나님의 말씀을 들을 때는 너무나도 그 말씀이 뜨겁고 그 말씀을 통하여 하나님의 진노가 느껴지는 것 같아서 죽을 것 같지만 조금 있으면 하나님의 잔잔한 은혜가 임하면서 상처를 다 치료해주시고 위로해주시는 것입니다.

그러나 이스라엘 백성은 하나님의 말씀이 자기들을 치는 것 같았습니다. 그래서 그들은 모세에게 부탁하기를 우리가 다시는 이런 말씀을 듣지 못하겠다고 말을 한 것입니다. 사실 본문을 보면 이스라엘 백성이 은혜를 받기는 제대로 받은 것 같습니다. 우리 인간의 마음속에 있는 정욕을 이길 방법은 하나님 말씀의 불밖에 없기 때문입니다. 우리 속에 있는 미움의 감정이나 성적인 유혹의 감정이나 이 세상에서 출세하고 싶고 다른 사람에게 인정받고 싶은 심정은 너무나도 집요하고 강해서 이스라엘 백성이 시내 산에서 받은 그런 강력한 말씀에 그들의 마음속을 불태워야 겨우 이길 수 있는 것이었습니다.

우리가 알아야 할 것은 우리 속에 있는 죄의 욕망은 너무나도 강해서 이 세상의 다른 것으로는 절대로 설득이 되지 않는 것입니다. 그러나 아주 강력한 하나님의 말씀으로 은혜를 받으면 욕망이 약해지는데 이때 우리가 욕망을 두들겨 잡을 수 있습니다. 사실 이스라엘 백성은 이런 뜨거운 말씀을 들어야 우상숭배할 마음도 없어지고 살인할 마음도 사라지고 간음할 욕망도 적어지게 됩니다. 결국 이 세상에서 우리 인간의 타락한 본성을 고칠 수 있는 것은 뜨거운 하나님의 말씀밖에 없습니다.

그래서 이스라엘 백성은 하나님께 부탁하기를 하나님의 말씀이 너무 두려우니까 더 이상 자신들에게 직접 그 말씀을 하시지 말아 달라고 청했습니다. 하나님께서는 그들의 말을 들어주셔서 더 이상 직접 말씀하지 아니하고 모세를 통해서 말씀하셨습니다. 그러나 이스라엘 백성이 하나님의 말씀을 직접 듣지 않겠다고 한 것은 결코 잘한 일이 아니었습니다. 왜냐하면 이스라엘 백성은 모세가 하나님의 말씀을 들으러 산에 올라가 있는 동안 하나님을 잊어버리고 금방 금송아지를 만들어서 숭배하는 행위를 했기 때문입니다. 우리가 이것을 보면 하나님의 말씀을 듣고 따라가는 것이 얼마나 힘든 일인가 하는 것을 알 수 있습니다.

사실 우리 인간은 모두 다 죄인이기 때문에 늘 죄를 회개하라는 설교만 듣고는 신앙생활을 할 수 없을 것입니다. 우리는 때로 위로의 말씀도 필요하고 치료하는 말씀도 필요하고 축복하는 말씀도 필요합니다. 그러나 오늘 현대인의 경향은 아예 죄를 책망하는 설교는 하지 말아달라는 것입니다. 이것은 결국 우리를 저주에 버려 달라는 것과 같습니다. 우리 인간은 너무나도 고집이 세서 아무리 자기가 틀려도 바로 대놓고 틀렸다고 하면 잘 받아들이려고 하지 않습니다. 그리고 잘못된 것을 고칠 때도 한꺼번에 잘되지 않고 조금씩 조금씩 기다려주고 이끌어주어야 고쳐질 때가 많이 있습니다.

하나님께서는 이 말씀을 선포하신 후에 이스라엘 백성은 다 자기 처소로 돌려보내고 모세만 남게 하셨습니다.

5:30-31, "가서 그들에게 각기 장막으로 돌아가라 이르고 너는 여기 내 곁에 서 있으라 내가 모든 명령과 규례와 법도를 네게 이르리니 너는 그것을 그들에게 가르쳐서 내가 그들에게 기업으로 주는 땅에서 그들에게 이것을 행하게 하라 하셨나니"

모세는 이 돌비와 율법의 말씀을 받기 위해서 먹을 것도 없고 마실 것도 없는 시내 산 꼭대기에서 40일 금식하면서 하나님의 말씀을 기다렸습니다. 이것은 하나님의 말씀이 이만큼 가치가 있다는 것을 보여주는 것입니다. 하나님의 말씀은 모세가 40일 굶으면서 기다렸던 것처럼 사모할 가치가 있으며, 우리가 목숨을 걸고 추구해야 할 귀한 것입니다. 그러나 문제는 바로 이 기간에 발생했습니다. 산 밑에 있는 이스라엘 백성은 하나님이 모세에게 불 가운데서 말씀하시면서 모세가 죽지 않는 것을 보았으면서도 그가 죽을 것이라고 하면서 금송아지를 만들어놓고 먹고 마시고 뛰놀았던 것입니다.

이스라엘 백성은 하나님의 말씀 하나하나가 불인 줄 알았고 이 말씀을 지키지 않으면 불에 타 죽을 수도 있다는 것을 체험했으면서도, 왜 하나님의 말씀을 버리고 다른 길을 택했을까요? 가장 큰 이유는 이스라엘 백성은 하나님의 말씀보다는 마시고 떠들고 노는 것이 체질적으로 좋았기 때문입니다. 이스라엘 백성은 하나님의 말씀이 너무 진지해서 숨이 막혀서 죽을 것 같았습니다. 그러다가 모세가 40일 동안 산에 올라가 내려오지 않으니까 그들은 당장 금송아지 우상을 만들고 그 앞에서 춤을 추면서 뛰놀았습니다.

이스라엘 백성은 하나님의 말씀이 너무 무서웠습니다. 그들은 너무 옳은 말씀은 듣기 싫었습니다. 이스라엘 백성이 원했던 것은 자기들이 하고 싶은 대로 실컷 하도록 내버려두는 것이었습니다. 그러니까 자연스럽게 하나님의 말씀 대신 아무 말을 하지 않고 쳐다보기만 하는 금송아지가 더 좋았던 것입니다. 결국 이스라엘 백성이 원했던 신앙은 너무 정확하고 바른 십계명의 말씀보다는 실컷 자기감정을 표출하고 자기감정에 도취되는 그런 신앙을 원했던 것입니다. 하나님께서도 우리가 로봇같이 제자리에 앉아서 아무 반응 없이 있는 것을 원하시지는 않습니다. 그러나 중요한 것은 먼저 우리가 하나님의 말씀을 듣는 것입니다. 우리가 하나님의 말씀을 들으면 우리 마음이 뜨거워지고 우리 속에서 하나님을 향하여 부르짖고 싶으며 그리고 우리는 얼마든지 기뻐 뛸 수 있는 것입니다.

하나님께서는 모세에게 이렇게 말씀하셨습니다.

5:32-33, "그런즉 너희 하나님 여호와께서 너희에게 명령하신 대로 너희는 삼가 행하여 좌로나 우로나 치우치지 말고 너희 하나님 여호와께서 너희에게 명령하신 모든 도를 행하라 그리하면 너희가 살 것이요 복이 너희에게 있을 것이며 너희가 차지한 땅에서 너희의 날이 길리라"

하나님께서 이렇게 말씀하신 것은 사람들은 나름대로 모두 길을 가고 있다는 것입니다. 이 세상 모든 사람은 다른 사람들이 가는 넓은 길을 가고 있습니다. 그러나 이것은 욕망의 길입니다. 그러나 또 다른 길이 있습니다. 그 길은 이 세상에 살면서 하나님의 말씀을 지키며 하나님께서 하라고 하시는 일을 하면서 사는 것입니다. 우리가 생각하기에 이 세상을 따라가면 목표가 있고 또 목표를 성취하는 것이 있습니다. 그러나 하나님의 말씀을 지키고 말씀대로 살면 무슨 목표가 있습니까? 그러나 하나님의 말씀을 지키면 하나님 자신이 우리의 목표가 되어주시며 하나님 자신이 우리의 복이 되어주십니다.

하나님께서는 말씀 안에 길이 있다고 하셨습니다. 이 길이 바로 홍해 속에 있는 길이요, 광야 40년 동안에도 굶어 죽지 않은 기적의 길입니다. 바로 이 길이 가나안 땅을 정복한 기적의 길입니다. 하나님께서는 우리에게 약속하셨습니다. 우리가 하나님의 말씀을 붙들고 교만하거나 죄를 짓지 않으면 우리는 이미 복을 받았고 하나님의 복은 앞으로 모두 풍성하게 이루어질 것입니다.

10

복을 가지고 있는 자들
신 6:1-25

우리 인간이 목숨을 유지하거나 잘 살기 위해서는 우리가 살 수 있는 환경을 목숨을 걸고 찾아가야 하고 때로는 모험해서라도 감추어진 복을 찾아내어야 합니다. 그러나 이미 이 세상에서 어마어마한 복을 가지고 있는 사람들이 있습니다. 그들은 하나님을 믿는 사람들입니다. 하나님은 이 세상에 있는 모든 복을 만드신 분이시기 때문입니다.

우리 인간에게 최고의 복은 하나님을 아는 것이고 하나님의 복을 붙잡는 것이지, 세상의 돈이나 지식과 권력을 많이 가지는 것이 아닙니다. 이 세상의 복은 모두 우리의 생명을 연장해 주는 것에 불과합니다. 우리가 진정으로 축복된 삶을 사는 순간은 하나님의 생명과 연결되어서 하나님의 능력이 나에게 공급될 때입니다. 그래서 이 세상에서 가장 중요한 복은 하나님의 말씀을 믿는 것입니다.

그래서 모세는 아직 전혀 땅도 없고 집도, 직장도 없이 모압 평지에 모여 있는 이스라엘 백성에게 그들이 복을 받는 비결은 하나님의 말씀을 듣고 지키는 것이라고 강조했습니다.

1. 하나님의 축복의 조건

아마 우리나라 사람들만큼 복을 좋아하는 민족도 없을 것입니다. 그래서 옛날에 사용하던 사기그릇 바닥을 보면 '복(福)'자가 한자로 적혀 있습니다. 또 새해가 되면 '복 많이 받으세요'라고 인사합니다. 이것을 보면 우리나라 사람들은 복에 대한 관심이 많습니다. 그러나 우리나라 사람들은 이 복이 어디서 오는지 몰랐습니다.

오늘 하나님은 이스라엘 백성에게 복은 천지를 만드신 하나님이 주시는 것이며 그들이 복 받는 비결은 하나님의 말씀을 잘 지키는 것이라고 하셨습니다.

6:3, "이스라엘아 듣고 삼가 그것을 행하라 그리하면 네가 복을 받고 네 조상들의 하나님 여호와께서 네게 허락하심 같이 젖과 꿀이 흐르는 땅에서 네가 크게 번성하리라"

하나님께서 이스라엘 백성에게 하나님을 두려워하며 하나님의 말씀을 잘 지키면 복을 받는다고 말씀하신 것은 이미 그들이 하나님의 축복 안에 들어와 있는 것을 전제하고 하시는 말씀입니다. 이 세상 사람들은 사실 복이 어디에 있는지 알지 못합니다. 그래서 세상 사람들이 성공하거나 출세하기 위해서는 복이 있는 곳을 찾아가야 합니다.

하나님은 이 세상에 많은 복을 감추어 놓으셨습니다. 이 세상에는 학문의 복, 장사하는 복, 기업을 경영해서 성공하는 복도 있습니다. 혹은 땅속에 있는 자원을 캐내는 복도 있을 것입니다. 이 모든 것은 보물찾기하는 것과 비슷합니다. 즉 부지런하고 열심히 노력하는 사람들이 이런 복을 가질 수 있을 것입니다. 그런데 이것은 진짜 복이 아닙니다. 하나님이 우리에게 주시는 진짜 복은 하나님의 말씀을 듣고 믿는 것입니다. 하나님은 하나님의 말씀인 성경 속에 하나님의 복을 모두 다 넣어서 주셨습니다. 그래서 우리가 하나님의 말씀을 듣는 것 자체가 하나님의 복을 받는 것입니다.

우리는 이 세상에 두 종류의 복이 있다는 것을 알아야 합니다. 그 하나는 눈에 보이는 땅의 복이고, 다른 하나는 눈에 보이지 않는 하늘의 복입니다. 이 세상에 너무나도 많은 복이 있어서 사실 사람들은 어떻게 해서든지 이 세상에 있는 돈이나 지식이나 권력을 많이 가지려고 합니다. 그러나 이 세상의 복은 모래의 복이기 때문에 아무리 많이 쌓아도 모래성밖에 되지 않습니다. 큰바람이나 파도가 지나가면 다 무너지고 맙니다. 단지 이런 복은 우리 육체를 행복하게 하고 우리 생활을 풍요롭게 할 뿐이지 우리 속사람을 변화시키지 못합니다. 그리고 이 세상의 복은 모두 하나님으로부터 빌린 것이기 때문에 언젠가는 모두 반납해야 합니다. 죽으면서 반납하든지 죽기 전에 반납하든지 언젠가는 내놓아야 하는데 그러면 남는 것이 없습니다. 그러나 하나님의 복은 우리 자신을 변화시키고 가치 있게 만들어줍니다. 그리고 이 복은 영원히 무너지지 않고 없어지지 않습니다.

지금 이스라엘 백성은 모두 땅 한 평도 가지지 못하고 있고 집도 없고 세상에서 가장 가난한 백성이었습니다. 그러나 모세는 이스라엘 백성이야말로 이 세상에서 가장 복 받은 자들이라고 강조하고 있습니다. 그 이유는 그들이 하나님의 말씀을 가졌기 때문입니다. 그러나 이스라엘 백성은 이것을 믿기 어려웠습니다. 아니 이 세상에서 가장 가난한 그들이 어떻게 가장 복 받은 자들이 될 수 있을까요? 그러나 이것은 앞으로 살아보면 이 사실이 드러나게 됩니다.

이스라엘 백성이 가나안 땅에 들어가 보니까 가나안 백성이 잘살기는 사는데 그들의 생활은 썩어 있었습니다. 이 세상에 아무리 좋은 물건이나 음식이라 하더라도 썩은 것을 좋아하는 사람은 없을 것입니다. 하나님이 없는 모든 사람의 복은 썩은 것입니다. 하나님은 이스라엘 백성에게 절대로 썩은 복을 부러워하지 말라고 말씀하셨습니다.

이스라엘 백성에게 가장 중요한 것은 하나님의 말씀을 부지런히 가르치고 배우는 것입니다. 그러면 우리 안에 자꾸 하나님의 생명과 능력이 공급되는데 나중에는 이것이 엄청난 능력으로 나타나게 되는 것입니다.

저는 어렸을 때부터 교회 생활을 해 왔지만 하나님 말씀인 성경이 이렇게 중요한 책인지 한 번도 배워본 적이 없었습니다. 그저 열심히 예배드리고 봉사하고 선교하고 착하게 살면 되는 줄 알았습니다. 그런데 알고 보니까 우리 기독교가 하나님의 가장 중요한 복을 완전히 헌신짝처럼 구석에 밀쳐놓고 신앙생활을 하고 있다는 것을 깨닫게 되었습니다. 또 저는 하나님의 말씀을 좋아하면서도 심지어는 제 인생을 하나님을 위해 바치고 싶어 하면서도 그 중심인 성경의 가치를 몰랐습니다. 하나님은 그런 저를 사랑하셔서 세상의 모든 것 다 내려놓고 강권적으로 성경을 붙들게 하셨는데, 그때 제 눈이 번쩍 뜨이게 된 것입니다. 저는 이 성경 안에 무궁무진한 축복의 세계가 있는 것을 보게 된 것입니다.

2. 한 분뿐이신 하나님

이 세상에 많은 복이 있는데 그 복은 모두 하나님이 만들어서 우리 인간에게 주신 것입니다. 그런데 우리 인간은 미련하게도 하나님으로부터 그렇게 많은 선물과 복을 받으면서도 누구로부터 이런 복을 받았는지 모르고 살아가고 있습니다. 그런데 하나님은 오직 이스라엘 백성에게 하나님을 나타내셨습니다.

6:4, "이스라엘아 들으라 우리 하나님 여호와는 오직 유일한 여호와이시니"

여기서 하나님은 이스라엘 백성에게 "이스라엘아 들으라"고 말씀하십니다. 왜냐하면 우리의 믿음은 하나님의 말씀을 듣는 데서 시작하기 때문입니다. 이스라엘 백성의 가장 중요한 특징이 무엇일까요? 그것은 하나님의 말씀을 듣는 자들이라는 것입니다. 이 세상의 다른 민족은 하나님에 대하여 상상을 하고 연구를 하고 체험을 하려고 합니다. 그러나 이스라엘 백성에게 가장 위대한 점은 하나님의 말씀을 들을 수 있다는 것입니다. 오늘도 우리가 할 수 있는 가장 위대한 일은 내 생각을 가지고 하나님을 만드는 것이 아닙니다. 그것은 모두 공상 소설에 불과한 것입니다.

여기서 "유일한 여호와"(개역한글: '하나인 여호와')라는 말은 온 세상을 창조하신 하나님이라는 뜻입니다. 이 세상에 많은 피조물이나 사람을 만드신 분은 오직 하나님 한 분밖에 없습니다. 이 세상에 있는 많은 사람이 생각하는 신은 참 신이 아니고 사람들이 상상으로 만들어낸 것이든지 아니면 다른 피조물을 잘못 오해해서 신으로 생각하는 것입니다.

이스라엘에 나타나신 하나님은 온 세상을 창조하신 유일하신 여호와이십니다. 그러나 하나님께서는 이 세상을 창조하셨을 뿐 아니라 우리에게 귀한 생명을 주셨습니다. 우리에게 가장 중요한 것은 누군가가 우리에게 이 생명을 주어서 살게 하셨다는 것입니다. 우리를 이 세상에 살게 하신 분은 하나님이십니다. 더욱이 하나님은 우리 인간이 죄에 빠져서 하나님을 모르고 지내왔는데 그 죄에서 건져주셔서 하나님을 알게 하셨습니다.

이스라엘 백성에게 가장 이해되지 않았던 것은 이 세상에 수많은 민족이 있고 인종이 있는데 왜 그 엄청난 하나님께서 하필이면 이스라엘 백성의 하나님이실까 하는 것이었습니다. 이스라엘 민족은 크거나 문명이 발달한 민족도 아니었습니다. 그런데 왜 온 세상을 만드신 하나님께서 이스라엘 백성만 구원하셨을까요? 그것을 이스라엘 백성

10 복을 가지고 있는 자들   113

이 이해하려고 하면 안 됩니다. 그들이 이것을 이해하려고 하면 불신앙에 빠질 수밖에 없습니다. 자기들은 하나님을 차지할만한 아무런 자격이 없었기 때문입니다.

바로 이 점에 있어서 아브라함의 신앙은 놀라운 것입니다. 아브라함은 옛날 바벨론 땅인 갈대아 우르라는 곳에서 우상을 섬기던 자였습니다. 그런데 하나님께서 그에게 나타나셔서 바로 이런 복을 약속하셨습니다. 그때 아브라함은 '왜 하나님께서 나 같은 우상 숭배자에게 나타나셨는지, 왜 나같이 보잘것없는 자에게 이런 엄청난 약속을 하시는지' 이해하려고 하지 않았습니다. 그는 오로지 하나님의 이 말씀을 믿었습니다. 그리고 그 후에는 오직 하나님의 말씀만 믿고 순종했습니다. 그랬더니 아브라함에게 하나님의 말씀이 계속 나타나고 능력이 나타나더니 나중에는 기적이 일어나게 되었고 그 후손이 모두 복을 받게 되었습니다.

이것은 오늘 우리에게도 마찬가지입니다. 왜 하나님께서는 나로 하여금 하나님을 믿게 하셨는지 내 머리로 이해하려고 해서는 안 됩니다. 중요한 것은 하나님이 나를 사랑하신 것을 믿고 그 말씀대로 살면 되는 것입니다. 그러면 앞으로 지금까지 겪어보지 못했던 어마어마한 하나님의 능력과 축복을 경험하게 될 것입니다. 우리가 믿는 하나님은 온 세상을 창조하신 하나님이시며 모든 인간의 생사화복을 다 결정하시는 하나님이신 것입니다.

하나님께서는 이스라엘 백성에게 두 가지를 요구하셨습니다.

하나는 하나님을 온 마음을 다하여 사랑하라는 것입니다.

6:5, "너는 마음을 다하고 뜻을 다하고 힘을 다하여 네 하나님 여호와를 사랑하라"

우리는 하나님을 단순히 알고 믿는 것으로는 충분치 않습니다. 하나님은 우리에게 온 마음과 뜻과 힘을 다해서 하나님을 사랑하라고 하셨습니다.

그런데 우리는 정상적으로 하나님을 이렇게 사랑할 수 없습니다. 하나님은 우리 눈에 보이지도 않고 너무나도 차원이 다르기 때문입니다. 도대체 눈에 보이지도 않는 하나님을 어떻게 온 마음을 다해서 사랑할 수 있겠습니까? 그러나 이것을 걱정할 필요가 없습니다. 우리가 하나님의 말씀을 들으면 하나님의 사랑이 생기기 때문입니다. 이때 우리는 하나님을 사랑하는 마음을 먹고 살기 위해서 세상을 향해서 돌려서는 안 됩니다. 우리는 계속 하나님을 사랑해야 합니다.

그런데 우리가 하나님만 사랑하면 너무 세상과 멀어져서 도대체 세상에서 무엇을 할 수 있을까 걱정하게 됩니다. 그러면 우리는 세상에서 아무것도 할 수 없는 실패자가 되는 것이 아닐까요? 그렇지 않습니다. 하나님은 우리에게 매순간 지혜를 주셔서 세상 사람들과는 다른 방법으로 세상에서 복을 받게 하십니다.

우리가 사랑하는 데는 철저하게 독점관계가 성립됩니다. 사실 하나님과 우리는 서로 사랑할 수 있는 사이가 아닙니다. 그런데 우리가 죽도록 하나님의 말씀을 사랑하면 하나님은 우리를 하나님 차원으로 끌어올려서 사랑해주십니다. 그때 하나님의 능력은 독점적으로 하나님을 사랑하는 사람을 통해 나타나게 됩니다.

3. 하나님의 말씀을 사랑하라

사실 우리가 하나님을 사랑하고 싶어도 우리는 인간이고 하나님은 눈에 보이지 않기 때문에 하나님을 사랑하기가 어렵습니다. 하나님은 우리가 하나님을 온 마음을 다해서 사랑할 수 없다는 것을 알고 게십니다. 단지 하나님이 원하시는 것은 우리가 다른 어떤 것보다 하나님의 말씀을 사랑하는 것입니다.

우리가 자기 자신에게 정직하다면 자신이 절대로 하나님의 말씀을 지킬 수 없다는 것을 알게 됩니다. 우리의 아주 작은 헌신이나 봉사 안에도 위선이나 거짓이 있을 때가 많습니다. 그런데 하나님이 우리에게 원하시는 것은 우리가 하나님의 말씀을 사랑하는 것입니다.

하나님은 이스라엘 백성에게 하나님을 사랑하기 위하여 노력하라고 말씀하셨습니다. 우리가 하나님을 가까이하는 노력은 신비적인 노력이나 고행을 하라는 것이 아닙니다. 오직 하나님의 말씀을 열심히 듣고 배우라는 것입니다.

6:6-7, "오늘 내가 네게 명하는 이 말씀을 너는 마음에 새기고 네 자녀에게 부지런히 가르치며 집에 앉았을 때에든지 길을 갈 때에든지 누워 있을 때에든지 일어날 때에든지 이 말씀을 강론할 것이며"

이스라엘 백성은 이 말씀을 문자적으로 받아들여서 율법의 말씀을 종이에 넣어서 이마에 붙이기도 하고 집에 들어가는 입구에 넣기도 하고 때로는 옷소매에 새기기도 했습니다. 그들은 지금도 이 말씀을 지키려고 이마에 성경 구절을 넣은 상자를 매고 다니기도 하고, 집에 들어가는 입구에 성경 구절을 넣은 쪽지를 두기도 한다고 합니다. 그러나 중요한 것은 성경을 어디에 적어놓는 것이 아니라 마음으로 이해하는 것입니다.

하나님은 이스라엘 백성에게 하나님의 말씀을 늘 가까이해서 이해하는 훈련을 하게 하셨습니다. 왜냐하면 하나님의 말씀은 무궁무진한 축복이 들어있는 밭과 같기 때문입니다. 그러나 그러한 밭이라도 농사를 짓지 않고 그대로 두면 아무 소용이 없습니다. 옛날에 어떤 아버지가 죽으면서 자식들에게 밭 안에 큰 보물이 들어있다는 유언을 하고 죽었습니다. 자식들은 그 보물을 캐내기 위해서 온 밭을 다 파헤쳤습니다. 그러나 그 어디에서도 보물은 나오지 않고 자식들은 땅을 파느라고 근육이 튼튼해지게 되었는데, 그 건강이 보물이었다는 말이 있습니다.

성경 말씀이 아무리 엄청난 복이 들어있는 밭이라 하더라도 그것을 파헤치지 않고 그냥 두면 아무 소용이 없습니다. 시간이 나는 대로 기회가 있는 대로 자꾸 말씀을 읽고 연구해야 하나님의 복이 쏟아지는 것입니다. 그래서 하나님께서 이스라엘 백성에게 요구하신 것은 성경을 그냥 두지 말라는 것입니다. 자꾸 성경을 파헤쳐서 그 안에 들어있는 복을 꺼내어서 자기 것으로 만들라는 것입니다.

또 한 가지는 그렇게 할 때마다 하나님의 복이 임한다는 것입니다.

이스라엘이 받을 복 중에서 가장 귀한 것은 그들이 하나님을 소유하게 되는 것입니다. 그러나 이스라엘 백성은 그것이 얼마나 큰 복인지 알지 못할 것입니다. 그래서 하나님께서는 이스라엘 백성이 눈으로 볼 수 있도록 가나안 땅을 차지하게 하셨습니다.

> 6:10-11, "네 하나님 여호와께서 네 조상 아브라함과 이삭과 야곱을 향하여 네게 주리라 맹세하신 땅으로 너를 들어가게 하시고 네가 건축하지 아니한 크고 아름다운 성읍을 얻게 하시며 네가 채우지 아니한 아름다운 물건이 가득한 집을 얻게 하시며 네가 파지 아니한 우물을 차지하게 하시며 네가 심지 아니한 포도원과 감람나무를 차지하게 하사 네게 배불리 먹게 하실 때에"

사실 가나안 땅은 모든 민족이 차지하고 싶어 하는 노른자위 땅이었습니다. 그러나 그 땅은 애굽도 차지하지 못했고 블레셋도, 암몬이나 모압도, 에돔이나 어느 나라도 차지하지 못했습니다. 그런데 이스라엘 백성은 이 많은 민족을 다 몰아내고 새로운 말씀의 나라를 세웠습니다. 그러나 가나안 땅은 복의 실체가 아니라 그림자였습니다. 하나님의 복의 실체는 율법의 말씀이었던 것입니다.

하나님께서는 이스라엘 백성이 하나님의 말씀에 순종할 때 수고하지도 않고 가나안 족속들이 만든 모든 좋은 것을 다 차지할 것이라고 하셨습니다. 그들이 수고하지 않는 성도 차지하고 파지도 않은 우물을 먹게 될 것이고 심지도 않은 과일을 먹을 것이라고 하셨습니다. 자기가 짓지 않은 집에 사는 것이나 자기가 심지 않은 과일나무의 열매를 먹는 것이 과연 가능할까요? 요즘 우리를 돌아보면, 이미 우리가 짓지 않은 집에서 살고 또 우리가 심지 않은 곡식이나 과일을 먹고 있습니다. 우리가 그렇게 할 수 있는 것은 산업이 분화되어 있고 우리에게 돈이 있기 때문입니다. 그러나 우리에게 믿음이 있다면 하나님은 이 모든 좋은 것을 주시겠다고 약속하셨습니다.

세상 사람들은 이 세상에서 먹고 살기 위해서 마음과 뜻과 정성을 다 바쳐야 합니다. 이런 성에서 집을 세우고 우물을 파고 살고 집에 재물을 채우려면 죽을 각오를 하고 살아야 합니다. 그러나 하나님의 백성은 그렇게 하지 않아도 하나님께서 우리의 것을 채워 주십니다. 물론 우리는 믿지 않는 사람들의 기술의 도움을 받기도 할 것입니다. 그러나 중요한 것은 그때 우리의 마음이 하나님을 떠나면 안 된다는 것입니다.

이스라엘 백성이 가나안 땅에서 살다보면 이론과 실제가 다르다는 것을 발견하게 될 것입니다. 이때 이스라엘 백성은 시험에 빠질 수 있습니다.

그 첫째는 이스라엘 백성이 하나님만 섬기면서 살 수 없다는 것입니다. 왜냐하면 우리가 이 세상에 살려고 하면 농사를 짓든지 장사를 하든지 기술을 배워야 하기 때문입니다. 이스라엘 백성도 가나안 땅에서 전쟁을 해야 했고 농사도 지어야 했고 집도 지어야 했습니다. 그러니까 하나님만 온 마음으로 사랑할 수 없었던 것입니다.

그리고 또 하나는 가나안 족속에게도 배울 만한 훌륭한 것이 참으로 많았습니다. 그리고 또 주위를 둘러보았을 때 하나님을 믿지 않는 우상숭배자 중에서 진정으로 복을 받고 잘 사는 사람들이 너무나 많이 있었습니다. 오히려 이스라엘 백성이 세상에서 가장 뒤떨어졌고 무지한 상태였습니다. 이때 하나님께서 이스라엘 백성에게 요구하신 것은 그래도 하나님 우선으로 살라는 것이었습니다. 그리고 특히 고립되는 한이 있더라도 우상은 절대 받아들이지 말라고 하신 것입니다. 그렇게 할 때 하나님은 지속적으로 복을 주시겠다고 약속하셨습니다.

특히 하나님은 우리에게 하나님의 사랑을 의심하지 말라고 하셨습니다.

6:16, "너희가 맛사에서 시험한 것 같이 너희의 하나님 여호와를 시험하지 말고"

이스라엘 백성이 자신의 처지를 생각할 때 하나님의 사랑이 의심되는 것은 당연했습니다. 그래서 그들은 므리바에서 물이 없을 때 하나님을 의심했습니다. 그래서 그들은 스스로 살길을 찾고자 했는데 그것은 다시 애굽의 종으로 돌아가는 것이었습니다. 이때 하나님께서 진노하셨습니다. 하나님이 이스라엘 백성을 그렇게 사랑하셔도 그 사랑을 믿지 못하고 의심했기 때문입니다. 우리가 자신을 볼 때는 하나님의 사랑을 받을 자격이 손톱 끝만큼도 없지만 하나님은 지금 우리를 사랑하고 계십니다. 우리는 하나님이 우리를 사랑하시는 것을 믿어야 합니다.

마귀는 예수님에게 아무래도 하나님의 사랑이 의심되니까 높은 데서 뛰어내려 한번 증명을 해보라고 했습니다. 그러나 예수님은 "주

너의 하나님을 시험하지 말라"고 하시며 그 시험을 이기셨습니다. 하나님은 우리가 하나님의 사랑을 의심하는 것을 가장 가슴 아파하십니다. 그 대신 우리가 그냥 감사하면서 누리면 되는 것입니다.

특히 하나님께서 우리에게 기대하시는 것은 완전한 것이 아닙니다. 우리는 허물도 많고 실수도 많습니다. 그러나 하나님 앞에서 정직하기만 하면 하나님은 모든 허물을 다 책임을 지십니다. 아무리 대적이 많아도 하나님 앞에 정직하기만 하면 대적이 우리의 머리털 하나 건드리지 못하도록 지켜주시고 모두 다 쫓아내실 것입니다.

오늘 우리는 하나님의 백성이 되었습니다. 우리가 원했든지 원하지 않았든지 하나님께서 복을 들고 찾아오셨습니다. 하나님 자신이 우리의 복입니다. 우리가 하나님의 말씀 붙들고 나갈 때 하나님은 우리에게 위대한 가나안의 새로운 삶을 펼쳐주실 것입니다. 우리는 이제 오직 믿음만으로 완전히 새로운 축복의 삶을 한번 살아봅시다.

11

가나안 땅의 사명

신 7:1-26

경기도 가평에 있는 남이섬은 옛날 남이 장군이 거기서 죽었다고 해서 남이섬이라는 이름이 붙여졌다고 하는데, 옛날에는 그야말로 아무것도 없는 모래땅이었습니다. 그러나 어떤 한 경영인이 그곳을 인수해서 거기에 차곡차곡 나무를 심기 시작했습니다. 얼마 후 아무것도 없는 모래땅에 불과했던 섬이 나무들이 울창한 곳이 되면서 사람들이 산책도 하고 와서 놀 수도 있는 아주 좋은 장소가 되었습니다. 그러다가 배용준 씨가 나오는 〈겨울연가〉를 남이섬에서 촬영해서 유명해지는 바람에 이제는 하루에도 수천 명에서 수만 명이 찾는 유명한 명소가 되었습니다.

하나님께서는 이스라엘 백성을 광야에서 40년 훈련하신 후에 가나안 땅으로 들어가게 하셔서 그 땅을 차지하게 하셨습니다. 이스라엘 백성에게 수천만 평 되는 가나안 땅을 그냥 주신 것입니다. 하나님께서 그들에게 그 넓은 땅을 주신 것은 가만히 가지고 있다가 나중에 땅값 오르면 팔아서 부자가 되라는 것이 아니었습니다. 또 그 땅을 다른 사람에게 빌려주어서 거기서 나오는 이익으로 놀면서 먹고살라는 뜻도 아니었습니다. 하나님께서 그들에게 이 넓은 땅을 주신 목적은 모든 가나안의 나쁜 풍습들을 다 몰아내고 아름다운 믿음의 세계를 만들어내라는 뜻이었습니다. 즉 하나님께서 요구하신 것은 눈에 보이는 정원을 꾸미라는 것이 아니라, 믿음의 정원 즉 멋진 믿음의 세계를 만들어내라는 것이었습니다.

1. 가나안의 기회

7:1, "네 하나님 여호와께서 너를 인도하사 네가 가서 차지할 땅으로 들이시고 네 앞에서 여러 민족 헷 족속과 기르가스 족속과 아모리 족속과 가나안 족속과 브리스 족속과 히위 족속과 여부스 족속 곧 너보다 많고 힘이 센 일곱 족속을 쫓아내실 때에"

하나님께서 이스라엘 백성에게 들어가서 살게 하겠다고 약속하신 땅은 가나안의 일곱 족속이 이미 살고 있는 땅이었습니다. 이 가나안 일곱 족속은 가나안 땅에서 이스라엘 백성보다 훨씬 잘살고 있었고 강한 국가를 이루고 있었습니다. 그러나 그 땅의 사람들은 정신이 썩었고 생활이 문란했으며 미신으로 꽉 찬 상태였습니다. 하나님께서는 이 사람들을 다 몰아내고 새로운 세상 만들기를 원하셨습니다. 즉 완전히 가나안 땅을 새롭게 바꾸라는 것이었습니다. 요즘 말로 완전히 새롭게 리모델링하기를 원하셨던 것입니다.

그러나 우리도 잘 아는 것처럼 세상을 뜯어고치고 사람을 뜯어고치기보다 더 어려운 것은 없습니다. 우리가 이미 있던 건물을 뜯어내고 완전히 새로운 집으로 만들려고 하면 집을 부수어야 하고 쓰레기를 치워야 하고 거기에다가 새로운 디자인으로 집을 만들어야 하는데 보통 어려운 것이 아닙니다. 그런데 만일 누군가가 세상을 뜯어고치려고 한다면 이것은 거의 불가능한 일입니다.

하나님께서 이스라엘 백성에게 요구하신 것은 그냥 가나안 땅에 들어가서 농사만 짓고 사는 것이 아니라 거기에 있는 모든 죄를 다 밀어버리고 오직 하나님의 말씀을 믿고 사는 믿음의 세상을 만들라는 것이었습니다.

그러나 우리가 막상 어느 직장이나 사회에 첫발을 디뎌보면 그때까지 내려오는 관행이 얼마나 질기고 강한지 모릅니다. 어느 직장에서는 선배가 후배를 구타하거나 술을 강요하기도 하는데 그것을 거부하면 그때부터는 철저하게 왕따를 당하게 되고 괴롭힘을 당하게 됩니다. 이것이 학교와 직장에도 있고 군대에서도 있고 인간이 사는 곳 중에서 이런 것이 없는 데가 거의 없습니다. 우리 하나님의 백성이 살아야 하는 세상은 이런 악한 풍습과 전통이 꽉 찬 세상입니다. 우리는 이런 세상에서 내 믿음 하나 지키기도 어려운데 하나님은 세상을 바꾸라고 하시는 것입니다. 그것도 그냥 바꾸는 것이 아니라 완전히 바꾸라고 하시는 것입니다. 그래서 이스라엘 백성이 가나안 땅에 사는 것은 그냥 사는 것이 아니라 완전히 영적인 전쟁이었습니다. 즉 그들은 가나안 사람들이 수백 년 동안 해 오던 모든 풍습이나 습관을 다 부수어 버리고 아름다운 믿음의 새 전통을 만드는 것이었습니다.

어떻게 이스라엘 백성이 가나안 족속의 머릿속까지 박힌 나쁜 풍습을 뿌리 뽑고 새로운 세상을 만들 수 있을까요? 하나님은 이스라엘 백성이 광야에서 했듯이 "오직 사람이 떡으로만 살 것이 아니요 하나님의 입에서 나오는 말씀으로 살면 된다"고 하셨습니다. 즉 이스라엘 백성이 완전히 밑바닥에서 하나님의 말씀만 붙들고 살 때 그들을 통해서 하나님의 능력이 나타나게 되는데, 이 능력이 가나안 족속의 악한 사상이나 풍습을 이기고 사람을 변화시키게 된다는 것입니다. 그래서 하나님의 백성은 처음부터 이 세상에 잘 적응하려고 해서는 안 됩니다. 오히려 이 세상 사람들에게 욕을 얻어먹고 왕따를 당하고 미움을 받으면서도 끝까지 하나님의 말씀을 붙들어야 하는 것입니다. 그러면 세상 사람들이 나중에는 '너는 너무 지독해서 안 되겠다' 하면서 포기하게 되는데 그때부터 이기기 시작하는 것입니다.

하나님께서 이스라엘 백성을 가나안 땅에 살게 하신 것은 분명한 목적이 있었습니다. 하나는 아무리 가나안 땅이 좋아 보이고 거기에 사는 사람들이 강해 보여도 이스라엘 백성은 그곳을 바꿀 책임이 있었습니다. 이스라엘 백성이 분명한 믿음의 원리를 가지고 끝까지 나가면 이 세상에서도 성공할 뿐 아니라 결국 이 세상을 고치는 사람이 되는 것입니다. 그래서 하나님의 백성에게 중요한 것은 '오직 말씀'을 붙들고 나가는 것입니다. 그러면 처음에는 엄청나게 고생하겠지만 분명히 하나님께서 성공하게 하실 것입니다. 그러나 그들이 그렇게 하지 않고 대충대충 세상 사람들의 비위를 맞추어주면서 살게 되면 당장은 가나안 땅에서 성공하고 잘살게 되지만 결국 세상 사람들과 똑같아지게 되는 것입니다.

오늘 우리가 알아야 할 것은 그냥 이 세상에 뛰어 들어가서 성공하는 것은 결코 성공이 아니라는 것입니다. 우리는 이 세상에 믿음으로 성공해야 하고 믿음으로 복을 받아야 합니다. 교회도 마찬가지입니다. 인간적인 방법으로 잘 되고 부흥되는 것이 아니라 성경 하나를 가지고 부흥이 일어나야 진짜 부흥입니다.

2. 이스라엘의 정체성

옛날에 민족이나 부족들이 서로 교류하려고 하면 먼저 신들을 교환했습니다. 우리나라도 옛날에 양가가 결혼하게 되면 신줏단지부터 교환하는 풍습이 있었습니다. 즉 신들끼리 잘 지내야 후환이 없다는 뜻이었습니다. 그러나 하나님은 이스라엘 백성에게 가나안의 신들을 철저하게 없애라고 명령하셨습니다.

> 7:5, "오직 너희가 그들에게 행할 것은 이러하니 그들의 제단을 헐며 주상을 깨뜨리며 아세라 목상을 찍으며 조각한 우상들을 불사를 것이니라"

하나님께서는 이스라엘 백성에게 가나안 땅에서 가장 먼저 해야 할 것은 가나안을 가득 채우고 있는 모든 우상을 다 부수고 불태우는 것이라고 강조하셨습니다. 이것은 이스라엘 백성은 가나안의 신을 절대 인정하지 않으며 오직 모든 것을 철저하게 하나님을 믿는 신앙으로만 하겠다는 것을 밝히는 것입니다. 이것은 이스라엘 백성이 완전히 정신적인 외톨이가 되는 것과 같습니다.

사실 이스라엘 백성은 강한 민족이 아닙니다. 그리고 가나안의 농사 기술에 대해서는 아는 것이 하나도 없습니다. 그럼에도 불구하고 가나안의 모든 우상을 다 불태워버리고 가나안 사람들의 도움을 받지 않겠다는 것입니다. 그러나 이스라엘 백성은 얼마든지 고립되어도 괜찮습니다. 왜냐하면 그들은 원래부터 늘 고립이 되었던 사람들이었기 때문입니다. 아무도 도와주지 않는 광야에서 40년을 살아남은 체험이 있기 때문입니다.

본문 3절에 보면 가나안 남자를 사위로 삼지도 말고 가나안 여자를 며느리로 맞아들이지도 말라고 하셨습니다. 가나안 여자들은 대개 아름다운 여인들이고 가나안 남자들은 키도 크고 멋있는 남자들이었습니다. 그러나 그들은 하나님을 몰랐고 정신이나 윤리가 썩어 있었습니다. 이스라엘 백성에게 중요한 것은 외모나 학벌보다 정신 상태였습니다. 이스라엘 백성은 이 세상에 아무리 좋은 조건을 가진 사람이라도 도덕적으로나 신앙적으로 받아들일 수 없는 사람과는 결혼해서는 안 됩니다. 왜냐하면 당장 이 세상에서 편하게 잘 사는 것 같지만 나중에 정말 엄청난 정신적인 고통을 당하게 되기 때문입니다. 하나님의 뜻대로 해야 나중에 결과가 좋아지게 됩니다. 결국 가장 중요한 것은 이스라엘 백성이 자기 자신이 어떤 사람인지 분명히 아는 것이었습니다.

> 7:6-7, "너는 여호와 네 하나님의 성민이라 네 하나님 여호와께서 지상 만민 중에서 너를 자기 기업의 백성으로 택하셨나니 여호와께서 너희를 기뻐하시고 너희를 택하심은 너희가 다른 민족보다 수효가 많기 때문이 아니니라 너희는 오히려 모든 민족 중에 가장 적으니라"

이스라엘의 가장 위대한 점은 그들이 다른 민족에 비하여 숫자가 많은 것이 아니었습니다. 또한 다른 민족에 비해 문화적으로 뛰어나다거나 혹은 군사력이 월등하게 뛰어난 것도 아니었습니다. 그럼에도 이스라엘은 전 세계에서 가장 복 받은 사람들이었습니다. 그것은 바로 그들이 하나님을 바로 알게 되었기 때문입니다. 이 세상에서 받은 가장 큰 복은 '하나님을 바로 알았다'는 것입니다.

그러나 다른 것은 다 가지고 있지만 하나님을 모르는 사람들은 아직 인생의 목적을 찾지 못하고 방황하고 있는 것입니다. 그래서 하나님께서 우리 믿는 사람들에게 이 세상에서 지나치게 돈이나 명예를 욕심을 내지 말라고 하시는 것은 우리에게는 이미 하나님이 계시기 때문입니다. 하나님을 믿는 우리에게는 부족한 것이 없습니다. 그래서 예수 믿는 사람들에게 가장 중요한 것은 내가 바른 하나님을 알았으면 세상에 두려울 것이 없다는 것입니다. 이 세상에서 우리의 정체성은 우리가 하나님의 사람들이라는 것입니다.

이스라엘 백성에게는 위대한 유산들이 있습니다. 그러나 이스라엘 백성은 이것이 이해되지 않았습니다. 이스라엘 백성은 땅 한 평 얻지 못하고 애굽에서 종살이하다가 그곳을 겨우 빠져나온 자들이었습니다. 그런데 그들에게 무슨 유산이 있겠습니까? 그들의 유산은 하나님을 믿는 신앙이었습니다. 이미 하나님께서는 그들의 조상에게 하나님의 위대한 말씀을 주셨습니다. 이 말씀이 전부 다 복덩어리였습니다. 오늘 우리에게는 더 위대한 말씀이 있습니다. 하나님의 말씀은 전부 복덩어리들이고 보물 지도와 같습니다. 우리도 성경에 나온 사람들처럼 믿기만 하면 그 사람들처럼 복을 받을 수 있습니다.

하나님께서는 하나님을 사랑하고 그 언약을 지키는 자는 자손 천대까지 복을 주신다고 말씀하셨습니다. 우리가 어떻게 하나님을 사랑할 수 있습니까? 하나님은 눈에 보이지도 않고 우리는 하나님과 상대가 되지 않습니다. 그러나 우리가 하나님의 말씀을 사랑하면 그것이 바로 하나님을 사랑하는 것입니다. 그러나 하나님의 이 위대한 축복에는 하나님의 무서운 저주도 함께 있습니다. 그것은 만일 이스라엘 백성이 이 위대한 신앙을 버리면 하나님으로부터 받은 모든 복을 반납하고 망해야 합니다.

7:10, "그를 미워하는 자에게는 당장에 보응하여 멸하시나니 여호와는 자기를 미워하는 자에게 지체하지 아니하시고 당장에 그에게 보응하시느니라"

하나님의 백성이 하나님의 신앙을 버리면 이방 민족과 다르게 망하게 됩니다. 하나님의 백성은 하나님의 신앙을 버리면 이방인이 되는 것이 아니라 하나님으로부터 받은 모든 복을 다 반납하고 망하게 됩니다. 그래서 하나님을 믿다가 타락하면 가장 비참한 사람들이 되게 됩니다.

3. 가나안의 정복 원리

이스라엘 백성은 생전 살아본 적도 없는 죄와 우상이 가득한 곳이요 악이 가득한 곳에 들어가서 살아야 했습니다. 그런데 이런 가나안 땅에서 이스라엘 백성이 성공할 수 있는 비결이 무엇일까요? 그것은 이스라엘 자손이 광야에서 배운 원리대로 나가면 되는 것입니다.

7:12, "너희가 이 모든 법도를 듣고 지켜 행하면 네 하나님 여호와께서 네 조상들에게 맹세하신 언약을 지켜 네게 인애를 베푸실 것이라"

우리가 알아야 할 것은 도저히 우리 힘으로는 이 세상에 들어갈 수 없고 악한 자들과 경쟁해서 이길 수도 없고, 더 중요한 것은 산더미같이 쌓여 있는 악을 도저히 청산할 수도 없다는 것입니다. 우리가 해야 할 것은 철저히 모든 것을 믿음대로 사는 것입니다. 그렇게 할 때 우리는 다른 사람들로부터 많은 견제를 받기도 하고 미움과 따돌림과 공격을 받기도 할 것입니다. 그러나 우리가 모든 것을 하나님의 말씀대로 하기만 하면 우리를 통해서 하나님의 능력이 나타나기 시작할 것입니다. 우리의 삶을 통해서 눈에 보이지 않는 하나님의 능력이 나타나야 합니다. 물론 처음 우리에게 나타나는 하나님의 능력은 참으로 미약한 것 같습니다. 그러나 얼마 있지 않아서 나를 통해서 하나님의 지혜와 능력이 나타나게 되는데 조금씩 사람들의 태도가 달라집니다.

그리고 하나님의 백성이 하는 일은 모두 깨끗하고 참신해서 사람들이 좋아합니다. 세상 사람들은 유명해지고 돈을 많이 벌고 나면 벌써 거들먹거리고 오만하거나 자기 자랑만 늘어놓습니다. 그러나 하나님의 백성은 성공해도 깨끗하고 겸손하기 때문에 그의 성공은 너무나도 참신하고 신선하고 아름답습니다. 그래서 처음에는 구박하고 미워하던 사람들도 결국에는 좋아하게 됩니다. 더 놀라운 것은 우리는 하나님의 말씀대로만 할 뿐인데 하나님의 복이 우리에게 자꾸 나타나게 된다는 것입니다. 그래서 나중에는 그 복이 모든 사람보다 뛰어나게 됩니다.

더욱이 하나님의 말씀을 지키는 자에게는 재앙이 따라오지 못합니다.

> 7:15, "여호와께서 또 모든 질병을 네게서 멀리 하사 너희가 아는 애굽의 악질에 걸리지 않게 하시고 너를 미워하는 모든 자에게 걸리게 하실 것이라"

하나님의 말씀에 순종해서 살면 병마가 물러가게 됩니다. 교회에 부흥이 일어나니까 병이 많이 치료되고 암환자들도 거의 초기에 발견되어서 완치가 되고 있습니다. 이것이 결국 우리가 복을 받는 비결입니다.

나아가 우리가 하나님의 말씀을 지킬 때 굉장히 존귀해지게 됩니다. 이런 사람은 이 세상에서도 존경받고 하나님 앞에서도 존귀하며 마귀도 두려워합니다. 마귀도 죄를 지어서 성공한 사람은 아주 우습게 알고 함부로 대합니다. 왜냐하면 다 자기 부하이고 자기 졸개이기 때문입니다. 그러나 하나님의 말씀을 지키는 자는 마귀조차도 함부로 대하지 못합니다.

우리가 이 세상에서 승리하는 유일한 방법은 철저하게 하나님의 말씀을 끝까지 붙드는 것입니다. 그러면 가나안 땅에서 살아남을 뿐 아니라 결국은 그 땅을 정복하게 됩니다. 그러나 맛을 잃은 소금은 버림받아서 사람들의 발에 밟히듯이 위대한 신앙을 잃어버린 백성은 사람들에게 업신여김을 당하게 될 것입니다.

하나님께서는 이스라엘 백성에게 가나안 땅 사람들을 동정하거나 두려워하지 말라고 하셨습니다.

7:16, "네 하나님 여호와께서 네게 넘겨주신 모든 민족을 네 눈이 긍휼히 여기지 말고 진멸하며 그들의 신을 섬기지 말라 그것이 네게 올무가 되리라"

이스라엘 백성이 보기에 가나안 사람들은 악한 방법으로 성공한 사람들이며 악한 방법에는 도가 통한(?) 사람들이었습니다. 가나안 사람들은 이스라엘 백성보다 힘도 있고 기술도 뛰어나고 머리도 좋은 사람들입니다. 이런 사람들이 앙심을 품고 끝까지 이스라엘 백성과 싸우려고 덤벼들면 감당하기 어려울 것입니다. 그러나 하나님은 악한 사람의 미움을 받는 것을 두려워하지 말라고 말씀하셨습니다. 왜냐하면 이것이 바로 세상 사람들의 속성이기 때문입니다. 그런데 우리가 하나님의 말씀을 좋아하고 듣게 되는 것은 기적 중에 최고의 기적인 것입니다.

그러나 악한 자들이 아무리 강해 보여도 절대로 하나님의 백성을 완전히 이기지는 못합니다. 하나님께서 눈에 보이지 않는 밧줄로 묶어서 뒤에서 당기시기 때문입니다. 아무리 소리 질러도 머리털 하나 상하지 못하게 하실 것입니다.

존 번연의 《천로역정》을 보면 '크리스천'이 천국 가는 길을 가는데, 중간에 사자 두 마리가 있는 것을 보게 됩니다. 그때 같이 가던 다른 사람들은 모두 놀라서 도망쳐버립니다. 그런데 크리스천이 자세히 보니까 그 사자들은 쇠사슬로 묶여 있었습니다. 그래서 사자들이 아무리 으르렁거리고 소리를 질러도 그 사이를 지나가니까 안전했습니다.

하나님께서 가나안 사람들에게 '왕벌'을 보내실 것이라고 약속하셨습니다(20절). 산에서 나무를 하거나 풀을 베는 사람들에게 무서운 것은 벌의 공격이었습니다. 누군가가 실수로 벌집을 건드려서 벌들이 공격하게 되면 피할 수 없습니다. 심지어 어떤 사람은 벌에 쏘여서 죽기도 합니다. 특히 이 왕벌이라는 것은 가나안 원주민에게는 아주 무서운 존재였던 것 같습니다. 그러나 하나님의 왕벌은 눈에 보이지 않습니다. 하나님께서 가나안 족속에게 두려운 마음을 주시면 가나안 족속은 갑자기 두려움에 빠져서 꼼짝하지 못하게 됩니다. 그래서 악한 자들이 언제나 신경을 써야 할 것은 악한 자들의 천적인 '하나님의 왕벌' 입니다.

이차 대전 때 일본을 굴복시킨 왕벌은 '원자폭탄' 이었습니다. 왕벌 두 개가 떨어지니까 끝까지 목숨 걸고 싸우려고 했던 제국주의 일본이 갑자기 항복해버렸습니다. 하나님께는 이런 왕벌이 많이 준비되어 있습니다. 그래서 우리는 악한 자들을 너무 두려워하지 말아야 합니다.

하나님께서 우리를 이 세상에 살게 하신 것은 믿음으로 살 수 있는 기회를 주신 것입니다. 이스라엘 백성이 광야에서 하나님의 말씀으로 살아남았다면 같은 원리로 가나안 땅에서도 분명히 살아남을 수 있습니다. 우리는 지금 우리가 살고 있는 이 세상이 아무것도 없는 광야라고 여기고 기도와 말씀으로 하나씩 하나씩 철저하게 바꾸어서 하나님이 기뻐하시는 세상으로 만들 수 있게 되기를 바랍니다. 그래서 우리는 세상 사람들이 사는 대로 살면 안 됩니다. 우리는 누가 아무리 욕을 하고 왕따를 시켜도 끝까지 믿음으로 부흥을 일으키고 성공하고 축복받는 성도들이 다 되시기 바랍니다.

12

광야를 통과하는 이유
신 8:1-20

운동선수나 군인이 훈련을 받을 때는 보통 사람들과는 달리 아주 가혹한 상태에서 훈련을 받게 됩니다. 그래서 운동선수들이 공통적으로 하는 말은 훈련이 경기보다 훨씬 더 힘들다는 것입니다. 그 이유는 운동선수나 군인들이 실제로 큰 경기를 하거나 전투할 때 엄청난 스트레스와 엄청난 힘이 필요하므로 가혹한 훈련을 통해서 힘과 용기를 길러놓아야 패배하지 않기 때문입니다.

또 학생들이 강의실에서 선생님의 설명을 들을 때는 다 아는 것 같았는데 막상 시험지 위에서 문제를 풀려고 하면 하나도 생각이 나지 않습니다. 그래서 학생들이 강의실에서 들은 것이나 책에서 읽은 지식을 완전히 자기 것으로 만들려고 하면 엄청난 스트레스를 받아가면서 반복적으로 외워서 완전히 소화해야 하는 것입니다. 그래서 우리가 편안한 상태에서 고통을 받지 않고 운동하거나 공부하면 절대로 남들보다 우수할 수 없습니다. 우리는 엄청난 고통 가운데 자신의 육체와 지성을 단련해야 남을 이길 힘과 지식이 나오게 됩니다.

이것은 우리 신앙의 영역에도 마찬가지입니다. 우리는 할 수 있는 한 고통 없이 하나님의 복만 받으면서 늘 행복하게 신앙생활을 하고 싶어 합니다. 그리고 하나님이 내 기도를 빨리 들어주시지 않고 자꾸 어려움을 주시면 하나님의 사랑을 의심하고 할 수 있으면 예수 믿지 않으려고 생각할 때가 많습니다. 그러나 우리 신앙 안에도 다른 사람들이 알지 못하는 비밀 노하우가 많이 있습니다. 그런데 우리가 이 비밀 노하우를 터득할 방법은 모두 가난하고 고난 가운데 있을 때입니다. 그러므로 우리가 하나님을 믿는다고 하면서 고난을 싫어하고 또 어려움을 통과하지 아니하면 그 신앙은 정말 아무것도 실속이 없는 껍데기 신앙밖에 되지 않는 것입니다.

하나님은 이스라엘 백성을 애굽에서 이끌어내신 후 가장 빨리 가나안으로 갈 수 있는 길을 택하지 아니하시고 아주 멀고 험한 광야 길로 그들을 데리고 가셨습니다. 이것은 세계 최하위 백성인 이스라엘 백성을 세계 최고로 우수한 백성으로 만드시려는 하나님의 훈련 방법이었습니다.

어떻게 노예 생활하던 백성이 단시일 내에 세계 최고로 우수한 백성이 될 수 있었을까요? 하나님의 훈련에 있어서 가장 중요한 포인트는 두 가지였습니다. 하나는 이스라엘 백성이 하나님을 붙드는 것이었습니다. 하나님 자신이 능력이기 때문입니다. 그리고 두 번째는 하나님의 말씀으로 사는 법을 배우게 하신 것입니다. 이것이 바로 그 유명한 말씀 "사람이 떡으로만 사는 것이 아니요 하나님의 말씀으로 사는 것"을 배우는 것입니다. 이것이 바로 이스라엘 백성의 능력의 비결이었습니다. 이스라엘 백성이 이 두 가지 비결을 배웠을 때 단시간 안에 가나안 땅의 서른세 개의 성읍을 다 이기고 가나안 땅을 정복할 수 있었습니다. 오늘 우리도 이 방법을 배워야 승리할 수 있습니다.

1. 하나님과의 특별한 관계

이스라엘 백성이 애굽을 나와서 가나안 땅으로 가려고 하면 광야 같이 고생하지 않고 직선으로 편하게 갈 수 있는 좋은 길이 있었습니다. 그런데 하나님은 그들을 그 길로 인도하시지 않고 전혀 길도 없는 광야로 몰아넣으셔서 무지무지하게 고생하게 하셨습니다. 이것을 이스라엘 백성은 도저히 이해할 수 없었습니다. 왜 하나님은 그 험하고 고생스러운 광야 길로 인도하셨을까요? 그것은 하나님께서 그들로 하여금 하나님의 능력으로 살게 하기 위해서였습니다.

8:1, "내가 오늘 명하는 모든 명령을 너희는 지켜 행하라 그리하면 너희가 살고 번성하고 여호와께서 너희의 조상들에게 맹세하신 땅에 들어가서 그것을 차지하리라"

이 세상 모든 사람은 힘이 있어야 큰소리칠 수 있고 능력 있는 삶을 살 수 있습니다. 그런데 사람들이 힘이라고 생각하는 것은 사람에 따라서 모두 다릅니다. 어떤 사람은 돈이 힘이라고 생각하고, 어떤 사람은 아는 것이 힘이라고 합니다. 또 어떤 사람은 사람들의 인기와 지지율이 힘이라고 생각합니다. 그래서 사회에서나 모임에서나 큰소리치는 사람은 반드시 힘이 있는 사람입니다. 그들은 세상적인 지위가 있거나 돈이 있든지 무엇인가 있는 사람입니다.

그런데 우리 주위에 우리가 알지 못하는 어마어마한 능력의 주인공이 계십니다. 그분은 바로 하나님이십니다. 단지 우리 인간은 하나님을 알지 못하고 하나님의 능력을 모를 뿐입니다.

오늘 현대의 많은 어려운 문제를 내가 모두 다 해결하려고 하는 것보다 어리석은 생각은 없습니다. 어려운 일을 당했을 때 실력 가진 전문가의 도움을 받는 것이 가장 쉬운 해결 방법입니다. 그러나 정말 어려운 문제는 전문가들도 풀지 못하는 것이 많이 있습니다. 그런데 하나님은 우리 인간의 모든 문제를 다 해결하실 수 있습니다. 하나님은 우리 인간을 만드신 분이고 이 세상을 만드신 분이기 때문입니다. 하나님께서 이스라엘 백성을 광야로 몰아넣으신 것은 바로 하나님과 특별한 관계로 만들려고 하시는 것이었습니다.

우리는 하나님이 옆에 계시지만 하나님을 볼 수 없고 하나님의 능력을 내 능력으로 끌어 올 수 없습니다. 그런데 사실 사람들은 어려운 일을 당하면 모두 다 자기가 믿는 신에게 기도하면서 도와달라고 합니다. 그러나 그 신들은 모두 인간이 생각해 낸 존재이지 참 하나님이 아닙니다. 이 세상의 많은 신앙이나 신념은 인간의 머리에서 나온 것이기 때문에 진정으로 하나님의 도움이 필요할 때 도움을 받지 못합니다.

그래서 하나님께서는 이스라엘 백성을 광야에 몰아넣으심으로 가장 먼저 우리 인간이 얼마나 연약한 존재인지 깨닫게 하셨습니다. 사람들이 사회 안에 있으면 세상은 온실이기 때문에 머리가 좋고 기회를 잘 잡는 사람은 얼마든지 성공하고 높아질 수 있습니다. 그래서 세상에서 머리 좋은 사람이나 성공한 사람 중에는 자기가 신인 것처럼 착각하는 사람들이 꽤 많습니다. 그러나 우리 인간은 모두 코만 막으면 죽을 수밖에 없는 티끌과 같은 존재입니다. 그래서 평소에 그렇게 머리가 좋다고 칭찬하던 사람들도 치매가 오면 완전히 바보가 되는데 자기가 누구인지조차도 알지 못하게 됩니다.

그런데 하나님께서는 우리 믿는 자들을 고난에 집어넣으셔서 우리로 하여금 하나님 앞에서 하나의 피조물에 불과하다는 것을 가장 먼저 깨닫게 하십니다. 이때 우리 안에 있는 인간의 환상이 빠져나가고 교만과 거짓이 빠져나가게 됩니다. 인간의 교만과 거짓은 다량의 눈물이 아니면 절대로 나가지 않습니다. 그래서 고난은 우리를 순수하게 만들고 결국 그리스도의 신부가 되게 합니다. 이렇게 하나님의 신부들은 광야에서 그 뜨거운 땡볕에서 눈물로 화장을 하게 됩니다. 그때 하나님은 우리를 신부로 맞아주십니다. 이것은 마치 아무것도 가진 것이 없는 천민이 왕자와 결혼하는 것과 같습니다.

그런데 우리가 하나님을 믿게 되는 때는 편안하고 잘살 때가 아니라 어렵고 절박할 때입니다. 우리는 내 힘으로 충분히 살 수 있을 때 하나님을 잘 믿으려고 하지 않습니다. 그러나 내 힘으로 도저히 살 수 없는 어려운 때를 만나면 하나님을 붙들고 의지하게 되는데, 이때 하나님만 믿겠다고 고백하면서 하나님의 백성이 되게 됩니다. 이것이 우리가 능력 있게 사는 첫 번째 비결입니다.

2. 말씀으로 사는 법

우리가 하나님을 믿는다고 해도 능력의 차이는 천차만별입니다. 하나님을 믿는데 모세와 같이 기적을 일으키고 바다를 가르는 능력의 믿음이 있는가 하면, 광야에서 내내 하나님과 모세를 원망하다가 불뱀에 물려 죽는 사람들도 있었습니다. 도대체 이런 능력의 차이는 어디서 나오는 것일까요? 그것이 하나님께서 이스라엘 백성을 광야로 인도하신 두 번째 이유입니다.

> 8:3, "너를 낮추시며 너를 주리게 하시며 또 너도 알지 못하며 네 조상들도 알지 못하던 만나를 네게 먹이신 것은 사람이 떡으로만 사는 것이 아니요 여호와의 입에서 나오는 모든 말씀으로 사는 줄을 네가 알게 하려 하심이니라"

우리가 이 세상에서 죽지 않으려고 하면 가장 먼저 먹는 문제가 해결되어야 합니다. 만일 우리가 먹을 것을 구하지 못하면 결국 구걸하거나 아니면 땅에 떨어진 것을 주워 먹게 될 것입니다. 그래서 직장이 그렇게 중요합니다. 우리는 정기적인 수입이 있어야 굶지 않고 그것을 모아서 집도 장만하고 옷도 사고 자녀 교육도 시킬 수 있는 것입니다. 그러나 일단 직장이나 정기적인 수입이 없으면 의식주 문제가 해결되지 않습니다. 그래서 결국 가난한 사람이 할 수 있는 길은 빚을 내는 것입니다. 그래서 가난한 사람은 빚이 빚을 낳고 나아가 파산하는 일까지 생기게 되는 것입니다.

그러나 하나님은 광야의 이스라엘 백성에게 또 다른 삶의 원리를 가르쳐 주셨습니다. 그것은 사람이 떡으로 사는 것이 아니라 하나님의 말씀으로 사는 원리입니다. 세상 모든 사람은 떡이 있어야 살아갈 수 있습니다. 여기서 떡이라는 것은 먹을 양식을 포함해서 정기적인 수입이나 직장을 말하는 것입니다. 그래서 어떤 의미에서 세상 사람들은 굶어 죽지 않기 위해서 죽으라고 일을 해야 합니다.

그러나 하나님의 백성은 떡으로 살지 않고 하나님의 말씀으로 삽니다. 우리는 이것을 이해할 수 없습니다. 아무리 하나님의 백성이라도 인간인 이상 떡을 먹어야 살 수 있습니다. 그러나 하나님은 사람이 떡이 아니라 하나님의 말씀으로 산다고 분명히 말씀하셨습니다. 하나님은 사람들이 떡으로 사는 것은 사는 것이 아니라 최소한도의 생존이라고 보시는 것입니다. 물론 하나님의 백성도 인간인 이상 떡을 먹어야 살 수 있습니다. 그러나 인간이 사는 것은 생존만이 아닙니다. 인간은 능력 있게 살아야 합니다.

물론 우리는 하나님의 말씀인 성경을 가지고 있습니다. 그러나 대부분 교인에게 성경이 그냥 좋은 말씀 정도이지, 나를 살리는 능력의 말씀이 되지 못합니다. 어떤 사람은 논어나 성경이나 다 좋은 말씀이라고 생각하고 있습니다. 그러나 우리가 먹을 것이 없는 극한 상태에서 하나님의 말씀을 붙들 때 하나님의 말씀은 살아서 움직이기 시작합니다. 때로는 우리 귀에 속삭이기도 하고 때로는 벼락같은 소리로 책망하기도 합니다. 우리가 어려운 처지에서 하나님의 말씀을 들을 때 정말 그날 나에게 필요한 말씀을 하나님께서 하시는 것을 들을 수 있습니다. 우리가 이 말씀을 붙들고 믿고 기도할 때 부흥이 일어나게 되는데 우리에게 하나님의 능력이 나타나게 됩니다. 이것이 바로 우리가 사는 길입니다.

그런데 우리가 하나님의 말씀은 듣는데 직업이 없어서 일정한 수입이 없으면 굶어 죽지 않을까요? 하나님께서는 그것을 하나님께서 책임지시겠다고 약속하셨습니다. 물론 하나님께서 먹는 문제를 책임지신다고 해서 잘살 수 있는 것은 아닙니다. 어쩌면 우리가 굶어 죽지 않을 정도로 겨우겨우 먹을 것을 공급해주실 수도 있습니다. 그러나 이것은 결코 비참한 것이 아닙니다. 우리는 이런 경험을 통해서 하나님이 공급해주시는 것을 체험하게 됩니다. 우리가 꼭 필요한 것을 하나님이 알아서 해결해주시는 것입니다. 우리가 이런 훈련을 해야 돈에 대한 염려와 걱정에서 벗어나서 담대하게 살아갈 수 있습니다.

하나님께서 우리에게 광야의 체험을 주시는 이유는 하나님의 말씀에 모든 능력과 축복이 다 있다는 것을 깨닫게 하시기 위해서입니다. 하나님은 온 세상을 말씀으로 창조하셨습니다. 하나님의 말씀은 우리를 살게 하시는 말씀이요, 치료하시는 말씀이요, 아무것도 없는 중에 모든 것을 있게 하시는 말씀입니다. 그러나 대부분 사람은 먹고 사는 문제에 매여서 하나님의 말씀을 그렇게 목숨을 걸듯이 사랑하지 않습니다. 그러나 예수 믿는 사람들에게는 하나님의 말씀이 그 어떤 것보다 엄청나게 중요합니다. 우리에게 하나님의 말씀을 잃어버리면 모든 것을 다 잃어버리는 것입니다. 만약 예수를 믿는 사람이 정기적으로 하나님의 말씀을 듣지 못하면 힘을 잃고 침체하게 됩니다.

오늘 대부분 크리스천의 영적 침체는 하나님의 말씀을 제대로 먹지 못한 데서 오는 것입니다. 그리고 더 길게 하나님의 말씀을 먹지 못하면 육신적으로 정신적으로 병이 들게 됩니다. 이런 병에서 살려면 오직 하나님의 말씀을 찾아서 들어야 합니다. 그리고 말씀을 들으면 감격해서 울게 되는데 자기가 그동안 너무나도 바보같이 시간 낭비한 것에 대하여 울게 되고, 하나님의 사랑이 찾아온 것에 대하여 감사해서 울게 됩니다. 하나님의 말씀이 그 사람의 구석구석 병든 부분을 다 치료하는데 그러고 나면 그 사람은 웃게 되고 다시 열정적으로 주님을 섬길 수 있는 사람이 되는 것입니다.

3. 이스라엘의 축복과 위기

하나님께서는 이스라엘 백성이 하나님만 의지할 때 절대로 망하지 않는다는 약속으로 두 가지 증표를 보여주셨습니다.

하나는 40년 동안 옷이나 신발이 떨어지지 않는 것이었습니다.

8:4, "이 사십 년 동안에 네 의복이 해어지지 아니하였고 네 발이 부르트지 아니하였느니라"

이스라엘 백성은 옷 한 벌로 광야에서 40년 동안 입었습니다. 왜냐하면 옷이 도무지 떨어지지 않았기 때문입니다. 또 신발도 떨어지지 않았고 아무리 걸어도 발에 물집이 생기지 않았습니다. 사실 요즘은 옷이 떨어지고 신발이 떨어져야 새것을 살 수 있지만, 옛날에는 자기가 직접 짜야 옷을 입을 수 있었습니다. 그러나 광야에서는 옷이나 신발을 만들 수 없었습니다. 그런데 이스라엘 백성은 무려 40년 동안 옷이나 신발이 떨어지지 않았습니다.

우리는 하나님께서 함께하시는 표적이 무슨 놀라운 기적이 일어나야 믿으려고 하는데, 신발이 잘 떨어지지 않는 것도 하나님의 기적입니다. 오늘 우리에게는 너무나도 많은 기적이 일어나고 있습니다. 이 모든 것이 우리에게는 아무것도 아닐지 몰라도 하나님의 놀라운 기적입니다.

그리고 또 하나는 만나와 생수를 40년 동안 주신 것이었습니다.

이스라엘 백성이 놀랐던 것은 그들이 가는 곳마다 만나가 내리고 반석을 때리면 물이 나왔던 것입니다. 한번만 만나가 내리고 반석에서 물이 나와도 큰 기적인데 이스라엘 백성에게는 이 기적이 40년 동안 계속되었습니다.

하나님께서 이스라엘 백성을 광야로 인도하신 것은 기를 죽여서 버릇을 고쳐 놓으시려는 의도가 절대로 아니었습니다. 하나님께서 그들을 광야로 인도하신 것은 하나님과의 사랑의 데이트였습니다.

그러나 이스라엘 백성에게 위험한 것은 가나안 땅에 들어가고 난 후에 하나님을 계속 의지하지 않는 것이었습니다.

> 8:7-9, "네 하나님 여호와께서 너를 아름다운 땅에 이르게 하시나니 그 곳은 골짜기든지 산지든지 시내와 분천과 샘이 흐르고 밀과 보리의 소산지요 포도와 무화과와 석류와 감람나무와 꿀의 소산지라 네가 먹을 것에 모자람이 없고 네게 아무 부족함이 없는 땅이며 그 땅의 돌은 철이요 산에서는 동을 캘 것이라"

하나님은 이스라엘 백성에게 최고 좋은 땅을 상으로 주시겠다고 약속하셨습니다. 이 당시 농사를 짓거나 목축을 하는데 가장 중요한 것은 물이었습니다. 그런데 가나안 땅은 전혀 물 걱정이 없는 곳이었습니다. 골짜기나 산지까지 시내와 샘이 있었습니다. 그리고 가나안 땅에서 나오는 곡식과 과일은 너무나도 좋은 것이었습니다. 거기에서 한 걸음 더 나가서 철이나 동까지 생산되는 곳이었습니다. 가나안 땅은 이집트와 앗수르 사이에 있는 땅 중에서 최고의 땅이었고, 그곳을 차지하는 사람들은 가장 복 받은 사람임이 틀림없었습니다. 비록 이스라엘 백성이 40년 광야에서 고생한다 하더라도 영구적으로 가나안 땅만 차지할 수 있다면 그 정도의 고생은 아무것도 아니라고 할 수 있었습니다.

이와 마찬가지로 하나님께서 오늘도 주의 백성을 훈련하는 것은 언제까지나 그렇게 고생시키겠다는 뜻이 아닙니다. 하나님의 때가 되면 상상할 수 없는 최고의 복을 주시려는 것입니다.

그런데 이스라엘 백성이 가나안 땅에서 복을 받았을 때 가장 위험한 함정은 그들이 가나안 땅에서 잘살게 되면서 하나님을 잊어버리는 것이었습니다. 이스라엘 백성이 광야에서 어려울 때는 하나님의 도움이 없으면 당장 죽을 수밖에 없으니까 하나님만 붙들게 되지만 가나안 땅에서 잘살게 되면 하나님의 도움 없이도 얼마든지 잘 살 수 있는 것입니다. 그래서 그들이 가나안 땅에 들어간 후의 위기는 하나님을 붙들지 않아도 가나안 땅 자체가 주는 복 때문에 얼마든지 잘 살 수 있게 되는 것입니다.

하나님께서 이스라엘 백성에게 말씀하신 것은 광야에서 그들에게 만나를 먹이시고 반석에서 생수를 나게 하셨던 그 하나님께서 가나안 땅의 그 좋은 땅과 곡식과 포도주를 주셨다는 것입니다. 그래서 이스라엘 백성은 가나안 땅에서도 광야에서 하나님을 믿는 그 정신으로 살라는 것입니다.

8:14-16, "네 마음이 교만하여 네 하나님 여호와를 잊어버릴까 염려하노라 여호와는 너를 애굽 땅 종 되었던 집에서 이끌어 내시고 너를 인도하여 그 광대하고 위험한 광야 곧 불뱀과 전갈이 있고 물이 없는 간조한 땅을 지나게 하셨으며 또 너를 위하여 단단한 반석에서 물을 내셨으며 네 조상들도 알지 못하던 만나를 광야에서 네게 먹이셨나니 이는 다 너

를 낮추시며 너를 시험하사 마침내 네게 복을 주려 하심이었느니라"

이스라엘 백성은 분명히 가나안의 복을 받게 될 것입니다. 그러나 그들의 진정한 복은 가나안의 복이 아니었습니다. 그들의 진정한 복은 하나님 자신이었고 하나님의 말씀을 양식으로 삼아서 사는 것이었습니다. 그런데 두려운 것은 가나안 땅에서 잘살게 되면 더 이상 옛날처럼 간절하게 하나님을 붙들 필요가 없는 것입니다.

이스라엘 백성의 힘은 광야에서 죽을힘을 다하여 하나님을 붙잡는 것이었습니다. 그래서 믿음이 있는 사람은 성공하게 되고 부자가 되었을 때 옛날의 그 가난했던 마음을 잃지 않기 위해서 몸부림을 치면서라도 하나님 앞에 겸손한 마음을 잃지 않으려고 하는 것입니다. 그래서 더 높아질 수 있는 것도 다 포기해버리고 오히려 사람들에게 욕을 먹고 인정을 받지 못할 때 더 기뻐하고 감사하게 되는 것입니다. 우리는 부하든지 가난하든지, 성공했든지 실패했든지, 하나님과 하나님의 말씀이 최고의 복이 되어야 하고, 다른 것들은 모두 있어도 되고 없어도 되는 것으로 생각해야 합니다.

하나님께서 오늘 우리에게 원하시는 것은 하나님의 훈련을 받으라는 것입니다. 무섭고 거친 광야를 통과해서 살아남는 훈련을 받으라는 것입니다. 우리의 능력은 하나님이 나와 함께 하시는 것입니다. 내가 하나님의 말씀을 붙잡으면 내가 아무리 백치 신부라 하더라도 하나님은 우리를 사랑하십니다. 그리고 우리는 떡으로 살지 않습니다. 하나님의 말씀이 우리의 양식입니다. 그리고 우리는 끝까지 광야의 정신을 버려서는 안 됩니다. 우리는 하나님을 내 능력으로 삼으시기 바랍니다. 우리가 하나님의 말씀을 붙들고 주어진 일에 최선을 다할 때 세계에서 가장 우수한 삶을 주실 것입니다.

13

하나님이 주신 기회

신 9:1-29

하나님께서는 이스라엘 백성을 40년 동안 광야에서 준비하게 하셨습니다. 이때 이스라엘 백성의 훈련은 거의 하나님을 절대적으로 의지하는 훈련이었습니다. 그리고 하나님은 그들로 하여금 한순간에 가나안 땅을 치게 해서서 단숨에 가나안 땅을 차지하게 하셨습니다. 사실 이스라엘 백성의 힘으로는 가나안 족속을 도저히 이길 수 없었습니다. 그러나 그들이 하나님을 의지하고 죽을힘을 다했을 때 당당하게 가나안 족속을 다 물리치고 하나님의 복을 차지할 수 있게 되었습니다.

우리가 이 세상에 사는 것은 우리가 믿음으로 살 수 있는 기회를 얻는 것입니다. 그러나 우리가 이 세상에서 상대해야 하는 사람들은 모두 가나안 족속같이 힘이 세고 무기가 막강해서 우리 힘으로는 도저히 이길 수 없습니다. 그러나 우리가 믿음으로 자신을 잘 준비해서 온 힘을 다해서 노력하면 반드시 이길 수 있습니다.

1. 정복 불가능한 가나안 땅

하나님께서는 이스라엘 백성에게 그들이 들어가서 싸우게 될 가나안 사람들이 결코 만만한 사람들이 아니라는 것을 미리 말씀하셨습니다.

> 9:1-2, "이스라엘아 들으라 네가 오늘 요단을 건너 너보다 강대한 나라들로 들어가서 그것을 차지하리니 그 성읍들은 크고 성벽은 하늘에 닿았으며 크고 많은 백성은 네가 아는 아낙 자손이라 그에 대한 말을 네가 들었나니 이르기를 누가 아낙 자손을 능히 당하리요 하거니와"

하나님께서는 이스라엘 백성을 애굽에서 이끌어내신 후 영원히 광야에서 베두인 족속처럼 유목민으로 살게 하지 아니하시고 다시 가나안 땅으로 진격하게 하셔서 가나안 땅에서 새로운 인생을 살게 하셨습니다. 하나님께서는 이스라엘 백성으로 하여금 세상 속으로 들어가게 하시고 이 세상에서 자기들보다 월등하게 힘이 강한 가나안 족속을 이기고 그 땅을 차지하게 하셨습니다.

우리가 이것을 볼 때 신앙이라는 것은 단순히 수도원 생활이나 종교 생활을 하는 것만이 아니라는 것을 알게 됩니다. 하나님께서는 이스라엘 백성에게 이 세상에서 믿음으로 살 기회를 주셨습니다. 믿음이라는 것은 우리가 이 세상 속에 들어가서 우리보다 훨씬 힘이 세고 기질이 강한 사람들 속에서 믿음으로 살 기회를 얻는 것입니다.

하나님은 이스라엘 백성에게 가나안 족속을 몰아내는 것이 얼마나 어려운 일인지 말씀하셨습니다.

"그 성읍들은 크고 성벽은 하늘에 닿았으며"

거기에 사는 사람들은 아낙 자손인데 힘이 모두 장사인 거인이었습니다. 요즘 오늘날 대기업에 취직하는 것은 하늘의 별 따기라고 말을 합니다. 가나안 땅의 성읍은 크고 성벽이 얼마나 높은지 하늘에 닿았다고 말을 합니다. 그리고 자기가 경쟁해야 하는 상대들은 모두 힘이 대단한 거인족이라고 말씀하고 있습니다.

우리는 이 세상에서 살려고 해보면 믿음 같은 것은 알아주지도 않고 오직 돈만 아는 살벌한 세상에서 살게 됩니다. 하나님께서는 이런 현실에서 우리에게 믿음으로 살 기회를 주신 것입니다. 이것은 마치 군인이 적지에 혼자 상륙 작전을 벌이는 것과 같습니다. 적들이 우글거리고 있는 해안에 혼자 상륙했으니 앞에는 적의 기관총과 대포가 있고 뒤로 돌아가려고 하니까 바다가 있어서 앞길을 막고 있고 시간은 자꾸 흘러가서 날이 훤하게 밝으려고 합니다. 날이 밝을 때까지 적진을 뚫고 가지 못하면 그대로 죽는 것입니다.

이때 우리가 할 것은 오직 하나님을 의지하는 믿음으로 앞으로 돌격하는 것뿐입니다. 하나님께서는 이렇게 약속하셨습니다.

9:3, "오늘 너는 알라 네 하나님 여호와께서 맹렬한 불과 같이 네 앞에 나아가신즉 여호와께서 그들을 멸하사 네 앞에 엎드러지게 하시리니 여호와께서 네게 말씀하신 것 같이 너는 그들을 쫓아내며 속히 멸할 것이라"

이스라엘 백성의 힘만으로는 절대로 가나안 땅을 정복하지 못합니다. 그런데 그들이 하나님을 믿고 공격한다면 하나님께서 맹렬한 불이 되셔서 먼저 가나안 사람들을 태우고 멸하신다고 했습니다. 군인이 전쟁할 때 미리 대포로 공격하거나 혹은 화염 방사기로 공격하면 적들이 맥을 추지 못할 것입니다. 이렇게 하나님께서 공격하셔도 이스라엘 백성이 두려워서 숨어 있으면 아무 소용이 없게 될 것입니다.

우리가 알아야 할 것은 하나님께서 함께하시면 반드시 이스라엘 백성은 가나안 사람들을 이길 수 있다는 것입니다. 그러나 하나님은 이스라엘 백성이 절대로 가나안 사람들을 쉽게 이길 수 있다고는 말씀하시지 아니했습니다. 아무리 하나님께서 함께하신다고 해도 이스라엘 백성은 온 힘을 다해서 죽을 각오를 하고 밀어붙일 때 가까스로 이기게 된다는 것입니다.

그래서 우리가 알아야 할 것은 이 세상에서 사는 것이 절대로 쉬운 일이 아니라는 것입니다. 우리는 하나님께서 나에게 하라고 명하신 일에 목숨을 걸고 죽을힘을 다해서 끝까지 최선을 다해야 겨우 어려움을 이겨낼 수 있는 것입니다. 그래서 이스라엘 백성의 가나안 정복에서 가장 중요한 싸움은 자기 자신과의 싸움입니다. 가나안 사람들과의 싸움을 피하고 싶고 포기하고 싶고 도망치고 싶은 마음을 붙들어서 결사적으로 물고 늘어지게 해야 합니다. 그러므로 이스라엘 백성의 가장 큰 어려움은 바로 이런 두려움과 전쟁을 피하고 싶은 마음과 싸워야 하는 것입니다.

왜 하나님은 이스라엘 백성으로 하여금 여유를 가지고 이길 수 있도록 넉넉하게 이기게 하시지 않고 이런 식으로 죽을 둥 살 둥 몸부림치게 하셔서 겨우 이기게 하실까요? 그것은 우리로 하여금 자신을 의지하지 못하게 하시려는 것입니다. 우리와 하나님 사이에는 틈이 생겨서는 안 됩니다. 우리는 완전히 하나님과 하나가 되어야 합니다. 그래야 우리는 기적을 체험할 수 있고 하나님의 능력을 공급받을 수 있습니다. 그렇게 하려면 우리에게 힘이 넉넉해서는 안 됩니다. 우리에게 힘이 있고 여유가 있으면 우리는 절대로 하나님 앞에서 간절해지지 않습니다. 하나님의 최고의 능력은 우리가 목숨을 걸고 하나님 앞에 부르짖으며 기도하고 몸부림칠 때 임하게 되는 것입니다.

하나님께서는 이스라엘 백성에게 이렇게 말씀하셨습니다.

9:4, "네 하나님 여호와께서 그들을 네 앞에서 쫓아내신 후에 네가 심중에 이르기를 내 공의로움으로 말미암아 여호와께서 나를 이 땅으로 인도하여 들여서 그것을 차지하게 하셨다 하지 말라 이 민족들이 악함으로 말미암아 여호와께서 그들을 네 앞에서 쫓아내심이니라"

하나님은 모세에게 이스라엘 백성이 가나안 사람들을 이기고 가나안 땅을 차지한 것은 자신들의 '공의로움' 때문이 결코 아니라고 말씀하십니다. 그들의 '공의로움'은 이스라엘 백성이 가나안 땅을 차지할 자격이 있거나 실력이 있어서가 결코 아니라는 것입니다. 그러면 도대체 어떻게 해서 이스라엘 백성이 이 엄청난 하나님의 기적과 축복을 소유할 수 있었을까요? 그것은 단지 하나님께서 그들에게 그럴 수 있는 기회를 주신 것뿐이었습니다. 즉 하나님께서는 아무 자격도 없고 실력도 없는 이스라엘 백성에게 믿음의 기회를 주셔서 가나안을 이기게 하셨던 것입니다. 이것은 다른 말로 표현하면 하나님께서는 굳이 이스라엘 백성이 아니라 하더라도 얼마든지 이런 일을 해내실 수 있다는 뜻입니다.

그러면 이스라엘 백성이 과연 어떤 자세로 모든 일에 임해야 할까요? '우리는 아무 자격도 없고 아무 실력도 없지만 하나님께서 우리에게 가나안 땅을 정복하게 하셨다. 그러나 중요한 것은 지금 하나님께서 우리를 사용하고 계시며 우리에게 기회가 주어지고 있다는 사실이다'는 것을 믿어야 하는 것입니다.

우리는 자신의 실력과 자격을 따지면 절대로 이 세상에서 믿음으로 승리할 수 없습니다. 중요한 것은 지금 하나님께서 나를 믿으시고 기회를 주셨으며 지금 내가 최선을 다하면 반드시 가나안을 이기게 하신다는 것을 믿는 것입니다. 과거에 내가 잘났든지 못났든지 그런 것은 중요하지 않습니다. 하나님께서 나를 믿으시고 기회를 주셨을 때 그 기회를 살리면 복을 받는 것입니다. 그래서 우리 믿는 성도들은 작은 일에 최선을 다하는 훈련을 받아야 합니다. 교회에서 자기가 맡은 작은 일 하나하나에 최선을 다하는 사람은 세상일에도 성공하게 되는 것입니다. 그러나 자기가 맡은 일이 시시하다고 해서 대충대충 하는 사람은 세상일도 대충대충 하기 때문에 결국 틈이 생기게 되고 오히려 사탄의 공격으로 실패하게 되는 것입니다.

2. 기도로 살아난 백성들

이스라엘 백성이 원래 얼마나 믿음이 없는 자들이었는가 하면 하나님 앞에서 최고의 복된 순간에 멸망할 짓을 해서 모두 버림받을 뻔했던 자들이었습니다.

> 9:6하-8, "너는 목이 곧은 백성이니라 너는 광야에서 네 하나님 여호와를 격노하게 하던 일을 잊지 말고 기억하라 네가 애굽 땅에서 나오던 날부터 이 곳에 이르기까지 늘 여호와를 거역하였으되 호렙 산에서 너희가 여호와를 격노하게 하였으므로 여호와께서 진노하사 너희를 멸하려 하셨느니라"

하나님께서는 이스라엘 백성에 대하여 '목이 곧은 백성'이라고 하셨습니다. 여기서 '목이 곧다'는 것은 소에서 나온 것입니다. 소가 한번 고집을 부릴 때 보면 옆에서 당겨도 돌아보지도 않고 뒤에서 당겨도 뒤로 가지 않고 자기가 선 자리에 그대로 있는 모습을 보게 됩니다. 여기에서 나온 말이 '소 뿔따구'라는 말입니다. 이스라엘 백성이 하나님 앞에서 얼마나 골치 아프고 얼마나 고집스러운 사람들이었는가 하면 하나님께서 그들은 아예 가능성이 없다고 판단하셔서 광야에서 그냥 죽이려고 하셨던 사람들이었습니다. 그런데 이 사람들이 이런 위기를 몇 번씩이나 넘기고 드디어 가나안 땅을 공격하는 기회를 얻을 수 있었던 것은 오직 지도자 모세 한 사람의 기도 덕분이었습니다.

여기서 우리가 알게 되는 것은 지도자 한 사람의 신앙과 기도가 그 많은 사람의 생사를 결정한다는 사실입니다. 광야에 나온 이스라엘 백성의 수가 이백만 명쯤 되었는데 그들은 모두 하나님 보시기에 아무 가능성이 없었습니다. 이스라엘 백성이 하는 짓을 보면 광야에서 죽이는 것이 오히려 속이 편할 정도였습니다. 그러나 모세가 이스라엘 백성을 포기하지 않고 계속 하나님께 기도를 했습니다. 그래서 하나님도 그들을 포기하실 수 없었던 것입니다.

이스라엘 백성이 금송아지를 만들었을 때 하나님께서는 모세에게 이 가능성이 없는 백성들을 다 버리고 너 한 사람을 가지고 다시 민족을 시작하겠다고 말씀하셨습니다. 그때 모세는 "내 이름을 생명책에서 지우는 한이 있더라도 이 백성들을 용서해주시고 다시 기회를 주십시오."라고 간구했습니다. 하나님은 모세가 포기하지 않는 이스라엘 백성을 포기하실 수 없었습니다. 우리가 보기에 아무리 반항적이고 못된 성격을 가진 사람도 포기하지 않고 계속 기도하면 하나님은 버리지 못하십니다.

어떤 교수는 미국에 답사 갔다가 차가 전복되는 바람에 조교는 죽고 자신은 목뼈가 부러져서 전신 마비가 되었습니다. 그러나 그는 다른 교수가 재활 훈련하라고 일억 원을 준 것에 힘을 얻어서 열심히 재활해서 다시 교단에 서게 되었는데, 그가 쓴 책 이름이 《0.1그램의 희망》이었습니다. 여기서 0.1그램은 새털의 무게인데, 어느 누구든지 새털만 한 희망만 있으면 얼마든지 성공할 수 있다는 뜻입니다. 특히 우리는 믿음의 기도가 있으면 얼마든지 성공할 수 있습니다.

모세는 이스라엘 백성을 위해서 40일 금식기도를 적어도 두 번 했습니다. 우선 모세는 하나님 앞에서 처음 돌비를 받으러 갔을 때 40주야를 떡도 먹지 않고 물도 마시지도 않고 기도하며 기다렸습니다. 이것은 하나님 말씀의 가치를 보여주는 것입니다. 하나님의 말씀은 우리가 목숨을 걸고 내 모든 생명을 다 바쳐서 받을 가치가 있는 것입니다. 모세는 하나님의 율법의 말씀이 이스라엘을 살릴 뿐 아니라 온 세상 사람을 살린다는 것을 믿었기 때문에 40일을 금식해 가면서 목숨을 걸고 율법의 말씀을 받아서 내려왔던 것입니다. 오늘 우리도 하나님의 말씀을 받을 때 내가 목숨을 걸고 받아야 할 말씀이라고 생각해야 합니다. 우리가 이 말씀을 붙들고 기도할 때 많은 사람이 살게 되기 때문입니다.

그리고 또 한 번은 이스라엘 백성이 금송아지를 만들어서 하나님을 대적했을 때입니다. 이때 하나님이 이스라엘 백성을 다 멸망시키겠다고 하셨을 때 모세는 40일을 금식하면서 하나님께 이스라엘 백성을 용서해달라고 기도했습니다.

> 9:25-26, "그 때에 여호와께서 너희를 멸하겠다 하셨으므로 내가 여전히 사십 주 사십 야를 여호와 앞에 엎드리고 여호와께 간구하여 이르되 주 여호와여 주께서 큰 위엄으로 속량하시고 강한 손으로 애굽에서 인도하여 내신 주의 백성 곧 주의 기업을 멸하지 마옵소서"

모세는 이스라엘 백성을 위해서 대충 기도하고 만 것이 아니라 자기 목숨을 걸고 기도를 드렸습니다. 이때 모세가 이스라엘 백성을 포기하면 그들은 가능성이 없는 것이고, 모세가 목숨을 걸고 매달리면 그들은 사는 것입니다. 그런데 모세는 죽을 각오를 하고 하나님께 매달림으로 멸망으로 가는 이스라엘을 돌이켜 살게 했습니다. 이것을 볼 때 우리 믿음을 가진 사람들이 주위에 있는 사람들이나 우리 민족을 결코 포기하지 않고 기도하는 것이 아주 중요합니다. 우리가 절대로 포기하지 않는다면 하나님도 절대로 포기하지 않고 기회를 주십니다.

3. 과거의 불순종을 이기자

　이스라엘 백성이 출애굽한 후에 40년 동안 광야를 돌아다니면서 얼마나 하나님의 마음을 많이 아프게 했던지 그들이 하나님의 마음을 아프게 한 곳을 지도로 그릴 수 있을 정도였습니다. 그러니까 이스라엘 백성의 광야 지도는 하나님을 대적한 지도이고 불신앙의 지도였던 것입니다.

　이스라엘 백성은 애굽에 있으면서 하나님의 열 가지 재앙을 경험했습니다. 그들이 이 열 가지 재앙의 기적을 경험했다면 그 후에는 어떤 어려운 일이 일어나더라도 하나님의 능력을 믿어야 합니다. 그러나 이스라엘 백성의 믿음은 홍해 앞에서 들통이 나고 말았습니다. 그들은 앞에는 홍해가 있고 뒤에는 애굽의 병거가 몰려오자 거기서 죽는다고 모세에게 소리를 질렀습니다. 그러나 모세는 지금까지 열 가지 재앙을 행하신 하나님께서 이 홍해 앞에서 우리를 구원하지 못하실 리가 없다고 생각했습니다. 그래서 모세는 울부짖는 이스라엘 백성에게 조용히 하라고 하면서 오늘 하나님께서 행하시는 놀라운 일을 한번 보자고 설득했습니다. 그리고 지팡이를 내밀자 홍해가 갈라졌습니다.

　하나님께서 이스라엘 백성에게 주신 가장 큰 기적은 시내 산에서 이스라엘 백성에게 말씀을 주신 것이었습니다. 하나님께서 이스라엘 백성에게 말씀을 주셨다는 것은 천국의 열쇠를 다 맡긴 것과 같습니다. 하나님께서 이스라엘 백성에게 천국의 모든 복을 다 맡기셨다면 이때부터 그들은 죽도록 하나님의 말씀을 붙들어야 합니다. 이 세상의 다른 어떤 것이 하나님의 말씀보다 더 좋아 보이고 또 하나님의 말씀 때문에 어떤 어려움이나 고통이 온다 하더라도 믿음으로 다 이겨야 합니다.

　그러나 이스라엘 백성은 모세가 시내 산에서 돌비를 받아가지고 내려오는데 산 아래에서 금송아지를 만들어서 춤을 추면서 우상숭배를 하고 있었습니다. 왜 그들이 금송아지를 만들었을까요? 그들은 하나님의 말씀을 듣는 것을 모세가 잘난 체하는 것으로 생각했고 하나님께서 자기들에게 잔소리하시는 것으로 생각했던 것입니다. 이스라엘 백성이 원했던 종교는 하나님은 가만히 계시고 자기들이 떠들고 소리를 지르고 즐기는 종교였던 것입니다.

본문 22절에 보면 "너희가 다베라와 맛사와 기브롯 핫다아와에서도 여호와를 격노하게 하였느니라"고 했습니다. 이 장소들은 모두 이스라엘 백성이 물이 없고 고기가 없다고 해서 하나님을 원망했던 장소들입니다.

하나님께서 이스라엘 백성에게서 기대하신 것은 하나님의 말씀을 주셨다면 이제는 먹는 것이나 입는 것 같은 것은 하나님께 다 맡기고 더 나은 믿음으로 나아가야 하는 것이었습니다. 그러나 이스라엘 백성은 세상적인 기준을 가지고 남들보다 조금이라도 못하다는 생각이 들면 하나님을 원망하고 대적함으로 하나님의 마음을 아프게 했습니다.

이스라엘 백성이 금송아지 사건 다음으로 하나님께 크게 반역했던 것은 가데스 바네아에서 가나안 땅을 정탐한 후에 하나님의 명령에 등을 돌린 때였습니다.

9:23, "여호와께서 너희를 가데스 바네아에서 떠나게 하실 때에 이르시기를 너희는 올라가서 내가 너희에게 준 땅을 차지하라 하시되 너희가 너희의 하나님 여호와의 명령을 거역하여 믿지 아니하고 그 말씀을 듣지 아니하였나니"

광야에는 그 많은 이스라엘 백성이 마실 물과 먹을 양식이 없었습니다. 그런데 모세가 반석을 치니까 물이 터져 나와서 모두 물을 마시고 살 수 있었습니다. 그러나 이스라엘 백성의 걱정은 이런 기적이 한 번 두 번이지, 계속 일어날 수 있겠느냐는 것이었습니다. 그러나 하나님은 우리를 한 번만 도우시는 것이 아니라 끝까지 책임져주시는 분이십니다.

그러나 이스라엘 백성의 생각으로는 절대로 가나안 사람들을 이길 수 없고 가나안 땅을 차지할 수 없을 것 같았습니다. 그것은 객관적인 전력을 비교해보면 틀림없습니다. 그러나 더 중요한 것은 지금까지 이스라엘 백성이 체험한 것이 있습니다. 이스라엘 백성이 경험했던 하나님의 능력이 그들의 무기요, 힘이었습니다. 이 세상에서 바다를 건넌 백성이 어디에 있으며, 불타는 산에서 하나님의 말씀을 들은 백성이 어디에 있으며, 반석을 쳐서 거기서 나오는 물을 마신 백성들이 어디에 있습니까? 우리가 하나님 앞에서 체험하는 은혜는 이 세상 어느 곳에서도 구경할 수 없고 맛볼 수도 없는 것입니다. 그렇다면 우리는 이 세상에 어떤 어려운 일도 믿음으로 이겨낼 수 있고 이 세상에 어떤 난관도 믿음으로 해낼 수 있다는 것을 믿어야 합니다.

그러나 이스라엘 백성은 가나안 입구에서 우리는 가나안 땅을 차지하지 못한다고 하면서 길을 돌이켰습니다. 그래서 이스라엘 백성은 40일이면 갈 수 있는 길을 40년에 걸려서 가야만 했습니다. 그 이유는 그들의 믿음이 준비되지 않았기 때문입니다. 우리의 믿음이 준비되기만 하면 하나님은 이 세상에서 분명히 우리가 성공할 기회를 주실 것입니다.

하나님께서 모세에게 지금까지 이스라엘 백성이 하나님을 대적했던 일들을 다시 말하는 이유가 무엇일까요? 그것은 너희가 원래 이런 자들이었는데 하나님께서 오래 참음으로 인내하셔서 다시 한번 가나안 땅을 믿음으로 정복할 기회를 주신다는 것입니다.

그런데 유감스럽게도 오늘 이스라엘 백성에게 하신 말씀은 전부 우리에게 하시는 말씀입니다. 오늘까지 우리가 살아온 것을 보면 전부 하나님을 불신하고 대적하는 역사였습니다. 그런데 하나님은 오래 참으시고 우리를 변화시켜주셔서 믿음의 사람이 되게 하셨고 다시 한 번 믿음으로 살 기회를 주셨습니다. 우리가 세상에 대하여 겁을 집어 먹는다면 할 수 있는 것은 아무것도 없을 것입니다. 하나님께서는 우리로 하여금 이 세상을 믿음으로 살 기회를 주셨습니다.

그러므로 이제 우리는 다시 옛날의 그 불신앙의 시절로 돌아가서는 절대 안 됩니다. 하나님께서 우리에게 기회를 주시지 않을 때는 아직 기다리라는 사인인 줄 알고 열심히 하나님을 의지하면서 자신을 준비하셨다가, 하나님이 기회를 주셨을 때는 절대로 물러서지 말고 온 힘을 다해서 끝까지 최선을 다하면 우리는 모든 대적을 다 이기고 가나안의 복을 차지할 수 있을 것입니다.

우리가 지금까지 살아온 인생길은 하나님을 대적한 인생길이었습니다. 그러나 우리는 이제 하나님을 믿으며 변화되어 새사람이 되었습니다. 우리는 세상을 두려워하지 말고 하나님께서 주신 이 멋진 인생의 기회를 최선을 다해 노력해서 멋진 가나안의 축복을 다 누리는 성도들이 되시기 바랍니다.

14

두 번째 돌비

신 10:1-22

사실 이 세상을 살면서 한 번도 방황하지 않고 탈선하지 않고 죄도 짓지 않고 처음부터 끝까지 모범생으로 자란다는 것은 쉽지 않은 것 같습니다. 오히려 정신적으로 방황하기도 하고 꼴찌를 해보기도 하면서 자신의 부족한 것을 깨닫고 남을 이해할 수 있는 마음을 가지게 되기도 하는데 이런 사람들은 정신을 차려서 열심히 노력한 결과 더 값진 성공을 거둘 수 있다는 것입니다. 그래서 사람이 아름다운 삶을 살려고 하면 젊었을 때 모범생으로 사는 것도 좋지만, 더 좋은 것은 어려움이 왔을 때 자신의 불행을 잘 수습해서 더 아름다운 삶을 만들어 내는 것입니다.

이것은 우리 신앙에서도 마찬가지입니다. 하나님께서는 과거에 이 사람이 얼마나 하나님을 잘 믿었는가 하는 것을 보시지 않고 지금 이 순간 내가 얼마나 하나님을 사랑하며 얼마나 바르게 믿으려고 애를 쓰는가 하는 것을 보시고 축복하십니다. 그래서 우리에게 축복의 기회는 바로 지금 이 순간입니다. 지금 이 순간 내가 하나님 앞에서 최고의 열정을 가지고 최고의 믿음을 가지고 나아가면 하나님께서는 다시 한번 우리에게 축복의 기회를 주십니다.

본문을 보면 이스라엘 백성이 모두 하나님 앞에 큰 은혜를 받았음에도 불구하고 큰 실패를 합니다. 그런데 이 실패가 얼마나 엄청난 실패였는가 하면 하나님이 이스라엘 백성을 다 죽이려고 할 정도였습니다. 그때 이스라엘 백성을 살려낸 것은 모세의 기도였습니다. 우리가 결국 죽느냐 사느냐 하는 위기에 봉착하면 이 세상의 것은 아무 소용이 없고 오직 하나님께 기도하는 수밖에 없습니다. 그런데 모세의 기도는 하나님의 응답을 받아서 이스라엘은 몰살을 면하게 됩니다.

기독교 신앙이라는 것은 우리의 운명을 바꾸고 민족의 운명을 바꾸는 하나님의 축복입니다. 우리는 자신의 불행했던 과거를 원망할 필요가 없습니다. 또 현재 자신의 부정적인 형편에 절망할 필요도 없습니다. 중요한 것은 지금 하나님께서 말씀으로 우리에게 축복의 기회를 주고 계신 것입니다. 이때 우리가 전심으로 이 축복의 기회를 붙들면 우리는 얼마든지 축복의 인생을 살 수 있습니다.

1. 두 번째로 만든 돌비

이스라엘은 애굽을 기적적으로 탈출하고 젖과 꿀이 흐르는 가나안 땅을 차지한 백성이었습니다. 그러나 이스라엘 백성은 처음부터 완벽하게 하나님을 잘 믿었던 백성이 아니었습니다. 오히려 그들은 중간중간에 하나님을 배반해서 완전히 멸망당할 뻔했었습니다.

하나님께서 시내 산에서 이스라엘 백성에게 율법의 말씀을 주신 것은 하나님이 인간에게 주시는 최고의 축복이었습니다. 그러나 이스라엘 백성은 바로 이 축복의 순간에 대실패를 했습니다. 그것은 그들이 하나님 율법의 가치를 잘 몰라서 모세가 시내 산에 올라가 있는 동안 금송아지 우상을 만들어서 섬겼기 때문입니다. 이 금송아지 우상이 얼마나 무서운 것인가 하면 지금까지 이스라엘 백성이 받은 축복을 다 무효로 하고 그들을 영원한 지옥에 멸망시킬 수 있는 대실패였던 것입니다.

모세는 시내 산에서 돌비를 받아서 내려오다가 이스라엘 백성이 금송아지를 만들어서 춤추고 뛰놀며 섬기는 것을 보고 그 두 돌비를 던져서 깨트려버렸습니다. 이것은 너희는 하나님의 백성이 될 자격이 없다는 뜻이었습니다. 이스라엘 백성은 하나님의 백성의 자격을 잃어버렸습니다. 이제 그들은 어떻게 해야 합니까? 그런데도 하나님은 다시 모세를 시내 산에 올라오라고 하셔서 돌비에 십계명을 새겨주심으로 다시 하나님의 백성이 되게 하셨습니다. 즉 이스라엘 백성은 처음에는 불합격했지만, 재수해서 하나님 백성의 자격을 얻은 것입니다.

하나님께서는 이스라엘 백성에게 두 번째 기회를 주셔서 또 십계명 돌비를 주시려고 했습니다. 그런데 하나님은 이 두 번째 돌비의 돌판을 모세가 직접 만들어서 가져오게 하셨습니다.

10:1, "그 때에 여호와께서 내게 이르시기를 너는 처음과 같은 두 돌판을 다듬어 가지고 산에 올라 내게로 나아오고 또 나무궤 하나를 만들라"

하나님께서 두 번째 돌비를 주실 때는 모세에게 그 돌판을 다듬어 가지고 올라오게 하셨습니다. 하나님께서 첫 번째 돌비를 주실 때는 돌비 자체도 하나님께서 친히 만드셨습니다. 그런데 두 번째 돌비를 주실 때는 돌판을 모세에게 만들어서 올라오게 하셨습니다. 이렇게 하신 이유가 무엇일까요? 이제는 하나님께서 돌비를 만드시는 데 지치셔서 그렇게 하셨을까요? 저는 여기에 하나님의 깊은 뜻이 있는 것을 알게 되었습니다.

만일 하나님께서 두 번째도 처음과 똑같은 돌비를 만들어서 십계명의 말씀을 주셨다면 이스라엘 백성은 자칫 잘못하면 자기들에게 아무 일도 없었던 것처럼 생각하기 쉽습니다. 즉 그들이 금송아지를 만들어서 주신 축복을 다 까먹고 멸망할 뻔했던 일이나 많은 사람이 그 일로 인하여 죽고 모세가 처음 돌비를 던져서 깨어버렸던 일을 전부 잊어버리고 넘어갈 수 있습니다. 이것은 마치 어떤 사람이 큰 죄를 지었는데 용서를 받은 후에 자기는 전혀 죄를 지은 적이 없는 것처럼 고개를 쳐들고 뻔뻔스럽게 돌아다니는 것과 비슷할 것입니다. 죄 용서를 받은 것과 죄를 아예 짓지 않은 것은 분명히 다른 것입니다. 이스라엘 백성이 죄를 용서받았으면 이제는 더 겸손하게 더 감사하는 마음으로 살아야 합니다. 그래서 하나님께서 두 번째 돌비는 모세로 하여금 직접 만들게 하심으로 처음 돌비와는 분명히 차별화하셨던 것입니다.

그래서 이스라엘 백성은 이 두 번째 돌비를 볼 때마다 '우리는 이미 한번 하나님 앞에서 엄청나게 실패한 사람들이다. 다시는 하나님 앞에서 범죄하지 말고 옛날보다 더 열심히 하나님의 말씀에 순종하자' 라는 생각을 하게 되었을 것입니다.

우리 평생에 큰 실패를 할 수도 있습니다. 어떤 경우에는 하나님께서 큰 축복을 주셨음에도 불구하고 그 축복을 발로 짓밟고 상상할 수 없는 죄에 빠질 수도 있습니다. 그래서 우리에게는 두 번째 돌비가 있는 것입니다. 비록 한번은 내가 미련하고 어리석어서 하나님 앞에서 크게 범죄하고 실패했지만, 이제 정신을 차리고 열심히 하나님을 믿으면 하나님께서는 우리가 한 번도 죄를 짓지 않은 것처럼 여기고 완전한 복을 주실 것입니다. 첫 번째 돌비와 두 번째 돌비는 겉으로 보기에는 거의 아무 차이가 없을 정도로 똑같은 것이었습니다.

우리가 비록 과거에는 하나님을 모르고 열심히 대적하면서 살아왔다 하더라도 지금 우리가 하나님을 믿고 하나님의 말씀에 순종한다면 하나님은 우리의 모든 부족한 과거를 용서하시고 우리에게 새로운 축복의 사람이 되게 하십니다.

그래서 하나님의 율법이 보잘것없는 종이에 기록된 것은 그야말로 '하나님의 트릭' 입니다. 하나님께서 교만하고 건방진 자들에게 이 축복을 주시지 않기 위하여 하나님의 영광을 감추어놓으신 것입니다. 그래서 우리는 이 말씀에 우리의 모든 것을 다 걸어야 합니다. 다시는 우리에게 주어진 이 축복의 기회를 세상의 출세나 쾌락의 금송아지와 바꾸어서는 안 됩니다.

10:6, "이스라엘 자손이 브에롯 브네야아간에서 길을 떠나 모세라에 이르러 아론이 거기서 죽어 장사되었고 그의 아들 엘르아살이 그를 이어 제사장의 직임을 행하였으며"

하나님께서는 아론에게도 두 번째 기회를 주셨습니다. 원래 아론은 금송아지를 만드는 데 동참했던 사람입니다. 그래서 하나님은 아론도 죽이려고 하셨습니다. 그런데 모세가 아론을 위해서 열심히 기도하니까 하나님은 아론에게도 기회를 주셨고, 그래서 아론은 이스라엘의 대제사장이 되었습니다. 아론은 이후부터 다시는 사람의 말을 듣지 않고 하나님의 말씀만 듣고 순종함으로 죽을 때까지 하나님 앞에 대제사장으로 충성하게 됩니다. 이것을 보면 하나님은 얼마나 멋진 분이시며 관대한 분이신지 알 수 있습니다.

우리는 인간이기 때문에 어쩔 수 없이 하나님 앞에서 죄를 짓습니다. 그때 우리가 하나님 앞에서 정신을 차리고 회개하면 하나님은 진심으로 우리를 불쌍히 여겨주십니다. 그래서 멸망할 죄도 용서해주시고 우리를 더 불쌍히 여겨주시고 더 사랑하여 주시고 물질적으로도 더 복을 주시고 더 높은 직위를 주셔서 끝까지 사명을 감당하게 하십니다. 그러니까 우리는 죽을 때까지 감사하고 겸손할 수밖에 없는 것입니다.

2. 레위족의 충성

이스라엘 백성에게 가장 특이한 사람들은 레위 지파 사람들이었습니다.

> 10:8-9, "그 때에 여호와께서 레위 지파를 구별하여 여호와의 언약 궤를 메게 하며 여호와 앞에 서서 그를 섬기며 또 여호와의 이름으로 축복하게 하셨으니 그 일은 오늘까지 이르느니라 그러므로 레위는 그의 형제 중에 분깃이 없으며 기업이 없고 네 하나님 여호와께서 그에게 말씀하심 같이 여호와가 그의 기업이시니라"

옛날 레위는 자기 여동생이 세겜 추장 아들에게 강간당했을 때 분노를 참지 못해서 그 아들과 족속들을 속여서 모두 죽였습니다. 그래서 사실 레위족 안에는 살인자의 피가 흐르고 있으므로 하나님의 축복을 받을 자격이 없었습니다. 그런데 이스라엘 백성이 모두 금송아지를 만들어서 우상숭배에 빠졌을 때 레위족은 거기에 동참하지 않았고, 모세가 산에서 내려왔을 때 칼을 차고 나가서 우상숭배한 자기 동족들을 칼로 쳐 죽였습니다. 레위족은 친족이나 친구보다 하나님을 더 사랑했던 것입니다. 그래서 놀랍게도 레위족은 하나님께 예배하는 직분인 제사장의 직분을 맡게 되었는데, 그 대신 레위족은 자기 땅이 없었고 직업이 없어야만 했습니다. 그래서 하나님은 레위족에게는 직장이나 수입을 주시지 않으셨습니다. 그 대신 그들은 하나님께 예배드리고 성전에서 봉사하는 것이 그들의 직업이었습니다. 그런데 레위족은 불평 없이 이 사명을 잘 감당했습니다.

물론 성경에 보면 하나님께서 그들의 기업이 되어주셨다고 말씀하셨지만 그렇다고 해서 그들의 양식이나 수입이 하늘에서 떨어지는 것은 아니었습니다. 이스라엘 백성이 가져다주는 십일조나 제사에서 나오는 고기가 그들의 수입원이었습니다. 레위족이나 제사장들은 이 기회를 놓치지 않고 잘 붙들었습니다. 그래서 온 이스라엘 백성이 복 받는 일에 이 레위족이 사용되게 했습니다.

레위인들이 하는 일은 하나님을 섬기고 예배드리는 일이었습니다. 그리고 그 일 자체는 농사짓거나 목축하거나 장사하는 일이 아니었습니다. 그럼에도 불구하고 레위인들이 이 일을 기쁘게 감당했던 이유가 무엇입니까? 그들은 모든 축복이 하나님으로부터 온다는 것을 믿었기 때문입니다. 그래서 레위인들은 세상의 많은 일보다 하나님께 바른 제사를 드리는 것이 더 중요하다고 생각했습니다. 왜냐하면 자신들이 바른 예배를 드림으로 하나님께서 이스라엘의 죄를 용서하시면 하나님께서 적의 공격도 막아주시고 전염병도 퍼지지 않도록 해주시고 비나 이슬이 잘 내리도록 하셔서 농사나 목축이 잘 되게 하실 것을 믿었기 때문입니다. 그러나 레위인들은 이 일로 인하여 자신들의 수입이 올라가는 것은 아니었습니다. 그러나 그들은 자신들의 수고로 이스라엘 백성이 복을 받으면 결국 자기들에게도 복이 돌아온다는 것을 믿었던 것입니다.

하나님께서는 레위인들에게 다른 이스라엘을 축복하는 권한을 주셨습니다. 왜 레위인들이 다른 직업을 가질 수 없었을까요? 가장 큰 이유는 하나님을 섬기는 일이 너무나도 거룩하고 중요했기 때문입니다. 그래서 그들은 얼마든지 세상적으로 잘살 수도 있고 성공할 수 있음에도 불구하고 그 모든 것을 포기하고 하나님을 섬기는 일에 매달렸던 것을 볼 수 있습니다.

오늘도 마찬가지입니다. 누군가가 하나님 앞에서 자신의 전 인생을 바쳐서 다른 사람들이 복을 받게 하는 사람이 있어야 합니다. 오늘 우리나라의 복은 모두 하나님께 달려 있습니다. 오늘의 레위인들은 목회자들만이 아닙니다. 오늘 모든 크리스천이 레위인들입니다. 그런데 이 모든 사명을 감당하는 것은 우리의 바른 예배와 기도에 달린 것입니다.

성경에 보면 하나님은 '소멸하는 불'이라고 하셨습니다. 요즘으로 치면 원자력과 같은 것입니다. 원자력이 폭탄으로 터지면 수십만 명이 죽지만, 이것을 전기나 다른 에너지로 바꾸면 훨씬 더 많은 사람이 도움받게 될 것입니다. 레위인들의 예배는 원자탄을 원자력 에너지로 바꾸는 위력이 있습니다. 오늘 우리의 예배는 이 땅에 임할 재앙을 축복으로 바꾸는 능력이 있습니다. 우리는 끝까지 우리의 제사장의 사명을 지켜야 이 나라가 살 수 있습니다.

모세는 제사장도 아니지만 제사장의 사명을 감당했습니다.

10:10, "내가 처음과 같이 사십 주 사십 야를 산에 머물렀고 그 때에도 여호와께서 내 말을 들으사 너를 참아 멸하지 아니하시고"

집에서 누가 제사장일까요? 누구든지 그 집에서 하나님의 뜻을 가장 먼저 깨달은 사람이 제사장이 되는 것입니다. 집에서 어린아이가 하나님의 뜻을 가장 먼저 깨달았으면 그 아이가 제사장이 됩니다. 그 아이는 집을 위해서 기도해야 할 책임이 있습니다. 혹은 부인이 하나님의 뜻을 먼저 깨달았으면 부인이 제사장이 됩니다. 이들은 그 문제가 해결될 때까지 쉬지 말고 기도해서 해결받아야 하는 것입니다.

3. 이스라엘이 복을 받는 길

하나님께서는 한번 크게 실패해서 거의 멸망할 뻔했던 이스라엘 백성에게 다른 것을 요구하지 아니하셨습니다. 오직 그들이 변함없이 하나님의 말씀을 사랑하기만 하면 하나님께서는 끝까지 그들을 사랑하시고 축복하시겠다고 약속하셨습니다.

10:12-13, "이스라엘아 네 하나님 여호와께서 네게 요구하시는 것이 무엇이냐 곧 네 하나님 여호와를 경외하여 그의 모든 도를 행하고 그를 사랑하며 마음을 다하고 뜻을 다하여 네 하나님 여호와를 섬기고 내가 오늘 네 행복을 위하여 네게 명하는 여호와의 명령과 규례를 지킬 것이 아니냐"

사실 하나님은 너무나도 큰 분이시기 때문에 우리 같은 인간이 감히 가까이 나아갈 수 없습니다. 그런데 하나님께서는 우리에게 다른 것은 요구하시지 않고 오직 하나님의 말씀만 사랑하라고 하셨습니다. 성경은 하나님께서 우리에게 보내신 연애편지입니다. 우리가 이 글을 읽으면 하나님이 얼마나 우리를 사랑하시는지 알 수 있습니다. 우리가 할 수 있는 것은 오직 그 사랑을 믿는 것입니다.

우리 인간의 문제는 그런 엄청나게 크신 하나님께서 우리를 너무나도 사랑하신다는 것입니다. 하나님께서 결코 우리 인간을 포기하지 아니하시며 우리로부터 영광을 받기를 원하시고 우리가 하나님을 믿음으로 살기를 원하시는 것입니다. 하나님은 우리를 사랑하시되 하나님의 목숨을 걸고 사랑을 하십니다.

하나님께서는 그것을 알게 하시기 위해서 이스라엘 백성을 특별하게 택하셨습니다.

10:14-15, "하늘과 모든 하늘의 하늘과 땅과 그 위의 만물은 본래 네 하나님 여호와께 속한 것이로되 여호와께서 오직 네 조상들을 기뻐하시고 그들을 사랑하사 그들의 후손인 너희를 만민 중에서 택하셨음이 오늘과 같으니라"

하나님께서는 벌레와 같은 우리 인생에게 하나님의 사랑을 나타내시기 위해서 이스라엘 족속을 택하셨습니다. 그래서 이 세상의 모든 민족이나 사람들이 하나님을 모른다는 것은 전혀 이상한 것이 아니다. 왜냐하면 그들에게는 하나님이 자기들을 사랑하시며 특히 하나님의 아들이 자기들을 위해서 죽으셨다는 사실이 도무지 이해되지 않고 상상할 수도 없는 일이기 때문입니다.

그러나 이스라엘은 달라야 했습니다. 왜냐하면 그들은 하나님의 능력과 사랑을 직접 체험했기 때문입니다. 그래서 이스라엘이 존재하는 목적 자체가 하나님의 살아계심과 우리를 사랑하시는 것을 나타내는 것입니다. 이스라엘 백성이 이 세상에 존재하는 것은 하나님을 나타내시기 위함입니다. 그런데 어떻게 이스라엘 백성이 이 엄청난 하나님의 사랑과 능력을 나타낼 수 있습니까? 그것은 그들이 걱정할 일이 아니었습니다. 오직 그들이 자기에게 주어진 하나님의 말씀을 사랑하기만 하면 하나님께서 알아서 자신을 나타내시기 때문입니다.

하나님께서는 이 말씀이 이스라엘의 행복을 위한 것이라고 말씀하셨습니다. 즉 하나님이 우리에게 말씀을 주신 것은 진정으로 우리가 행복하기 위해서라고 말씀하셨습니다. 왜냐하면 우리가 이 말씀을 믿으면 하나님께서 우리를 축복하시지 않을 수 없기 때문입니다. 우리는 이 세상에서 하나님의 말씀으로 사는 것을 보여주어야 합니다. 이것이 우리의 특권이요 영광입니다.

그러나 이스라엘 백성들도 죄인인데 어떻게 합니까?

하나님께서는 이스라엘 백성에게 마음의 할례를 행하라고 하셨습니다.

10:16, "그러므로 너희는 마음에 할례를 행하고 다시는 목을 곧게 하지 말라"

마음의 할례를 행하라는 것이 무슨 뜻일까요? 두 가지로 생각할 수 있습니다. 하나는 할례라는 것은 원초적인 더러운 욕망을 잘라버리는 뜻이 있습니다. 아무리 이스라엘이 하더라도 세상의 더러운 욕망이 있습니다. 이것을 어떻게 잘라버릴 수 있습니까? 놀라운 것은 하나님의 말씀을 들으면 잘라지게 되어 있다는 사실입니다. 이 세상의 모든 죄는 강한 중독성을 가지고 있어서 우리의 결심만으로 절대로 쉽게 떨어지지 않습니다. 그러나 이 죄악을 하나님 앞에 정직하게 내어놓으면 이상하게 힘을 잃으면서 떨어져 나가게 됩니다. 그래서 마음의 할례를 행하라는 말은 자기 가슴을 칼로 찌르라는 뜻이 아니고 하나님 앞에 정직하라는 것입니다. 하나님 앞에 정직하기만 하면 모든 죄가 다 해결됩니다. 우리가 하나님 앞에서 위선의 탈만 쓰지 않으면 우리는 죄를 이길 수 있습니다.

그리고 마음의 할례의 또 하나의 의미는 아무리 세상이 우리를 유혹하고 불러도 하나님을 버리고 세상으로 갈 수 없다는 뜻입니다. 마음속에 하나님의 백성이라는 칼자국이 있기 때문입니다. 우리는 세상 사람이 잘살고 출세하고 즐거워하는 것을 부러워 할 수 없습니다. 우리의 가슴 속에는 하나님의 것이라는 분명한 칼자국이 있기 때문입니다. 이것을 지우고 세상 사람이 될 수 없는 것입니다. 우리는 결국 하나님이 주신 것으로 만족할 수밖에 없습니다.

하나님은 우리가 하나님을 가까이하기를 원하십니다. 사람도 가까이하는 사람이 친해지게 되어 있습니다. 우리가 하나님을 가까이하면 하나님도 우리에게 가까이하실 것입니다. 하나님을 모르는 사람들의 복을 부러워하지 마시기 바랍니다. 우리가 하나님 자체를 소유할 때 우리를 통해서 온 세상이 복을 받게 될 것입니다.

15

하나님 백성의 재산
신 11:1-32

옛날에 집마다 수도가 없을 때는 모두 공동 우물이나 수도에서 물을 길어와야만 했습니다. 그러나 우물을 파거나 물을 구할 능력이 있는 집에서는 언제 어디서나 물을 구할 수 있었습니다. 젊은이들은 모두 나름대로 축복의 우물을 찾고 있고 성공의 우물을 파고 있습니다. 옛날 어른들은 한 우물을 파야 한다고 했지만 아무리 파고 들어가도 물은 나오지 않고 먼지만 날릴 때 우리는 미래에 대하여 절망하게 됩니다.

그런데 도대체 축복의 우물이 어디에 있는 것일까요? 외국에서 보기에 이런 축복의 우물을 찾은 사람들이 바로 우리 한국 사람들입니다. 우리나라는 일본강점기를 지내면서 꿈이 없는 나라였고 소망이 없는 나라처럼 보였습니다. 나라가 망하니까 어떤 사람은 지리산에 들어가고, 어떤 사람은 일본에 가서 유학하든지 기생을 끼고 놀고, 또 먹을 것이 없는 사람들은 만주로 가서 온갖 고생을 하면서 농사일을 했습니다. 또 그나마 갈 곳이 없는 청년들은 교회에 와서 설교를 듣고, 성경 공부를 하는데 미친 듯이 하고, 부흥회를 하면 교인들은 이

불을 싸서 교회에 와 자면서 하나님의 말씀을 들었습니다. 그때 우리나라 젊은이들의 마음은 따뜻했습니다. 우리에게는 하나님의 말씀이 있었기 때문입니다.

그래서 우리는 하나님의 축복이 멀리 있다고 생각하면 안 됩니다. 우리는 지금이 일제강점기라고 생각하고 하나님의 말씀만 붙들고 기도하고 파고 들어가면 부흥이 오게 되는 것입니다. 이것은 이스라엘 백성에게도 마찬가지였습니다. 이스라엘 백성이 가나안 땅에서 성공하려고 하니까 안 되는 것이었습니다. 이스라엘 백성이 광야에 있다고 생각하고 광야에서 하듯이 하나님의 말씀을 붙들면 얼마든지 하나님의 축복을 발견하게 되는 것입니다.

1. 이스라엘의 재산

사람마다 이 세상에서 성공하려고 하면 무엇인가 자기 나름대로 쓸 수 있는 밑천이 있어야 합니다. 그런데 광야의 이스라엘 백성은 모두 밑천도 없고 학교는 문턱에도 가본 적이 없는 무식한 사람들이었습니다. 그러나 이스라엘 백성은 엄청난 축복의 밑천을 가지고 있었는데 그것은 바로 하나님 자신이었습니다.

11:1, "그런즉 네 하나님 여호와를 사랑하여 그가 주신 책무와 법도와 규례와 명령을 항상 지키라"

이스라엘 백성이 복을 받는 비결은 하나님의 말씀을 좋아하고 그것을 잘 지키는 것이었습니다. 왜 하나님께서는 아무 능력이나 재능도 없는 이스라엘 백성에게 이 놀라운 복을 주시겠다고 약속하시는 것일까요? 그것은 우리가 이 세상에 살면서 바른 하나님을 만나는 이상의 복이 없기 때문입니다.

그러나 하나님을 사랑하고 그 말씀을 지키는 것이 참으로 쉬운 것 같지만 결코 쉬운 일이 아니었습니다. 하나님은 눈에 보이지 않고 하나님의 말씀은 재미없는 말씀이었기 때문입니다. 결국 이스라엘이 끝까지 복을 받는 비결은 하나님 말씀의 맛을 아는 수밖에 없습니다.

우리가 평소에는 하나님 말씀의 맛을 모릅니다. 하나님의 말씀을 들어보면 그저 그런 좋은 말씀인 것 같습니다. 그래서 우리는 하나님의 말씀보다는 세상의 이야기들이 훨씬 더 재미있고 매력을 느낍니다. 그러나 우리가 일단 고난을 겪으면 그때 인간의 말은 위로가 되지 않습니다. 이때 우리는 하나님 말씀의 맛을 알게 되고 그때부터는 미친 듯이 하나님의 말씀을 사랑하게 됩니다.

하나님은 이스라엘 백성에게 어마어마한 축복의 밑천이 있다고 말씀하셨습니다. 그것은 바로 하나님께서 그들을 애굽에서 이끌어내신 체험이었습니다.

> **11:2-4**, "너희의 자녀는 알지도 못하고 보지도 못하였으나 너희가 오늘날 기억할 것은 너희의 하나님 여호와의 교훈과 그의 위엄과 그의 강한 손과 펴신 팔과 애굽에서 그 왕 바로와 그 전국에 행하신 이적과 기사와 또 여호와께서 애굽 군대와 그 말과 그 병거에 행하신 일 곧 그들이 너희를 뒤쫓을 때에 홍해 물로 그들을 덮어 멸하사 오늘까지 이른 것과"

이스라엘 백성은 이 세상 어떤 민족도 가지지 못한 엄청난 축복의 재산을 가지고 있었습니다. 그것은 그들이 가장 불행하고 비참한 처지에 빠져 있었을 때 하나님께서 그 놀라운 능력으로 그들을 건져내신 체험이었습니다. 2절에서 "너희가 오늘날 기억할 것은"이라고 했습니다. 이는 이스라엘 백성의 큰 재산은 하나님께서 행하신 놀라운 일을 기억하는 것이라는 말씀입니다.

오늘 많은 사람이 겉으로 보기에는 멀쩡한 것 같지만 속으로는 불행했던 과거의 아픔의 기억을 가지고 살아가고 있습니다. 그런데 사람들의 진정한 재산은 그들의 마음속에 자리 잡은 과거의 기억들입니다. 불행했던 과거의 기억을 많이 가진 사람은 마이너스 축복을 가지고 있는 것입니다. 어떤 사람에 대하여 좋지 않은 기억을 하고 있으면 그 좋지 못한 기억을 가지고 모든 것을 보게 됩니다. 그런데 하나님은 우리의 불행했던 기억을 축복의 기억으로 바꾸어 주십니다.

물론 처음 이스라엘 백성의 기억은 불행했고 비참한 것이었습니다. 그들의 마음속에는 남자아이들을 나일강에 던져 죽였던 비참한 기억들이 있었고, 자기들을 채찍으로 때렸던 노예 감독에 대한 미움의 기억들이 있었습니다. 그런데 하나님께서는 이스라엘 백성을 이 위기에서 건져내시기 위해서 애굽에 열 가지 재앙을 퍼부으셨고 나중에는 애굽의 모든 장자를 다 죽이셨으며, 급기야는 홍해를 갈라서 육지처럼 지나가게 하셨고, 애굽의 병거와 군인들을 바다에서 엎어버리셨습니다. 이스라엘 백성이 하나님의 이 엄청난 능력과 기적을 체험하고 나니까 마음속에 자리 잡았던 불행이 다 씻겨 버리게 되었습니다. 그래서 그들은 마음속에 하나님이 행하셨던 놀라운 일들을 기억하게 되었습니다.

오늘 우리도 마찬가지입니다. 만일 우리가 과거의 불행했던 기억이나 비참했던 상처들을 가슴에 품고 살아간다면 우리는 결코 행복하지 못할 것입니다. 하나님께서는 우리 속에 있는 그런 불행한 기억들을 지우시기 위해서 사랑의 체험을 퍼부어 주십니다. 하나님께서는 때마다 우리를 도와주셨고 은혜를 주셨으며 나중에는 물질적으로도 복을 부어주셨습니다. 우리는 하나님께서 우리에게 베푸신 이 모든 은혜를 기억해야 합니다. 우리가 하나님이 행하신 것을 기억할 때마다 하나님의 능력이 나타나기 때문입니다.

하나님은 그 믿음대로 우리를 축복하십니다. 그래서 하나님에 대하여 아름다운 기억을 많이 하는 것이 우리가 아름다워지는 시간입니다. 그런데 하나님의 백성에게 가장 아름다운 시간은 하나님께서 행하신 일들을 기억하는 시간입니다. 이때 우리는 모두 하나님 앞에서 아름답게 변하게 되고 복을 받게 되는 것입니다. 물론 이스라엘 백성의 기억 중에는 좋은 기억들만 있는 것은 아니었습니다.

> 11:5-7, "또 너희가 이 곳에 이르기까지 광야에서 너희에게 행하신 일과 르우벤 자손 엘리압의 아들 다단과 아비람에게 하신 일 곧 땅이 입을 벌려서 그들과 그들의 가족과 그들의 장막과 그들을 따르는 온 이스라엘의 한가운데에서 모든 것을 삼키게 하신 일이라 너희가 여호와께서 행하신 이 모든 큰 일을 너희의 눈으로 보았느니라"

이스라엘 백성이 하나님 앞에서 실패한 쓴 체험도 있었습니다. 그러나 그런 체험들이 반드시 나쁜 것은 아닙니다. 왜냐하면 옛날에 그 실패했던 것만 조심하면 앞으로 실패하지 않을 것이기 때문입니다. 옛날 이스라엘 백성은 하나님을 대적하다가 땅이 갈라지면서 죽은 경험이 있었습니다. 그러면 앞으로 그들은 하나님을 대적하지 않도록 조심하기만 하면 되는 것입니다. 그러나 미련한 사람들은 쓸데없는 고집 때문에 옛날에 했던 악한 짓을 계속하는 바람에 망하는 것입니다. 하나님께서 믿음이 없던 이스라엘 백성을 과거에 인도하셨다면 앞으로도 인도하실 것을 믿으면 되는 것입니다.

가끔 교인 중에 미래를 생각하면 눈앞에 캄캄하다는 말을 하시는 분이 있습니다. 그때 저는 그분에게 앞으로 눈앞이 캄캄한 것을 생각하지 말고 지금까지 하나님이 인도하신 것을 생각해보고 하나님이 앞으로도 인도하실 것이라고 말씀드립니다. 그러면 얼마 후에 정말 목사님이 말씀하신 대로 하니 일이 너무 잘 되었다는 연락이 옵니다. 우리가 지금까지 살아온 것은 기적이고 하나님께서 함께하시지 않으면 불가능한 일입니다. 그렇다면 앞으로도 우리의 길을 인도하실 것입니다. 지금까지 우리를 인도하신 것을 생각하면 앞으로도 길이 열릴 것을 믿게 됩니다.

2. 미래의 약속

하나님께서는 광야에서 교육도 전혀 받지 못했고 세상 물정도 전혀 모르는 이스라엘 자손에게 놀라운 미래를 약속하셨습니다.

> 11:8-9, "그러므로 너희는 내가 오늘 너희에게 명하는 모든 명령을 지키라 그리하면 너희가 강성할 것이요 너희가 건너가 차지할 땅에 들어가서 그것을 차지할 것이며 또 여호와께서 너희의 조상들에게 맹세하여 그들과 그들의 후손에게 주리라 하신 땅 곧 젖과 꿀이 흐르는 땅에서 너희의 날이 장구하리라"

하나님께서는 이스라엘 백성에게 그들이 광야에서 했듯이 하나님의 말씀을 시키기만 하면 가나안 땅에서 사기들보다 훨씬 강한 자들을 다 이기고 그들을 몰아내고 그 땅에서 아주 오래 복을 누리면서 살 것이라고 약속하셨습니다. 왜냐하면 하나님의 말씀은 능력이 있기 때문입니다.

하나님께서는 가나안 땅을 "젖과 꿀이 흐르는 땅"이라고 하셨습니다. 이스라엘 백성은 대대로 유목민이었기 때문에 끊임없이 소나 양을 먹일 수 있는 꼴을 찾아서 돌아다녀야만 했습니다. 그러나 어느 한 곳에 항상 소나 양을 먹일 수 있는 꼴이 있다면 더 이상 고생스럽게 돌아다니지 않아도 될 것입니다. 소나 양을 치는 이들이 정착한 곳에 가만히 있어도 꿀이 철철 넘쳐흐르고 젖이 흘러넘친다면 그곳이야말로 복 받는 곳이 될 것입니다.

하나님께서는 이스라엘 백성이 가나안 땅에서는 복을 찾아서 여기저기를 이동하는 것이 아니라 가만히 있기만 해도 하나님의 복이 흘러넘칠 것이라고 약속하셨습니다. 이제 그들은 비로소 가나안 땅에서 정착이라는 것을 하게 되는 것입니다. 하나님께서는 이스라엘 백성에게 그들이 오직 하나님의 말씀을 지키기만 하면 이런 복을 주시겠다고 그들에게 미래의 복을 약속하셨습니다.

그러나 그곳에 자리 잡은 가나안 땅 사람들은 결코 약하거나 무식한 사람들이 아니었고 가나안 땅은 아주 생존 경쟁이 심한 곳이었습니다. 그런데 어떻게 전혀 지식도 없고 사회 경험이나 기술도 없는 이스라엘 자손이 그 땅을 차지할 수 있겠습니까? 이스라엘 백성이 하나님의 말씀을 지키면 사회에서 더 동떨어지게 되고 더 비현실적이 되며 더 실력이 없게 될 텐데 어떻게 가나안 사람들을 다 이길 수 있을까요? 바로 이것이 하나님의 백성 자신도 이해할 수 없는 부분이었습니다. 그러나 이것이 바로 하나님 나라 백성의 신비입니다.

우리가 이 세상에서 하나님의 말씀대로 살면 틀림없이 돈도 못 벌고 직장도 구하지 못해서 굶어 죽을 것 같습니다. 그러나 하나님의 백성은 이상하게도 살 수 있는 길이 열리고 이상하게 복을 받기 시작합니다. 그리고 어느 한순간 정말 이 세상에서 어느 누가 뿌리를 뽑으려고 해도 뽑히지 않을 정도로 성공하게 됩니다. 이것이 실제 우리에게 나타나고 있는 일입니다.

하나님께서는 이스라엘 백성에게 가나안 땅이 얼마나 매력적인 땅인지 설명하십니다.

11:10-11, "네가 들어가 차지하려 하는 땅은 네가 나온 애굽 땅과 같지 아니하니 거기에서는 너희가 파종한 후에 발로 물 대기를 채소밭에 댐과 같이 하였거니와 너희가 건너가서 차지할 땅은 산과 골짜기가 있어

서 하늘에서 내리는 비를 흡수하는 땅이요"

이스라엘 백성은 애굽 땅을 최고의 땅이라고 생각했지만 사실 애굽은 비가 잘 오지 않는 건조한 곳이었습니다. 그래서 애굽의 모든 밭은 나일강의 물을 끌어들여서 공급해야 농사를 지을 수 있는 곳이었습니다. 그러나 가나안 땅은 산이나 골짜기 전체가 빗물을 흡수해서 샘이나 시내로 물이 흐르기 때문에 물 대기를 할 필요가 없는 자연 그대로의 옥토였습니다. 그러나 이것보다 더 중요한 것은 가나안 땅이 하나님의 말씀이 임하는 현장이었다는 것입니다.

11:12, "네 하나님 여호와께서 돌보아 주시는 땅이라 연초부터 연말까지 네 하나님 여호와의 눈이 항상 그 위에 있느니라"

가나안 땅이 중요한 이유는 하나님의 말씀이 임하는 부흥의 장소이기 때문입니다. 이제 이곳에 하나님의 말씀이 임하고 하나님의 백성은 그 말씀과 믿음으로 놀라운 믿음의 삶을 펼쳐 보일 무대가 되는 것입니다. 그래서 사실 가나안 땅의 모든 것이 복을 받게 됩니다. 역사의 최고의 무대는 하나님의 말씀이 가장 왕성하게 활동하는 곳입니다. 우리는 거기에 있어야 복을 받을 수 있고 부흥을 체험할 수 있습니다.

이것은 오늘 우리도 마찬가지입니다. 우리는 복을 찾아서 온 세상을 돌아다닐 필요가 없습니다. 우리가 찾아야 할 곳은 하나님의 말씀이 임하는 곳입니다. 거기에 하나님의 눈이 있고, 하나님이 함께하시고, 모든 좋은 것이 생기기 때문입니다. 우리가 하나님 말씀의 샘을 찾지 못하면 아직 방황하고 있는 것입니다. 그러나 하나님 말씀의 샘을 찾았으면 그때부터 하나님의 축복은 임하게 됩니다.

11:14-15, "여호와께서 너희의 땅에 이른 비, 늦은 비를 적당한 때에 내리시리니 너희가 곡식과 포도주와 기름을 얻을 것이요 또 가축을 위하여 들에 풀이 나게 하시리니 네가 먹고 배부를 것이라"

주님은 먼저 하나님의 나라와 그의 의를 구하면 모든 것을 더하여 주시겠다고 약속하셨습니다(마 6:33). 그러니까 다른 복은 걱정할 필요가 없습니다. 오직 하나님을 사랑하고 그 계명을 지키면 이 세상에서 최고의 복을 받을 수 있습니다.

3. 이스라엘 백성의 선택

어떻게 보면 하나님의 최고의 복을 받는 것이 참으로 쉬운 것 같습니다. 즉 이스라엘 백성은 오직 하나님만 사랑하고 하나님의 말씀만 부지런히 지키면 되는 것입니다. 그러나 이것은 결코 쉬운 것이 아니었습니다.

11:13, "내가 오늘 너희에게 명하는 내 명령을 너희가 만일 청종하고 너희의 하나님 여호와를 사랑하여 마음을 다하고 뜻을 다하여 섬기면"

우리가 하나님을 사랑하고 하나님의 말씀을 지키는 데 가장 심각한 문제는 우선 하나님이 눈에 보이지 않는다는 사실입니다. 하나님이 눈에 보이지 않는데 어떻게 눈에 보이지 않는 분을 사랑할 수 있습니까? 거기에 비해 세상에는 우리가 필요로 하는 좋은 모든 것이 다 있습니다. 그런데 우리가 어떻게 눈에 보이지 않는 하나님을 온 마음을 다해서 사랑할 수 있을까요?

그리고 하나님의 말씀을 지키기 어려운 것은 하나님의 말씀이 인간의 지식보다 훨씬 못하게 느껴지기 때문입니다. 하나님의 말씀은 우리를 어리석게 만들고 세상에서도 써먹을 수 없고 아무도 알아주지 않는 말씀처럼 보입니다. 그러나 이것보다 더 심각한 문제는 우리의 본성이 하나님을 싫어하고 하나님의 말씀에 반역하는 기질을 선천적으로 가지고 태어났다는 것입니다. 우리 마음속에는 수없이 많은 야망과 정욕과 더러운 죄의 두더지들이 있습니다. 우리가 원하는 것은 하나님 몰래 죄도 짓고 욕망도 채우고 해야 살맛이 나는데 철저하게 하나님 말씀으로 그 욕망과 죄를 두들겨 잡으면 우리는 도대체 무슨 재미로 살겠습니까?

그러나 우리가 하나님의 말씀을 배우면 어느 순간 하나님 말씀의 맛을 알게 됩니다. 하나님의 말씀은 우리의 정신을 깨끗하게 하며 우리 속사람을 존귀하게 하기 때문입니다. 하나님은 이 세상에서 마음속에 하나님의 말씀을 담은 자를 가장 사랑하시고 존귀하게 높여주십니다. 우리가 하나님의 말씀을 사랑하면 하나님의 사랑을 받을 수 있습니다. 우리가 손으로 하나님을 붙잡을 수 없지만 하나님의 말씀을 붙잡으면 하나님은 우리 손에 붙잡히시게 됩니다.

그래서 이스라엘 백성에게 가장 위험한 것은 이방의 우상을 따라가는 것입니다. 그들에게는 다른 이방인들의 죄짓는 생활에 대한 호기심이 늘 있었습니다. 그런데 그 모든 욕망을 다 허용하는 것이 바로 이방의 우상이었던 것입니다.

이스라엘 백성에게 가장 혼동되었던 것은 분명히 이방 민족에게도 좋은 것이 있고 또 우상을 섬기면서도 이스라엘보다 더 잘 살고 더 많은 복을 받고 있었다는 사실입니다. 하나님을 섬기지 않기 때문에 이스라엘보다 더 비참해야 하고 더 못 살아야 하고 더 힘들게 살아야 하는데, 오히려 정반대로 기술도 더 좋고 문화 수준도 높고 물질적으로도 더 잘 살고 더 교양이 있었던 것입니다. 단지 이방인들의 흠이라면 도덕적으로 문란하고 하나님을 섬기지 않는 것이었습니다. 여기서 이스라엘 백성이 많이 헷갈렸던 것입니다.

　우리가 알아야 할 것은 이방인들과 하나님의 백성은 길이 서로 다르다는 것입니다. 이것은 열차의 길이 완전히 다른 것과 같습니다. 하나님의 백성은 세상 사람들이 아무리 잘 살아도 그것을 부러워해서는 안 됩니다. 그것은 하나님이 우리에게 주시는 복이 아니기 때문입니다. 하나님께서 우리에게 주시는 복은 따로 있습니다.

　　11:16-17, "너희는 스스로 삼가라 두렵건대 마음에 미혹하여 돌이켜 다른 신들을 섬기며 그것에게 절하므로 여호와께서 너희에게 진노하사 하늘을 닫아 비를 내리지 아니하여 땅이 소산을 내지 않게 하시므로 너희가 여호와께서 주신 아름다운 땅에서 속히 멸망할까 하노라"

　하나님의 백성이 하나님 백성의 길을 가지 않으면 세상 사람이 되는 것이 아니라, 멸망해버리고 맙니다. 그래서 하나님의 백성은 하나님의 말씀을 붙드는데 결사적이 되어야 합니다.

　하나님께서는 이스라엘 백성에게 언제나 하나님의 말씀을 가까이하라고 말씀하셨습니다. 언제나 하나님의 말씀을 가까이해서 수시로 읽을 수 있도록 성경 구절을 이마에 붙이기도 하고 때로는 문설주에 붙여 놓기도 하라고 말씀하셨습니다. 특히 하나님의 말씀을 가르치는 자들은 하나님의 말씀을 가지고 자녀나 집안 식구에게 강론을 많이 해야 합니다. 하나님의 말씀은 우리를 하나가 되게 하며 하나님의 말씀으로 하나가 될 때 하나님은 그 가운데 임재하시기 때문입니다. 그러나 이스라엘 백성은 하나님의 말씀을 조그만 까만 상자에 넣어서 이마에 매달고 문설주에도 넣고 손목에도 매었지만, 그 말씀을 장식용으로 대했고 그 말씀대로 살지 않았기 때문에 복을 잃어버리게 되었습니다. 우리가 하나님의 말씀을 제대로 지키려면 하나님의 말씀에 목숨을 걸어야 합니다.

우리가 하나님과 하나님의 말씀을 미치도록 사랑하게 되면 이 세상의 어떤 강한 자도 우리를 이기지 못할 것입니다. 우리에게 하나님의 능력이 나타나고 하나님의 지혜가 나타나기 때문입니다. 하나님께서는 가나안의 아무리 강한 자들도 이스라엘을 이기지 못하고 두려워할 것이라고 했습니다. 왜 가나안 사람들이 하나님께 미친 이스라엘을 두려워합니까? 그들은 이 세상 사람들과는 다른 사람들이기 때문입니다.

결국 중요한 것은 우리의 정신 상태가 세상 사람들의 정신 상태를 이겨야 한다는 것입니다. 우리가 세상 사람들의 사고방식을 가지고 살려고 하면 결국 그들에게 질 수밖에 없습니다. 하나님은 이스라엘 백성에게 발로 밟는 땅은 다 주시겠다고 약속하셨습니다. 그들은 땅을 발로 밟기만 하면 되는 것입니다. 즉 하나님께서 가라고 하시면 가고 서라고 하면 서면 놀라운 일이 일어나게 되는 것입니다. 오직 하나님이 시키시는 대로 믿음으로 나아가기만 하면 되는 것입니다.

오늘 우리가 이 경쟁하기 힘든 세상에서 최고의 복을 받는 비결이 무엇입니까? 하나님과 하나님의 말씀을 미치도록 사랑하는 것입니다. 그리고 우리 눈앞에 어떤 어려움이나 걸림돌이 있다 하더라도 좌로나 우로나 치우치지 말고 곧장 하나님의 말씀을 가지고 나가기만 하면 세상을 정복하게 될 것입니다. 오늘 우리 모두가 하나님의 말씀에 사로잡혀서 미치도록 하나님과 하나님의 말씀을 사랑할 수 있기를 바랍니다. 그래서 모두 가나안 땅을 차지해서 최고의 복을 누리는 성도들이 되시기를 바랍니다.

16

세상과 다른 예배
신 12:1-32

모든 인간에게는 하나님을 찾고 하나님의 도움을 받고 싶은 마음이 있습니다. 그래서 전 세계 모든 인간에게는 종교의식이 있는데 하나님을 믿는 사람과 다른 신을 섬기는 사람 사이에는 종교의식에 뚜렷한 차이가 있습니다. 그중에 가장 중요한 특징이 다른 신을 믿는 종교에는 무엇인가 서먹서먹한 것이 있고 알지 못하는 두려움이 있지만, 하나님을 믿는 사람에게는 그 예배나 제사에 따뜻함이 있고 자연스러움이 있다는 것입니다. 그 이유는 하나님께 드리는 예배에는 사랑과 위로와 축복이 있기 때문입니다.

로마 시대에 그리스도인은 자신이 그리스도인임을 나타내는 표시로 물고기를 그려서 표시했습니다. 그래서 영화〈쿠오바디스〉를 보면 여자주인공이 땅에 물고기를 그려서 자기가 그리스도인 것을 나타내는 것을 볼 수 있습니다. 헬라어로 물고기를 '익투스'라고 하는데 이것은 '예수 그리스도 하나님의 아들'의 첫 자를 모은 것입니다. 로마 시대에 그리스도인이 자신의 신분을 나타낸다는 것은 엄청난 용기가 필요했습니다. 그리고 그때 같은 그리스도인을 만난다는 것은 친

형제를 만나는 것 이상으로 반가웠습니다. 그때 그들은 카타콤이라는 지하 동굴에 몰래 밤에 모여서 예배를 드렸는데 그때 설교는 예수님이 가르치신 것을 거의 그대로 외워서 전하는 것이었습니다. 그런데 예수님의 가르침을 제자들을 통해서 들으면 얼마나 감동이 되었고 얼마나 그 예배의 기쁨이 위대했는지 모릅니다. 요즘 우리는 너무나도 많은 예배를 드리고 있고 너무나도 많은 그리스도인을 만나고 있습니다. 그런데 우리는 예배를 드려도 별로 신기하지 않고 그리스도인들을 만나도 별로 반갑지 않을 때가 많습니다.

오늘 우리는 그리스도인이라는 표시를 어디서 찾을 수 있을까요? 진정한 그리스도인의 모습은 어디서 나타날까요? 그것은 바로 함께 모여서 예배드리는 시간을 통해서입니다. 우리가 함께 예배드리는 이 시간은 옛날 갈릴리 바닷가에서 예수님을 모시고 말씀도 듣고 병 고침도 받았던 것처럼 주님이 함께하시는 시간입니다. 우리가 비록 세상에서 때때로 그리스도인의 모습을 잘 나타내지 못했다 하더라도 예배드리면서 우리에게 하나님 백성의 모습이 나타나게 됩니다.

본문 말씀은 하나님께서 이스라엘 백성에게 그들이 가나안 땅에 들어갔을 때 가나안의 모든 우상을 다 부수어 버리고 하나님이 정하신 한곳에 모여서 예배로 은혜받으라고 말씀하고 있습니다. 우리가 함께 모여서 예배드리면서 눈물 흘리고 찬송부르면서 기뻐하고 말씀에서 은혜를 받을 때 우리는 능히 세상을 이기는 능력을 받게 되는 것입니다.

1. 사탄의 세력을 대적하라

하나님의 백성과 믿지 않는 사람을 외모로 구별하기는 참 어렵습니다. 그러나 하나님의 백성의 가장 분명한 표시는 그들의 마음 중심에 있습니다. 즉 예수 믿는 사람들 속에는 세상 사람들과 분명히 다른 영이 있다는 것입니다. 그런데 이 영은 마귀의 영이 아니라 너무나도 거룩하고 순결한 하나님의 영입니다. 그래서 믿지 않는 사람들이 기도한다고 눈을 감고 있거나 아무리 손으로 십자가를 그어도 그 속에 성령이 없으면 하나님의 백성이 아닙니다. 그리고 마음속에 하나님의 영이 없는 사람들이 가장 싫어하는 것은 하나님을 찬송하는 것입니다. 마귀가 이 세상에서 제일 싫어하는 것이 있다면 바로 하나님을 찬송하고 하나님께 예배드리는 것입니다.

하나님께서는 이스라엘 자손이 가나안 땅에 들어가게 되면 거기에 우상이 많을 텐데 그 모든 우상을 부수고 자신들이 하나님의 백성인 것을 나타내라고 말씀하셨습니다.

12:1-3, "네 조상의 하나님 여호와께서 네게 주셔서 차지하게 하신 땅에서 너희가 평생에 지켜 행할 규례와 법도는 이러하니라 너희가 쫓아낼 민족들이 그들의 신들을 섬기는 곳은 높은 산이든지 작은 산이든지 푸른 나무 아래든지를 막론하고 그 모든 곳을 너희가 마땅히 파멸하며 그 제단을 헐며 주상을 깨뜨리며 아세라 상을 불사르고 또 그 조각한 신상들을 찍어 그 이름을 그 곳에서 멸하라"

하나님께서는 이스라엘 백성이 가나안 땅에 들어가게 되면 광야와는 완전히 다른 상황에 처하게 될 것을 말씀하셨습니다. 즉 이스라엘 백성이 광야에 있을 때는 다른 민족이나 다른 종교를 가진 자들이 없었습니다. 광야에 있는 사람들은 모두 이스라엘 백성이었고 모두 하나님을 섬기는 자들뿐이었습니다. 그러나 이스라엘 백성이 가나안 땅에 들어가게 되면 타종교를 가진 사람들과 같이 살게 됩니다.

이스라엘 백성이 가나안 땅에 들어가게 되었을 때 가장 중요한 것은 자신들의 정체를 드러내는 것이었습니다. 즉 이스라엘 백성은 온 세상을 향해서 우리는 하나님을 섬기는 자들이며 절대로 우상이나 미신은 용납하지 않는다는 것을 나타내야 했습니다. 그 표시가 이스라엘 백성은 가나안 땅에 있는 우상을 다 부수는 것이었습니다.

물론 우리는 이 세상에서 종교가 없거나 혹은 종교가 다른 많은 사람과 어울려서 살아야 합니다. 그러나 우리는 기회가 있을 때마다 내가 기독교인이고 하나님을 믿는 자인 것을 드러내야 합니다. 우리가 하나님의 백성인 가장 중요한 표시는 예배 때 은혜를 받는 것입니다. 예배 때 은혜받는 것은 하나님을 만나는 것이며 우리 자신의 정체성을 확인받는 것입니다. 우리는 예수 믿는 것을 자랑스럽게 생각해야 할 것입니다.

우리가 예수를 믿고 하나님의 축복의 자녀가 된 것은 엄청나게 복된 것입니다. 그래서 사도 바울은 "유대인은 표적을 구하고 헬라인은 지혜를 찾으나 우리는 십자가에 못 박힌 그리스도를 전한다"(고전 1:22-23)고 했고, 또 "내가 복음을 부끄러워하지 아니하노니"(롬 1:16)라고 했습니다. 우리가 하나님을 알고 하나님의 백성이 된 것은 결코 부끄러운 일이 아니라 어마어마하게 자랑스럽고 복된 일입니다.

이스라엘 백성이 가나안 땅에 들어갔을 때 이스라엘 백성은 애굽을 탈출한 노예 신분이었고, 거기에다가 40년 동안이나 문명사회와는 담을 쌓고 광야만 돌아다닌 촌사람들이었습니다. 또한 그들은 모두 가축을 키우는 목축업자들이었습니다. 거기에 비해 가나안 사람들은 문명의 극치를 누리고 있었고 농사를 지어서 부유한 생활을 하고 있었습니다. 그럼에도 불구하고 이스라엘 백성은 자신들이 하나님을 믿는 자인 것을 자랑스럽게 생각해야 하고 가나안의 모든 우상을 과감하게 부수어야 했습니다.

하나님께서 이스라엘 백성에게 왜 가나안의 종교를 파멸시키라고 하시는지 그 이유가 있습니다.

12:31, "네 하나님 여호와께서는 네가 그와 같이 행하지 못할 것이라 그들은 여호와께서 꺼리시며 가증히 여기시는 일을 그들의 신들에게 행하여 심지어 자기들의 자녀를 불살라 그들의 신들에게 드렸느니라"

겉으로 보면 타종교인 것 같은데 그 속에 들어가 보면 사람들을 기만하여 속이고 거짓말해서 미신의 종이 되게 하는 것입니다. 그뿐만 아니라 타종교 뒤에는 사탄이 있어서 하나님의 영광을 대적하게 합니다.

그래서 하나님의 백성은 이 세상에서 사탄의 문화와 하나님의 일반 은총을 구별할 수 있어야 합니다. 하나님은 분명히 가나안 땅이 하나님의 거룩한 곳이라고 말씀하셨습니다. 그리고 하나님께서는 가나안에 뿌리를 내리고 있던 모든 사탄의 종교의식이나 사탄의 문화를 뿌리 뽑는 사명을 이스라엘 백성에게 주셨던 것입니다. 물론 우리는 기독교인이라고 해서 무조건 타종교에 대하여 공격하거나 비난해서는 안 됩니다. 그러나 타종교의 탈을 쓰고 사람들을 속이는 미신이나 나쁜 사상은 단호하게 물리쳐야 합니다.

우리가 복음을 분명히 밝히지 않으면 어느새 사탄의 독버섯이 퍼져서 술과 성추행과 억압으로 많은 사람의 인생이 병들고 가정이 깨어지고 자녀들이 학교 왕따로 자살하게 되는 것입니다. 그러나 복음이 강력하게 증거되면 이런 것들이 다 없어지면서 사회가 밝아지게 되고 건전하게 되고 아름다워지게 됩니다.

2. 하나님이 정하신 한 곳

본문 말씀에서 가장 중요한 것은 이스라엘 백성이 가나안 땅에 들어가면 개인적으로나 산에서 예배를 드리지 말고 하나님이 정하신 곳에 모두 다 같이 모여서 예배드리라고 하신 것입니다.

12:4-5, "너희의 하나님 여호와께는 너희가 그처럼 행하지 말고 오직 너희의 하나님 여호와께서 자기의 이름을 두시려고 너희 모든 지파 중에서 택하신 곳인 그 계실 곳으로 찾아 나아가서"

이 당시 가나안 종교의 특징은 산이나 언덕에 가서 나무 밑에서 종교의식을 가지는 것이었습니다. 그곳의 종교의식이라고 하더라도 거의 다 무당이 굿을 하거나 미신적인 행위에 불과했고, 더 무서운 것은 2부 순서였습니다. 이들은 2부 순서에서 무한정으로 음탕한 짓을 했는데 그 이유는 그렇게 해야 신의 능력을 받고 좀 더 자연의 원기를 받는 것이라고 생각했기 때문입니다. 특히 바알 종교는 바알에게 제사드린 후에 무차별적인 성관계를 가지게 했는데 이것이 사람들에게 호기심을 자극했던 것입니다. 사람이 종교적이나 성적으로 타락하는 것은 인간 정신을 썩게 만들기 때문에 더 이상 제대로 된 인간성을 가질 수 없습니다. 그런데 가나안의 종교는 바로 이 두 가지가 합쳐진 것이었습니다.

하나님께서는 이스라엘 백성이 가나안 땅에 들어가면 하나님이 한 곳을 정하실 테니까 그곳에서 예배를 드리라고 말씀하셨습니다.

19세기에 독일신학자들 중에서는 이상한 신학사상을 가진 사람들이 있었습니다. 이들은 이스라엘 백성도 처음에는 다신교였는데 나중에 이런 중앙 성소에서 예배드리는 일신교로 발전했다고 주장했습니다. 그러나 신명기는 결코 후대에 만들어진 책이 아닙니다. 그 근거로 신명기에는 광야에서만 자라는 식물과 새 이름이 많이 나오고 있다는 것입니다. 그리고 모세는 신명기에서 이스라엘 백성에게 계속 가나안 땅에 들어가는 것을 전제로 해서 말씀하는 것을 보게 됩니다.

우선 우리가 하나님께 예배드릴 때 내 생각에 따라서 드리는 것이 아니라 하나님의 말씀을 따라서 드리는 것이 아주 중요합니다. 말씀을 붙들고 예배를 드려야 하나님과 연결될 수 있습니다. 하나님은 소멸하는 불이시기 때문에 인간의 힘으로는 하나님을 만족시킬 수 없고 하나님의 은혜를 받을 수 없습니다. 그러나 하나님의 말씀은 하나님과 우리를 연결시키는 유일한 통로입니다. 그래서 하나님의 말씀을 떠나서 드리는 예배는 아무리 신비한 체험을 하고 아무리 오래 기도하고 신비한 능력이 나타난다 하더라도 그것은 바른 예배가 아닙니다.

그래서 하나님께서는 이스라엘 백성이 자기 개인적인 생각에 따라서 여기저기에서 나름대로 예배드리는 것을 허락하지 아니하시고 하나님이 정하신 곳에서 제사장의 통제를 받아서 말씀대로 예배드리기를 원하셨습니다. 왜냐하면 하나님의 백성은 함께 모여서 하나님의 말씀을 듣는 것이 하나님을 만나는 시간이기 때문입니다. 하나님은 말씀을 통해서 찾아오시고 말씀을 통해서 우리를 만나시기 때문에 예배의 중심에는 말씀이 있습니다.

사실 우리가 하나님께 예배드릴 때 가장 어려운 점이 하나님은 눈에 보이지 않는 분이라는 사실입니다. 그뿐만 아니라 하나님은 우리보다 엄청 크신 분이라 우리가 도저히 하나님을 만족시키고 복을 받을 자신이 없다는 것입니다. 도대체 우리가 얼마나 많은 제사를 드리고 얼마나 많은 소나 양을 바쳐야 하나님을 만족시킬 수 있겠습니까? 그것은 불가능한 것입니다. 그러나 하나님은 우리에게 그런 걱정은 하지 말고 하나님의 말씀을 붙들고 예배를 드리면 틀림없이 그 예배를 받으시고 우리에게 복을 주신다고 약속하셨습니다. 하나님의 말씀과 그 믿음이 하나님과 우리를 연결하는 연결고리인 것입니다.

그리고 우리가 함께 모일 때 하나님은 우리에게 더 큰 은혜를 주십니다. 그 이유는 우리가 하나님의 은혜를 담는 그릇이기 때문입니다. 우리가 모이면 모일수록 그릇이 더 커지게 됩니다. 물론 우리는 개인적으로도 얼마든지 하나님께 예배드리고 은혜받을 수 있습니다. 그러나 우리가 함께 모였을 때 하나님의 은혜와 축복의 규모는 개인적으로 받는 은혜와는 비교가 되지 않는 것입니다.

물론 하나님께서 이스라엘 백성을 한자리에 모여 예배드리게 하신 것은 예배의 오염을 막기 위한 의도도 분명 있었습니다. 이스라엘 백성이 아무 데서나 자기 마음대로 예배드리면 미신적인 생각이 파고들 수 있기 때문입니다. 그러나 하나님의 백성이 모였을 때 사람의 머리로 이해할 수 없는 신비가 있습니다. 그것은 하나님의 능력이 그들에게 임해서 그들을 다른 사람이 되게 한다는 것입니다. 그래서 우리는 모이는 것에 힘써야 합니다. 우리는 골방에서 개인적으로도 기도하고 은혜받아야 하지만, 우리가 하나님의 말씀을 사모하는 마음으로 한자리에 모여서 예배드릴 때 오순절에 일어났던 것과 같은 강력한 성령의 세례와 부흥이 우리에게 일어나게 됩니다. 그때 우리는 세상을 이길 힘을 얻게 되는 것입니다.

3. 세상에서 주의해야 할 것들

이스라엘 백성이 가나안 땅에 들어가면 분별해서 해야 할 일들이 많이 있었습니다. 그런데 분문에서 하나님께서는 종교와 관련해서 그들이 혼동하지 말아야 할 것들을 몇 가지 말씀하셨습니다.

그중의 하나가 육류를 먹는 것이었습니다.

12:15, "그러나 네 하나님 여호와께서 네게 주신 복을 따라 각 성에서 네 마음에 원하는 대로 가축을 잡아 그 고기를 먹을 수 있나니 곧 정한 자나 부정한 자를 막론하고 노루나 사슴을 먹는 것 같이 먹으려니와"

고대에는 소나 짐승들을 숭배했기 때문에 이것들을 신성시했습니다. 그래서 이런 짐승들을 감히 도살하지 못했습니다. 그래서 소나 양 같은 육류를 먹으려면 반드시 자기들의 신전에 가서 제사 지내고 난 후에 그 고기를 먹어야 부정을 타지 않는다고 생각했던 것입니다. 이런 관습이 나중에 로마서와 고린도서에도 언급됩니다. 즉 당시 로마에서도 모든 고기는 이방 신전에서 제사드린 고기였습니다. 그러니까 이런 고기를 먹어도 되느냐, 안 되느냐 하는 문제를 가지고 시험에 든 사람들이 많이 있었던 것입니다. 그래서 사도 바울은 당사자가 신전에서 제사드리는 것을 보지 못하고 시장에서 그냥 샀다면 묻지 말고 먹어도 된다고 가르쳤습니다. 하나님의 백성이 해도 되고 안 해도 되는 것을 초대 교회는 '아디아포라'라고 했습니다. 이것은 죄가 되지 않습니다. 그러나 그것조차도 양심에 거리끼는 사람은 먹지 말라고 했습니다. 즉 우리에게는 깨끗한 양심이 중요한 것입니다. 하나님의 백성의 가치는 깨끗한 양심으로 나타나게 됩니다.

그런데 하나님께서는 절대로 피를 먹지 말라고 강조하셨습니다.

12:16, "오직 그 피는 먹지 말고 물 같이 땅에 쏟을 것이며"

왜 하나님은 고기를 먹어도 된다고 하시면서 또 피는 금하시는 것일까요? 그것은 아무리 육류라 하더라도 생명의 소중함은 어떤 경우에도 잊어서는 안 된다는 뜻입니다. 특히 하나님의 신앙에서 핵심은 피에 있습니다. 구약 성경에 보면 짐승의 피로 죄 사함을 받았고, 예수님의 피로 우리가 죄 씻음을 받았습니다.

우리가 생각하기에 별것 아닌 것 같지만 하나님에게는 아주 중요한 것들이 있습니다. 그래서 우리는 하나님이 하지 말라고 명령하시는 것은 우리가 보기에 아무리 대수롭지 않은 것이라 하더라도 잘 순종하는 것이 복 받는 비결입니다. 그래서 우리가 신앙적으로 유익

되지 않는 것은 아주 작은 것이라도 포기하고 끊어버리는 것이 좋습니다.

이방인들은 이스라엘 백성을 아주 이상하게 생각하게 되었습니다. 왜냐하면 이방인들은 짐승을 죽이면 피가 몸에 좋다고 해서 꿀꺽꿀꺽 마시는 자들이었기 때문입니다. 그러나 이스라엘 백성은 절대로 피를 마시지 않았고 그 피를 하나님 앞에서 죄 씻는데 썼던 것입니다.

결국 가나안 사람들이 우상에 빠지고 나중에는 자기 자식까지 죽여서 자기 신들에게 바쳤습니다. 왜 이들은 자기 자식을 죽여서 바칠 정도로 우상숭배했을까요? 그 이유는 마음의 불안 때문이었습니다. 즉 하나님을 믿지 않고 이 좋은 세상에 사는 것은 언제 쫓겨날지 모르기 때문입니다. 그러나 우리는 하나님을 알고 믿기 때문에 미래에 대하여 불안해하거나 두려워할 필요가 전혀 없습니다. 우리에게는 더 이상 마귀의 속임수나 사탄의 저주가 통하지 않습니다.

그런데 이스라엘 백성에게 하나님의 말씀이 없어지니까 가나안 족속보다 더 미신적이 되어서 결국 그들도 자기 자식을 죽여서 우상에게 바치고 망했습니다. 이것을 보면 하나님을 바로 아는 것이 우리에게 얼마나 중요한 것인지 알 수 있습니다. 우리가 하나님을 바로 믿으면 절대로 이 세상에서 쫓겨나지 않고 망하지 않을 것입니다. 오늘 우리는 하나님의 백성 된 것을 자랑스럽게 생각하고 이 예배에서 큰 은혜 받아서 온 세상의 마귀 세력을 이기는 성도들이 다 되시기를 바랍니다.

17

미신의 유혹
신 13:1-18

요즘도 젊은이 중에는 점치는 곳에 가서 자신의 결혼이나 유학, 장래에 대하여 점을 치는 것을 볼 수 있습니다. 이들이 점을 치는 이유는 그 점이 꼭 맞아서라기보다는 자신의 미래에 대하여 무엇인가 알고 싶고 무엇인가 믿고 싶은데 아무것도 아는 것이 없어서 지푸라기 잡는 심정으로 점쟁이의 말을 들어보려고 하는 것입니다. 사람이 점을 치거나 점쟁이의 말을 듣는 것은 자기도 모르는 사이에 그 말에 구속당하게 되는데 하나님 앞에서는 자기 영혼을 팔아버리는 것이 되는 것입니다.

괴테가 쓴 《파우스트》를 보면 늙은 파우스트라는 학자가 실력은 형편없고 명성은 떨어지니까 메피스토펠레스라는 악마를 만나서 자기 영혼을 팔기로 약속하고 자기가 원하는 대로 다 해달라고 합니다. 그래서 파우스트는 자기 영혼을 팔고 유명한 학자가 되고 젊은이로 변해서 다른 여성을 유혹하기도 하는데 나중에는 악마가 그를 지옥으로 끌고 가게 됩니다. 물론 이것은 중세 전설에서 가져온 작품이라고 하는데 젊은이 중에서는 자기 영혼을 팔아서라도 유명해지고 출세할 수만 있으면 그렇게 할 사람들이 많이 있을 것입니다. 그러나 그 모든 것은 자기 영혼이 얼마나 비싸고 가치 있는지 모르기 때문입니다.

이 세상 어느 누구도 미래를 알 수 없습니다. 왜냐하면 미래는 하나님만이 결정하실 수 있기 때문입니다. 그럼에도 불구하고 인간은 자신들의 미래에 대하여 알고 싶어서 점이나 미신을 의지하려고 합니다. 그러나 우리가 미래를 아름답게 살 수 있는 길은 지금 내 이성과 믿음을 가지고 하나님을 의지하고 나가면 우리는 얼마든지 아름다운 삶을 살 수 있다는 것을 믿어야 합니다.

1. 가나안의 미신

이스라엘 백성이 들어가야 할 가나안 땅은 이중적인 얼굴을 가지고 있는 곳이었습니다. 우선 외적으로 보기에는 젖과 꿀이 흐르는 비옥한 땅인 것은 분명했습니다. 그곳은 좋은 밭과 목초지와 도시가 있었습니다. 가나안 땅은 사람이 살기에는 너무나도 좋은 곳이었습니다. 그러나 가나안 땅은 또 다른 하나의 얼굴이 있었습니다. 그곳은 사악한 사탄의 세력이 지배하는 미신의 땅이었습니다. 특히 가나안 땅의 모든 문화는 미신에 기초를 둔 것이었고, 그 미신은 가나안에 사는 사람들의 생활 구석구석에 파고 들어가 있었습니다. 그곳 사람들이 잘생기고 문화 수준이나 교육 수준도 높았지만 미신이 엄청나게 심한 곳이었습니다. 하나님은 이런 미신을 뿌리 뽑아야 한다고 말씀하셨습니다.

13:1-3, "너희 중에 선지자나 꿈 꾸는 자가 일어나서 이적과 기사를 네게 보이고 그가 네게 말한 그 이적과 기사가 이루어지고 너희가 알지 못하던 다른 신들을 우리가 따라 섬기자고 말할지라도 너는 그 선지자나

꿈 꾸는 자의 말을 청종하지 말라 이는 너희의 하나님 여호와께서 너희가 마음을 다하고 뜻을 다하여 너희의 하나님 여호와를 사랑하는 여부를 알려 하사 너희를 시험하심이니라"

선교사들의 보고에 의하면 아직 복음이 들어가서 정착하기 전에는 모든 사회가 미신에 사로잡혀 있고, 선교사들이 복음 전하는 것을 미신에 사로잡힌 자들이 극렬하게 반대할 때가 많다고 합니다. 더욱이 선교사들이 그런 곳에서 복음적인 집회를 하려고 하면 사탄의 훼방이 얼마나 심한지 모릅니다. 알지 못하는 병으로 고통받다가 선교사들이 기도하면 그 병을 이기고 큰 부흥의 역사가 일어나는 것을 보고하는 것을 듣게 됩니다. 이런 것을 보면 선교지에서는 영적인 대결이 얼마나 치열한지 알 수 있습니다.

하나님은 가나안 땅에 "선지자나 꿈꾸는 자"들이 있을 것이라고 말씀하셨습니다. 이들은 모두 가나안 땅에서 오랫동안 내려오던 무당들을 말하는 것입니다. 즉 이스라엘 백성이 들어가게 되는 가나안 땅은 철저하게 미신이 아주 심한 곳이었는데, 그 미신의 정도가 얼마나 심했는가 하면 점을 치는 사람들과 굿하는 사람들이 많이 있어서 그들이 인생의 문제를 결정해주고 미래의 일들을 다 결정했던 것입니다. 그중에서도 '선지자'는 점을 치러 오면 입에서 거품을 흘리면서 정신을 잃는 흥분 상태에 빠져서 미래를 말하는 사람을 말하고, '꿈꾸는 자'는 환상을 보아서 무엇인가를 기가 막히게 알아내는 재주가 있었던 사람입니다. 결국 무당이나 점치는 사람 중에는 완전히 엉터리이면서 말재주를 가지고 사람들의 문제를 해결하는 사람이 있는가 하면, 어떤 점쟁이는 귀신이 들려서 귀신같이 알아내는 사람도 있었는데, 가나안 땅의 무당이나 점쟁이 중에는 진짜 귀신이 들려서 신통력이 있는 무당이나 귀신들이 많았던 것입니다.

하나님께서는 이스라엘 백성이 가나안 땅에 들어가서 이런 점치는 자들이나 무당들이 이스라엘 백성의 현재나 미래에 대하여 말을 하더라도 절대로 듣지 말고 심지어 그들이 하는 말이 신통하게 맞는다 하더라도 절대로 믿지 말라고 말씀하셨습니다. 왜냐하면 이런 미신이나 무당은 전부 사람을 속여서 하나님을 믿지 못하게 하고 결국은 망하게 하려는 것이 목적이기 때문입니다.

사탄의 가장 교묘한 행동은 사탄이 눈에 보이지 않기 때문에 사탄은 없다고 속인다는 것입니다. 그러면서 사탄도 없고 하나님도 없다고 속입니다. 그러나 사탄은 사실 모든 사람을 미신으로 다 지배하려고 하고 있습니다.

하나님의 백성이 가장 넘어가기 쉬운 유혹은 하나님을 믿는 나는 모든 것이 잘되어야 하고 잘살아야 하는데 왜 잘살지 못하고, 오히려 미신을 믿는 사람들은 잘사느냐 하며 생각한다는 것입니다. 그래서 혹시 미신도 맞는 것이 아닌가, 또 하나님은 능력이 부족한 것이 아닌가 하는 유혹에 빠지기 쉽습니다. 그러나 하나님께서 믿지 않는 사람들과 우리에게 주시는 것이 다릅니다. 하나님은 세상 사람들에게는 이 세상에 있는 것만 주지만 하나님은 우리에게 하나님 자신을 주시기를 원하십니다. 그래서 하나님은 우리에게 세상 것을 많이 주시지 않고 마음을 다하고 뜻을 다해서 하나님을 사랑하게 하시는 것입니다.

2. 하나님과 인간 사이의 연결점

오래전에 죽은 남자와 살아있는 여자가 서로 헤어지지 못해서 남자의 혼이 여자 주위를 돌면서 도와준다는 내용의 영화가 있었습니다. 그 영화는 〈사랑과 영혼〉입니다. 사실 형편없는 영화인데, 데미 무어와 미남 배우 패트릭 스웨이지, 그리고 'Unchained Melody'라는 주제곡 때문에 유명하게 된 영화입니다. 이런 영화가 나오게 되는 것은 사람들은 신의 세계가 있고 인간의 세계가 있는데, 신과 인간을 연결하는 중간에 무당이나 종교인이 있다고 생각하기 때문입니다. 특히 사람은 위급하게 되면 신의 도움을 받고 싶은데 신에게 나아갈 길이 없으니까 무당이나 종교인의 도움을 받아서 가까이 가려고 하는 것입니다. 그러나 하나님과 우리 인간을 연결하는 것은 하나님의 아들과 하나님의 말씀밖에 없습니다. 그래서 우리가 하나님의 말씀을 붙들면 얼마든지 하나님과 연결되게 됩니다. 사실 이것이 엄청난 비밀이기 때문에 사람들은 알지 못하고 믿지 못합니다.

미신에 빠진 사람들에게 나타나는 현상이 몇 가지 있습니다. 그 하나가 귀신은 신통력을 가지고 있다고 믿는 것입니다. 물론 귀신이 존재하는 것은 사실이지만 귀신이 모든 능력을 가지고 있는 것은 아닙니다. 귀신이 가장 잘하는 것은 사람들을 거짓말로 속이는 것입니다. 그래서 사람들이 점을 치거나 무당을 찾아가는 것은 자기 자신의 이성적 판단을 스스로 포기하는 것입니다.

무당이나 점치는 사람들은 인간의 운명은 미리 정해져 있거나 혹은 자기 밖의 어떤 사정에 의해 결정된다고 믿습니다. 그러나 인간의 운명을 결정하는 분은 오직 하나님밖에 없습니다. 우리의 미래는 고정되어 있는 것이 아니라 우리의 믿음과 용기에 의해서 얼마든지 변할 수 있습니다. 그러나 인간은 자기 스스로를 운전해나갈 수 없습니다. 결국 인간의 마음에는 자신을 운전할 수 있는 주인이 필요한데 이것을 인간 스스로 결정할 수 없습니다. 결국 우리 인간의 주인은 하나님이 아니면 마귀입니다. 이것은 우리가 택할 수 있는 성질의 것이 아닙니다. 그러나 하나님이 우리에게 믿음의 기회를 주실 때는 우리는 오직 하나님만 믿어야 하며 절대로 미신이나 귀신의 세력이 따라오지 못하게 물리쳐야 합니다.

또 사탄은 초능력을 행할 수 없습니다. 사탄이 할 수 있는 것은 사람을 속이거나 혹은 죄를 짓도록 충동질해서 죄짓게 하는 것뿐입니다. 그럼에도 불구하고 사탄에 빠진 자들은 자신에게 초능력이 있다고 믿을 때가 많습니다. 대개 이런 것은 미신의 빠진 사람들의 상상력에 불과한 것입니다. 원래 기적은 하나님만이 행하실 수 있는 것입니다. 하나님께서 우리 믿는 사람들을 사랑하셔서 잠시 자연법칙을 중지하시거나 초월하셔서 믿는 자를 도우시는 것이 기적입니다. 그러나 대개 이런 기적은 우리가 하나님의 말씀을 믿을 때 나타나게 됩니다. 이것은 하나님이 우리를 사랑하신다는 증거입니다.

13:4-5, "너희는 너희의 하나님 여호와를 따르며 그를 경외하며 그의 명령을 지키며 그의 목소리를 청종하며 그를 섬기며 그를 의지하며 그런 선지자나 꿈 꾸는 자는 죽이라 이는 그가 너희에게 너희를 애굽 땅에서 인도하여 내시며 종 되었던 집에서 속량하신 너희의 하나님 여호와를 배반하게 하려 하며 너희의 하나님 여호와께서 네게 행하라 명령하신 도에서 너를 꾀어내려고 말하였음이라 너는 이같이 하여 너희 중에서 악을 제할지니라"

하나님은 애굽 땅에서 종살이하던 이스라엘 백성을 선셔내셔서 하나님의 백성으로 삼으시고 가나안 땅에 들어가게 하셨습니다. 그 이유가 무엇일까요? 그것은 단순히 가나안 땅에서 잘 먹고 잘살게 하기 위해서였을까요? 결코 그렇지 않습니다. 그것은 이 세상에 바른 하나님을 알고 하나님을 나타내기 위해서였습니다.

그런데 이스라엘 백성이 막상 가나안 땅에 들어가 보니까 그 땅이 축복의 땅인 것은 틀림없지만 다른 모든 족속이 이스라엘 백성을 적대시하고 상대해주지 않았습니다. 이것이 그들에게는 얼마나 스트레스가 되었는지 모릅니다. 그래서 이스라엘 백성의 마음에 차라리 다른 민족들이 원하는 것을 조금 해주고 이 스트레스에서 벗어나고자 하는 유혹이 생겼습니다. 이것은 우리가 지금도 많이 경험하고 있는 것들입니다. 예를 들어서 지금도 사람들은 돌아가신 부모에게 제사하는 것은 부모에게 효도하는 것이라고 해서 자식들에게 강요합니다. 그래서 어떤 자식이나 며느리가 제사할 때 절하지 않고 밖에 나가버리면 부모의 은덕을 모르는 놈이라고 얼마나 미워하는지 모릅니다.

그런데 왜 이런 일이 일어나게 되는 것입니까? 마귀는 이 세상의 옛 습관을 통해서 사람들을 여전히 지배하기를 원하기 때문입니다. 마귀는 이 세상은 마귀의 영역이며 사람들은 세상의 법칙을 따라야 이 세상에서 먹고 살 수 있다는 것을 과시하는 것입니다. 그러나 하나님은 무엇이라고 말씀하십니까? 하나님이 우리를 사랑하셔서 우리에게 귀한 생명을 주셨고 이 아름다운 세상을 창조하셨다고 말씀하십니다. 그리고 하나님은 지금 눈에 보이는 것과 비교되지 않는 엄청난 하늘의 복으로 우리를 인도하신다고 말씀하십니다. 이것에 대해 마귀는 "그것은 거짓말이고 우리 눈에 보이는 이 세상이 전부이고 이것을 놓치지 않으려면 자기 말을 들어야 한다."고 주장합니다. 거기에 비해 하나님은 "하나님이 우리를 사랑하시며 이 세상보다 더 큰 복을 우리에게 주시겠다."고 말씀하십니다. 결국 이 세상은 마귀의 불신앙과 하나님 사랑의 전쟁터인 것입니다.

왜 인간이 이 세상에 사는 것을 두고 이렇게 치열한 영적 전쟁이 있는 것일까요? 그것은 우리 한 사람 한 사람에게 어마어마한 가능성이 있기 때문입니다. 우리 인간이 만일 하나님의 사랑을 믿기만 한다면 우리는 천사보다 더 존귀하게 되고, 우리의 삶은 너무나도 축복된 삶을 살아가게 됩니다. 우리 인간의 놀라운 특성은 주인이 누구냐 하는 데 따라서 극과 극으로 달라질 수 있다는 것입니다. 우리 마음에 악한 마귀가 있을 때는 악한 살인자나 흉악범이 되지만, 우리 마음에 하나님이 계시면 천사로 변하게 됩니다. 마귀는 우리가 이렇게 아름답고 존귀하게 되는 것을 너무나 시기해서 거짓으로 속이고 같이 망하려고 하는 것입니다.

그런데 늘 이스라엘 백성의 마음을 흔드는 것은 우리가 과연 이 세상에서 이렇게 고립되어도 되는가 하는 염려입니다. 그리고 또 다른 하나는 다른 모든 사람이 하나님을 믿지 않는데 유독 나 혼자 믿는 하나님이 과연 맞다고 할 수 있을까 하는 염려와 유혹입니다. 결국 이스라엘 백성은 자기들이 너무 독선적이라고 생각해서 신앙을 양보하게 되는데 그것 때문에 망하고 말았습니다.

그래서 본문에서도 "너희는 너희의 하나님 여호와를 따르며 그를 경외하며 그의 명령을 지키며 그의 목소리를 청종하며 그를 섬기며 그를 의지하라"고 하셨습니다. 우리가 성경적인 바른 신앙의 기초를 확고하게 하지 않으면 결국 마귀의 소리에 귀를 기울이게 되고 결국 이 세상을 따라가게 되어 있습니다.

또 여기에 보면 "그런 선지자나 꿈 꾸는 자는 죽이라"고 했습니다. 이것은 그들의 말을 전혀 두려워하거나 가치 있게 생각하지 말고 완전히 쓰레기 취급하듯이 하라는 뜻입니다. 물론 오늘 시대는 무당이나 타종교를 믿는다고 해서 죽일 수는 없습니다. 그러나 우리는 하나님의 말씀이 아닌 것은 아무리 대단한 사람이 이야기하거나 아무리 많은 사람이 추종한다 하더라도 마치 쓰레기를 취급하듯이 갖다 버려야 합니다. 이런 것에 대하여 조금도 두려워할 필요가 없습니다. 우리에게는 하나님의 살아있는 능력이 있고 사탄의 세력이 우리를 두려워하게 되어 있기 때문입니다. 우리가 이 세상을 살면서 보면 진정으로 바른 신앙을 가진 사람들은 누구든지 다 두려워하는 것을 볼 수 있습니다. 입으로는 욕을 하지만 마음속으로는 두려워하는 것입니다.

3. 악한 풍습의 뿌리를 뽑으라

우리는 가까운 곳에서부터 미신이나 사탄의 세력을 몰아내고 이겨야 합니다. 그래서 우리는 먼저 우리 가정이 바른 신앙에 세워지도록 해야 하고 그다음에는 친구 관계 그다음에는 직장까지 확대해야 합니다.

가장 중요한 것은 가정 안에서 미신을 제거하는 일입니다.

13:6-9, "네 어머니의 아들 곧 네 형제나 네 자녀나 네 품의 아내나 너와 생명을 함께 하는 친구가 가만히 너를 꾀어 이르기를 너와 네 조상들이 알지 못하던 다른 신들 곧 네 사방을 둘러싸고 있는 민족 혹 네게서 가깝든지 네게서 멀든지 땅 이 끝에서 저 끝까지에 있는 민족의 신들을 우리가 가서 섬기자 할지라도 너는 그를 따르지 말며 듣지 말며 긍휼히 여기지 말며 애석히 여기지 말며 덮어 숨기지 말고 너는 용서 없이 그를 죽이되 죽일 때에 네가 먼저 그에게 손을 대고 후에 뭇 백성이 손을 대라"

간혹 우리 가정에 미신이나 우상이 들어올 때가 있습니다. 우리는 무엇보다 내 집안에 미신이나 우상이 들어오는 것은 어떻게 해서든지 막아야 합니다. 교인 중에는 제사드리던 집이 예배로 바뀌기까지 얼마나 오랜 기간 투쟁이 있어야 하는지 모릅니다. 그런데 우리가 이것을 예배로 바꾸었다는 것은 하나님의 나라가 임했다는 증거입니다.

혹시 집안에 부적이 있다든지 귀신을 모시는 사당이 있으면 옛날 기드온 때처럼 부수어버려야 합니다. 그리고 절대로 같은 집안에 미신을 섬기는 자나 우상 숭배자를 두지 말고 불쌍히 여기지도 말고 먼저 손을 대서 돌로 쳐 죽이라고 하셨습니다. 물론 오늘 우리 시대에는 같은 식구가 미신에 빠졌다고 해서 죽이면 안 됩니다. 그러나 우리 마음속에는 이미 이 사람은 죽었다고 생각하고 진리로 대적해야 합니다.

우리 그리스도인들은 무엇보다 우리 가정은 하나님을 믿는 가정이며 우리 가정 안에서는 절대로 죄가 용납되지 않는다는 것을 선포해야 합니다. 그래서 가정 식구 중에 한 사람이 음란한 관계에 빠져 있다면 그냥 두어서는 안 됩니다. 또 부정한 수입을 가지고 오는 것도 안 됩니다. 미신에 빠지거나 혹은 이단을 끌고 들어오는 것도 용납해서는 안 됩니다. 분명히 진리로 대적해야 합니다. 그러면 이상한 것이나 이단이나 미신이 두려워하면서 슬그머니 꼬리를 내리고 달아나는 것을 보게 될 것입니다. 그러나 이런 죄와 미신을 보고서 가만히 두고 침묵을 지키면 죄가 파고 들어와서 주인 행세를 하게 됩니다.

하나님께서는 한 개인만이 아니라 한 도시라도 미신이나 우상에 빠지게 될 때, 그 도시 전체를 진멸하고 그 안에 있는 사람이나 가축이나 물건까지 다 파괴하고 불태워버리라고 명령하셨습니다. 이것은 그 도시 전체를 여리고 성에게 했듯이 영원한 멸망의 상징으로 만들라는 뜻입니다. 그래서 미신에 빠진 도시는 거기서 물건도 가져오지 말고 재건하지도 말라고 명령하셨습니다. 물론 오늘 시대 우리가 이렇게 할 수는 없습니다. 그러나 적어도 나의 영역 안에서는 미신적인 행위나 습관을 방치해서는 안 됩니다.

사실 우리나라는 복음이 없었던 긴 세월 동안 미신이 우리나라 정신계를 지배해 왔습니다. 그래서 우리나라를 소개하는 관광책자들을 보면 우리나라 문화를 대표하는 건물들이 모두 절이 아니면 무덤인 것을 알게 됩니다. 그러나 이제는 청소년들의 찬양과 청년들이 뜨겁게 기도하는 모습을 우리나라의 진정한 문화로 소개할 수 있어야 할 것입니다.

이스라엘 백성이 분명히 알아야 할 것은 하나님께서 왜 우리를 애굽에서 구원하여 내셔서 이 가나안 땅에 들어오게 하셨느냐 하는 것입니다. 미신과 우상이 지배하는 세상에 하나님의 사랑의 빛을 비추기 위해서였습니다.

우리가 이 세상에서 살려고 할 때 우리는 바른 믿음을 가지고 이 세상을 살아간다는 것이 불가능하게 보일 때가 많을 것입니다. 이것은 우리가 이 세상을 바로 보고 있는 것입니다. 마귀는 진정으로 바른 신앙을 가진 성도나 교회를 이 세상에 발붙이지 못하게 하는 것을 최고의 목표로 삼고 있습니다. 마귀는 이 세상은 자기 영역이라고 하면서 하나님을 믿고 살려면 이 세상을 떠나라고 주장합니다. 그래서 집안에서는 제사 제도나 직장에서는 술 문화를 가지고 우리의 믿음을 시험해보려고 합니다. 또 이 세상은 너무나도 경쟁적이기 때문에 우리 같은 마음을 가지고는 도저히 이 세상에 발붙일 수 있을 것 같지 않습니다. 그러나 우리가 하나님의 은혜와 축복을 자꾸 가져오면 결국 이 세상을 하나님의 도성으로 만들어갈 수 있습니다. 하나님의 은혜와 축복이 자꾸 밀려오는데 그 세력 앞에 마귀나 미신이나 세상의 세력은 버티지 못할 것입니다.

하나님께서 우리에게 약속하신 것은 우리의 미래가 우리의 아버지 되시는 하나님의 손에 붙잡혀 있다는 것입니다. 미래가 우리 아버지의 것인데 우리는 미래를 두려워할 필요가 없습니다. 우리가 이런 바른 믿음으로 나아간다면 하나님은 우리의 미래를 축복해 주실 것입니다.

18

깨끗한 사람들

신 14:1-29

하나님은 우리가 이 세상에서 깨끗한 사람으로 살아가기를 원하십니다. 그러나 우리가 눈으로 보고 귀로 듣는 것 모든 것이 다 죄기 때문에 사실 우리는 깨끗할 수가 없습니다. 사실 사람들이 종교를 가지려고 하는 것은 몸과 마음이 깨끗해지기 위함입니다. 그렇지만 사실 사람에게 가장 어려운 것이 몸과 마음이 깨끗해지는 것입니다. 저는 목사가 되면 몸과 마음이 깨끗해질 줄 알았는데 결코 그렇지 않다는 것을 알고 얼마나 위기의식을 느꼈는지 모릅니다. 결국 결사적으로 나 자신이 하나님의 말씀을 붙잡고 살 수밖에 없는 이유는 이것이 아니면 우리가 전부 죄의 쓰나미에 휩쓸려갈 수밖에 없기 때문입니다.

하나님은 이스라엘 백성에게 그들이 가나안 땅에 들어가서 깨끗한 사람이 되기 위해서 해야 할 것을 가르쳐주셨습니다. 우리가 생각하기에 이스라엘 사람들이 깨끗한 사람이 되려고 하면 우선 몸을 깨끗하게 씻고 화장실을 깨끗하게 하라고 하실 것 같은데, 하나님은 우선 장례 습관과 먹는 것을 가르쳐주셨습니다.

1. 사람이 죽었을 때의 장례 태도

누군가가 돌아가셨을 때 장례식장을 가보면 장례식에서 다양한 종교와 의식이 나타나는 것을 볼 수 있습니다. 어떤 집에서는 곡을 하기도 하고 또 죽은 자 앞에서 절을 하는데, 또 어떤 집에서는 염불을 외우고 목탁을 두들기기도 합니다. 그런데 사람이 죽었을 때 가장 소망이 나타나는 종교는 바로 기독교입니다. 기독교에서는 사람이 죽었을 때 찬송을 부르고 말씀을 전하면서 서로 위로를 합니다. 기독교에서는 사람이 죽음으로 없어진 것이 아니라 그가 하나님 앞에 가 있으며 또다시 만날 소망이 있으므로 절대로 절망하지 않습니다.

하나님을 믿지 않는 자들은 죽는 것이 끝이라고 생각하기 때문에 살아있는 동안 실컷 즐기고 모든 것을 누리며 죽으면 아무것도 남지 않는다고 생각합니다. 그러나 사람이 이 세상에 태어나고 죽는 것은 하나님께서 정하신 것입니다.

우리나라 사람들은 죽은 자를 위해서 그가 죽은 날에 제사를 지냄으로 죽은 자를 기억하려고 합니다. 할 수 있으면 음식을 차려놓고 절을 하고 마치 죽은 자가 와서 음식을 먹는 것처럼 의식을 가집니다. 옛날에는 부모님이 돌아가시면 자식은 아예 무덤 앞에 움막을 지어놓고 삼 년 동안 매일 아침저녁으로 밥을 지어 무덤에 바치는데 그렇게 하는 사람을 효자라고 칭찬했습니다.

14:1, "너희는 너희 하나님 여호와의 자녀이니 죽은 자를 위하여 자기 몸을 베지 말며 눈썹 사이 이마 위의 털을 밀지 말라"

가나안 사람들은 사람이 죽었을 때 두 가지 의식을 한 것 같은데, 하나는 살아있는 식구들의 몸을 칼로 베어서 피를 흘리게 한 것입니다. 그렇게 하면 죽은 자와 산 자가 좀 더 하나가 될 수 있다고 생각한 것 같습니다. 그리고 또 하나는 눈썹 사이에 있는 이마 위의 털을 밀었습니다. 이것은 단순히 이마의 털을 민 것이 아니라 앞머리를 깎아서 고속도로를 내었던 것을 말하는 것 같습니다. 이렇게 하면 죽은 자가 섭섭해하지 않고 해치지 않는다고 생각을 한 것입니다.

하나님께서는 이스라엘 백성에게 물론 가족이 죽은 것은 슬픈 일이기 때문에 죽은 자를 위해서 울거나 슬퍼하는 것은 허락하셨습니다. 그러나 이스라엘 백성이 죽은 자를 위해서 살을 베거나 머리털을 깎는 것을 하지 못하게 하셨습니다. 왜냐하면 우리에게 더 중요한 것은 하나님께서 우리 산 자를 책임지시듯이 죽은 자도 책임지신다는 것을 믿고 하나님께 맡겨야 하기 때문입니다. 그래서 이스라엘 백성은 죽은 자를 위해서 스스로 괴롭게 하기보다는 귀한 부모나 가족을 주셔서 그동안 행복하게 살았던 것을 감사하게 되는 것입니다.

우리 기독교의 장례보다 더 멋있고 소망이 넘치는 장례는 없을 것입니다. 우리는 이 세상에 한 번 사는 것이 아니라 영원히 사는 것을 믿습니다. 즉 우리는 이 세상에 육체를 가지고 한 번 삽니다. 우리는 이 세상에서 하나님을 만나고 가족을 사랑하면서 삽니다. 그리고 우리는 죽어서 천사 같은 몸으로 한 번 더 살게 됩니다. 그래서 우리가 죽는다는 것은 하나님께 더 가까이 가는 것이고, 다음 단계의 생명으로 넘어가는 과정이기 때문에 두렵지 않은 것입니다.

그러나 사실 많은 사람은 죽음 뒤에 무엇이 기다리고 있는지 알지 못하고 또 죽음 후의 운명을 대비하는 방법을 알지 못하고 있습니다. 사람은 죽음 자체가 두렵고 특히 자기가 이 세상에서 없어져야 한다는 것을 가장 두려워하는 것 같습니다. 그러나 우리에게는 더 멋지고 영광스러운 생이 기다리고 있습니다.

우리가 그 영생에 들어가려고 하면 조물주 하나님을 인정해야 하고 자기 야망이나 욕심 대신에 하나님 말씀에 순종해서 살아야 합니다. 그래서 하나님은 이스라엘 백성에게 광야에서 하나님의 말씀에 순종해서 사는 법을 가르쳐주셨습니다. 하나님의 말씀에 순종해서 사는 사람은 죽음이 두렵지 않고, 또 가족이나 다른 성도들이 죽었을 때 그가 하나님께 더 가까이 간 것을 믿기 때문에 많이 슬퍼하지 않습니다. 그래서 죽은 자로 인하여 하나님께 감사하게 된다는 것입니다.

그럼에도 불구하고 하나님 백성의 장례는 엄숙하게 치러야 합니다. 그 이유는 한 생명이 이 세상에 태어나서 살다가 하나님의 부르심으로 죽는 것은 너무나도 귀한 일이며 중요한 일이기 때문입니다.

하나님의 백성은 죽은 자에 대하여 대단히 진지하면서도 분명한 태도를 가집니다. 즉 죽은 자는 죽은 자이고 산 사람은 산 사람인 것입니다. 우리는 죽은 자를 위해서 기도하거나, 헌금하거나, 산 사람을 괴롭게 하지 않습니다. 우리는 각자가 하나님께서 주신 아름다운 삶이 있기 때문입니다. 그래서 죽은 자는 죽음으로써 그의 모든 할 일이 끝난 것입니다. 우리가 할 수 있는 것은 그가 한평생 사용한 육신을 땅에 묻으면서 귀한 생명을 주신 하나님께 감사드리는 것입니다.

하나님이 주신 생명을 가지고 살다가 죽은 자가 귀하다면 지금 하나님의 생명을 가지고 살아있는 우리는 얼마나 귀하고 복된 사람들입니까? 우리는 살아있는 동안 이 생명을 가지고 너무나도 아름답게 살아야 할 일들이 많은 것입니다.

2. 먹을 수 없는 것

부모는 자녀들이 좋은 음식을 먹기를 바랍니다. 좋은 음식을 먹어야 자녀들이 건강하며 튼튼하게 잘 자랄 수 있기 때문입니다. 그러나 그것보다 더 중요한 것이 있습니다. 바로 죄를 먹지 않는 것입니다. 오늘 부모들은 자녀들이 좋은 음식을 먹고 좋은 학교에서 공부하는 것은 좋아하지만, 그들이 무슨 생각을 하며 누구의 영향을 받고 있는

지를 잘 생각하지 않습니다.

　하나님께서는 이스라엘 백성에게 먹을 수 없는 짐승을 정해주셨습니다. 하나님께서 이렇게 하신 이유는 그들로 하여금 스스로 세상의 다른 민족과 구별함으로 스스로의 가치를 지키게 하기 위해서였습니다.

　먼저 하나님께서 짐승 중에서 먹을 수 있는 것과 먹을 수 없는 것을 구별하셨습니다.

> 14:4-6, "너희가 먹을 만한 짐승은 이러하니 곧 소와 양과 염소와 사슴과 노루와 불그스름한 사슴과 산 염소와 볼기가 흰 노루와 뿔이 긴 사슴과 산양들이라 짐승 중에 굽이 갈라져 쪽발도 되고 새김질도 하는 모든 것은 너희가 먹을 것이니라"

　이스라엘 백성이 먹을 수 있는 것은 짐승 중에서 굽이 갈라지고 되새김질을 하는 초식성이어야만 했습니다. 저는 어렸을 때 목사님께서 이 부분을 가지고 너무나도 멋있게 설교하셨던 것을 들었습니다. 목사님은 이것은 우리 신자가 세상을 살아가는 자세를 보여준다고 하시면서, 신자는 무엇보다 세상과 굽이 갈라져야 한다고 강조하셨습니다. 세상에서 술집이나 카바레 같은 곳은 절대 가지 말아야 하며, 소가 되새김질해야 하는 것처럼 항상 하나님의 말씀을 집에서나 직장에서 되새김질해야 한다고 말씀하셨습니다. 소는 일단 위가 네 개가 있기 때문에 풀을 많이 먹은 후에 다시 입으로 올려서 차근차근하게 되새김질한다고 합니다. 마찬가지로 우리도 하나님의 말씀을 일단 많이 먹은 후에 집에서나 직장에서 차근차근 되새김질해서 완전히 자기의 것으로 소화해야 한다고 하셨습니다.

　일단 굽이 갈라지고 되새김질하는 짐승은 완전한 초식성 동물입니다. 그래서 사자나 호랑이나 표범 같은 짐승은 육식성이기 때문에 이스라엘 백성은 먹어서는 안 되는 것입니다. 육식성은 모두가 사납고 고기가 질겨서 실제로 먹을 수도 없기 때문입니다. 결국 사람이나 짐승이 아무것이나 먹으면 성질이 사나워지고 공격적이 될 수밖에 없습니다.

그런데 이스라엘 백성에게 육식 중에서 잡식성도 먹지 못하게 하셨습니다.

14:8, "돼지는 굽은 갈라졌으나 새김질을 못하므로 너희에게 부정하니 너희는 이런 것의 고기를 먹지 말 것이며 그 사체도 만지지 말 것이니라"

잡식성 중에서 대표적인 짐승이 돼지와 개일 것입니다. 이것들은 주는 대로 먹고 닥치는 대로 먹습니다. 이런 잡식성도 먹으면 안 되는 이유는 대개 이런 잡식성 짐승이 지저분하기 때문입니다. 그리고 아무것이나 먹기 때문에 깨끗하지 못하고 특히 순한 것처럼 보이다가도 언제든지 공격적으로 변할 수 있는 것이 특징입니다. 그래서 하나님께서 이스라엘이 먹을 수 있는 짐승을 철저하게 초식성으로 한정하신 것은 짐승의 공격성과 지저분한 정도 그리고 실제로 먹었을 때의 맛이나 위생 등을 고려하신 것으로 생각됩니다.

특히 소나 양 같은 초식성 짐승은 많이 키워도 시끄럽지 않습니다. 이것은 나중에 모두 하나님께 바로 바칠 수 있는 제물이었습니다. 즉 이스라엘 백성의 먹을 것은 바로 하나님께 바치는 예배로 연결될 수 있는 것들이었습니다.

하나님은 물에 있는 물고기도 먹을 수 있는 것과 먹을 수 없는 것을 구별하셨습니다.

14:9-10, "물에 있는 모든 것 중에서 이런 것은 너희가 먹을 것이니 지느러미와 비늘 있는 모든 것은 너희가 먹을 것이요 지느러미와 비늘이 없

는 모든 것은 너희가 먹지 말지니 이는 너희에게 부정함이니라"

물고기 중에서 비늘과 지느러미가 있는 것은 그야말로 물고기처럼 생긴 것들입니다. 이런 물고기의 특징이 육식성이 아니라는 것입니다. 물고기 중에서도 상어 같은 것은 비늘이 없습니다. 그리고 해삼이나 멍게나 낙지 같은 것들은 생긴 것이 흐물흐물한 것이 모두 이상하게 생겼습니다.

제가 어렸을 때 목사님이 이 부분을 가지고 또 열심히 설교하신 내용이 기억납니다. 즉 우리 신자들은 비늘이 있어야 한다는 것입니다. 우리는 철저하게 이 비늘과 같은 영적인 갑옷을 입어야 하고 맨살로 돌아다녀서는 안 된다는 것입니다. 그리고 지느러미를 가지고 언제나 저 천성을 바라보고 앞으로 나가야 하는 신앙이 되어야지, 게처럼 옆으로 기어 다니거나 오징어처럼 뒷걸음질하는 신앙은 하나님 앞에서 절대로 용납되지 않는다고 강조하셨습니다. 물고기 중에는 사람이나 다른 물고기에게 공격적이거나 시체를 뜯어 먹는 것들도 많이 있습니다. 이런 것들은 이스라엘 백성이 먹을 수 없었습니다.

이런 것을 볼 때 하나님께서는 물고기도 육식을 하는 공격적인 것이나 혹은 이상하게 생긴 잡식성의 것을 먹지 못하게 하심으로 하나님의 백성은 먹는 것도 조심해야 한다고 가르쳐주신 것입니다.

세 번째로 하나님은 새에 대해서도 먹을 수 없는 것을 지정하셨습니다.

14:11-12, "정한 새는 모두 너희가 먹으려니와 이런 것은 먹지 못할지니 곧 독수리와 솔개와 물수리와"

하나님께서 새에 대해서도 먹지 못하게 하신 것은 거의 다 육식이거나 잡식성입니다. 독수리나 매의 종류는 육식성이고 대단히 공격적인 새들입니다. 또 까마귀 같은 것들은 주로 죽은 짐승의 사체를 파먹는 잡식성입니다. 그리고 물고기를 잡아먹거나 조개를 파먹는 새들도 먹을 수 없게 하셨습니다. 이것을 보면 하나님께서 새에 대해서도 기준이 비슷한 것을 볼 수 있습니다. 즉 육식성은 사납고 고기가 질기고 먹을 수 없으며, 잡식성 새들도 지저분하고 맛이 없는 것이 특징입니다. 이 중에서 올빼미 종류는 육식성이기도 하지만 또 밤에 움직이는 것들입니다. 박쥐는 날기도 하지만 기어 다니기도 하는 잡식성입니다.

그러나 우리가 여기서 알아야 할 것은 먹지 말라고 한 짐승이 무가치하다고 생각해서는 안 된다는 것입니다. 왜냐하면 죽은 짐승을 뜯어먹는 짐승이나 새가 있어야 빨리 짐승의 사체가 부패해서 땅이 빨리 정화되기 때문입니다. 그리고 물속에 있는 많은 생물도 죽은 사체를 분해해서 정화하는 작업을 하기 때문에 무가치하다고 판단해서는 안 됩니다. 단지 하나님의 백성이 먹는 데는 적절하지 않다는 교훈입니다.

그래서 하나님은 이스라엘 백성에게 이렇게 말씀하셨습니다.

14:21상, "너희는 너희의 하나님 여호와의 성민이라 스스로 죽은 모든 것은 먹지 말 것이나 그것을 성중에 거류하는 객에게 주어 먹게 하거나 이방인에게 파는 것은 가하니라"

오늘 이 세상의 많은 사람이 하는 일들은 마치 쓰레기통을 뒤지면서 먹고 사는 것을 찾는 잡식성의 동물과 비슷합니다. 때로 우리도 먹고 살기 위해서 이 세상에서 쓰레기통을 뒤지는 심정으로 살아야 할 때도 있을 것입니다. 그러나 이것은 진정한 하나님 백성의 모습이 아닙니다. 우리들은 하나님이 주시는 은혜로 살아야 합니다. 우리가 이 세상에서 살기 위하여 죽을 둥 살 둥 몸부림치는 것은 오히려 하나님의 말씀으로 사는 사람이라는 것을 기억해야 합니다. 우리는 돈이나 지위가 있어야 가치 있는 사람들이 아니라 우리 자체가 이미 가치 있는 사람이 되었습니다.

3. 정결한 짐승의 의미

예수님은 사람의 입으로 들어가는 것이 사람을 더럽히는 것이 아니라 사람의 입에서 나오는 것이 사람을 더럽힌다고 말씀하셨습니다(막 7:16). 그래서 우리에게는 먹는 진리는 교훈이지, 절대적인 명령은 아닙니다.

그런데 왜 하나님께서 이런 짐승이나 새를 먹지 말라고 하셨는지 1,500년이 지난 후 사도행전을 통해 알 수 있게 됩니다. 오순절 성령이 오신 후 베드로가 복음을 전하다가 어느 날 욥바에 있는 무두장이 시몬의 집에 있었습니다. 어느 날 환상 중에 하늘에서 보자기가 내려오는데 먹을 수 없는 짐승이 잔뜩 있었고 하나님은 이것들을 잡아먹으라고 세 번 말씀하셨습니다. 그러나 베드로는 이런 부정한 것을 먹을 수 없다고 대답했습니다. 그때 하늘에서 소리가 나기를 "하나님께서 깨끗하게 하신 것을 네가 속되다 하지 말라"(행 10:15)고 했습니다. 이런 일이 있은 얼마 후 이방인 고넬료가 보낸 사람이 베드로를 찾아왔습니다. 이런 교훈을 통해서 먹을 수 없는 짐승이 바로 우리 같은 이방인들이었음을 알게 됩니다.

우리는 이 세상에서 하나님의 말씀이 아닌 아무것이나 먹는 자들이었습니다. 우리 안에는 독사의 독이 있었고 우리의 발톱은 독수리와 같았으며 돼지나 개와 같은 더러운 본성을 가지고 있었습니다. 그런데 하나님께서 예수님의 피로 우리를 깨끗케 하시고 하나님의 순결한 백성으로 변화시키셨습니다. 그래서 우리는 먹는 음식도 주의해야 하겠지만 실제로 사상이나 생각도 주의해야 합니다. 우리는 세상 사람들이 떠들어대는 것을 잡식성으로 아무것이나 먹어서는 안 되겠습니다. 우리는 하나님의 말씀을 읽어야 하고 하나님의 말씀을 먹어야 힘을 낼 수 있습니다.

주님은 사람이 떡으로만 살 것이 아니라 하나님의 입에서 나오는 말씀으로 살 것이라고 하셨습니다. 우리에게는 하나님의 말씀 자체가 양식입니다. 베드로는 신령한 젖을 사모하라고 했습니다(벧전 2:2). 우리가 하나님의 말씀을 먹을 때 이 세상을 이기는 힘을 얻게 되고 뜨거운 열정으로 모든 것을 사랑할 수 있습니다. 이런 사람에게 영생의 미래가 있는 것입니다.

21절 끝에 보면 "너는 염소 새끼를 그 어미의 젖에 삶지 말지니라"고 했습니다. 가나안 족속은 농사가 잘되고 장사가 잘되게 하려면 염소 새끼를 어미의 젖에 삶아서 먹어야 한다고 생각했습니다. 그들은 풍년 의식을 위해 많은 비도덕적인 행동을 했습니다. 그러나 염소 새끼는 어미젖으로 먹여서 키워야지, 어미젖으로 삶아서 죽이는 것은 아무리 말 못 하는 짐승이라 하더라도 너무 가혹한 짓입니다. 하나님의 백성은 이런 짓을 하지 않고 하나님의 말씀대로 순종해서 살면 반드시 복을 받게 되어 있습니다.

그래서 하나님께서는 이스라엘 백성에게 이런 헛된 미신을 좇지 말고 오직 하나님께 십일조를 바치고 기뻐하라고 말씀하셨습니다.

14:22, "너는 마땅히 매 년 토지 소산의 십일조를 드릴 것이며"

어떤 사람들은 십일조 내는 것을 하나님께 세금을 바치는 것으로 생각합니다. 그러나 그것이 아닙니다. 이것은 이스라엘 백성이 가지고 있는 사상 중에서 대표의 원리를 잘 이해하지 못하기 때문입니다. 이스라엘에는 대표의 원리라고 하는 독특한 개념이 있는데 그것은 일부를 바치면 전부 다 바친 것으로 인정되는 원리입니다.

하나님은 우리가 농사짓거나 얻은 소득을 다 바치라고 말씀하십니다. 왜냐하면 지금 우리가 살아가고 있는 삶 자체가 백 퍼센트 하나님의 은혜이기 때문입니다. 그러나 우리의 모든 것을 다 바치면 먹고 살거나 자녀들을 양육할 수 없습니다. 그러나 우리가 십분의 일을 바치면 하나님은 전부 다 바친 것으로 보심으로 우리의 모든 직장이나 사업은 하나님의 것이 되어 사탄의 세력이 건드리지 못하게 된다는 것입니다. 우리가 우리 삶을 하나님께 바치면 우리는 미래에 대하여 걱정할 필요가 없습니다. 하나님께서 지금까지 지켜주셨듯이 앞으로도 지켜주실 것이기 때문입니다.

우리가 인간적으로 생각해보면 내가 번 돈은 다 내 것이고 이것을 전부 다 써도 모자랄 것 같습니다. 그런데 거기서 십분의 일을 떼어내면 엄청난 마이너스가 될 것입니다. 그러나 우리에게 중요한 것은 내가 가지고 있는 것이 아니라 눈에 보이지 않는 하나님의 능력입니다. 우리는 내 힘으로 사는 사람들이 아니라 하나님의 능력으로 사는 사람들입니다. 하나님에게는 우리 머리로는 상상할 수 없는 무궁무진한 지혜와 능력이 있습니다. 그래서 우리가 십일조를 바치는 것은 하나님께 자신을 맡기는 것입니다.

하나님은 이런 우리를 너무나도 사랑하셔서 모든 재앙을 다 막아주시고 우리의 삶을 진정한 평화와 축복의 길로 인도하십니다. 그래서 오늘 우리는 하나님 앞에서 기뻐해야 합니다. 오늘 하나님 앞에서 우리의 이 부족한 것처럼 보이는 삶이 얼마나 엄청난 복이며, 우리가 계속 이 길로 갈 때 하나님께서 우리의 삶을 지켜주시고 풍성한 복으로 갚아주신다는 것을 믿고 기뻐하시기를 바랍니다.

19

약한 자에 대한 사랑
신 15:1-23

사람들은 누구나 안정된 직장과 수입을 가지고 아무것도 걱정할 것 없이 살아가기를 원합니다. 청년들도 안정된 수입이나 직장을 가지고 있는 사람과 직장을 구하지 못했거나 일용직으로 일하는 사람 사이에는 엄청난 차이가 있습니다. 사실 사람이 돈을 버는 것도 중요하지만 돈을 어떻게 쓰느냐 하는 것은 더 중요합니다. 사람들이 성공하기 위해서는 자기 길을 찾아서 끝까지 가는 것이 중요한데, 사실 자기 길을 찾는 것이 너무나도 어렵습니다. 특히 하나님의 백성은 길이 눈에 보이지 않고 바닷속에 있거나 하늘에 있기 때문에 더 찾기가 어렵습니다. 그리고 그 길을 찾아도 사람은 변덕스러워서 자꾸 바꾸려고 하거나 일을 벌이려고 해서 그 길에서 벗어날 때가 많습니다.

우리의 복은 하나님의 말씀 안에 있는데, 문제는 우리가 하나님의 말씀을 붙잡아도 당장 복이 오지 않는다는 것입니다. 오히려 우리가 하나님의 말씀을 잡으면 하나님의 능력도 오지 않고 세상의 복도 오지 않아서 이것도 아니고 저것도 아니어서 망할 것 같을 때가 있습니다. 이때 하나님의 복이 언제 오느냐 하면 거의 죽기 전에 오게 됩니다. 이것을 믿음으로 이겨내야 합니다.

그리고 우리는 하나님의 교만의 시험과 겸손의 시험을 이겨내야 합니다. 교만의 시험은 교만한 자가 내 앞에 있을 때 꼭 이기려고 하는 것입니다. 우리는 그런 사람을 이길 필요가 없습니다. 오히려 이 사람은 내 겸손을 시험하는 테스트라 생각하고 잘 참아야 합니다. 그리고 하나님의 겸손의 테스트를 이겨내야 합니다. 그것은 내 주위에 가난하고 어려운 사람을 사랑하는 것입니다. 이때 하나님은 내가 다른 사람에게 하는 대로 나를 상대하시기 때문에 내가 어려운 사람에게 잘 해주면 하나님도 나에게 모든 좋은 복을 주십니다. 그런데 내가 가난하고 어려운 사람을 업신여기고 무시하면 하나님도 나를 무시하시게 되는 것입니다.

1. 빚진 자를 탕감해줘라

옛날에는 가난한 자들에게 치명적인 문제가 빚의 문제였습니다. 가난한 사람이 빚을 갚지 못하면 종으로 팔리게 되는데, 빚에 붙는 이자 때문에 가난한 사람들은 그 가난에서 벗어날 수 없었습니다. 그래서 우리는 가난의 대물림이라는 말을 듣게 됩니다. 우리가 이것을 극복하려고 하면 남들이 하는 것과는 다른 방법을 택해야 합니다. 그것은 이 세상에 뻔한 복을 차지하려고 싸울 것이 아니라 하늘의 복을 열어야 한다는 것입니다. 우리는 그것을 할 용기가 있어야 부모로부터 물려받은 가난에서 벗어날 수 있습니다. 하나님께서는 우리 믿음의 사람들은 다른 사람의 가난의 문제를 해결해주어야 한다고 말씀하셨습니다. 물론 모든 것은 다 책임질 수 없겠지만 빚이라도 청산해주라는 것입니다.

15:1-2, "칠 년 끝에는 면제하라 면제의 규례는 이러하니라 그의 이웃에게 꾸어준 모든 채주는 그것을 면제하고 그의 이웃에게나 그 형제에게 독촉하지 말지니 이는 여호와를 위하여 면제를 선포하였음이라"

가난한 사람들에게 가장 무서운 것이 있다면 그것은 바로 '빚' 입니다. 대개 사람들이 빚을 지게 되는 것은 두 가지 이유입니다. 하나는 허영이나 욕심 때문입니다. 자기 수입이나 능력 안에서 돈을 쓰고 물건을 산다면 절대로 망할 수 없습니다. 그러나 욕심이 생기면 앞으로 어떻게 될지 생각하지 않고 물건을 사거나 돈을 쓰게 되는데 결국 그렇게 되면 빚을 지게 됩니다. 그런데 빚이 얼마나 무서운지 거기에 이자가 붙으면서 마치 눈덩이 불어나듯이 늘어나게 됩니다.

그러나 어떤 경우에는 이런 허영 때문이 아니라 실제로 너무나도 먹을 것이 없어서 빚을 지는 경우도 많이 있을 것입니다. 예를 들어서 아직 살기는 살아야 하겠는데 전혀 먹을 것이 없다고 합시다. 그럴 때 그냥 앉아서 죽기를 기다릴 수는 없고 할 수 있는 방법은 구걸하든지 아니면 도둑질하든지 아니면 빌려야 하는 것입니다. 그러나 구걸하려고 하니 도저히 자존심이 허락지 않고, 도둑질하려니까 양심이 허락지 않고, 결국 나중에 어떻게 되든지 간에 일단 빌려서 목숨이나 건지고 보게 되는 것입니다.

하나님은 이스라엘 백성에게 '면제년' 이라는 제도를 정하게 하셨습니다. 이 면제년은 매7년마다 돌아오게 되는데, 이 면제년이 되면 이스라엘 백성 안의 모든 부채는 자동적으로 청산되어버리는 제도입니다.

하나님께서는 일단 빚을 지고서 7년을 지나도 갚지 못하는 사람은 갚을 능력이 전혀 없는 진정으로 가난한 자라고 보시는 것입니다. 물론 사람 중에는 7년만 잘 버티면 빚을 갚지 않아도 된다는 식으로 나쁜 마음을 가진 사람도 있겠지만, 하나님은 빚을 갚을 능력이 없는 사람을 청산해주어서 다시 새 인생을 살 수 있게 하셨던 것입니다.

여기서 하나님께서는 이스라엘 백성에게 몇 가지를 생각하신 것 같습니다. 하나는 가난한 사람들의 이자로 부자가 될 생각을 하지 말라는 것입니다. 어차피 빚을 주어도 7년이 되면 없어지기 때문에 아예 많은 돈을 빌려주지 않으려고 할 것입니다. 즉 돈을 놀려가면서 이자로 부자가 되려고 하는 것은 옳지 않다는 것입니다. 그러니까 빌리는 사람들도 정말 먹고살 것이 없는 사람들만 빌리게 되고 그래서 결국은 자신의 능력 범위 안에서 사는 훈련이 되는 것입니다.

하나님께서는 이런 면제년을 통해서 우리가 하나님 은혜의 빚진 자인 것을 생각하게 하셨습니다. 우리는 우리의 삶 전체가 하나님의 은혜로 살아가고 있습니다. 우리가 가지고 있는 것 중에서 하나님의 빚이 아닌 것은 아무것도 없습니다. 우리도 빚진 자이고 다른 사람도 빚진 자라면 같이 빚진 자들끼리 조금씩 도와주면 하나님께 영광이 돌려지게 되는 것입니다. 우리는 빚진 자를 통해서 우리가 하나님의 도움 없이는 한순간도 살 수 없는 연약한 존재라는 것을 깨닫게 됩니다. 만일 하나님께서 우리에게 오늘 빚을 다 갚으라고 하시면 우리는 당장 죽어야 합니다. 우리의 목숨도 하나님의 빚으로 산 것이기 때문입니다.

우리가 매순간 욕심을 좇지 않고 하나님의 말씀에 자신을 순종할 때 복을 잃지 않게 됩니다.

2. 가난에 대한 태도

하나님께서는 이스라엘 백성에게 면제년에 대하여 말씀하시면서 같은 이스라엘의 가난한 자는 절대로 강퍅하게 대하지 말라고 강조하셨습니다.

15:3, "이방인에게는 네가 독촉하려니와 네 형제에게 꾸어준 것은 네 손에서 면제하라"

하나님께서는 가난에 있어서 이스라엘과 이방인을 분명히 차별화 하셨습니다. 이것은 결국 '이스라엘 백성의 가난'을 어떻게 보느냐 하는 것과 연결되는 문제입니다.

우리는 보통 '가난'이라고 하면 무능하다든지 게으르다든지 혹은 복을 받지 못한 것으로 생각합니다. 이 생각이 세상 사람들에게는 맞습니다. 그러나 하나님의 백성에게는 가난이라는 것이 꼭 무능하거나 복을 받지 못한 것이 아닙니다. 오히려 하나님의 백성에게 있어서 가난이라는 것은 누구나 반드시 한번은 거쳐야 하는 기본적인 훈련입니다. 하나님의 백성이 가난 때문에 심한 어려움을 겪는 것은 하나님의 군사가 되기 위해 훈련을 받고 있다는 것입니다. 그래서 다른 이스라엘 백성은 이렇게 고생하는 사람들에게 강퍅하게 대하지 말고 조금이라도 도와주라고 명령하셨습니다. 그런데 하나님께서는 이방인에게는 독촉하라고 하셨습니다. 이것은 그들이 빚을 지게 된 원인이 노름했다든지 아니면 허영으로 그렇게 된 것이므로 책임을 지게 하라는 것입니다.

사람이 얼마나 이기적이고 계산적인가 하면 면제년이 있기 때문에 가난한 사람들이 더 돈을 빌리지 못하게 되는 것입니다. 즉 사람들이 돈을 빌리기가 가장 어려운 해가 바로 면제년이나 그 전 해입니다. 왜냐하면 돈을 빌려 줘봐야 받을 수 없기 때문입니다. 그러나 하나님은 이스라엘 백성에게 법을 악하게 해석하지 말라고 하셨습니다. 약한 자를 도와주기 위해서 법을 만들었는데 그것을 악하게 해석하는 것은 마음이 완악한 것입니다.

하나님께서는 약한 자에게 유리하게 대할 때 축복을 약속하셨습니다.

15:4-5, "네가 만일 네 하나님 여호와의 말씀만 듣고 내가 오늘 네게 내리는 그 명령을 다 지켜 행하면 네 하나님 여호와께서 네게 기업으로 주신 땅에서 네가 반드시 복을 받으리니 너희 중에 가난한 자가 없으리라"

이스라엘 백성이 이 면제년의 규례를 지키면 빚을 받지 못하게 될 것입니다. 그러나 그들은 적은 것은 손해 보는 대신 하나님께서 가나안 땅을 주시고 더 큰 복을 주시겠다고 약속하셨습니다.

우리는 하나님에게 엄청난 빚을 진 사람이고 놀라운 사랑과 축복을 받은 사람입니다. 우리가 이 축복을 놓치지 않는 유일한 길은 끝까지 겸손한 자세를 유지하는 것입니다. 그래서 가난한 자를 너무 나무라지 않는 것이 겸손이고, 잘못한 사람을 끝까지 따져서 이기려고 하지 않는 것이 겸손입니다. 그리고 어쩔 수 없이 큰 금전적인 손해를 보게 되었을 때 그것이 하나님의 뜻인 줄 알고 기쁨으로 감수할 때 하나님은 우리에게 계속 복을 내려주시는 것입니다.

하나님은 "너희 중에 가난한 자가 없으리라"고 하셨습니다. 하나님의 축복이 계속 임하면 결국 가난한 자가 한 사람도 없게 되는 것입니다. 하나님의 부흥이 계속되고 은혜가 계속 임하면 모두 복을 받게 되어 가난한 사람이 없게 될 것입니다.

하나님께서는 이스라엘 백성에게 의미심장한 말씀을 하십니다.

15:11, "땅에는 언제든지 가난한 자가 그치지 아니하겠으므로 내가 네게 명령하여 이르노니 너는 반드시 네 땅 안에 네 형제 중 곤란한 자와 궁핍한 자에게 네 손을 펼지니라"

우리 주위에 가난한 자는 언제나 있다는 것입니다. 결국 이 가난한 자들은 늘 우리의 겸손을 시험해 볼 것입니다. 그런 사람들을 외면하지 않는 것이 우리 자신이 사는 길입니다. 우리에게는 교만한 자들도 우리의 겸손을 시험해 볼 것이지만 가난한 자들도 우리의 겸손을 시험해 봅니다. 교만한 자가 우리 위에 군림하려고 할 때 우리는 대적하고 싶고 그를 이기고 싶지만 그러면 시험에 지게 됩니다. 우리는 교만한 자 앞에서도 우리의 마음의 평안을 지켜야 하고 굳이 대적할 필요가 없습니다. 옳고 그른 것만 분명히 하면 되는 것입니다. 그러나 가난한 자들도 우리의 겸손을 시험해 볼 것입니다. 즉 우리가 못 본 체하고 그들을 구박하면 우리 자신이 교만의 죄에 빠지게 됩니다. 우리가 끝까지 겸손을 유지할 때 하나님은 우리를 크게 하고 더 존귀하고 풍성하게 하실 것입니다.

3. 종에게 자유를 주는 제도

이스라엘의 안식년은 빚만 청산하는 것이 아니라 종도 놓아주는 제도가 있었습니다.

> 15:12-14, "네 동족 히브리 남자나 히브리 여자가 네게 팔렸다 하자 만일 여섯 해 동안 너를 섬겼거든 일곱째 해에 너는 그를 놓아 자유롭게 할 것이요 그를 놓아 자유하게 할 때에는 빈 손으로 가게 하지 말고 네 양 무리 중에서와 타작 마당에서와 포도주 틀에서 그에게 후히 줄지니 곧 네 하나님 여호와께서 네게 복을 주신 대로 그에게 줄지니라"

여기서 "종이 된 자"라는 것은 빚을 얻는 자보다 상태가 더 심한 것입니다. 이 사람은 완전히 파산해서 이제는 몸으로 빚을 갚을 수밖에 없는 사람입니다. 대개 어느 나라든지 종으로 팔리면 다른 사람이 빚을 갚아주지 않는 이상 죽을 때까지 풀려나기가 어렵습니다. 그런데 하나님께서는 이스라엘 백성에게 이스라엘 노예에 대해서는 무조건 7년이 되면 아무 조건 없이 풀어주라고 명령하셨습니다. 이스라엘 사람들은 자기 집에 종으로 팔려온 자에 대해서 망해서 죽도록 일하러 온 사람으로 보지 말고 재기할 때까지 하나님께서 맡겨주신 자로 생각하라고 말씀하신 것입니다. 그러나 사실 한번 망한 후에 다시 재기한다는 것이 얼마나 어려운 일인지 모릅니다. 아마 열 명이 망했다면 그중에서 다시 재기할 수 있는 사람은 한 명도 되지 않을 것입니다. 그러나 하나님께서는 모든 이스라엘 백성은 다시 재기해야 한다고 말씀하셨습니다. 그래서 아무리 빚을 많이 지고 망했다 하더라고 6년 동안 열심히 일했으면 다 갚은 것으로 치고 7년이 되었을 때 나가게 하라고 명령하셨습니다.

이것은 모든 하나님 백성의 고난에는 끝이 있다는 것입니다. 우리는 끝이 없는 고난의 터널을 걸어가야 하는 사람들이 아닙니다. 그리고 그 고생을 끝내고 나갈 때는 빈손으로 나가게 하지 말고 밭이나 포도주틀이나 만든 것 중에서 후하게 주어서 다시 일어설 수 있도록 도와주라고 말씀하셨습니다.

하나님께서는 그들에게 애굽에서 종 되었던 것을 기억하라고 하셨습니다.

15:15, "너는 애굽 땅에서 종 되었던 것과 네 하나님 여호와께서 너를 속량하셨음을 기억하라 그것으로 말미암아 내가 오늘 이같이 네게 명령하노라"

이스라엘 백성은 모두 애굽에서 종 되었던 자들이었습니다. 그 해방되는 값을 하나님께서 지불하셨습니다. 하나님은 이스라엘 백성의 노예 값을 돈으로 지불하지 아니하시고 피로 변한 나일강과 엄청난 개구리들과 파리와 독종과 우박과 메뚜기로 갚으셨습니다. 우리는 그것이 돈이 전혀 들지 않는다고 생각해서는 안 됩니다. 이것은 오히려 돈을 주는 것보다 엄청나게 더 비싼 값이었습니다. 그래서 이스라엘은 이 세상을 사는 목적이 달라야 합니다. 그것은 남의 불행을 통해서 이득을 보려고 하는 것이 아니라, 실패한 사람을 위로하고 격려해서 다시 재기하게 하는 축복의 사람이 되어야 합니다.

그러나 노예 중에서 자유를 원하지 않는 자들이 있을 수 있습니다. 이 사람들은 돈에 노예가 된 사람이 아니고 사랑에 노예가 된 사람들입니다. 즉 주인이 아내를 주어서 아이를 낳았는데 아내와 아이와 헤어지지 않고 살기를 원할 때는 평생 노예가 될 수 있었습니다. 혹은 주인이 너무 은혜를 많이 베풀어서 주인을 한평생 섬기고 싶을 때도 해방을 거부할 수 있었습니다. 그러나 이런 경우에는 재판장에게 데리고 가서 귀를 문에 대어놓고 송곳으로 뚫었습니다. 이런 노예는 아들보다 더 귀하고 존귀한 노예입니다. 왜냐하면 얼마든지 세상에서 더 잘될 수 있고 더 행복할 수 있음에도 불구하고 그 모든 기회를 포기하고 스스로 가족이나 주인을 섬기는 자가 되었기 때문입니다. 그래서 귀는 함부로 뚫어서는 안 됩니다. 귀를 뚫을 때는 앞으로 자기 모든 자유와 권리를 포기한다는 것을 약속하고 평생 종으로 살 생각을 하고 뚫어야 합니다.

여기서 하나님께서는 한 가지를 더 요구하셨습니다. 그것은 모든 우양의 첫 새끼를 자신이 가지지 못하고 하나님께 바쳐야 한다는 것입니다.

15:19-20, "네 소와 양의 처음 난 수컷은 구별하여 네 하나님 여호와께 드릴 것이니 네 소의 첫 새끼는 부리지 말고 네 양의 첫 새끼의 털은 깎지 말고 너와 네 가족은 매년 여호와께서 택하신 곳 네 하나님 여호와 앞에서 먹을지니라"

아마 목축하는 사람에게 가장 중요한 것은 첫 새끼일 것입니다.

그리고 목축을 하는 사람에게 이런 첫 새끼는 얼마나 많은지 모릅니다. 그러나 이스라엘 백성은 첫 새끼는 모두 포기해야만 했습니다. 이 것은 다른 말로 표현하면 모든 것이 다 하나님의 것이라는 의미입니다. 첫 새끼를 포기하면 너무나도 아깝습니다. 결국 이것은 모든 것이 다 하나님의 것인데 나는 하나님으로부터 부스러기를 얻어 쓰는 사람이 된다는 것입니다.

사람들은 누구나 다 먼저 가장 좋은 것을 가지고 또 먼저 좋은 것을 누리려고 합니다. 그러나 남들이 다 쓰고 남은 찌꺼기나 남들이 먹고 남은 부스러기를 먹어야 한다면 기분이 좋지 않을 것입니다. 그러나 하나님께서는 우리에게 가장 좋은 것을 먼저 하나님께 다 드리고 그 남은 것만 가지고 살아도 다른 사람보다 더 복을 받을 것이라고 말씀하셨습니다.

우리가 일단 하나님의 말씀을 잡으면 축복의 길로 들어선 것입니다. 여기서 우리는 두 가지 하나님의 테스트를 통과해야 합니다. 하나는 겸손의 테스트입니다. 가난한 자들 앞에서 큰소리치고 그들이 갚지 못한 빚을 다 내놓으라고 독촉하는 것을 포기하는 것이 겸손의 테스트입니다. 그리고 한 걸음 더 나아가서 나에게 가장 좋은 것을 하나님과 남에게 주고 그 부스러기로 살려고 할 때 우리는 이 축복의 테스트에 합격한 것입니다. 우리가 끝까지 믿음으로 걸어가는 데는 많은 걸림돌이 있을 것입니다. 이 모든 시험을 다 이기고 축복의 면류관을 쓰시는 성도들이 다 되시기를 바랍니다.

20

구원의 축제

신 16:1-22

우리나라 사람에게 정말 기쁜 날은 8.15 해방일입니다. 만일 그날이 없었더라면 우리는 영원히 비전 없고 내일 없는 사람이 되고 말았을 것입니다. 또 어떤 분이 간 이식 수술을 받고 새 인생을 살게 되었다면 그 간 이식받은 날이 새로운 생일이 될 것입니다. 옛날에 제 친구 한 명이 간 이식을 받았는데 그는 그전에는 돈 벌려고 다른 사람들과 시비하고 싸우기도 많이 했지만, 이제는 하루하루 사는 것이 감격이고 기적이라고 고백했습니다. 그런데 간 이식을 하지 않고 내 간으로 사는 우리는 얼마나 더 기뻐하고 감사해야 하겠습니까? 만약 우리가 이 세상에서 인생의 가치를 알지 못하고 방황하면서 살다가 어느 날 자신의 가치를 깨닫고 내 삶의 목적을 알게 되었다면 우리는 영원히 감사하게 될 것입니다.

하나님께서는 이스라엘 백성에게 영원히 변질되지 않는 축제의 날을 일 년에 세 번 가질 수 있게 하셨습니다. 이날들은 모두 하나님의 위대한 구원의 날들이었습니다. 하나님께서는 이스라엘 백성에게 이 세 날을 영원토록 지키며 기뻐하라고 말씀하셨습니다. 왜냐하면 하나님의 이 위대한 구원은 앞으로도 얼마든지 반복될 수 있기 때문입니다.

1. 해방의 날 유월절

이스라엘 백성에게 가장 위대한 날은 애굽의 노예 상태에서 해방되던 날이었습니다.

16:1, "**아빕월을 지켜 네 하나님 여호와께 유월절을 행하라 이는 아빕월에 네 하나님 여호와께서 밤에 너를 애굽에서 인도하여 내셨음이라**"

이스라엘 백성은 애굽에서 끔찍한 노예 상태에 있었습니다. 그들은 애굽에서 많은 학대를 받았는데 그중에서 가장 심각한 것은 이스라엘의 씨를 말리는 것이었습니다. 애굽의 바로는 이스라엘 모든 백성에게 남자아이가 태어나면 모두 나일강에 빠트려 죽이라고 명령을 내렸습니다. 그래서 실제로 많은 이스라엘 남자아이들이 태어나자마자 나일강에 던져져서 죽어야 했습니다.

그리고 또 하나는 강제 노동이었습니다. 그래서 모든 이스라엘 남자나 여자, 노인이나 어린이들은 모두 강제로 나가서 진흙으로 벽돌을 구워야 했고 비돔과 라암셋과 같은 성을 건축하는 힘든 일을 해야만 했습니다. 이스라엘 백성은 자력으로 이 노예 상태에서 벗어날 가능성이 없었습니다. 이때 애굽의 바로가 생각했던 것은 이스라엘 백성은 다 죽으라는 것이었습니다. 즉 모든 이스라엘 백성은 강제 노동을 하다가 지쳐서 죽든지 아니면 남자아이들의 씨를 말려서 그들이 없어지든지 좌우간 이스라엘 백성은 이 세상에서 없어지라는 것이었습니다.

그런데 하나님께서는 이스라엘 백성을 이 엄청난 절망과 학대에서 건져내셨습니다. 전 세계에서 노예가 집단적으로 탈출에 성공한 예가 없었습니다. 당시 애굽은 전 세계에서 가장 강한 군대를 가지고 있었고 가장 강한 나라였는데 하나님은 전 세계에서 유일하게 노예였던 이스라엘 백성을 건져내셨습니다.

하나님께서는 이스라엘 백성을 몰래 애굽에서 탈출시키신 것이 아니라 무려 열 가지 기적으로 애굽을 치시고 애굽의 바로를 완전히 굴복시킨 상태에서 당당하게 구원해 내셨습니다. 그런데 그 마지막 재앙이 애굽의 모든 장자를 죽이는 재앙이었습니다. 이 장자를 죽이는 재앙이 얼마나 철저했던지 애굽의 바로부터 시작해서 노예에 이르기까지 심지어는 모든 죄수의 첫아들도 다 하룻밤 사이에 다 죽었던 것입니다. 그뿐만 아니라 가축까지도 첫 새끼는 그날 밤에 다 죽었습니다. 그렇게 애굽은 하나님의 능력 앞에서 완전히 두 손을 들었습니다. 그리고 이스라엘 백성은 자유를 얻었습니다.

이스라엘 백성이 애굽으로부터 구원받았던 바로 그날이 유월절이었습니다. 하나님께서는 모든 이스라엘 백성에게 그날에 양을 잡게 하셔서 양의 피를 문설주와 기둥에 바르게 하셨습니다. 그리고 이스라엘 백성은 한 사람도 죽지 않고 모두 구원을 받아서 당당하게 걸어서 애굽을 나왔습니다.

하나님께서 이스라엘 백성에게 유월절을 지키라고 말씀하신 이유는 그들이 유월절의 신앙만 붙들면 어떤 압제에서도 벗어나고 대부흥이 일어났기 때문입니다. 이스라엘 백성에게 유월절은 그냥 과거의 역사가 아니었습니다. 그들에게 유월절은 언제나 계속되는 하나님의 능력이었습니다.

유월절 밤에 이스라엘 백성은 음식을 먹었는데 두 가지를 했습니다. 하나는 누룩이 없는 딱딱한 떡을 먹었고, 다른 하나는 허리에 띠를 띠고 서서 급히 음식을 먹었습니다. 이것은 애굽을 속히 떠나기 위해서였습니다.

그러나 바로는 이스라엘 백성을 곱게 애굽에서 떠나게 하지 않았습니다. 바로는 이스라엘 백성이 애굽을 떠난 후 그들을 뒤에서 추격해서 홍해에 쓸어 넣으려고 했지만, 하나님께서는 홍해를 가르셔서 이스라엘 백성으로 하여금 바다를 건너게 하시고 추격하던 애굽 군인들을 모두 바다에 빠져 죽게 하셨습니다. 그래서 유월절은 이스라엘 백성에게 굉장한 구원의 날이었던 것입니다.

이스라엘 백성이 어떻게 이날을 잊을 수 있겠습니까. 그래서 이스라엘 백성이 믿음이 없어서 많은 어려움과 고난 가운데 있다고 해도 이 유월절의 신앙만 붙들면 다시 하나님의 능력이 나타나곤 했습니다. 그래서 그들에게 유월절은 영원한 현재였던 것입니다.

하나님께서는 이스라엘 백성에게 유월절을 지키는 방식을 가르쳐 주셨습니다.

> 16:2-3, "여호와께서 자기의 이름을 두시려고 택하신 곳에서 소와 양으로 네 하나님 여호와께 유월절 제사를 드리되 유교병을 그것과 함께 먹지 말고 이레 동안은 무교병 곧 고난의 떡을 그것과 함께 먹으라 이는 네가 애굽 땅에서 급히 나왔음이니 이같이 행하여 네 평생에 항상 네가 애굽 땅에서 나온 날을 기억할 것이니라"

하나님께서는 이스라엘 백성에게 유월절마다 홍해까지 와서 기념식을 가지라고 말씀하시지 않았습니다. 그 대신 그들이 어디서든지 음식으로 유월절을 지킬 수 있었는데 그것은 누룩이 들어가지 않은 딱딱한 떡을 먹으면 되는 것입니다. 빵을 만들 때 밀가루 반죽에 이스트를 넣으면 반죽이 부풀면서 아주 쫄깃쫄깃하게 맛있게 되는데 이스트를 넣지 않으면 딱딱해서 먹기가 힘이 들게 됩니다.

하나님께서 이스라엘 백성에게 명령하신 것은 유월절이 되면 일주일 동안 누룩이 들지 않은 딱딱한 떡을 만들어 먹으라는 것이었습니다. 이것은 하나님께서 그들에게 나중에 아무리 잘살게 되더라도 처음 아무것도 없었던 가난한 마음을 잊지 말라는 뜻이었습니다.

이스라엘 백성은 하나님 앞에서 구원받을 자격이 없는 자들이었습니다. 그런데 오직 하나님의 말할 수 없는 자비로 구원을 얻었습니다. 그들은 이것을 하나님께 감사해야 합니다. 그래서 어떤 이유이든지 간에 감사가 없고 불만과 불평이 가득한 사람은 무엇인가 중요한 것을 잃어버린 사람입니다. 그것은 바로 구원의 감격입니다. 그래서 하나님께서는 이스라엘 백성에게 일 년에 단 일주일 동안만이라도 세상의 맛있는 떡을 버리고 고난의 떡을 먹으면서 과거에 종 되었던 때를 기억하면서 하나님께 감사하라고 명령하신 것입니다.

그러면 이 유월절이 오늘 우리와 무슨 상관이 있을까요? 그것은 바로 유월절에 죽은 어린 양이 예수님을 상징하기 때문입니다. 예수님께서는 유월절 양 잡는 날에 붙들려 죽으셨습니다. 이스라엘 사람은 유월절 양을 죽여서 먹을 때 두 가지를 조심해야 했는데, 하나는 뼈를 꺾어서는 안 되었습니다. 보통 고기를 솥에 삶을 때 너무 커서 안 들어가면 뼈를 꺾을 것입니다. 그러나 유월절 양은 절대로 뼈를 꺾을 수 없었습니다. 이스라엘 백성은 하나님이 왜 양의 뼈를 꺾지 말라고 하셨는지 알지 못했습니다. 이것이 나중에 예수님이 십자가에 달리셨을 때 나타나게 됩니다. 예수님이 십자가에 못 박혀 돌아가셨을 때 예수님은 그 뼈가 꺾이시지 아니했습니다. 예수님 좌우편에 못 박힌 두 강도는 해질 때에 덜 죽었기 때문에 다리뼈를 꺾었지만 예수님은 이미 돌아가셨기 때문에 창으로 옆구리를 찌르기만 했습니다. 그리고 유월절 양은 고기를 다음 날까지 남겨두어서는 안 된다고 하셨습니다. 고기를 이튿날까지 남겨두면 상할 수 있는데 예수님은 부활하시기 때문에 썩을 수 없었기 때문입니다. 예수님의 육신은 부패할 수 없었습니다.

그래서 오늘 우리의 모든 복의 시작은 예수님의 십자가입니다. 우리가 예수님의 십자가를 붙들 때보다 더 능력 있고 더 큰 은혜를 받을 때가 없습니다. 우리가 높아지려고 하고 세상의 면류관을 쓰려고 하면 부패하고 더러워지고 추잡해지게 됩니다. 그러나 우리가 예수님처럼 나의 십자가를 짊어지고 모든 욕망을 다 십자가에 못 박고 주님과 함께 죽으려고 할 때 우리에게 하나님의 능력이 임하는 것입니다. 그래서 우리가 예수님의 십자가만 생각하면 은혜받게 됩니다.

2. 말씀의 절기 맥추절

16:9-10, "일곱 주를 셀지니 곡식에 낫을 대는 첫 날부터 일곱 주를 세어 네 하나님 여호와 앞에 칠칠절을 지키되 네 하나님 여호와께서 네게 복을 주신 대로 네 힘을 헤아려 자원하는 예물을 드리고"

팔레스타인에서는 밀이나 보리를 주식으로 하므로 봄 추수가 더 중요한 추수일 수 있었습니다. 이스라엘 백성은 곡식에 낫을 대기 시작하는 때부터 7주를 계산해서 맥추절을 지켰습니다. 이스라엘 사람들이 유월절부터 곡식을 거두기 시작하니까 유월절부터 7주 후가 맥추절이 됩니다. 그래서 맥추절은 7주를 지나서 지킨다고 해서 칠칠절이라고도 했고, 칠칠이면 오십이니까 오순절이라고도 했고, 봄에 보리나 밀을 추수했기 때문에 맥추절이라고도 했습니다.

하나님께서는 이스라엘 백성을 애굽에서 건져내신 후 물도 양식도 없는 광야로 데리고 가셨습니다. 그리고 하나님은 이스라엘 백성에게 "사람이 떡으로만 사는 것이 아니요 하나님의 입에서 나오는 모든 말씀으로 사느니라"고 말씀하셨습니다. 누구나 이 세상에 살려고 하면 먹을 것이 있어야 합니다. 그래서 직장이나 정기적인 수입이 아주 중요합니다. 그러나 하나님께서는 이것 외에 다른 삶이 있다고 말씀하셨습니다. 그것은 바로 하나님의 말씀을 들음으로 사는 삶입니다.

물론 우리가 성경만 읽고 설교만 듣는다고 해서 먹을 것이 생기지는 않습니다. 그러나 우리 인간에게는 먹을 것이 있다고 해서 다 아름답게 살 수 있는 것이 아닙니다. 우리 인간은 다른 사람으로부터 존경을 받아야 하고 사랑을 받아야 하고 가치 있는 일을 해야 사는 보람을 느낄 수 있습니다. 그런데 많은 사람은 직장이나 돈을 통해서 사는 보람을 느끼려고 합니다. 물론 우리 인간에게 할 일이 있다는 것은 너무나도 중요합니다. 또 가치 있는 일을 할 때 살 보람을 느끼고 사실 그것이 사는 것입니다. 우리 인간의 마음에 하나님의 말씀이 임할 때 우리 마음의 눈이 뜨여지게 됩니다. 그때 우리는 가치 있는 일을 하고 싶어지게 됩니다. 이것이 바로 진정으로 사람이 사는 것입니다. 그래서 우리 인간에게 가장 위대한 것은 가치 있는 것을 하면서 살아가는 것입니다.

이스라엘 백성은 바로 이 맥추절에 모세를 통해서 시내 산에서 율법의 말씀을 받았습니다. 그것도 그냥 받은 것이 아니었습니다. 온 시내 산 전체가 불덩어리였는데, 모세는 그 불덩어리 속에 들어가서 율법의 돌판을 받아가지고 내려왔습니다. 하나님의 말씀은 불도 이기고 지진도 이겼습니다.

나중에 엘리야는 바로 모세가 올라갔던 이 산에서 하나님의 임재를 체험하게 됩니다. 엘리야가 굴에서 보니까 큰 폭풍이 불어서 나무가 뽑히고 바위가 터지는데도 그 안에 하나님은 안 계셨습니다. 잠시 후에 지진이 일어나고 큰 불이 붙었지만 거기에도 하나님은 안 계셨습니다. 엘리야는 나중에 세미한 음성을 듣게 되었는데 그 음성 가운데 하나님이 계셨습니다(왕상 19:9-12).

그래서 맥추절은 우리가 하나님의 말씀을 듣고 새로운 동기로 세상을 사는 날입니다. 이날은 우리가 변화되어 새사람이 된 날입니다.

초대 교회 때 120명의 성도가 한자리에 모여서 열심히 기도하던 중에 바로 이 맥추절 오순절에 성령이 불같이 그들에게 임했습니다. 오순절의 성령은 120명의 성도를 완전히 다른 사람으로 변하게 했습니다. 그들은 기쁨이 충만했고 하나님의 말씀에 충만했고 능력이 있었고 담대했습니다.

오늘 우리의 추수는 돈을 많이 버는 것보다 영혼을 추수하는 것입니다. 우리가 알아야 할 것은 최고의 기적은 하나님의 말씀을 듣는 것입니다. 그래서 누구든지 진정한 하나님의 백성이 되려면 반드시 말씀을 듣고 은혜를 받아서 하나님께 자신의 삶을 드려야 합니다.

3. 광야의 기적 초막절

16:13, "너희 타작 마당과 포도주 틀의 소출을 거두어 들인 후에 이레 동안 초막절을 지킬 것이요"

우리나라는 가을 추수의 대표적인 것이 쌀이지만, 이스라엘에서는 포도였습니다. 이스라엘 백성이 포도 농사를 잘 지어서 포도를 포도주 틀에 넣고 밟을 때 그 기쁨이라는 것은 말로 표현할 수 없었습니다. 그런데 이스라엘 백성이 포도 농사를 잘 지었으면 그 포도주를 실컷 마시고 취해서 춤을 춰야 할 텐데, 오히려 그들은 술 취하는 대신에 초막절을 지켰습니다. 여기서 초막절은 이스라엘 백성이 자기가 살고 있던 집에서 나와서 들판에서 움막을 짓고 일주일 동안 그곳에서 사는 절기였습니다. 이것은 이스라엘 백성이 애굽을 나와서 광야를 40년 돌아다니는 것을 기념하는 절기입니다. 이스라엘 백성이 광야를 다닐 때 양식도 문제가 되었지만 더 심각한 것은 물이었습니다. 광야에는 그 많은 이스라엘 백성이 마실 수 있는 물이 전혀 없었습니다. 그런데 하나님께서는 모세를 통해서 반석을 쳐서 생수가 터져 나오게 하셔서 그 많은 백성이 다 물을 마실 수 있게 하셨습니다. 그것도 한 번만 하신 것이 아니라 40년 내내 그렇게 하셨습니다.

하나님께서 아무리 이스라엘 백성을 애굽에서 나오게 하시고 시내 산에서 말씀을 주셨다 하더라도 매일매일 물을 주시지 않고 양식을 주시지 않았더라면 그들은 모두 광야에서 죽고 말았을 것입니다. 그런데 하나님은 한 번만 큰 기적을 행하시는 것이 아니라 계속 이스라엘 백성과 함께하셔서 물을 주시고 불기둥과 구름 기둥으로 그들을 인도하여 주셨던 것입니다.

그렇지만 하나님의 백성은 세상 사람에 비해서 오히려 훨씬 더 불안합니다. 왜냐하면 세상 사람은 눈에 보이는 것을 붙잡고 살아가지만, 우리는 눈에 보이는 것이 아무것도 없기 때문입니다. 우리는 하나님의 말씀을 붙잡고 살아가는데 하나님의 말씀은 눈에 보이는 것이 아닙니다. 그래서 우리는 믿음으로 이 세상을 살아간다고 말은 하지만 실제로는 너무나 불안할 때가 많습니다. 그러나 우리가 아무리 불안하다 해도 광야를 40년 동안 살았던 이스라엘 백성보다 더 불안하지는 않을 것입니다.

오늘 우리에게는 그 신실하신 하나님께서 함께 계십니다. 그래서 우리는 우리의 불안한 미래를 하나님의 말씀으로 이겨내어야 합니다. 우리가 하나님의 말씀을 붙잡고 나갈 때 하나님은 우리에게 원자폭탄 같은 능력이 되게 하십니다.

하나님의 말씀은 아무것도 없는 가운데서 이 모든 만물을 창조한 능력의 말씀입니다. 우리는 하나님의 말씀이 창조의 능력이 있다는 것을 알아야 합니다. 하나님의 말씀은 보잘것없는 우리의 삶을 사용해서 위대한 삶을 만들어 낼 것입니다. 이 세상을 지금 지탱하고 있는 것이 하나님의 말씀입니다. 그래서 하나님의 말씀을 붙잡으면 절대로 갑자기 망할 수 없습니다. 우리 자신이 하나님의 능력으로 연결되어 있기 때문입니다. 이것을 지키는 것이 초막절입니다.

우리가 복잡한 인간사회 속에 들어 있으면 사람들이 너무 크게 보이고 인간의 문제들이 너무 크게 보이게 됩니다. 그러나 거기서 나와서 넓은 자연 가운데 서 보면 얼마나 우리 인간이 왜소하고 별 볼 일 없는 존재인지 생각하게 됩니다. 세상 사람들은 거기까지만 생각할 수 있습니다. 그러나 우리가 초막 가운데 있으면 하나님의 말씀으로 자신을 비추어 볼 수 있습니다. 그래서 우리 예수 믿는 사람들이 혼자 있는 시간은 하나님의 말씀을 깊이깊이 묵상하는 시간이고, 그 말씀으로 자신을 아름답게 단장하는 시간입니다.

그리고 하나님께서는 이 엄청난 체험들을 가진 이스라엘 백성에게 두 가지를 조심하라고 하셨습니다.

하나는 공의를 행하라는 것입니다.

16:19-20, "너는 재판을 굽게 하지 말며 사람을 외모로 보지 말며 또 뇌물을 받지 말라 뇌물은 지혜자의 눈을 어둡게 하고 의인의 말을 굽게 하느니라 너는 마땅히 공의만을 따르라 그리하면 네가 살겠고 네 하나님 여호와께서 네게 주시는 땅을 차지하리라"

하나님의 백성은 사람의 겉모습을 보고 다르게 대해서는 안 됩니다. 즉 잘생기고 매력적이고 돈이 있는 사람에게 더 관심을 가지고 가난하고 매력적이지 않은 사람을 무시해서는 안 됩니다. 왜냐하면 모든 영혼은 하나님 앞에서 똑같이 소중하기 때문입니다. 교회에 나오는 모든 사람은 하나님이 필요해서 나오는 사람들입니다. 우리는 그 사람들을 하나님께로 인도해야 합니다. 절대로 내 사람으로 만들어서는 안 됩니다.

그리고 하나님의 백성은 어떤 일이 있어도 우상이나 미신을 받아들여서

는 안 됩니다.

16:21-22, "네 하나님 여호와를 위하여 쌓은 제단 곁에 어떤 나무로든지 아세라 상을 세우지 말며 자기를 위하여 주상을 세우지 말라 네 하나님 여호와께서 미워하시느니라"

나중에 이스라엘 백성이 우상을 따라간 것은 너무 외골수가 되지 않기 위해서였습니다. 이 당시에는 우상을 섬기는 자가 의식이 열린 사람이고 다양한 문화를 포용하는 사람으로 인정받았습니다. 그리고 우상을 섬기는 자가 하나님이 축복하지 않으셔도 얼마든지 세상적인 방법으로 성공할 수 있는 사람이었습니다. 그러나 하나님은 우상을 미워하신다고 하셨습니다. 하나님의 백성이 그런 식으로 성공하는 것은 망하는 것입니다. 우리는 하나님의 능력을 믿어야 하고 하나님이 주시는 것으로 성공해야 합니다.

우리는 사도 바울같이 "내게 능력 주시는 자 안에서 모든 것을 할 수 있느니라"(빌 4:13)라고 고백할 수 있어야 합니다. 그러면 우리가 이 세상에서 융통성도 없고 너무 소극적이어서 아무것도 하지 못할 것 같은데 오히려 하나님의 능력으로 더 축복받게 될 것입니다.

초대 교회 교인에게 가장 기쁜 축제는 매 주일이었습니다. 왜냐하면 주일에 예수님이 죽음에서 부활하셨고 성령이 오셨기 때문입니다. 우리는 이제 하루하루가 축제가 되어야 합니다. 우리가 모든 죄 용서받고 새사람이 되었다는 것은 엄청난 복입니다. 우리 안에 성령이 오신 것은 엄청난 복입니다. 우리는 영원히 부를 노래가 있고 나눌 이야기들이 있습니다. 이제는 매일 축제가 되고 구원의 감격으로 살아가시는 성도들이 되시기 바랍니다.

21

부정을 씻는 법
신 17:1-20

하나님 앞에서는 물론 우리 눈에 보이는 배설물이나 쓰레기도 있지만, 더욱 불결한 것은 사람들의 머리에서나 생각에서 끊임없이 쏟아져 나오는 음란하고 더러운 말이나 사상들이 있습니다. 그런데 사실 어떤 사람이 포르노 같은 것을 만들어 놓으면 이것이 폐기되지 않는 이상 계속 돌아다니면서 사람들에게 나쁜 영향을 주게 됩니다.

그런데 하나님은 이런 정신적인 오물과 불결한 것들을 깨끗하게 하실 수 있습니다. 단지 우리에게 필요한 것은 그것을 하나님 앞에서 숨기지 않는 것입니다. 하나님 앞에서 가장 가증한 것은 죄를 많이 지었음에도 불구하고 시치미를 떼고 고백을 하지 않는 것입니다. 어떤 때는 고백을 하지 않는 정도가 아니라 자신을 더 미화시키려고 한다는 것입니다.

사람들의 놀라운 특징은 얼마든지 자기 죄를 은폐할 수 있고 거짓말할 수 있다는 것입니다. 그런데 인간이 알지 못하는 것은 하나님의 CCTV에는 모든 죄가 다 찍혀 있다는 사실입니다. 그래서 우리가 하나님 앞에 나왔을 때는 양심을 씻는 시간입니다. 우리가 목욕탕에 갈 때는 몸이 더러운 것은 수치가 되지 않습니다. 왜냐하면 어차피 몸을 씻으러 왔기 때문입니다. 마찬가지로 우리는 하나님 앞에서 정직하기만 하면 하나님은 우리의 모든 허물과 죄를 다 용서해주십니다.

1. 하나님 앞에서의 위선

우리가 하나님 앞에 예배드리러 왔다는 것은 대단한 결단이 아닐 수 없습니다. 우리가 막상 하나님께 예배드린다고 하지만 하나님은 눈에 보이지 않기 때문에 얼마든지 위선적으로 예배를 드릴 수 있습니다. 그러나 하나님은 우리의 중심을 보시기 때문에 우리는 적어도 하나님 앞에서는 진실해야 합니다.

17:1, "흠이나 악질이 있는 소와 양은 아무것도 네 하나님 여호와께 드리지 말지니 이는 네 하나님 여호와께 가증한 것이 됨이니라"

이스라엘 백성이 하나님께 제물을 바친다는 것은 그야말로 짐승을 태워서 없애버리는 것입니다. 그래서 이스라엘 백성의 믿음이 약할 때는 굳이 짐승을 태워서 없애는데 좋은 것을 드릴 필요가 있겠는가 하는 유혹이 들게 되는 것입니다. 왜냐하면 제물이라는 것은 사람들에게 보여주는 것도 아니고 일일이 다른 사람들이 확인하는 것도 아니기 때문에 흠이 있거나 혹은 피부병이 있는 것을 슬쩍 끼워서 제사로 바쳐버리면 다른 사람들이 알 수 없는 것입니다. 그래서 이스라엘 백성은 믿음이 약해지면 양이나 소를 바칠 때 굳이 좋은 것으로 바치지 않고 싸구려인 흠이 있거나 병든 것을 바쳐서 숫자만 채우자는 식으로 제사를 드리게 되는 것입니다.

그러나 하나님께서는 이스라엘 백성에게 그렇게 하지 말라고 하셨습니다. 그 가장 중요한 이유는 하나님이 그것을 보시기 때문입니다.

이스라엘 백성의 모든 생각과 행동에 가장 중요한 핵심은 다른 사람이 보느냐 보지 않느냐가 아니라, 하나님이 내 모든 행동을 보고 계시며 내 생각을 알고 계신다는 것입니다. 물론 이스라엘 백성의 눈에는 하나님이 보이지 않습니다. 오히려 사람의 눈에는 다른 사람들이 더 중요하게 생각됩니다. 그래서 어떻게 생각하면 어차피 하나님 앞에서는 아무리 노력해도 완전할 수 없기 때문에 위선적인 것이 나을 수도 있습니다. 그러나 하나님은 그들에게 그런 유혹에 빠지지 말라고 말씀하셨습니다. 왜냐하면 하나님은 우리 마음을 알고 계시며 우리 행동을 다 보고 계시기 때문입니다.

만일 우리가 하는 모든 말과 모든 생각과 모든 일을 누군가가 항상 보고 있다면 우리는 그것 자체로 엄청난 스트레스를 받게 될 것입니다. 이것이 우리 인간에게 심각한 문제인 이유는 우리의 마음은 시도 때도 없이 악하고 더러운 생각들이 솟구쳐 올라오고 있기 때문입니다.

여기서 사람들의 태도는 두 가지로 갈라지게 됩니다. 어떤 사람은 일단 하나님은 보이지 않으니까 안 보신다고 생각을 해버리자는 것입니다. 사람들은 하나님이 없다고 생각하면 죄책감이 생기지 않으니까 얼마든지 마음 편하게 살 수 있을 것입니다. 그러나 하나님의 백성은 하나님이 나의 모든 것을 보고 계시며 알고 계신다는 것을 부인할 수 없습니다. 그런데 우리가 아무리 하나님을 믿는다고 해도 죄를 짓지 않을 수는 없습니다. 그러니까 결국 우리에게 가장 중요한 것은 하나님 앞에 나올 때마다 회개하게 되는 것입니다.

그런데 놀라운 것은 하나님께서는 우리가 죄짓고 회개하는 것을 조금도 싫어하시거나 경멸하시지 않는다는 사실입니다. 하나님은 우리가 죄를 지을 수밖에 없다는 것을 알고 계시기 때문입니다. 그러나 하나님이 가장 싫어하시는 것은 마치 우리가 전혀 죄를 짓지 않는 의

인인 것처럼 뻔뻔스럽게 행동하는 것입니다. 우리가 하나님 앞에서 죄짓지 않는 것은 불가능합니다. 그래서 우리는 하나님 앞에서 언제나 솔직하고 정직하면 됩니다. 그러면 하나님은 우리를 더 사랑해주시고 우리를 깨끗케 해주시고 전혀 허물이 없는 자로 살아가게 하십니다. 그런데 죄를 지을 수밖에 없는데도 자기는 전혀 죄 없는 것처럼 행동할 때 하나님은 그것을 보기 싫어하십니다.

예수님은 비유를 통해서 말씀하셨습니다. 두 사람이 성전에서 기도하는데 한 사람은 바리새인으로 기도하면서 자기 자랑만 했습니다. 거기에 비해서 세리는 고개를 들지도 못하고 손으로 가슴을 치면서 기도했는데 하나님은 세리가 더 의롭다함을 받았다고 하셨습니다.

이 세상에 하나님이 모르시는 것은 아무것도 없습니다. 악한 자들은 자신들이 하나님을 속이고 있다고 생각하지만, 실제로는 자기 스스로가 속고 있는 것입니다. 우리는 하나님이 보시기 때문에 늘 긴장하게 됩니다. 그래서 죄를 덜 짓게 되는 것입니다. 그런데 그 긴장을 풀어버릴 때 우리는 추하게 변하게 됩니다. 그렇다고 늘 긴장하면 우울증에 걸리고 신경쇠약에 걸릴 텐데 어떻게 합니까? 그러니까 하나님이 우리를 불쌍히 여기셔서 도와주시는 것입니다.

2. 다른 신을 섬기는 것

사람들 중에는 다른 신을 섬기는 자들도 있고 미신을 믿는 자들도 있습니다. 그래서 친구 중에 누군가가 장난삼아 점을 치자고 하거나 토정비결을 보자고 할 때 어떻게 해야 합니까.

17:2-3, "네 하나님 여호와께서 네게 주시는 어느 성중에서든지 너희 가운데에 어떤 남자나 여자가 네 하나님 여호와의 목전에 악을 행하여 그

언약을 어기고 가서 다른 신들을 섬겨 그것에게 절하며 내가 명령하지 아니한 일월성신에게 절한다 하자"

여기서 이스라엘의 분위기가 아주 살벌해지게 됩니다. 하나님께서는 만일 이스라엘 백성 중에서 어떤 한 남자나 여자가 하나님 외에 다른 우상을 섬기자고 하든지 하늘의 태양이나 달이나 별을 숭배한다고 할 때 그것이 사실이면 그 사실을 숨기지 말고 그 사람을 끄집어내어서 돌로 쳐 죽이라고 하셨습니다. 우리는 이런 말씀을 대할 때 하나님은 이스라엘 백성들에게 너무나도 잔인한 것을 요구하신다는 생각이 듭니다.

우리가 생각하기에 모든 사람은 자기 나름대로의 신앙을 가질 자유가 있을 것 같습니다. 그러나 하나님의 백성에게 있어서 신앙의 자유라는 것은 다른 신을 섬길 수 있는 자유가 아니라 하나님을 마음껏 섬길 수 있는 자유를 말하는 것입니다. 다른 나라 사람들이 생각하기에 오직 하나님만 믿으라는 것이 독선처럼 들릴지 모릅니다. 그러나 사실 이스라엘 백성은 하나님만 섬기기 위해서 목숨을 걸고 애굽을 탈출했고 홍해를 건넜으며 무려 40년 동안 광야를 돌아야만 했습니다. 그리고 그들은 가나안 땅에서 가나안 족속들과 전쟁해서 신앙의 자유를 얻었던 것입니다. 그런데 이스라엘 백성이 가나안 땅에서 다른 신을 섬기고 태양신을 섬기자고 하는 것은 이들을 다시 옛날의 노예로 잡아가려는 것입니다. 그것은 도저히 용납할 수 없는 일입니다.

지금 우리나라가 자유를 얻게 된 것은 일본 강점기에 많은 사람이 죽고 또 한국 전쟁에서 삼백만 명이나 되는 사람들이 죽거나 실종 당하는 엄청난 피흘림을 통해서 얻은 것입니다. 그런데 만일 누군가가 우리에게 일본 천황 숭배를 하지 않겠느냐고 한다면 그것은 절대로 불가능한 것입니다. 마찬가지로 이스라엘 백성은 그야말로 산전수전을 다 겪고 바다를 건너고 광야를 지나서 이제 하나님만 믿고 섬기게 되었는데, 누군가가 교묘한 속임수로 다시 다른 종교나 신을 믿자고 하는 것은 그들을 다시 종으로 만들려고 하는 것입니다. 이스라엘 백성에게 다른 것은 몰라도 이것만큼은 절대로 용서하지 말라고 말씀하신 것입니다.

오늘 우리는 여러 종교를 가진 사람들이 함께 어울려서 사는 사회이기 때문에 다른 사람의 종교도 존중해 주어야 합니다. 그러나 우리가 알아야 할 것은 우리가 지금 누리고 있는 것처럼 마음껏 하나님을 예배하고 말씀을 듣고 기도하는 자유를 위해서 얼마나 많은 희생이 있었는가를 생각해야 합니다.

3. 분쟁이 생겼을 때

17:8-9상, "네 성중에서 서로 피를 흘렸거나 다투었거나 구타하였거나 서로 간에 고소하여 네가 판결하기 어려운 일이 생기거든 너는 일어나 네 하나님 여호와께서 택하실 곳으로 올라가서 레위 사람 제사장과 당시 재판장에게 나아가서 물으라"

아무리 하나님의 백성이라 하더라도 인간이기 때문에 서로 사이에 불미스러운 일이 생길 수도 있습니다. 이때 이스라엘 백성은 끝까지 자기만 옳다고 주장하지 말고 레위인이나 제사장에게 판단을 받으라고 말씀하셨습니다.

사람들 사이에 시시비비가 생기게 되면 언제나 자기중심으로 생각하기 쉽습니다. 사람들은 누구나 자기가 다른 사람에게 끼친 피해는 생각하지 못하고 다른 사람이 자기에게 끼친 피해만 생각하기 쉽기 때문입니다. 특히 하나님의 백성은 너무나도 주관적인 확신이 강하기 때문에 끝까지 자기 생각만 옳다고 주장하기가 쉽습니다.

그러나 하나님께서는 진리의 문제가 아니라면 너무 자기 생각을 고집하지 못하게 하셨습니다. 만약 이스라엘 중에 누군가가 하나님의 진리를 어지럽히려고 하고 다른 우상숭배를 끌어들이려고 할 때는 단호하게 막아야 하고 반대를 해야 합니다. 또 이단이 회개하지 않을 때는 내쫓아야 합니다. 그러나 이것이 이단이나 우상숭배의 문제가 아니라 사람 사이에 치고받고 싸우다가 피해가 발생했거나 다른 어떤 오해가 생겼을 경우라면 어느 누구도 절대적으로 옳거나 틀린 것은 아닙니다. 그래서 이럴 때는 자기주장만 옳다고 생각하지 말고 하나님의 성전에서 레위 사람 제사장에게 판단을 받고 그들의 하는 말을 존중하라고 했습니다. 우리는 아직 신앙적으로 어리고 배워야 할 것이 많기 때문입니다.

우선 사람이 자기 생각만 옳다고 믿는다는 것은 고집입니다. 이 세상의 어느 누구도 자기 생각만 절대적으로 옳은 사람은 없습니다. 그러나 사람들은 항상 옳고 그른 것을 가지고 따지려고 하지만 우리가 하나님의 말씀을 들음으로 성숙하게 되면서 처음의 그 갈등이나 생각의 차이를 극복하게 됩니다.

보통 개혁이라는 말을 쓸 때 무조건 뜯어고치고 바꾸는 것이라고 생각하기 쉽습니다. 그러나 하나님의 백성에게 개혁이라는 것은 언제나 하나님의 말씀으로 돌아가는 것입니다. 우리는 이 세상을 살면서 자기도 모르는 사이에 하나님과 우리 사이에 좋지 못한 찌꺼기가 많이 생기면서 하나님의 말씀이 왜곡되게 됩니다. 하나님의 말씀은 우리를 언제나 새롭게 하고 신성하게 하는데 하나님의 말씀이 막히면 고리타분하게 되고 자기가 최고로 옳다는 오만한 생각에 빠지면서 자꾸 다툼이 생기게 됩니다. 이때 하나님의 말씀으로 돌아가면 그동안 하나님과 우리 사이를 가로막고 있던 모든 케케묵은 제도나 구습과 권위의식 같은 것이 다 없어지면서 하나님의 은혜와 축복이 다시 부어지게 됩니다.

17:12-13, "사람이 만일 무법하게 행하고 네 하나님 여호와 앞에 서서 섬기는 제사장이나 재판장에게 듣지 아니하거든 그 사람을 죽여 이스라엘 중에서 악을 제하여 버리라 그리하면 온 백성이 듣고 두려워하여 다시는 무법하게 행하지 아니하리라"

여기서 '무법하게 행하고'라는 것은 하나님 말씀의 판단을 업신여기고 끝까지 자기 생각대로 고집을 부리는 경우를 말합니다. 이런 사람은 죽이라고 하셨습니다. 그러나 오늘 신약시대에는 아무리 누군가가 자기 생각을 가지고 고집을 부린다고 하더라도 죽여서는 안 됩니다. 대개 무엇인가 고집을 부리는 사람도 깨닫지 못해서 그러는 것입니다. 이런 분들도 몇 년만 하나님의 말씀을 들으면 정신을 차릴 것입니다. 그래서 교회가 평소에 하나님의 말씀을 잘 가르치면 끝까지 고집을 부리는 사람들은 거의 없어지게 됩니다. 모든 사람의 마음속에 하나님을 두려워하는 마음이 생기기 때문입니다.

17:14, "네가 네 하나님 여호와께서 네게 주시는 땅에 이르러 그 땅을 차지하고 거주할 때에 만일 우리도 우리 주위의 모든 민족들 같이 우리 위에 왕을 세워야겠다는 생각이 나거든"

원래 이스라엘은 하나님이 왕이시기 때문에 사람 왕이 필요하지 않았습니다. 이스라엘 백성이 복을 받는 비결은 각자가 하나님의 말씀을 배우고 그 말씀대로 순종하여 사는 것입니다. 그러나 이것은 어디까지나 이론적인 것이지 실제로는 우리는 하나님의 말씀을 알아도 순종이 잘 안 됩니다.

이스라엘 백성이 처음 가나안 땅에서 왕 없이 수백 년을 살아보니까 제대로 되는 것이 아무것도 없었습니다. 그래서 사사기에 보면 "이스라엘에 왕이 없으므로 사람이 각기 자기의 소견에 옳은 대로 행하였더라"(삿 17:6, 21:25)는 말씀이 여러 번 나오는 것을 보게 됩니다.

즉 이론과 실제 사이에는 이만큼 큰 차이가 있었던 것입니다. 그런데 이스라엘 백성은 또 다른 의미에서 왕의 필요성을 느꼈습니다. 이스라엘은 왕이 없으니까 군대가 없고 행정 조직이 없어서 모든 것이 너무 불안했습니다. 그래서 그들은 좀 더 안정된 생활을 위해서 왕도 세우고 행정 조직도 만들고 군대도 뽑으려고 했던 것입니다.

그러나 이스라엘의 왕은 다른 나라의 왕과는 완전히 달랐습니다. 다른 나라의 왕은 나라가 자기 것이라고 생각해서 자기 마음대로 하지만, 이스라엘 왕은 이스라엘이 자기 나라가 아니었고 하나님의 대리인이었던 것입니다. 그렇기 때문에 이스라엘 왕이 할 일은 이스라엘 백성으로 하여금 하나님의 말씀대로 살도록 도와주고 안내해주는 것이었습니다. 그래서 이스라엘 왕은 하나님의 말씀에 대한 철저한 확신이 있어야 합니다. 그렇지 않으면 이스라엘을 세상 나라로 만들게 될 것입니다. 오늘도 교회에서 목사가 할 일은 교인에게 풍성한 하나님의 말씀을 공급하면 되는 것입니다. 그러면 교인들이 그 말씀을 먹고 믿음으로 살아서 복을 받게 되는 것입니다.

하나님께서는 이스라엘 왕위에 다른 나라 사람을 세우면 안 된다고 했습니다. 왜냐하면 다른 나라 사람은 이스라엘의 원리를 모르기 때문입니다. 즉 교회가 잘 부흥이 되지 않는다고 해서 우리나라 대기업체의 경영자에게 교회를 맡기면 안 되는 것과 같습니다.

또 이스라엘 왕이 가장 주의해야 할 것은 말을 많이 두지 않는 것입니다. 즉 군사력을 의지하는 것보다는 하나님의 능력을 더 의지해야 했습니다. 그 당시 말의 위력이라는 것은 대단했습니다. 그러나 이스라엘 왕은 말의 힘을 의지해서는 안 됩니다. 왜냐하면 왕이 말 때문에 하나님을 의지하지 않고 기도하지 않게 되기 때문입니다.

또 이스라엘 왕은 많은 아내를 두지 말라고 명령하셨습니다. 여기서 많은 아내를 둔다는 것은 두 가지 의미가 있습니다. 하나는 옛날에는 결혼이 거의 정략적이었고 외교 관계였습니다. 그래서 부인이 많은 것이 그만큼 동맹국이 많은 것이었고 든든한 것이었습니다. 그러나 하나님께서는 그런 유익보다는 오히려 부인 때문에 외국 우상을 따라갈 가능성이 많다고 보신 것입니다. 그 대표적인 사람이 솔로몬이었습니다. 솔로몬은 결국 자기 머리만 믿고 많은 결혼 동맹을 맺었는데 그 결과 예루살렘 안에 우상이 들어오게 되었습니다. 그리고 왕에게 부인을 많이 두지 말라고 한 이유는 이스라엘 왕은 언제나 자기 자신의 정욕을 절제해야 한다는 뜻입니다. 이스라엘 왕은 스스로 자신의 욕망을 절제할 수 있는 능력을 갖추어야만 했습니다. 왕이 스스로 절제하지 않으면 다른 사람이 절제시키기 어렵기 때문입니다.

그리고 은금을 많이 모으지 말라고 말씀하셨습니다. 왜냐하면 이스라엘의 왕으로 쓰임 받는 것 자체가 가장 큰 복이고 그 이상 다른 복은 없기 때문입니다. 하나님께서 기름 부어서 쓰시는 것은 이 세상의 어떤 명예나 어떤 은금보다 더 값어치가 있기 때문입니다.

특히 이스라엘 왕은 늘 하나님의 말씀을 가까이하여 하나님의 말씀대로 나라를 다스려 나가야 한다고 했습니다. 하나님의 종들은 하나님에 미쳐야 하고 하나님의 말씀에 미쳐야 비로소 모든 유혹이나 의심을 물리치고 끝까지 성경대로 갈 수 있습니다.

우리가 본문 말씀에서 알 수 있는 것이 무엇입니까? 우리는 하나님 앞에서 사는 것을 부담스러워해서는 안 됩니다. 우리는 하나님 앞에서 완전히 깨끗할 수 없습니다. 그래서 늘 하나님 앞에 솔직해야 합니다.

22

이스라엘의 힘
신 18:1-22

우리나라 한 미국대학 교수는 한류 노래를 수업 시간에 가르쳐주는 바람에 그 대학 전체 최고 인기 교수로 선정이 되었다고 했습니다. 그런데 아랍권과 심지어는 아프리카 유럽에서도 청소년들은 한류 가수들을 좋아한다고 합니다. 또 우리나라는 기름 한 방울 나지 않는데 정유기술은 세계 최고를 자랑하고 있습니다. 이것을 다른 나라에서는 이해되지 않는다고 합니다. 이 작은 나라에서 그것도 천연자원은 거의 제로에 가까운 나라가 어떻게 세계 경제 일곱 번째 나라가 되려고 하는가 하는 것입니다.

단지 우리나라를 묵사발 낸 사건이 세월호 사건입니다. 이것은 너무나도 후진적인 사고였을 뿐 아니라 청소년들을 그렇게 죽게 했다는 데서 전 세계가 놀랐습니다. 이 모든 것의 힘은 어디에 있고 실패의 원인은 어디에 있을까요? 그것은 놀랍게도 우리가 믿는 하나님께 있는 것입니다. 하나님을 믿는 신앙이 우리를 이렇게 성공하게 했고, 오늘 교회의 침체와 불신앙이 세월호 같은 부끄러운 사고를 일어나게 했던 것입니다.

우리나라 발전의 힘은 다른 것이 아니라 바로 하나님을 믿는 신앙의 힘에서 나온 것입니다. 우리나라 성도들이 그 가난한 가운데도 오직 하나님의 말씀만 붙들 때 하나님은 우리에게 먼저 신앙의 부흥을 주셨습니다. 그리고 이것은 얼마 가지 않아서 엄청난 물질적인 복으로 나타나게 되었습니다.

모세 때 이스라엘 백성은 아직 가나안 땅에 들어가지 못하고 모압 평지에 모여 있었습니다. 그런데 모세는 이스라엘 백성의 힘이 어디에 있는지 가르쳐 주었습니다. 이스라엘 백성의 힘은 나라가 크고 돈이 많은 것이 아니라 하나님께 바른 예배를 드리고 바른 말씀을 붙드는 데서 온다고 강조했습니다.

1. 레위인의 중요성

이스라엘 백성에게 가장 중요한 사람은 제사장이었고 이 제사장을 돕는 레위인이었습니다. 이스라엘 백성만이 아니라 그 당시 주위 다른 모든 나라에서 가장 이해가 되지 않는 것이 바로 이 점이었습니다. 옛날에는 모두 먹고살아야 하면서도 적이 쳐들어오면 물리쳐야 했기 때문에 백성에게 가장 중요한 사람은 농사를 짓는 사람이든지 군인이었습니다. 그런데 오직 이스라엘 백성에게 가장 중요한 사람은 하나님께 제사드리는 제사장이고 레위인이었던 것입니다.

제사장이나 레위인들은 생산 활동을 하는 사람들이 아니었습니다. 이 사람들이 하는 일은 오직 하나님께 제사드리는 것이고 그것을 돕는 것이었습니다. 그런데 이 레위인들이 얼마나 많았는가 하면 이스라엘 열두 지파 중의 한 지파 전체가 레위인이었습니다. 즉 이스라엘 전체 인구의 십이분의 일이 하나님께 제사드리는 일만 하는 사람들이었던 것입니다.

그런데 어떻게 이런 나라가 강대국이 될 수 있었을까요? 그러나 놀라운 것은 이스라엘의 진정한 힘은 군사력이나 경제력에서 나오는 것이 아니라 하나님으로부터 나온다는 사실이었습니다. 그래서 이스라엘 백성에게 가장 중요한 사람들은 제사를 드리는 제사장과 제사장을 돕는 레위인이었습니다.

18:1-2, "레위 사람 제사장과 레위의 온 지파는 이스라엘 중에 분깃도 없고 기업도 없을지니 그들은 여호와의 화제물과 그 기업을 먹을 것이라 그들이 그들의 형제 중에서 기업을 가지지 않을 것은 여호와께서 그들의 기업이 되심이니 그들에게 말씀하심 같으니라"

하나님은 레위인에게 농사를 지을 수 있는 땅이나 양이나 소를 칠 수 있는 일거리 자체를 주시지 아니하셨습니다. 레위 족속은 그 많은 사람이 농사도 짓지 않고 목축도 하지 않으면서 제사드리는 일만 해야 했습니다. 이것은 제사장이나 레위인은 하나님께 예배드리는 것이 농사를 짓는 것이고 다른 사람들의 기도를 돕는 것이 목축하는 것과 같다는 뜻입니다.

여기서 우리는 두 가지 사실을 생각하게 됩니다. 우선 하나는 하나님께 제사 드리는 일이 얼마나 중요한 일인가 하는 것입니다. 이 일이 너무나 중요했기에 하나님은 이스라엘의 지파 하나 전체를 빼내어서 이 일에만 헌신하게 하셨던 것입니다. 이것이 중요한 이유는 이스라엘 백성이 살고 죽는 것은 모두 하나님과의 예배에서 결정되기 때문입니다. 즉 이스라엘 백성이 농사를 잘 짓는 것이나 적이 쳐들어오는 것은 모두 하나님과의 관계에서 결정되는 것이었습니다.

하나님은 우리의 모든 복의 근원이 되십니다. 성경에는 하나님을 '소멸하는 불'이라고 말씀하고 있습니다. 여기서 '소멸하는 불'이라는 것은 원자력과 같은 것입니다. 하나님은 온 세상을 멸망시키는 능력을 가지고 계신 분입니다. 그런데 이것을 에너지로 바꾸게 되면 가장 값이 싼 에너지를 만들 수 있고 암 같은 병을 치료할 수 있습니다. 그런데 이스라엘이 가진 놀라운 힘은 바로 이 무서운 하나님의 에너지를 예배를 통해서 축복으로 바꿀 수 있다는 것입니다. 바로 이 신기한 능력이 이스라엘 백성에게 있었습니다. 그래서 그들이 아무리 재산이 없고 땅이 없다 하더라도 하나님을 모시고 있는 한 전 세계에서 가장 강한 나라요 백성이었습니다. 모세는 이스라엘 백성이 이 사실을 깨닫기를 바랐습니다.

그런데 우리가 인간적으로 생각해 볼 때 제사장이나 레위인들이 농사도 짓지 않고 목축도 하지 않고 제사만 드린다면 결국 이들은 백성이 주는 헌금으로 살게 되는데 이것은 백성에게 피해를 주거나 짐이 되는 것이 아닐까요? 하나님은 결코 그렇지 않다고 말씀하셨습니다. 즉 레위인들이 이스라엘 백성에게 바른 말씀을 가르치고 바른 제사를 드릴 때 하나님은 다른 이스라엘 백성에게 몇 배의 복을 주셨습니다. 그러니까 다른 이스라엘 백성은 레위인들 때문에 복을 받는다는 것입니다.

그런데 나중에 이 레위인들의 힘은 다윗의 자손에게 넘어가게 됩니다. 즉 다윗의 자손이 하나님의 말씀에 죽도록 충성하면 하나님은 무조건 이스라엘에 부흥을 주시고 전쟁에 이기게 하셨습니다. 그러나 다윗의 자손이 이것을 믿지 못해서 실패할 때가 많았습니다. 오늘 우리 모든 크리스천은 레위인들이고 다윗의 자손과 같습니다. 우리가 죽도록 하나님의 말씀을 붙들고 믿음으로 살면 부흥이 일어나게 되는데 그때 하나님은 이 민족 위에 복이란 복은 다 부어주시는 것입니다.

2. 사탄의 힘을 두려워하지 말라

이스라엘 백성의 두 번째 힘은 가나안을 지배하고 있는 사탄의 세력을 두려워하지 않는 것이었습니다.

18:9-11, "네 하나님 여호와께서 네게 주시는 땅에 들어가거든 너는 그 민족들의 가증한 행위를 본받지 말 것이니 그의 아들이나 딸을 불 가운데로 지나게 하는 자나 점쟁이나 길흉을 말하는 자나 요술하는 자나 무당이나 진언자나 신접자나 박수나 초혼자를 너희 가운데에 용납하지 말라"

이스라엘 백성이 들어가는 가나안 땅은 아주 잘 사는 도시들이었습니다. 거기에 비하여 이스라엘 백성은 완전히 40년 동안 광야만 돌아다닌 거지 떼들이나 마찬가지였고, 40년 동안 문명의 혜택이라고는 받아 본 적도 없고, 40년 동안 단 한 벌의 옷으로 살아온 사람들이었습니다. 그러나 가나안 족속들은 모두 세상에서 나름대로 성공한 사람들이었고 잘 사는 사람들이었습니다. 그런 잘사는 사람들 앞에서 이스라엘 백성은 기가 죽고 자신감을 잃기가 쉬웠습니다.

그러나 딱 한 가지 이스라엘 백성에게 받아들이기 어려운 점은 이 사람들이 모두 지독한 우상 숭배자들이었다는 것입니다. 이 사람들이 보통 수준의 우상 숭배자들이 아니라 극단적으로 우상숭배에 심취해서 거기에 빠진 사람들이었습니다. 그들은 자식들을 산채로 불에 집어넣기도 하고 점을 치는 것은 예사이고 죽은 귀신과 대화를 나누거나 신접하거나 불러오기도 할 정도로 아주 심한 미신 행위를 하는 자들이었습니다. 이런 사람들은 진리에 대하여 대단히 공격적이고 또 자기 목적을 위해서는 수단과 방법을 가리지 않았으므로 이스라엘 백성이 대단히 상대하기 어려웠습니다.

이것에 대하여 하나님은 분명히 말씀하셨습니다. 하나님은 이스라엘 백성에게 가나안 사람들의 문명이 발달하고 지적인 수준이 높다 하더라도 그들의 성공을 부러워해서는 결코 안 된다는 것입니다. 왜냐하면 하나님 백성의 축복은 따로 있기 때문입니다. 하나님의 백성은 많은 경우 이 세상에서 연단을 받느라고 가난하고 못사는데 세상 사람들은 잘살고 신분도 높고 유명할 때, 기가 죽을 수 있습니다. 그러나 하나님의 백성은 하나님을 믿지 않는 자들이 잘사는 것을 부러워하거나 그 앞에서 열등감을 가질 필요가 없습니다. 왜냐하면 그것은 그들의 길이고 우리의 길은 따로 있기 때문입니다. 그리고 우상숭배자들은 희한하게 하나님의 백성을 알아보고 이유도 없이 미워하고 공격합니다. 그렇게 하는 것은 그 사람들 뒤에는 사탄의 세력이 있어서 하나님의 백성을 미워하기 때문입니다. 그래서 아무리 사탄의 세력이 강하고 우리를 잡아먹으려고 해도 우리는 그것을 두려워할 필요가 없습니다. 하나님의 능력이 마귀의 능력보다 더 강하기 때문입니다.

그리고 하나님의 백성은 자기가 사는 곳에서 모든 미신이나 사탄의 풍습들을 하지 못하게 쫓아내야 합니다. 왜냐하면 이 세상은 마귀의 세상이 아니고 하나님의 세상이기 때문입니다. 우상숭배자들이나 하나님을 믿지 않는 자들이 세상을 다 차지하고 자기들의 것이라고 하지만 이 세상은 하나님의 것이며 모든 사람에게 사이좋게 살게 하셨습니다.

그래서 우리는 이 세상이 하나님의 것임을 분명히 해야 합니다. 아무리 다른 사람들이 독선적이라고 욕을 하고 따돌려도 이 세상은 하나님의 세상이며 하나님께서 모든 것을 다스린다는 것을 주장해야 합니다.

3. 하나님이 보내시는 한 선지자

이스라엘 백성은 가나안 족속들이 가지고 있는 장점이 하나도 없었습니다. 그런데 아무런 무기도 없는 이스라엘 백성은 가나안 사람들을 상대해서 이길 수 없었습니다. 그러나 이스라엘 백성에게 아주 강한 힘이 하나 있었는데 그것은 바로 하나님 말씀의 능력이었습니다.

18:15, "네 하나님 여호와께서 너희 가운데 네 형제 중에서 너를 위하여 나와 같은 선지자 하나를 일으키시리니 너희는 그의 말을 들을지니라"

하나님께서 이스라엘 백성에게 주시는 최고의 무기는 바로 하나님의 말씀이었습니다. 모세는 선지자였습니다. 모세가 하나님의 말씀을 선포했을 때 애굽의 모든 신들이 꼼짝도 하지 못했습니다. 출애굽기를 보면 애굽의 마술사들이 모세를 대적해서 지팡이로 뱀도 만들고 개구리도 불러올린 것을 알게 됩니다. 그러나 애굽의 마술사들은 자신들의 마술로 모세를 이길 수 없었고 그들이 만든 뱀이 모세를 물지 못했고 그들의 개구리가 모세에게 덤벼들지 못했습니다. 더욱이 '이' 재앙부터는 애굽의 마술이 듣지 않았습니다. 그리고 독종의 재앙부터는 애굽의 마술사들의 얼굴과 몸에 종기가 생기기 시작했습니다. 결국 애굽 왕 바로는 모세의 능력에 굴복해서 개구리를 떠나게 해 달라고 기도를 부탁하게 됩니다. 이 당시 애굽은 전 세계에서 가장 잘 살고 가장 힘이 센 나라였습니다. 그런데 모세의 입의 말이 애굽의 왕과 신하와 군대를 굴복시켰던 것입니다.

모세는 자기와 같은 선지자가 이스라엘에 또 나올 것이라고 하였습니다. 모세가 말하는 '자기와 같은 선지자'는 예수 그리스도를 말합니다. 예수님은 십자가 위에서 죽으시고 부활하심으로 사탄을 굴복시키셨습니다. 그뿐만 아니라 우리 믿는 자들에게 성령을 부어주셔서 세상의 어떤 사람들보다 지혜롭고 강하게 만드셨습니다. 결국 하나님의 아들이 이스라엘 백성에게 형제로 찾아오셔서 모든 사탄의 세력을 멸하시고 다시 한번 천지를 흔들면서 자기 백성들을 구원하신다는 것입니다. 그리고 또 누구든지 예수님의 손에 붙들려서 말씀의 능력을 나타내는 자는 다 모세와 같은 능력의 종이 될 수 있다는 것입니다. 즉 누구든지 하나님의 말씀을 그대로 믿고 하나님의 손에 붙들리기만 하면 하나님의 능력이 나타나게 되었습니다.

그래서 여호수아도 모세 같은 종이었고, 사사들도 모세 같은 종이었고, 사무엘이나 다윗이나 엘리야 같은 선지자들도 모두 모세 같은 종들이었던 것입니다. 이것은 다른 말로 표현하면 모든 이스라엘 백성은 다 하나님께 이런 식으로 귀하게 사용될 가능성이 있다는 것입니다. 모든 이스라엘 백성은 전부 하나님의 말씀을 있는 그대로 믿고 순종하면 누구든지 하나님의 능력이 폭발할 수 있는 가능성을 가진 사람들입니다. 즉 우리 한 사람 한 사람이 성령의 뇌관을 가진 폭탄인 것입니다.

이스라엘 백성이 시내 산에서 하나님의 율법을 받을 때 하나님의 말씀하시는 것이 너무나도 권세가 있고 무서워서 이스라엘 백성이 모두 죽을 것 같았습니다. 그래서 하나님께 요구하기를 선지자를 달라고 한 것입니다. 특히 모세는 어눌해서 말을 잘하지 못했습니다. 그러나 이스라엘 백성은 모세의 그 더듬는 말 속에 엄청난 하나님의 능력이 들어 있는 것을 믿어야 했습니다.

오늘 우리는 하나님의 말씀 속에 온 세상을 뒤엎고도 남는 능력이 있다는 것을 믿어야 합니다. 이것이 하나님께서 아무것도 가지지 않은 이스라엘 백성에게 주신 가장 강력한 무기였습니다. 우리가 이 세상에서 살아남을 수 있는 유일한 길은 하나님의 말씀을 붙드는 것입니다. 또한 우리나라가 강대국 사이에서 살아남는 방법도 하나님의 말씀을 붙드는 선지자의 나라가 되는 것입니다.

　하나님은 이스라엘 백성에게 모세와 같은 선지자를 주시겠다고 약속하셨습니다. 오늘도 너무나도 많은 사탄의 세력이 날뛰면서 사람들을 잔인하게 하고 공격적이 되게 하고 나라를 망하게 하려는데, 하나님은 우리에게도 말씀의 능력을 주셔서 우리나라를 지켜주실 것입니다. 그래서 우리는 사람의 외모를 보고 판단을 해서는 안 됩니다. 오늘도 사람들은 자기를 기쁘게 해 줄 사람들을 찾는데 그것은 복을 잃어버리는 것입니다. 누구든지 하나님의 말씀을 전하는 자를 찾아서 그 말씀을 들어야 복을 받습니다.

　하나님께서는 거짓된 선지자가 하나님의 이름으로 예언할 가능성이 있다고 말씀하십니다. 이런 말들은 사람을 기쁘게 하는 말이요 사람의 귀에 듣기 좋은 말을 하는 사람입니다. 그러나 우리는 하나님의 말씀을 절대로 가볍게 생각해서는 안 됩니다. 왜냐하면 이것은 한 영혼이 사느냐 죽느냐 아니면 한 가정 전체나 나라 전체가 사느냐 죽느냐 하는 것을 결정하는 문제이기 때문입니다.

　하나님께서는 분명히 거짓 선지자가 나올 수 있다고 말씀하십니다. 그러나 참된 하나님의 말씀은 응답이 있습니다. 즉 바른 하나님의 말씀은 그 말씀을 들을 때 우리 상한 마음이 치유되며 더러운 마음이 깨끗해지면서 기도하게 되는데 그때 기도의 응답이 있고 능력이 있고 삶의 변화가 있습니다. 그리고 놀라운 부흥이 있습니다. 우리가 바른 말씀을 믿고 기도하면 반드시 하나님의 응답이 있고 능력이 임합니다. 우리가 이것을 붙들고 지금의 모든 혼란을 이기고 다시 한번 큰 축복을 받는 성도들이 되시기 바랍니다.

23

패자의 기회
신 19:1-21

옛날 춘추전국시대에 관중과 포숙이라는 친구가 있었습니다. 그런데 이 둘은 장사를 해도 늘 관중이 계산을 속여서 자기가 돈을 더 많이 가져갔습니다. 누군가 그것을 가지고 포숙에게 말하면 관중은 가난하고 어머니를 모시기 때문에 돈이 더 필요하다고 했습니다. 관중은 하는 정책마다 실패했는데 그때 포숙은 자기 친구가 아직 때를 만나지 못했기 때문이라고 했습니다. 나중에 이 두 친구는 서로 다른 왕자를 섬기게 되는데, 관중은 포숙이 섬기는 왕자가 군주가 되지 못하도록 활을 쏘아서 배를 맞추었는데 실제로는 배에 있는 혁대를 맞추어서 그 왕자는 죽지 않았습니다. 그 왕자는 왕이 되어서 관중을 죽이려고 하니까 친구는 당신이 이 조그만 나라의 제후가 되려고 하면 내 친구를 죽여도 되지만 만약 천하를 지배하려고 하면 관중을 반드시 살려서 써야 한다고 제안했습니다. 그 왕은 포숙의 말을 듣고 관중을 죽이지 않고 살려서 천하의 맹주가 되게 됩니다. 그래서 관중은 말하기를 부모님이 나를 낳으셨지만 나를 이해한 사람은 내 친구 포숙뿐이라고 했습니다.

우리 젊은이들은 아직 때를 만나지 못했고 자신을 이해해주는 사람을 만나지 못했고 아직 자기가 잘할 수 있는 것을 찾지 못해서 방황하고 때로는 잘못을 저지르면서 살아갈 때가 많이 있습니다. 그러나 우리가 예수님을 만나는 순간 예수님은 내가 나를 아는 것보다 나를 더 잘 아시기 때문에 나의 인생을 바꾸실 수 있습니다.

1. 예상치 못한 불행

하나님께서는 우리에게 우연찮게 일어나는 사고들을 통하여 하나님의 뜻을 생각하게 하셨습니다. 우리 중에는 우연찮은 사고로 장애를 입으신 분들이 계시고 또 남편이나 아이를 잃은 분도 계십니다. 이때 이 사고는 누가 잘못해서 일어났다기보다는 하나님이 나의 소중한 것을 가져가셨다고 생각하라는 것입니다. 그러나 하나님은 나의 소중한 것을 가져간 대신에 분명히 나에게 다른 큰 은혜를 주실 것입니다. 그리고 이스라엘 사람 중에서 본의 아니게 남에게 피해를 준 사람은 의도한 것은 아니지만 그럼에도 불구하고 남을 죽게 한 것은 사실이기 때문에 적극적으로 도피성으로 도망쳐서 다시는 그 성 밖으로 나와서는 안 된다고 말씀하신 것입니다. 즉 남을 실수로 죽게 한 사람은 죽을 때까지 자숙하면서 겸손하게 살면 목숨을 부지할 수 있었습니다.

19:1-3, "네 하나님 여호와께서 이 여러 민족을 멸절하시고 네 하나님 여호와께서 그 땅을 네게 주시므로 네가 그것을 받고 그들의 성읍과 가옥에 거주할 때에 네 하나님 여호와께서 네게 기업으로 주신 땅 가운데에서 세 성읍을 너를 위하여 구별하고 네 하나님 여호와께서 네게 기업으로 주시는 땅 전체를 세 구역으로 나누어 길을 닦고 모든 살인자를 그 성읍으로 도피하게 하라"

하나님께서는 이스라엘 백성에게 하나님이 주신 땅에서 행복하게 살기 위해서는 먼저 도피성을 만들라고 말씀하셨습니다. 이 도피성이라는 것은 실수로 다른 사람을 죽게 한 사람들이 피신해서 새로운 삶을 살 수 있는 곳이었습니다. 하나님은 이 도피성을 가장 잘 보이는 곳에 정하게 하시고 또 항상 도로를 잘 닦아 두어서 실수로 살인한 사람들이 도망쳐서 살 수 있게 하라고 하셨습니다.

하나님은 이스라엘 백성에게 가나안 땅을 주실 텐데 그들이 가나안 땅에서 행복하게 살기 위해서는 다른 사람의 피를 흘리지 않는 것이 더 중요하다고 말씀하셨습니다. 우리가 보기에는 땅이 아무 감각이 없는 것 같지만 땅도 감각이 있기 때문에 그 위에 사는 사람들이 자꾸 죄를 지으면 나중에 견디지 못해서 거기에 있는 사람들을 다 몰아내게 된다는 것입니다. 그래서 하나님은 이스라엘 백성이 가나안 땅에서 오래 살기 위해서는 그 땅 위에 피를 흘리지 않는 것이 중요하다고 말씀하셨습니다. 결국 땅에 자꾸 사람들의 피가 묻게 되면 땅이 견디지 못해서 다른 나라 군대를 부르든지 혹은 재앙이 오든지 해서 거기에 사는 사람들을 쫓아내게 되는 것입니다. 그러므로 이스라엘 백성이 가나안 땅에 오래 사는 비결은 남의 피를 흘리지 않는 것이었습니다.

우리는 인간이기 때문에 이 세상에서 누군가를 미워할 때가 있습니다. 그런데 어떤 사람을 미워하면 그냥 미워하는 것으로 그치는 것이 아니라 그 사람의 얼굴을 보는 것이 싫고 나중에는 그 사람이 죽었으면 좋겠다는 생각까지 하게 됩니다. 그러나 우리가 세상에 살면서 내 생각이나 감정만 절대로 옳고 나와 생각이 다른 사람은 죽어야 한다면 그 생각은 굉장히 위험한 것입니다. 모든 사람은 크고 작은 잘못이 있음에도 불구하고 이 세상에서 살아야 할 권리가 있기 때문입니다.

지금으로부터 삼천오백 년 전에는 사람이 누군가를 미워하거나 분노를 품으면 반드시 가서 그 사람을 죽였던 것이 예사였습니다. 그러나 하나님께서는 이스라엘 백성이 사는 땅에는 절대로 힘이 있거나 권력이 있다고 해서 사람을 죽여서는 안 된다고 말씀하시면서 살인자를 살려두지 말라고 하셨습니다. 그러나 아무리 살인자라 하더라도 정말 고의가 아닌 과실로 사람을 죽게 했을 때는 그 사람의 피를 흘려서는 안 되었습니다. 그런 사람은 또 반드시 살려야 하나님 앞에 깨끗할 수 있었습니다.

19:6, "그 사람이 그에게 본래 원한이 없으니 죽이기에 합당하지 아니하나 두렵건대 그 피를 보복하는 자의 마음이 복수심에 불타서 살인자를 뒤쫓는데 그 가는 길이 멀면 그를 따라 잡아 죽일까 하노라"

여기서 "그 피를 보복하는 자"는 히브리어로 '고엘'이라고 하는데 대개 피해자의 가족을 말합니다. 옛날에는 자기 가족 중에 누군가가 죽임을 당하면 가장 가까운 친척이 가서 복수하게 되어 있었습니다. 이것은 그 당시의 관습이었는데, 성경에서 아무리 복수하지 말라고 해도 소용없을 정도로 강한 관습이었습니다.

그런데 이것은 놀랍게도 요즘도 아랍권이나 인도 같은 나라에 그대로 내려오고 있습니다. 그래서 가족 중에서 누군가가 가족의 명예를 더럽히거나 혹은 기독교로 개종하거나 혹은 다른 종족으로부터 피살당하면 가장 가까운 친족이 복수를 해주는 것입니다. 그러나 하나님은 이스라엘 백성 안에서 절대로 이런 피의 복수를 하면 안 된다고 말씀하셨습니다.

19:21, "네 눈이 긍휼히 여기지 말라 생명에는 생명으로, 눈에는 눈으로, 이에는 이로, 손에는 손으로, 발에는 발로이니라"

이 말씀은 가장 오해가 많은 구절인데, 이것은 자신이 피해입었을 때 본인이 직접 눈에는 눈, 이에는 이로 보복하라는 뜻이 아닙니다. 아무리 신체적인 피해를 입었다 하더라도 본인은 일절 가해자에게 손을 댈 수 없습니다. 그 대신 피해자가 이것을 재판관에게 가지고 가면 재판장이 재판해서 눈을 다치게 했으면 그것에 상응하는 벌을 내리고, 이를 다치게 했으면 이에 상응하는 벌을 내게 하라는 뜻입니다.

이스라엘 백성이 가나안 땅에서 오래 살 수 있는 비결은 피해 입었을 때 감정적으로 복수하지 않는 것이었습니다. 자신의 피해를 법에 맡기고 하나님께 맡길 때 하나님은 이스라엘 백성을 지켜주시는 것입니다.

그러나 지금 이스라엘 사람들은 팔레스타인 사람들에 대하여 "눈에는 눈, 이에는 이" 규정을 적용합니다. 그래서 이스라엘 당국은 팔레스타인 사람들이 폭탄 테러로 이스라엘 사람 몇이 죽으면 반드시 그만큼의 팔레스타인 사람들을 죽입니다. 그래서 감히 다른 나라 사람들이 이스라엘 사람들을 죽이지 못하게 하는 것입니다. 그러나 결과는 어떻습니까. 지금 이스라엘과 팔레스타인 사이의 증오감은 뼈에까지 사무쳐 있습니다.

사람은 인간이기 때문에 반드시 미움의 감정과 분노의 감정이 있습니다. 그러나 우리는 설사 그렇다 하더라도 그것까지도 하나님께 맡기고 절대적으로 개인적인 복수나 보복을 하려고 해서는 안 되는 것입니다. 이것이 믿음입니다. 우리가 피해를 본 것을 법에 맡기고 하나님께 맡길 때 우리는 이 세상에서 평화롭게 살 수 있습니다. 그러나 끝까지 내 감정대로 하고 나만 옳다고 떼를 쓴다면 하나님은 그런 사람들을 꼴 보기 싫어하셔서 쫓아내 버리실 것입니다. 결국 사람에게 보기 좋은 것이 하나님에게도 보기 좋은 것입니다.

예수님께서 대제사장의 하인들에게 붙들려 가실 때 베드로는 화가 나서 칼을 휘둘러 대제사장의 종의 귀를 잘랐습니다. 그때 예수님은 "이것까지 참으라"고 하시면서 그 종의 귀를 만져 낫게 하셨습니다(눅 22:50-51). 만약 그때 예수님께서 그 귀를 도로 낫게 하지 아니하셨으면 그 무리들과 제자들 사이에 칼부림이 일어나서 많이 죽었을지 모릅니다. 우리는 억울한 일을 당해도 모든 혈기와 분노의 감정을 하나님께 맡길 때 하나님께서 이 땅의 평화를 지켜주실 것입니다.

2. 실수로 피를 흘린 자의 책임

우리가 이 세상에 살다 보면 본인은 전혀 의도하지 않았는데 사고에 의해서 다른 사람을 죽게 하거나 다치게 할 수 있습니다. 이때 우리는 재수 없어서 그렇게 되었다고 할 것이 아니라 자기가 살기 위해서 최대한의 노력을 해야 합니다. 대개 자동차 사고를 내고 뺑소니치는 사람은 음주했거나 무면허거나 해서 가중처벌이 두려워서 도망치는데 이것은 더 큰 범죄입니다. 그는 피해입은 사람이 치료를 받을 수 있도록 최대한의 조치를 빨리 해야 하고 또 합의해야 할 것입니다. 그러나 옛날에도 실수나 사고로 사람들이 죽는 경우가 있었습니다. 이때 가해자는 우물쭈물해서는 안 되고 빨리 하나님께서 정해놓으신 도피성으로 도망해서 그 성 안에 있어야만 했습니다. 그래서 하나님은 이 사람들이 빨리 도망칠 수 있도록 언제나 도피성 가는 길을 잘 닦아놓게 하셨습니다.

> 19:5, "가령 사람이 그 이웃과 함께 벌목하러 삼림에 들어가서 손에 도끼를 들고 벌목하려고 찍을 때에 도끼가 자루에서 빠져 그의 이웃을 맞춰 그를 죽게 함과 같은 것이라 이런 사람은 그 성읍 중 하나로 도피하여 생명을 보존할 것이니라"

어떤 사람들이 같이 숲속에 나무를 베러 갔습니다. 그런데 정말 생각지도 않았는데 실수로 자루에서 도끼가 빠져서 옆에 있는 친구의 머리에 맞아서 그 친구가 죽어버린 것입니다. 이때 이미 한번 죽은 친구는 다시 살릴 수 없습니다. 물론 그 사람은 도끼질하기 전에 도끼가 안전한지 확인을 해야 할 책임이 있습니다. 그러나 사람이 하는 일은 완전한 것이 없습니다. 그래서 누구나 자기 나름대로는 한다고 했지만 정말 생각지도 않은 사고로 사람이 죽게 될 수 있습니다. 이때 하나님께서는 이런 사람이 죽지 않도록 배려를 하셨던 것입니다.

그러나 다른 사람을 죽게 한 사람이 그냥 집으로 가거나 그 자리에 있으면 안 되고 모든 것을 다 포기하고 빨리 하나님이 정하신 도피성으로 도망쳐야 했습니다. 물론 그는 그 즉시 모든 것을 다 포기하고 자기 목숨만 건져야 합니다. 왜냐하면 그 당시는 가장 가까운 친척이 복수하는 관습이 너무 강해서 아무리 하나님이 복수하지 말라고 해도 복수를 했기 때문입니다.

그런데 도피성으로 피한 살인자가 반드시 지켜야 할 규칙이 있었습니다. 그 첫 번째는 그 성에 들어가면서 자기가 왜 이곳으로 피하는지 그 이유를 밝혀야 하는 것입니다. 즉 실수로 살인한 자는 아무 일이 없는 체하고 그냥 들어와서 살면 안 된다는 것입니다. 그는 자기 죄를 밝혀야 보호를 받을 수 있습니다. 그리고 더 중요한 것은 절대로 성 밖으로 나갈 수 없다는 것입니다. 이 사람은 철저하게 자신의 삶의 경계를 그 도피성으로 한정하고 절대로 성 밖으로 나가서는 안 됩니다. 그리고 세 번째 규칙이 있는데, 이것은 이 사람의 생명은 대제사장의 생명과 연결이 되어 있어서 대제사장이 죽으면 과거의 모든 죄가 다 지워지기 때문에 성을 벗어나서 집으로 돌아갈 수 있게 된다는 것입니다.

그런데 이 교훈은 우리 예수 믿는 자들에게 아주 중요한 이유가 있습니다. 우리는 두 가지 이유로 이 도피성으로 도망친 살인자라고 할 수 있습니다. 그 하나는 우리는 예수님이 죽임당한 데 책임이 있는 사람입니다. 물론 우리가 직접 예수님을 십자가에 못 박아 죽인 것은 아니지만 우리는 예수님을 십자가에 죽게 한 죄인 중 하나라고 할 수 있습니다. 그리고 또 다른 하나는 우리가 비록 직접 다른 사람을 죽이지는 않았다 하더라도 마음속으로 미운 사람들을 죽이고 싶어 했고 또 죽기를 바란 적이 많이 있었을 것입니다. 예수님은 우리 마음에서 언제나 살인과 간음과 음란과 도둑질과 거짓 증언과 비방이 나온다고 하셨습니다(마 15:19). 즉 우리는 여차하면 죄를 지을 수 있는 우범자들입니다. 그래서 우리가 살 수 있는 길은 예수님의 복음을 듣자마자 예수님에게로 도망쳐서 내 야망이나 욕심을 죽이고 하나님의 말씀 안에서 살면 죄를 짓지 않고 평안하게 살 수 있습니다.

3. 욕망의 경계선을 넓히지 말라

하나님께서는 이스라엘 백성이 가나안 땅에 평안히 거하기 위해서 두 가지를 더 주의하라고 명령하셨습니다.

그 하나는 경계표를 옮기지 않는 것입니다.

19:14, "네 하나님 여호와께서 네게 주어 차지하게 하시는 땅 곧 네 소유가 된 기업의 땅에서 조상이 정한 네 이웃의 경계표를 옮기지 말지니라"

사람들은 누구나 다 땅을 가지기 원하고 또 땅이 있으면 그 땅을 넓히고 싶어 합니다. 옛날 모든 나라의 주인은 왕이었습니다. 그러나 이스라엘은 하나님께서 모든 이스라엘 백성에게 땅을 나누어주셨기 때문에 모든 이스라엘 백성은 땅을 가지고 있었습니다. 하나님께서는 모든 이스라엘 백성에게 남의 땅을 탐내지 말라고 하셨습니다.

그럼에도 불구하고 사람들은 자꾸 땅을 넓히고 싶어 했습니다. 땅을 넓혀야 집도 더 크게 지을 수 있고 농사도 더 많이 지어서 부자가 될 수 있었기 때문입니다. 그래서 하나님은 하나님이 정해놓으신 경계표를 넓히지 말라고 말씀하셨습니다. 실제로 모든 이스라엘 백성은 행복할 권리가 있기 때문에 그들은 남의 행복을 빼앗아 가지면 안 되는 것입니다. 우리 성도들도 모두 행복하게 살 자격이 있습니다. 그래서 누구든지 자기 인격이나 생명이나 가족을 다른 사람에게 빼앗기지 않고 보호받을 권리가 있는 것입니다. 그래서 하나님의 백성에게 가장 큰 죄는 자기 행복을 위해서 다른 사람의 행복을 빼앗는 것입니다. 그래서 하나님은 이스라엘 백성에게 경계표를 옮기지 못하게 하셨습니다.

경계표를 옮기는 방법은 여러 가지 있을 것입니다. 하나는 힘이 센 자가 약한 자의 것을 강제로 빼앗는 행위입니다. 그리고 다른 하나는 이웃이 가난할 때 돈을 주고 사든지 혹은 빚 대신에 차압을 해버리는 것입니다. 아합 왕이 그 대표적인 예입니다. 구약시대 이스라엘의 아합 왕은 자기 별궁 옆에 있는 나봇의 포도원이 너무 탐이 나서 가지고 싶었습니다. 그래서 처음에는 나봇에게 그 포도원을 팔라고 했는데 나봇이 눈치도 없이 하나님의 기업이므로 팔지 못한다고 거절하니까 결국 악한 부인이 거짓 증인을 세워서 돌로 쳐 죽이고 결국 그 땅을 빼앗았습니다. 그러나 그 피를 흘린 죄로 아합의 식구들은 완전히 씨를 말리는 심판을 받게 됩니다.

그러나 돈이 없어서 빚을 졌다가 차압당하는 경우도 많이 있었습니다. 그런데 가난한 이웃이 빚 때문에 종으로 팔려 가면 그가 없는 동안 땅을 슬쩍 자기 것으로 만들어서 경계표를 옮기거나 혹은 재판할 때 뇌물을 주어서 자기 것으로 판결 받는 경우도 있었습니다. 결국 이런 죄악 때문에 이스라엘과 유다가 망하게 됩니다. 이들은 작은 것을 탐내다가 더 큰 것을 잃게 된 것입니다.

우리는 내 것이 아닌 것은 일절 손을 대서는 안 됩니다. 내 돈이 아니고 내 물건이 아니고 내 사람이 아닌 사람은 아예 가질 생각을 하지 말아야 합니다. 요즘 교회는 만 명, 이만 명 무한정으로 숫자를 키우는 것을 성공한 목회로 생각합니다. 그러나 이것은 결국 목회자가 자기 야망과 욕심을 따라서 경계를 넓히는 것이지 진정한 부흥이 아니라는 사실을 알아야 합니다.

이스라엘은 함부로 자기 욕망을 따라가지 않아야 합니다. 이스라엘 백성은 함부로 자기 영역을 넓혀서 성공했다는 소리를 하지 않는 것이 이스라엘의 정신입니다. 다른 교회는 망해 가는데 내 교회만 만 명, 이만 명씩 넓히는 것은 결코 이스라엘의 정신이 아닙니다.

두 번째는 두세 증인의 입으로 사건을 확정하라는 것입니다.

19:15, "사람의 모든 악에 관하여 또한 모든 죄에 관하여는 한 증인으로만 정할 것이 아니요 두 증인의 입으로나 또는 세 증인의 입으로 그 사건을 확정할 것이며"

재판장은 사건을 확정할 때 적어도 두세 증인의 입으로 하라고 강조하셨습니다. 또 위증하는 자가 있으면 안 되었습니다. 하나님의 백성은 믿을 수 있는 사람이어야 했습니다. 옛날 예루살렘 성이 아름다웠던 이유는 성 자체가 아름다웠던 것이 아니었습니다. 누구든지 예루살렘 성안에서는 사기를 당하거나 차별을 당하거나 테러를 당하는 일이 없었습니다. 이스라엘 사람은 정직한 사람들이었기 때문입니다. 이스라엘 사람에게 가장 중요한 것은 당장 이익을 챙기는 것보다는 하나님 앞에서 정직한 것입니다.

하나님은 거짓말하는 자의 가치를 인정하지 않으십니다. 하나님께서는 거짓말하는 자의 기도를 듣지 아니하십니다. 그러나 우리는 쉴 새 없이 거짓이 우리 마음에서 솟아나는데 어떻게 해야 합니까? 우리는 늘 하나님 앞에서 우리의 거짓된 것과 위선적인 것을 회개해야 합니다. 오늘의 예루살렘은 교회입니다. 적어도 교회 안에서는 위선이나 사람의 편을 드는 것이나 억울하게 누명을 쓰는 일이 없어야 합니다. 교회 안에는 모든 것이 공평하게 이루어질 때 사람들은 하나님이 살아계신 것을 믿게 될 것입니다.

오늘 우리가 사는 세상은 대단히 불안할 때가 많습니다. 직장도 없고, 집값도 뛰고 여러 가지로 사회를 불안하게 하는 요소가 많이 있습니다. 그 이유는 사람들이 피를 많이 흘리고 마음껏 욕망을 부렸기 때문입니다. 이때 우리 믿는 자들만이라도 욕망을 절제해서 도피성에 사는 사람들처럼 자족하는 신앙으로 살 때 하나님께서 다시 한번 이 땅을 축복해주실 줄 믿습니다.

24

전쟁의 규칙
신 20:1-20

옛날 중국에서 전쟁에 대한 이론을 책으로 써서 체계화시킨 사람이 있었는데 바로 손자였습니다. 손자의 《손자병법》은 지금도 많은 군인이나 기업가들에게 많이 읽히고 있습니다. 저는 그 책을 보면서 왜 이 사람은 이런 책을 써서 사람들로 하여금 더 전쟁을 잘하게 했을까 이해되지 않았습니다. 아마 그는 자기가 이만큼 전쟁을 잘할 수 있다는 것을 나타내기 위해서 그런 책을 쓴 것 같습니다.

손자병법에서 가장 중요한 것은 적과의 군사력의 비교였습니다. 그래서 군사력이 두 배가 되면 공격을 하고, 네 배가 되면 포위를 하고, 비슷하면 전쟁을 하지 말라는 식으로 주장하고 있습니다. 즉 전쟁하는 데 중요한 것은 이길 수 있는 전쟁을 해야 하고 군사력이 월등하게 강할 때 전쟁하라는 것이었습니다.

전쟁이 일어났을 때 가장 큰 피해를 보는 사람들은 약소국 사람들입니다. 그들은 단지 약소국에서 태어났다는 한 가지 이유만으로 강대국이 쳐들어오면 전쟁에 나가서 죽든지 아니면 포로로 붙들려서 외국에 팔려가는 비참한 신세를 면치 못했습니다. 그래서 이 세상에서 전쟁을 가장 싫어하는 사람들은 언제나 약소국 사람들입니다.

그러나 이 세상에서 전쟁을 끔찍하게도 싫어하는 사람들이 있는데, 그들은 바로 하나님을 믿는 사람들입니다. 하나님의 백성은 이미 하나님 앞에서 세상을 향한 모든 욕망과 혈기를 다 포기했습니다. 그래서 하나님을 믿는 사람은 다른 민족이나 다른 나라와 싸워야 할 이유도 없고 또 싸울 힘도 없는 것입니다. 그럼에도 불구하고 아무리 하나님의 백성이라 하더라도 이 세상에 사는 이상 전쟁을 피할 수 없을 때가 있습니다. 왜냐하면 다른 강한 사람들은 자기 힘을 믿고 전쟁을 원하고 있고 또 하나님의 백성을 미워해서 싸우려고 하기 때문입니다.

본문은 이스라엘 백성이 전쟁에 나갈 때 어떻게 해야 할 것인지 하나님께서 가르쳐주신 내용입니다. 하나님은 이스라엘 백성이 전쟁을 좋아하지만 그럼에도 불구하고 전쟁해야 할 때는 상대편의 군사들이 많은 것이나 무기를 보지 말고 하나님께 함께 하시는 것을 믿으라고 말씀하셨습니다. 즉 이스라엘 백성은 하나님을 의지하고 믿음으로 전쟁해야 이길 수 있다는 것입니다.

1. 이스라엘과 함께 하시는 하나님

20:1, "네가 나가서 적군과 싸우려 할 때에 말과 병거와 백성이 너보다 많음을 볼지라도 그들을 두려워하지 말라 애굽 땅에서 너를 인도하여 내신 네 하나님 여호와께서 너와 함께 하시느니라"

전쟁이 무서운 이유는 내가 상대방 사람을 죽여야 살 수 있기 때문입니다. 만일 내가 상대방을 죽이거나 전쟁에서 이기지 못하면 나와 내 가족이 죽게 되는 것입니다. 전쟁이라는 것은 일단 이기면 자기 나라와 자유를 지키는 것이지만, 전쟁에 지는 날이면 나라나 백성 전체를 다 빼앗기고 노예가 되든지 죽어야 하기 때문에 참혹한 것입니다. 전쟁은 이겼을 때는 자유를 얻지만 지면 모든 것을 다 빼앗기게 됩니다. 그래서 전쟁은 어떻게 해서든지 일어나지 말아야 하고 그럼에도 불구하고 전쟁이 터졌을 때는 무조건 이겨야 하는 것입니다. 만일 지는 날에는 모든 것이 다 끝장나고 마는 것입니다.

그런데 하나님께서는 이스라엘 백성에게 대적과 싸울 때 적의 말이나 병거나 사람이 많은 것을 보고 두려워하지 말라고 말씀하셨습니다. 이스라엘에는 전능하신 하나님이 함께 계시기 때문입니다.

사실 이것이 이스라엘 백성에게 가장 어려운 문제입니다. 일단 전쟁이 일어나면 무기나 군사력이 강한 나라가 이기게 되어 있습니다. 그래서 무기나 군사력에서 월등하게 유리한 것이 전쟁에서 이기는 비결입니다. 그러나 하나님께서는 이스라엘 백성이 알지 못하는 한 가지 중요한 무기가 있는데, 그것은 바로 하나님 자신이라고 말씀하고 있는 것입니다.

그러나 이스라엘 백성에게 가장 두려운 것이 바로 이것이었습니다. 물론 이론적으로는 하나님께서 강하고 함께 하시면 전쟁에서 이기는 것은 사실이지만 막상 하나님은 눈에 보이지 않습니다. 그러니 그들은 눈에 보이지 않는 하나님을 믿고 싸워야 하는 것입니다. 우리는 당장 손에 쥐고 있는 것이 없으면 불안해지고 미래가 걱정됩니다. 그러다가 큰 어려움이 생겼을 때 하나님께 도와달라고 부르짖으면서 기도를 하는데 얼마나 속이 타는지 말로 표현할 수 없는 것입니다.

나중에 이스라엘 백성이 하나님께 왕을 요구한 이유도 여기에 있었습니다. 이론적으로는 이스라엘 백성이 하나님의 말씀에 순종하면 어느 정도 침략하지 못하고 늘 승리하게 되어 있습니다. 그러나 실제 살아보니까 하나님의 말씀은 어디까지나 이론이고, 실제로는 이스라엘 백성은 하나님의 말씀대로 살 수 없었고 그때마다 적이 쳐들어오는데 왕이 없고 정부나 군대가 없으니까 늘 모든 것이 느렸던 것입니다. 그래서 이스라엘 백성은 우리도 하나님 말고 정부가 있고 군대가 있어야 되겠다고 요구한 것입니다.

그런데 우리가 알아야 할 것은 하나님을 우리 편으로 붙들어 두려면 우리가 강해서는 안 된다는 것입니다. 우리가 약할 때 하나님은 언제나 우리 편이 되어주십니다. 그러나 우리가 약하면 늘 현실적으로 어려움을 많이 당할 수밖에 없습니다. 그래서 우리가 진정으로 하나님을 내 편으로 만들려면 분명한 믿음을 가지고 있어야 하고 일부러라도 약한 상태에 있어야 합니다. 그러기 위해서는 몇 배나 강한 믿음으로 무장되어 있어야 합니다.

그래서 이스라엘 백성은 전쟁하기 전에 언제나 제사장이 하나님의 말씀을 선포하게 되어 있었습니다.

20:2-4, "너희가 싸울 곳에 가까이 가면 제사장은 백성에게 나아가서 고하여 그들에게 말하여 이르기를 이스라엘아 들으라 너희가 오늘 너희의 대적과 싸우려고 나아왔으니 마음에 겁내지 말며 두려워하지 말며 떨지 말며 그들로 말미암아 놀라지 말라 너희 하나님 여호와는 너희와 함께 행하시며 너희를 위하여 너희 적군과 싸우시고 구원하실 것이라 할 것이며"

우리는 예수를 믿으면서도 하나님께서 정말 나의 아버지가 되시고 예수님이 정말 나의 주가 되신다는 것을 믿지 못할 때가 많이 있습니다. 왜냐하면 하나님은 우리의 진로에 대하여 모든 것을 다 설명해주시지 않기 때문입니다. 어떤 때는 주님께서 우리를 메마른 사막길로 인도하시기도 하고 어떤 때에는 정말 아슬아슬한 사망의 절벽을 지나가게 하시기도 합니다. 우리는 이 세상에서 편하게 잘 정착해서 사는 것을 원하지, 이런 역경이나 어려움을 전혀 원하지 않습니다. 그러나 세월이 지난 후에 돌아보면 하나님께서는 나의 인생의 길을 정말 꼭 정확하고 안전한 길로만 인도하셨다는 것을 알게 되는 것입니다.

2. 이스라엘의 시험

하나님께서는 이스라엘 백성이 전쟁할 때 하나님이 함께 하신다는 믿음으로 전쟁터에 나아가기를 원하셨습니다. 그래서 하나님이 나와 함께 하신다는 믿음이 없는 사람들은 싸우지 말고 집으로 돌아가게 하셨습니다.

> 20:5-7, "책임자들은 백성에게 말하여 이르기를 새 집을 건축하고 낙성식을 행하지 못한 자가 있느냐 그는 집으로 돌아갈지니 전사하면 타인이 낙성식을 행할까 하노라 포도원을 만들고 그 과실을 먹지 못한 자가 있느냐 그는 집으로 돌아갈지니 전사하면 타인이 그 과실을 먹을까 하노라 여자와 약혼하고 그와 결혼하지 못한 자가 있느냐 그는 집으로 돌아갈지니 전사하면 타인이 그를 데려갈까 하노라 하고"

아마 우리나라 남자 중에서 정말 자기가 원해서 군대에 입대하는 사람들은 많지 않을 것입니다. 그런데 외국에 이민 가서 시민권을 가졌음에도 불구하고 우리나라에 와서 자발적으로 군대에 입대하는 사람들이 있습니다. 이 사람은 어떤 이유든지 간에 우리나라에 대한 강한 자부심을 가지고 있고, 또 우리나라를 사랑하는 사람인 것은 분명합니다.

하나님께서는 이스라엘 백성이 전쟁하기 위하여 모였는데, 그중에서 마음속에 걱정거리가 있고 두려움이나 불안이 있는 사람들은 모두 나와 집으로 돌아가라고 했습니다. 사실 전쟁터에 나온 군인 중에서 마음속에 걱정거리와 두려움이 없는 사람은 없을 것입니다. 그러나 이스라엘 지도자들은 백성 중에서 돌아다니면서 걱정거리가 있는 사람들은 다 나오라고 해서 집으로 돌아가게 했습니다. 과연 이것이 전쟁터에서 가능한 일이겠습니까? 일단 전쟁이 터지면 어느 나라든지 가장 심하게 단속하는 것이 탈영병인데, 탈영했다가 붙들리면 총살해버립니다.

그런데 이스라엘 백성은 오히려 돌아가라고 권하라는 것입니다. 우선 우리는 여기서 이것이 항상 그런 것은 아니고 가장 이상적인 상태라는 것을 기억해야 합니다. 이스라엘 백성이 가장 이상적인 것은 사람만 많이 뽑아서 군대만 크게 하는 것이 아니라, 한 사람 한 사람이 하나님이 함께 하신다는 믿음을 가지고 싸우는 것입니다. 그러면 이 한 사람 한 사람은 한 사람이 아니라 백 명으로 변하기도 하고 천 명으로 변하기도 하는 것입니다. 그래서 이스라엘 지도자들은 무조건 싸우기도 싫어하는 사람들을 끌고 와서 억지로 전쟁터에 내보낼 것이 아니라, 한 사람 한 사람을 믿음으로 무장시켜서 성령으로 충만하게 하는 것이 승리하는 비결이라는 뜻입니다.

이스라엘 백성이 성령으로 충만하게 되면 믿음이 이 모든 두려움과 불안과 염려를 몰아내기 때문에 전혀 인간적인 생각이나 걱정이나 두려움이 들어올 수 없게 됩니다. 하나님 백성의 마음이 성령으로 충만하게 될 때 바로 하나님의 능력이 터져 나오게 되는 것입니다. 그래서 하나님께서 집이나 포도원이나 아내가 걱정되는 사람은 돌아가라고 하는 것은 믿음으로 이 모든 불안을 이기라는 뜻입니다. 모든 것을 하나님께 맡길 때 하나님께서 책임져주시는 것입니다.

그런데 실제 이스라엘 역사에서 전쟁할 때 이렇게 한 경우가 딱 한 번 있었습니다. 바로 기드온 사사 때였습니다. 기드온은 하나님의 지시에 따라서 전쟁하려고 모인 이스라엘 백성 중에서 두려워서 떠는 자는 다 돌아가라고 했습니다. 그렇게 했더니 모였던 3만 2천 명 중에서 2만 2천명이 돌아가고 만 명만 남았습니다. 우리가 생각으로는 '걱정이 되는 사람은 돌아가시오'라고 하면 안 될 것 같습니다. 그런데 하나님께서는 그나마 남아있는 사람 만 명도 물 마시는 것으로 시험을 해서 9천7백 명은 돌려보내고, 남은 3백 명의 용사로 십만 명이 넘는 미디안 족속과 싸워서 승리했던 것입니다.

이것을 보면 하나님의 백성이 완전히 하나님께 자신의 모든 것을 다 맡겼을 때 아주 소수의 사람이 핵무기가 되는 것을 볼 수 있습니다. 그래서 이것은 결국 하나님께서 이스라엘 백성에게 전쟁할 때 핵무기로 싸우겠느냐 재래식 무기로 싸우겠느냐 하는 질문과 같은 것입니다. 재래식 무기로 싸우는 것은 사람의 숫자와 무기의 숫자에 비례해서 전쟁의 판세가 달라지게 될 것입니다. 같은 조건에서 싸운다면 말이나 병거가 많고 탱크가 많고 군인들의 수가 많은 쪽이 유리한 것은 사실입니다. 그러나 만일 이 전쟁이 핵전쟁이 되어버린다면 핵무기를 먼저 터트리는 쪽이 이기게 됩니다. 그래서 이스라엘 백성 스스로 하나님의 핵무기로 변하려고 하면 모든 인간적인 불안과 두려움을 물리치고 믿음으로 무장이 되어야 하는 것입니다. 즉 우리가 하나님의 나라를 위해서 죽기를 각오할 때 하나님의 무시무시한 능력이 우리를 통하여 나타나게 되는 것입니다.

1절 끝에 보면 하나님께서 말씀하시기를 "애굽 땅에서 너를 인도하여 내신 네 하나님 여호와께서 너와 함께 하시느니라"고 했습니다. 즉 출애굽기는 아직 끝나지 않았다는 것입니다. 하나님의 능력은 출애굽 때 이적과 기사를 행하고 끝난 것이 아니라 지금도 이스라엘 백성이 백퍼센트의 믿음으로 하나님께 헌신하면 얼마든지 한 방을 터트린다는 것입니다.

3. 이스라엘의 전쟁 방법

무엇보다 이스라엘 백성은 전쟁을 좋아하는 사람들이 아닙니다. 그들은 언제나 평화를 선택해야 하고 전쟁은 도저히 피할 수 없는 경우에만 사용해야 한다고 말씀하셨습니다. 즉 하나님의 백성은 전쟁을 주 무기로 사용해서는 안 되는 것입니다.

20:10, "네가 어떤 성읍으로 나아가서 치려 할 때에는 그 성읍에 먼저 화평을 선언하라"

하나님께서 이스라엘 백성으로 하여금 가나안 땅을 치게 하셨을 때는 화평하지 못하게 하셨습니다. 오히려 하나님은 '헤렘'이라고 해서 가나안 사람들의 물건조차도 가지지 못하게 하셨습니다. 이것은 그곳이 완전히 저주받은 땅이라는 뜻입니다. 이 당시 가나안 땅은 완전히 무당이나 창녀들로 뒤덮인 죄악의 도성이었습니다. 이런 성에 대해서 하나님께서는 이스라엘 백성이 조금도 불쌍히 여기지 말고 파괴하게 하셨습니다. 그러나 하나님은 기브온 사람들이 비록 속여서 이스라엘과 화친했을 때 그들을 죽이지 못하게 하셨습니다. 왜냐하면 하나님은 평화의 하나님이시기 때문입니다.

그래서 하나님은 이스라엘 백성에게 전쟁하기 전에 먼저 그 상대와 평화를 제안하게 하셨습니다. 그래서 평화를 받아들이면 종으로 삼으라고 했습니다. 왜 대등한 조약을 허락하시지 않았는가 하면 이스라엘이 그들의 죄의 영향력을 받을 수 있었기 때문입니다.

그리고 하나님께서는 전쟁할 때 어차피 나무를 잘라서 전쟁하는 도구로 사용할 수밖에 없는데, 그렇지만 결코 과일나무는 잘라서 쓰지 말라고 하셨습니다. 어차피 그 땅을 하나님께서 이스라엘 백성에게 주실 텐데 전쟁하느라고 과일나무까지 벌목을 해버리면 결국 이스라엘 자신의 재산이 없어지기 때문입니다. 그래서 전쟁하더라도 잡목 같은 것은 별로 가치가 없으니까 잘라서 써도 되지만, 과일나무는 자르지 말고 아껴두라고 말씀하셨습니다. 이것은 이스라엘 백성은 전쟁하더라도 이기기 위해서 수단과 방법을 가리지 않고 이기려는 것이 아니라, 승리할 것을 확신하고 할 수 있는 대로 나무 하나라도 아껴가면서 싸우라는 의미입니다.

우리는 너무 이 세상에서 모든 것을 다 가지려고 생각해서는 안 됩니다. 우리가 이 세상에서 가져야 하는 것은 바로 하나님의 마음이고 하나님의 능력입니다. 우리 한 사람 한 사람이 믿음으로 충만해질 때 우리는 거대한 하나님의 핵무기로 변하게 되며 우리가 합심해서 기도할 때 다시 한번 이 땅에서 위대한 출애굽의 기적이 일어나게 된다는 것을 알아야 합니다.

우리는 결코 이 세상의 성공이나 영광에 대하여 기가 죽어서는 안 됩니다. 왜냐하면 하나님께서는 우리를 복의 근원으로 택하셨기 때문입니다. 오늘도 우리가 집에 대한 걱정, 결혼에 대한 걱정, 직장에 대한 걱정 등 모든 걱정은 다 물리치고 내가 하나님의 백성이 된 것을 진심으로 기뻐하고 감사하고 즐거워할 때 하나님께서 다시 한번 우리를 통하여 기적을 행하실 것입니다.

25

사회적 순결
신 21:1-23

처음 싱가포르를 가면 날씨는 더운 곳이지만 거리가 지저분하지 않고 건물들이 모두 아름다운 것을 보게 될 것입니다. 싱가포르는 한 도시밖에 안 되는 작은 나라이지만 거리에 거지가 없고 침을 뱉을 수 없습니다. 왜냐하면 거지가 보이면 즉시 추방하고 침을 뱉으면 엄청난 벌금을 부과하기 때문입니다. 전에 어떤 한 미국 시민권을 가진 청소년이 다른 사람의 차에 스프레이 페인트로 낙서했다가 태형을 받았던 적이 있습니다. 그때 미국에서는 이 태형을 막아보려고 애를 많이 썼지만 결국 막지 못해서 이 청소년은 태형을 당하고 말았습니다. 이처럼 싱가포르는 법으로 규제하기 때문에 깨끗한 나라가 된 것입니다.

하나님께서는 이스라엘 모든 도시나 동네가 깨끗하고 거룩한 도시가 되게 하라고 말씀하셨습니다. 이것은 외관만 깨끗하다고 해서 되는 것이 아니라 거기에 사는 사람들의 마음이 깨끗해야 가능한 것입니다. 한때 가나안은 온갖 더러운 오물로 가득 찬 쓰레기장과 같은 곳이었습니다. 가나안 땅은 우상숭배와 매춘과 도둑질과 살인으로 얼룩진 세상이었습니다. 하나님께서는 이스라엘 백성에게 이 모든 죄악을 다 몰아내고 깨끗한 새 도시로 만들라고 하셨습니다.

요즘은 남자나 여성이나 순결을 별로 중요하지 않게 생각하는 세상이 되었습니다. 그러나 사람에게 있어서 순결은 아주 중요한 것입니다. 마찬가지로 하나님은 어느 도시나 나라가 하나님의 사랑과 축복을 받으려면 개인만이 아니라 사회도 깨끗한 순결을 지켜야 한다고 강조하셨습니다.

1. 피 흔적이 없는 도시

21:1, "네 하나님 여호와께서 네게 주어 차지하게 하신 땅에서 피살된 시체가 들에 엎드러진 것을 발견하고 그 쳐죽인 자가 누구인지 알지 못하거든"

하나님은 어느 도시든지 아름답고 거룩하게 되려면 가장 중요한 것은 이유 없이 죽는 사람이 없어야 한다고 말씀하셨습니다. 즉 누구든지 억울한 일이 있어서 자살한다든지 혹은 밤거리를 가다가 악한 자에게 칼에 찔려서 죽는다든지 하면 이미 그 도시는 억울한 피로 얼룩져버렸기 때문에 하나님 앞에서 거룩한 성이 될 수 없다는 것입니다.

이처럼 이스라엘 모든 도시가 축복의 도시가 되는 데 있어서 가장 중요한 조건은 억울하게 피를 흘리는 일이 있으면 안 되는 것입니다. 그중에서 가장 심각한 것은 누군가 강도짓을 한다고 사람을 죽이거나 혹은 화가 나거나 복수한다고 다른 사람을 찔러 죽이거나 혹은 분한 마음을 이기지 못해서 자살하는 일입니다. 이처럼 억울한 피를 흘린다면 일단 그 도시는 피가 얼룩진 도시이기 때문에 축복의 도시가 될 수 없습니다.

그런데 본문 말씀은 들판에서 도저히 살인자를 알 수 없는 한 시체가 발견된 경우입니다. 요즘 같으면 경찰에서 죽은 사람의 신원을 파악한 후에 살인한 사람을 잡을 때까지 수사하게 되어 있습니다. 그러나 그때는 지금 같은 경찰제도가 없었습니다. 하나님께서는 이런 경우에도 그냥 그 시체를 땅에 파묻어서 사건을 끝내지 못하게 하셨습니다. 그러나 도저히 죽은 사람의 신원도 알 수 없고 살인자도 알 수 없을 때 처리하는 방법을, 2절 이하에서 보여주고 있습니다.

하나님은 그 시체가 발견된 장소로부터 거리를 재어서 가장 가까운 성읍의 장로들이 책임을 지도록 하셨습니다. 어떻게 책임을 집니까? 한 번도 사용한 적이 없는 암송아지 한 마리를 데리고 항상 시냇물이 흐르고 밭도 갈지 않은 골짜기에 가서 그 암송아지의 목을 꺾어서 죽이는 것입니다. 그리고 이 죽인 송아지 위에 손을 씻고 우리는 이 피를 흘리지도 않았고 보지도 않았다는 맹세를 하는 것입니다. 그렇게 해야 이 한 사람의 피값이 이스라엘의 머리로 돌아오지 않게 되는 것입니다.

이것은 첫째, 이스라엘에는 무죄한 피가 단 한 건이라고 흘려서는 안 된다는 것을 보여주는 것입니다. 이스라엘 안에서는 절대로 자기 욕심이나 혹은 화가 난다고 해서 다른 사람의 생명을 해치는 일이 있어서는 안 됩니다. 만일 피를 흘린 도시는 하나님 앞에서 축복의 도시가 되지 못하는 것입니다. 그래서 적어도 이스라엘이나 예루살렘이라면 그 안에 사는 사람들이 밤이나 낮이나 혹은 성안에서나 심지어는 들판이라도 마음 놓고 다닐 수 있는 안전한 곳이 되어야 한다는 것입니다.

옛날에 누군가 예루살렘을 방문하면 놀라지 않을 수 없었습니다. 모든 예루살렘 사람들은 어른이나 아이나 할 것 없이 모르는 사람들에게 친절했기 때문입니다. 밤이나 낮이나 안전하게 거리를 다닐 수 있었고 밤에 불량배들에게 공격당한다거나 여자가 납치되는 일은 상상할 수 없었습니다. 그래서 한 번이라도 예루살렘을 방문한 적이 있는 사람은 예루살렘을 '거룩한 성'이라고 칭송했던 것입니다.

만약 이스라엘 백성이 이런 살인죄가 발생했음에도 불구하고 무시하고 그냥 넘어간다면 하나님께서 축복을 내리시지 않을 것입니다. 사무엘하 21장에 보면, 다윗 왕 때에 삼 년 동안 연이어서 비가 오지 않는 흉년이 발생했습니다. 처음에는 그 원인을 몰랐는데 나중에 알고 보니까 사울 왕이 기브온 족속을 이유 없이 죽인 죄 때문이었습니다. 사울 왕은 이스라엘 백성의 환심을 사기 위해서 이스라엘에 사는 이방인인 기브온 족속을 이유 없이 죽인 것입니다. 그래서 다윗이 기브온 족속에게 어떻게 해주었으면 좋겠느냐고 물으니까 사울의 자손 일곱 명을 목을 매달도록 내어 달라고 해서 사울의 자손 일곱 명을 내어주어서 죽이니까 하늘에서 비가 내렸습니다.

하나님은 이스라엘 백성에게 이스라엘 안에서는 단 한 건의 무죄한 죽음도 일어나게 하지 않겠다는 정신으로 살아야 한다고 말씀하셨습니다. 우리는 한 사람 한 사람 생명의 가치가 이 세상 다른 어떤 것과도 바꿀 수 없으며 어느 한 사람이라도 억울하게 죽어서는 안 된다는 정신을 가지고 살아야 하나님께서 복을 주시는 것입니다.

2. 말씀을 통한 거룩

하나님께서는 이스라엘이 자신을 거룩하게 하는 데 있어서 가장 중요한 일을 맡을 사람을 제사장이라고 하셨습니다.

21:5, "레위 자손 제사장들도 그리로 갈지니 그들은 네 하나님 여호와께서 택하사 자기를 섬기게 하시며 또 여호와의 이름으로 축복하게 하신

자라 모든 소송과 모든 투쟁이 그들의 말대로 판결될 것이니라 "

우리가 한번 생각해 보면 아무리 들판에서 사람이 죽었다 하더라도 하나님은 그 범인을 알고 계실 것입니다. 그러나 하나님은 그 범인이 누구라는 것을 알려주시지 않고 제사장이 하나님의 말씀대로 하면 된다고 말씀하셨습니다. 하나님께서는 이 세상에 하나님의 신비로운 개입이 너무 많으면 인간이 자기 스스로 할 일은 하지 않고 미신적인 생각에 빠질 것을 알고 계셨습니다. 즉 자기들이 해야 할 일은 하지 않고 모든 살인자를 하나님께서 다 알려주실 때까지 기다릴 것입니다. 그러나 하나님은 결코 이 세상의 모든 죄가 다 없어지지 않는다는 것을 알고 계셨습니다.

그래서 하나님께서는 두 가지 방법을 주셨습니다. 하나는 제사장을 통해서 하나님의 말씀대로 순종하는 것입니다. 하나님께서는 우리에게 무한한 거룩을 요구하시지 않습니다. 성경에서 하나님께서 말씀하신 것만 하면 하나님은 더 이상 책임을 묻지 않으시는 것입니다. 여기서 우리는 신비주의와 말씀 중심의 신앙이 차이가 나는 것을 알게 됩니다. 신비주의는 어떤 한 사건이 생기면 모든 것을 다 완전하게 해결해야 한다고 생각합니다. 그래서 하나님께서 그 범인을 알려주시고 그 범인이 붙들려서 처형당하기 전에는 하나님이 축복하시지 않을 것이라고 생각하는 것입니다. 그러나 하나님은 이스라엘 백성에게 하나님의 말씀대로만 하면 된다고 하셨습니다. 그들이 생각하기에 아무리 비합리적으로 보인다 하더라도 하나님의 말씀대로 순종하면 나머지는 하나님께서 책임을 져주시는 것입니다.

또한 하나님께서는 이 모든 일을 반드시 레위 자손 제사장의 지시에 따라 하라고 하셨습니다. 이것은 아주 중요한 의미가 있습니다. 우리는 이 세상을 깨끗하게 하는 방식이 있습니다. 우리가 죄 하나하나를 철저히 파헤친다고 해서 세상의 모든 불의나 부정이 해결되지 않습니다. 옛날 과거의 일을 파헤치는 동안에도 새로운 죄와 악은 저질러지고 있기 때문입니다. 그래서 하나님은 항상 흐르는 시냇물에 가서 해결하게 하셨습니다. 즉 모든 더러운 것은 항상 흐르는 시냇물에 씻으면 깨끗해지게 되어있습니다.

이 행위의 중요한 의미는 무엇입니까? 세상이 깨끗해지는 가장 중요한 방법은 교회의 설교가 언제나 성경대로 바로 이루어져야 하는 것입니다. 강단에서 항상 새로운 말씀이 흘러나오면 우리는 죄를 언제나 회개하지 않을 수 없습니다. 그러면 우리는 항상 하나님 앞에서 죄를 회개하면 되는 것입니다. 제사장이 하나님 앞에서 바른 양심으로 말씀을 선포할 때 성령의 생수가 언제나 터져 나오게 되어있습니다. 이때 교인들의 마음이 깨끗해지고 교회가 깨끗해지며 성도들의 가정과 직장이 깨끗해지게 됩니다.

자기 자신은 아무 죄도 짓지 않았지만 범인도 모르게 들판에서 죽은 한 사람 때문에 죽어야 하는 암송아지는 '예수 그리스도'를 나타냅니다. 예수님은 우리 사회의 모든 더러운 오물을 빨아가는 진공청소기입니다.

사실 어느 사회든지 종교는 그 사회를 정화하는 역할을 해야 합니다. 그러나 우리 사회에는 불교나 기독교나 모두 자기 세력의 확대만을 위해 노력합니다. 그러나 종교는 사회의 죄나 분노와 욕심을 정화하는 기능을 감당해야 합니다. 오늘 기독교도 너무나도 많이 가진 자들의 종교가 되었고, 세상에서 너무 많은 것을 가져서 이제 천국을 가기 싫어하는 종교가 되어버렸습니다. 우리 기독교가 다시 가난한 자의 종교가 되어야 합니다. 세상의 많은 욕심을 먼저 교회가 내려놓고 오직 예수님의 십자가를 다시 붙들 때 그 능력을 나타내게 될 것입니다.

3. 사회적 약자의 문제

　새로운 도시를 건설하려면 상수도도 중요하지만 어떤 의미에서는 하수도 시설의 인프라가 더 중요합니다. 어느 사회든지 어두운 구석이 있게 마련인데, 이 부분을 어떻게 해결하느냐 하는 것이 그 사회가 깨끗해지는 비결입니다. 우리 사회에서는 주로 사창가나 조직폭력, 마약의 문제 등이 이 하수구에 해당합니다.
　하나님께서는 이스라엘에도 몸을 파는 여자가 생길 수 있다고 보셨습니다. 대개 몸을 파는 여자가 생기는 이유는 남자들이 여성들을 책임지지 않기 때문입니다. 옛날에는 아버지가 빚을 지면 딸을 파는 일들도 왕왕 있었습니다. 그래서 남자가 여자를 책임지지 않고 내쫓으면 결국 그 여자는 살기 위해서 몸을 팔 수밖에 없는 것입니다. 그래서 하나님께서는 사회의 가장 어두운 부분의 해결을 위해서도 말씀을 하셨습니다.

> 21:10-12, "네가 나가서 적군과 싸울 때에 네 하나님 여호와께서 그들을 네 손에 넘기시므로 네가 그들을 사로잡은 후에 네가 만일 그 포로 중의 아리따운 여자를 보고 그에게 연연하여 아내를 삼고자 하거든 그를 네 집으로 데려갈 것이요 그는 그 머리를 밀고 손톱을 베고"

　옛날에는 일단 전쟁에서 지면 여자나 남자는 잡혀가 노예로 팔리게 되어있었습니다. 대개 여자들은 몸을 파는 창녀가 될 때가 많았습니다. 그런데 그 전쟁 포로 중에서 한 여자가 예뻐서 어떤 이스라엘 사람이 사랑하게 된 경우가 있습니다. 하나님은 이스라엘 남자가 여자 포로를 사랑할 수도 있다고 하셨습니다. 그러나 그는 노예를 희롱하는 사랑이 되어서는 안 되고 정식 아내로 삼아야 한다고 말씀하셨습니다.

그래서 우선 포로로 붙들려온 여자는 머리털을 밀고 손톱도 잘라야 했습니다. 이것은 자신의 모든 과거 이방 풍습을 버리는 행위입니다. 머리털을 미는 것은 완전히 새 사람으로 태어나는 것입니다. 그리고 손톱을 자르는 것은 과거의 모든 멋 부리는 것이나 세상 풍습을 버리는 것입니다. 그리고 일 개월 동안 부모를 생각하면서 실컷 울게 했습니다. 그리고 이스라엘 여자로 다시 태어나는 것입니다. 그리고 이스라엘 남자는 그 여자를 자기 아내로 대하게 하셨고, 절대로 싫어졌다고 해서 돈을 받고 팔지 못하게 하셨습니다. 만일 남자가 이 여자를 돈을 받고 팔거나 내어버리면 이 여자는 결국 매춘을 해서 먹고 살 수밖에 없는 것입니다. 그래서 자신이 없으면 아예 사랑하지 말든지 아니면 한번 사랑했으면 끝까지 책임을 져야 한다는 것입니다.

요즘 우리나라도 이미 베트남 등에서 여성들이 많이 시집와서 다문화 가정을 이루고 있습니다. 우리는 이 먼 곳까지 시집온 외국 여성들이 우리나라에서 행복하게 살 수 있도록 지켜주어야 합니다. 이제는 그들도 우리 한 가족이기 때문입니다. 남자는 무슨 일이 있어도 자기 아내를 책임져야 하고 끝까지 사랑해야 합니다. 그렇게 하기 위해서는 날마다 자신의 욕망을 십자가에 못 박아야 합니다.

그리고 하나님께서는 사랑하지 않는 자식을 차별하지 못하게 하셨습니다.

21:15, "어떤 사람이 두 아내를 두었는데 하나는 사랑을 받고 하나는 미움을 받다가 그 사랑을 받는 자와 미움을 받는 자가 둘 다 아들을 낳았다 하자 그 미움을 받는 자의 아들이 장자이면"

하나님께서는 이 세상의 악이 부모의 잘못된 사랑에서 나온다고 보셨습니다. 부모가 자식을 공평하게 대하지 않고 편애할 때 분명히 사랑을 받지 못한 자식은 부모나 세상에 대해서 원망하는 마음을 가지게 되는 것입니다.

어떤 이스라엘 사람이 두 명의 부인을 두었는데 좋아하지 않는 여자가 낳은 아들이라도 장자이면 그 아들을 장자로 삼아서 재산을 배로 물려주라는 것입니다. 왜냐하면 결국 부모의 자식 차별에서부터 세상의 불만이 생기기 때문입니다. 그래서 이스라엘 부모는 자식들 사이에도 차별을 두지 말고 공평하게 대하라고 했습니다. 자식들도 부모가 공평하게 대하면 결국 받아들이게 되기 때문입니다.

그럼에도 불구하고 끝까지 부모의 말을 듣지 않고 행패를 부리고 악을 행하면서 말을 듣지 않는 자식은 버려도 된다고 하셨습니다.

21:18, "사람에게 완악하고 패역한 아들이 있어 그의 아버지의 말이나 그 어머니의 말을 순종하지 아니하고 부모가 징계하여도 순종하지 아니하거든"

자식이 정당한 이유 없이 술과 노름에 빠져 방탕하게 행하고 아무리 부모가 타이르고 책망해도 듣지 않으면 마지막 수단으로 포기하게 하셨습니다. 여기서 부모가 포기한다는 것은 성문에 데리고 가서 돌로 쳐 죽이는 것입니다. 그러나 지금은 이런 식으로 하지 못합니다.

심지어 하나님께서는 아무리 공정하게 재판해서 사람을 사형을 시켰다 하더라도 시체를 밤새도록 나무에 달아두지 못하게 하셨습니다.

21:22-23, "사람이 만일 죽을 죄를 범하므로 네가 그를 죽여 나무 위에 달거든 그 시체를 나무 위에 밤새도록 두지 말고 그 날에 장사하여 네 하나님 여호와께서 네게 기업으로 주시는 땅을 더럽히지 말라 나무에 달린 자는 하나님께 저주를 받았음이니라"

어떤 사람이 마땅히 죽을죄를 지어서 목을 매달았을 때도 그 사람이 죽은 것으로 충분하지, 시체를 나무에 며칠 동안 달아놓는 것은 너무나 지나친 행위입니다. 왜냐하면 사람이 아무리 의롭다 하더라도 하나님보다 더 의로울 수는 없기 때문입니다. 사람들은 너무나 지나친 성향이 있어서 철저하게 심판한다고 해서 시체를 여러 날 나무에 달아놓으려고 하기 쉬운데 그것은 하나님 보시기에 옳은 태도가 아닙니다. 낮의 일은 낮에 끝을 내는 것이 옳은 것입니다. 신약에서 사도 바울은 분을 내어도 "해가 지도록 분을 품지 말라"(엡 4:26)고 했습니다. 나중에 예수님께서 십자가에 못 박혀 죽으셨을 때도 이 구절 때문에 유대인들은 해가 지기 전에 예수님을 무덤에 장사했고, 결국 예수님은 삼 일 만에 무덤 문을 열고 부활하셨습니다.

하나님께서 이 말씀을 하시는 이유는 무엇입니까? 이스라엘은 아름다운 의의 도성이 되어야 한다는 것입니다. 그 안에는 누구도 억울하게 피해당하지 아니하고 학대받지 아니하는 공평하고 의로운 도성이 되어야 한다는 것입니다. 이것이 바로 옛날 예루살렘과 이스라엘의 모습이었습니다. 어느 누구도 밤에 공격을 당하지 아니하고 어느 자식도 자기 부모에게 대들거나 불순종하지 아니하고 어느 여성도 억울하게 버림을 당하지 않는 도시가 이스라엘이고 예루살렘이었습니다.

이것이 바로 오늘 교회의 모습이 되어야 합니다. 교회는 너무 좋은 곳인데, 저는 교회에서 많은 사람이 상처를 입고 떠나며 서로 갈등으로 다투고 싸우는 모습을 종종 보고 있습니다. 그 문제를 가지고 많은 고민을 한 결과 가장 중요한 원인이 강단 말씀의 부족 때문이라는 것을 알게 되었습니다. 강단에서 바른 말씀이 충분히 선포되면 교회는 얼마든지 사랑과 은혜가 충만한 공동체가 될 수 있습니다.

우리는 이 세상을 변화시키기 전에 교회가 이런 거룩한 곳이 되도록 힘써야 합니다. 이렇게 하기 위해서 우리 모두가 하나님의 말씀 앞에 자기 욕심을 벗어버려야 합니다. 어느 누구도 교회 안에서는 돈이 없다고 해서 무시당하지 않고, 또 세상에서 성공했다고 해서 큰소리치지 못하게 해야 합니다. 어느 누구도 교회 안에서는 차별당하지 않고 억울함을 당하지 않을 때 하나님께서는 교회는 물론 이 세상도 치료해주실 것입니다.

26

사랑이 있는 관계
신 22:1-30

이사야 선지자는 장차 올 메시야의 시대에는 "사자와 어린 양이 함께 뛰놀고 어린아이가 독사 굴에 손을 집어넣어도 물리지 않는 때가 올 것"이라고 예언을 했습니다(사 11:8). 사자는 어린 양만 보면 다 잡아먹을 텐데 어린 양과 함께 뛰노는 것은 너무나도 놀랄 일입니다. 아마 어린아이가 독사 굴에 손가락을 넣기만 해도 독사가 마구 물어서 아이가 죽을 텐데 독사가 물지 않고 아기 손가락을 혀로 핥아주고 놀아준다면 너무나도 안전한 곳이 될 것입니다.

우리는 상식만 통하는 사회에 살아도 걱정할 것이 아무것도 없을 것입니다. 그런데 하물며 서로 사랑하는 사회가 된다면 얼마나 행복한 사회가 될지 모릅니다.

1. 형제자매 관계의 사회

하나님께서는 이스라엘 백성에게 두 가지를 요구하셨는데, 오직 하나님만 섬기고 우상을 섬겨서는 안 된다는 것과 다른 모든 이스라엘 백성은 형제나 자매 관계이므로 자기 몸처럼 사랑하라는 것이었습니다. 예를 들어서 학교에서 어떤 모르는 아이가 잘난 체하면 때리고 싶을지 모르지만, 그 아이가 내 동생이라면 오히려 지켜주려고 할 것입니다. 그래서 어렸을 때 같은 학교에 형이 있다는 것이 얼마나 든든한지 모릅니다. 하나님께서 이스라엘 백성에게 요구하신 것은 모든 이스라엘 백성을 남이라고 생각하지 말고 내 형이나 동생, 누이라고 생각하고 대하라는 것입니다. 그러면 우리는 대하는 태도가 달라질 것입니다.

22:1-2, "네 형제의 소나 양이 길 잃은 것을 보거든 못 본 체하지 말고 너는 반드시 그것들을 끌어다가 네 형제에게 돌릴 것이요 네 형제가 네게서 멀거나 또는 네가 그를 알지 못하거든 그 짐승을 네 집으로 끌고 가서 네 형제가 찾기까지 네게 두었다가 그에게 돌려 줄지니"

여기서 '네 형제'라는 것은 이스라엘 사람을 말합니다. 우리가 다른 사람을 볼 때 그 사람을 '남'이라고 생각하지 않고 '내 형이나 동생이나 누이'로만 보아야 한다는 것입니다. 물론 형들 중에는 동생을 괴롭히기도 하고 오빠가 여동생을 울릴 때도 있지만 실제로 마음속으로는 사랑하고 아끼는 마음이 있습니다. 하나님께서는 이스라엘 백성에게 모든 이스라엘 백성은 남이 아니고 형제이고 자매라고 말씀하셨습니다.

여기에 보면 같은 이스라엘 사람의 소나 양이 길을 잃고 헤매고 있는 것을 보았는데, 그 소나 양을 남의 것이라고 생각한다면 내가 돌보아 줄 필요가 없을 것입니다. 길 잃은 양이나 소가 돌아다니다가 낭떠러지에 떨어지거나 혹은 이리에게 물려 죽는다고 해도 상관할 필요가 없습니다. 그런데 만일 그 양이나 소가 내 형이나 동생의 것이라면 물려 죽거나 낭떠러지에 떨어져 죽게 되면 우리 집의 손해이기 때문에 반드시 내 것처럼 챙겨서 형이나 동생에게 알려줄 것입니다. 하나님께서는 모든 이스라엘 백성은 다 서로 형제요 자매이기 때문에 다른 사람의 어려움에 대하여 못 본 체하지 말고 챙겨주어야 한다는 것입니다.

창세기 4장에 보면, 하나님께서 동생을 죽인 가인에게 "네 동생 아벨이 어디 있느냐?"고 물으십니다. 그때 가인은 "내가 내 동생을 지키는 자입니까?"라고 대답했습니다. 물론 우리는 내 동생이 어디에 있는지 내 형이 지금 무엇을 하고 있는지 모든 것을 다 알거나 책임질 필요는 없습니다. 그러나 우리는 교회에서나 학교에서 약한 사람들에게 최소한도의 관심은 가지고 있어야 합니다.

우리가 다른 사람에 대하여 가지는 작은 배려가 얼마나 다른 사람을 행복하게 하고 기쁘게 하며 이 세상을 살아갈 용기를 얻게 하는지 모릅니다. 우리가 사실 어려운 일을 혼자서 당한다면 눈앞이 캄캄하고 도대체 어떻게 해야 할지 막연할 때가 많이 있습니다. 그런데 이때 누군가가 약간의 관심을 가져주고 도움을 줄 때 사람들은 '아, 역시 이 세상은 나 혼자 사는 것이 아니구나. 역시 이 세상은 아직 살아갈 가치가 있어'라고 하면서 자신감을 가지게 되는 것입니다.

그러나 사탄은 오늘 많은 사람에게 '너는 혼자이며 아무도 너에게 관심을 가져주지 않는다'라고 속삭이기 때문에 사람들은 얼마든지 살 수 있음에도 불구하고 자살이라는 극단적인 방법을 택하는 경우를 볼 수 있습니다. 지금 사람들 눈에는 보이지 않지만 모든 사람 사이에는 무관심이라는 엄청난 벽이 가로놓여 있습니다. 사람들은 감옥에 갇혀 있어도 자기 방 사람들이나 옆방 사람들과 이야기를 하고 의사소통을 해야 살아갈 수 있는데 오늘 너무나도 많은 사람은 철창도 없는 세상에서 무관심 가운데 버려져 있다는 것입니다.

하나님께서는 이스라엘 백성에게 다른 이스라엘 백성이 양이나 소를 잃고 어려워하는 것을 볼 때 네 일이 아니라고 해서 무관심하지 말라고 말씀하셨습니다. 어떤 사람은 다른 사람의 어려움은 다 책임지려고 하는 사람이 있는가 하면 아예 못 본 체하는 사람도 있습니다. 하나님께서 이렇게 말씀하시는 것은 이 세상의 모든 가난한 자를 다 도우라는 것이 아닙니다. 단지 자신의 능력의 범위 안에서 조금 관심을 가지고 조금 도와주어도 사람은 용기를 가지게 되는 것입니다. 우리가 이런 마음만 가지고 있어도 세상은 너무나도 따뜻한 세상이 될 수 있습니다.

또 8절에 보면, 집을 지을 때도 이웃에 대한 배려를 하라고 강조하고 있습니다. 이스라엘 집은 대개 지붕이 편편한 경우가 많습니다. 그래서 지붕에 올라가서 무엇인가 할 때 잘못하면 지붕에서 떨어져 사람이 다칠 수 있습니다. 그래서 그들은 다른 사람을 배려해서 지붕에 난간을 만들어 놓으면 나중에 자신이 다른 사람 집에 갔을 때도 다치지 않게 되는 것입니다. 우리나라는 공사하는 사람들이 다른 사람의 안전을 배려하지 않는 바람에 사고가 나서 사람들이 죽거나 다치는 경우가 많습니다. 결국 다른 사람을 배려하지 않으면 언젠가는 그 피해가 나 자신이나 자녀에게 돌아올지 모릅니다. 왜냐하면 우리는 다른 사람을 믿고 살아가야 안전하기 때문입니다.

하나님께서는 이스라엘 백성에게 다른 여성들을 여자라고 생각하지 말라고 했습니다. 다른 사람을 여자라고 생각하면 나쁜 생각을 가지게 되는데 내 누이라고 생각하라는 것입니다. 다른 남자를 남자라고 생각하면 이용하려고 하게 되는데 내 동생이라고 생각하라는 것입니다. 우리는 가족 사이에는 그래도 무엇인가 챙겨주려고 합니다. 이렇게 하려고 할 때 가장 중요한 것은 상대방의 입장에 서 보는 것입니다. '만일 내가 저 사람이라면 어떻겠는가?' 이렇게만 생각할 수 있어도 우리는 많은 욕심을 버리게 될 것입니다.

예수님은 "그러므로 무엇이든지 남에게 대접을 받고자 하는 대로 너희도 남을 대접하라 이것이 율법이요 선지자니라"(마 7:12)고 말씀하셨습니다. 모든 사람의 마음속에는 남에게 대접을 받고 싶고 인정을 받고 싶은 마음이 있습니다. 그러나 하나님의 율법은 내가 그런 대접을 받기 전에 먼저 남을 대접해주고 인정해주어야 한다는 것입니다. 그렇게 할 때 모든 사람이 행복할 수 있습니다.

우리는 나의 행복을 위해서 남의 행복을 깨트리는 것이 가장 큰 죄악이라는 사실을 알아야 합니다. 다른 한 사람 한 사람이 너무 귀하기 때문에 가만히 두는 것이 사랑의 첫 출발점입니다. 모든 것을 반드시 내 것으로 만들려고 하기 때문에 다른 사람을 불행에 빠트리게 됩니다. 그러나 그냥 아름다운 사람을 내버려두는 것이 사랑하는 것입니다.

2. 동식물에도 사랑을 실천하자

하나님은 이런 사랑의 관계를 말하지 못하는 동물이나 식물까지 적용하라고 하셨습니다.

먼저 새를 잡을 때 어미와 새끼를 다 잡지 말라고 하셨습니다.

22:6-7, "길을 가다가 나무에나 땅에 있는 새의 보금자리에 새 새끼나 알이 있고 어미 새가 그의 새끼나 알을 품은 것을 보거든 그 어미 새와 새끼를 아울러 취하지 말고 어미는 반드시 놓아 줄 것이요 새끼는 취하여도 되나니 그리하면 네가 복을 누리고 장수하리라"

길을 가다가 어미 새가 새끼를 품고 있는 것을 보면 어미와 새끼를 다 잡아서 씨를 말리려고 할 것입니다. 그러나 하나님은 그렇게 하지 못하게 하셨는데, 새의 어미와 새끼가 있을 때 새끼만 취하고 어미는 날려 보내서 또 새끼를 낳을 수 있게 하라고 하셨습니다.

즉 하나님의 백성은 비록 새지만 너무 불행하게 해서는 안 된다고 하신 것입니다.

어부들이 그물을 칠 때도 새끼까지 다 잡는 저인망은 치지 못하게 되어 있었습니다. 그래도 욕심이 많은 사람은 고기들을 싹쓸이해서 씨를 말려버리려고 합니다. 그러면 그다음부터는 언젠가는 잡을 것이 없어지게 될 것입니다. 그런데 우리나라는 매년 수십만 마리의 치어들을 바다에 풀었는데 이 고기들이 이제 자라서 황금 어장이 되어서 돌아왔다고 합니다.

로라 잉걸스 와일더가 쓴 《초원의 집》이라는 소설을 보면 아빠가 사냥해도 철저하게 원칙이 있는 것을 보게 됩니다. 아빠는 새끼 밴 사슴은 절대로 사냥하지 않고 새끼도 너무 어린 것은 절대로 잡지 않습니다. 어느 날 아빠가 사냥하러 나갔는데 한 마리도 잡지 못하고 돌아왔습니다. 그래서 어린 로라가 아빠에게 왜 사냥을 못하셨느냐고 물으니까 나무 위에서 사냥하려고 하는데 어미 사슴과 새끼 사슴이 같이 나와서 노는데 너무 아름다워서 총을 쏠 수 없었다고 했습니다. 그러니까 아이는 너무 잘하셨다고 말을 합니다.

두 번째는 포도나무 씨를 뿌릴 때 두 종자를 섞어 뿌리지 못하게 했습니다.

22:9, "네 포도원에 두 종자를 섞어 뿌리지 말라 그리하면 네가 뿌린 씨의 열매와 포도원의 소산을 다 빼앗길까 하노라"

포도나무라고 해도 성질이 다 다르기 때문에 강한 종자와 약한 종자를 같이 뿌리면 약한 종자는 결국 죽을 수밖에 없습니다. 그래서 약한 종자도 나름대로는 아주 좋은 특성이 있는데 강한 것에 눌려서 죽어버리는 것입니다. 그 대신에 강한 것은 자기 나름대로 살길을 찾아 나서야 하는데 약한 것을 죽이고 양분을 빨아먹었기 때문에 강한 것은 강한 것 나름대로 경쟁력을 잃고 약한 것은 약한 것대로 죽어버려서 나중에 포도농사를 망치게 된다고 했습니다. 그래서 농사를 지을 때에도 강한 것과 약한 것을 붙여서 경쟁을 시키지 말고 약한 것은 약한 것대로 특성을 살리고 강한 것은 강한 것대로 살게 하라는 것입니다. 결국 하나님은 말을 하지 못하고 움직이지 못하는 식물이라 하더라도 억지로 심지 말고 특성을 잘 살펴서 마음껏 자신의 재능을 발휘할 수 있도록 농사를 지어야 하나님이 복을 주신다는 것입니다.

또 하나님은 농사지을 때도 소와 나귀에게 같이 멍에를 매게 하지 말라고 하셨습니다. 소와 나귀처럼 성질이 서로 다른 두 짐승에게 멍에를 매면 하나는 성질이 급해서 빨리 가려고 하고, 다른 하나는 성격이 느려서 천천히 가려고 하는데 서로 성격이 달라서 속이 상하게 되고 일이 안 되는 것입니다. 느린 것은 느린 것끼리 멍에를 매우고, 급한 것은 급한 것끼리 일을 시켜야 하는 것입니다.

여기서 그 유명한 예수님의 비유가 나옵니다. "수고하고 무거운 짐 진 자들아 다 내게로 오라 내가 너희를 쉬게 하리라 나는 마음이 온유하고 겸손하니 나의 멍에를 메고 내게 배우라 그리하면 너희 마음이 쉼을 얻으리니 이는 내 멍에는 쉽고 내 짐은 가벼움이라 하시니라"(마 11:28-30).

우리가 세상의 무거운 짐을 다 벗어버리려면 예수님과 멍에를 매고 가야 합니다. 그런데 여기서 가장 중요한 것은 예수님과 보조를 맞추는 것입니다. 오늘 세상은 모든 것을 '더 빨리! 더 높이! 그리고 더 완벽하게!' 하려고 합니다. 그러나 예수님의 멍에는 절대로 그런 식으로 급하게 우리를 몰아붙이시지 않습니다. 하나님의 뜻에 따라서 천천히 한 걸음씩 가는 것입니다.

우리는 아무리 쓸모없는 자 같아도 실제로 나름대로 다 특성과 타고난 복이 있습니다. 우리는 억지로 약한 자를 강하게 만들 필요가 없습니다. 여자를 남자로 만들려고 남자 옷을 입혀서 돌아다니게 할 필요가 없습니다.

세 번째로 옷을 짤 때도 서로 다른 실을 섞어 짜지 말라고 하셨습니다.

22:11, "양 털과 베 실로 섞어 짠 것을 입지 말지니라"

여기서 양 털은 동물성 실이고, 베 실은 식물성 실이기 때문에 실의 신축성이나 장력에 차이가 있습니다. 이렇게 서로 성질이 다른 실을 섞어서 짜면 결국 실끼리 서로 당겨서 옷이 울게 되어 있고 편편하게 되지 않습니다. 그래서 하나님의 백성은 실을 짤 때도 실끼리 서로 싸우지 않고 서로 속이 상하지 않도록 같은 것끼리 짜야 바른 옷이 만들어진다고 하셨습니다.

예수님은 "생베 조각을 낡은 옷에 붙이는 자가 없나니 이는 기운 것이 그 옷을 당기어 해어짐이 더하게 됨이요"(마 9:16)라고 말씀하셨습니다. 낡은 곳에 새 옷 조각을 하나 붙인다고 해서 새 옷이 될 수 있는 것은 아닙니다. 새 옷이 되려고 하면 완전히 새로 옷을 짜야 합니다. 마찬가지로 예수님은 세상의 마음에 복음적인 천 조각을 하나 붙인다고 해서 하나님의 백성이 될 수 있는 것이 아니라 실 하나 하나 날실과 씨실을 다시 하나님의 말씀과 성령으로 짜야 새사람이 될 수 있는 것입니다.

3. 깨끗한 성생활

사람이 사람다울 수 있는 것은 성적으로 깨끗한 생활을 할 수 있을 때입니다. 만일 사람이 성적으로 깨끗하지 못하다면 그때부터는 더 이상 사람의 존귀함을 잃어버리고 짐승 취급을 당하게 될 것입니다.

오늘 신앙을 가진 사람들과 믿지 않는 사람들의 가장 심각한 차이는 바로 성 인식의 차이에서 옵니다. 하나님을 믿는 사람들은 여전히 성이라는 것은 가장 중요한 것이며 오직 결혼을 통해서만 사용할 수 있다고 믿고 있습니다. 그러나 믿지 않는 사람들은 성이라는 것은 하고 싶으면 얼마든지 할 수 있는 것이고 결혼은 별개의 것이라고 생각합니다. 그러나 사람이 성적인 충동을 이기지 못해서 함부로 성관계를 가지면 인간성을 상실하게 됩니다. 그러면 더 이상 사람이 아니고 짐승이 되는 것입니다.

이스라엘 백성이 다른 이성을 볼 때 진정으로 나의 누이이고 나의 딸이라고 생각할 때는 성적인 방종에 빠질 수 없습니다. 그러나 마귀가 그들을 순간적으로 성적으로 충동질해서 죄에 빠지게 하는데 이것에 대해서 하나님께서는 말과 행동에 아주 엄격한 책임을 말씀하셨습니다.

예를 들어서 어떤 사람이 결혼한 후에 자기 아내가 싫어지게 되었습니다. 그래서 다른 핑계를 대지 않고 결혼해 보니까 처녀가 아니더라고 하면서 떠들어대는 것입니다. 이스라엘에는 결혼했는데 처녀가 아니면 이것은 큰일이 나는 것입니다. 그때는 여자 쪽에서 처녀성을 증명할 책임이 있습니다. 처녀의 아버지가 첫날밤에 자리를 깐 홑이불 같은 것을 소중하게 보관해 주고 있다가 남편이 엉뚱한 소리를 하면 그것을 가지고 장로들에게 가서 증거를 보여주라는 것입니다. 장로는 그 표시를 보고서는 이 사람이 엉뚱하게 자기 신부를 욕보였다고 판단하고 그 남자를 때립니다. 그리고 나서 신부 아버지에게 은 백 개를 주고 그 후에는 죽을 때까지 그 신부를 버리지 못하게 했습니다. 이렇듯 이스라엘 처녀는 목숨을 걸고 순결을 지켜야만 했습니다. 그리고 이것을 남자들이 도와주어야 했습니다.

그리고 유부녀나 유부남이 다른 사람과 관계를 하면 둘 다 돌로 쳐죽였습니다. 그러니까 한번 결혼한 사람은 일체 다른 처녀나 총각에게 관심을 가져서도 안 되고 또 한 번 결혼한 사람은 아예 관심의 대상으로 삼지 말아야 합니다. 남녀의 육체적 사랑은 하나님이 주신 최고의 행복이고 기쁨인데 이것은 내 한평생을 바쳐야 가질 수 있습니다. 요즘 현대인들처럼 성관계만 가지는 것은 하나님의 축복을 도둑질하는 것이고 저주를 받게 됩니다.

그리고 또 다른 하나는 강간을 당한 경우입니다. 도시 안에서 강간을 당한 경우에는 둘 다 돌로 치라고 했습니다. 왜냐하면 여자도 소리를 지르지 않은 책임이 있기 때문입니다. 그러나 사실 강간문제에 대해 소리를 질렀느냐 안 질렀느냐 하는 문제로 여자에게 책임 지우는 것은 여성에게는 억울한 것입니다. 그래서 최근에 와서야 성추행범들에 대하여 사회적 관심이 많이 대두되고 있습니다. 요즘은 여성들이 밤에 호루라기를 가지고 다니기도 하고 혹은 호신술을 배우기도 하는 것 같습니다. 굉장히 위험한 세상이 된 것입니다. 그리고 아이들에게도 모르는 사람이 길을 물어보거나 따라오라고 하면 절대로 따라가서는 안 된다고 가르치고 있습니다.

그 다음은 혼전 성관계 문제입니다. 남자가 아직 약혼하지 아니한 처녀와 관계를 했을 때는 죽이기에는 너무 아까우니까 벌금을 내고 결혼해서 살 기회를 주는 것입니다.

> 22:28-29, "만일 남자가 약혼하지 아니한 처녀를 만나 그를 붙들고 동침하는 중에 그 두 사람이 발견되면 그 동침한 남자는 그 처녀의 아버지에게 은 오십 세겔을 주고 그 처녀를 아내로 삼을 것이라 그가 그 처녀를 욕보였은즉 평생에 그를 버리지 못하리라"

미혼남녀가 혼전 성관계를 가졌을 때 돌로 쳐 죽이기에는 너무 아까우니까 배상을 하게 하고 결혼시켜서 구제하는 법이 있었습니다. 그러나 여성들은 조심해야 합니다. 절대로 남자의 요구에 넘어가서는 안 되는 것입니다. 남자의 요구에 넘어가고 난 후에 남자가 변심하면 여성은 한평생 상처와 죄의식을 가지고 살아가게 됩니다.

 오늘날은 성에 대하여 거의 무제한적인 자유가 허용되고 있습니다. 우리나라 사람들은 자유가 얼마나 큰 책임을 동반하는지 잘 모르는 것 같습니다. 자유에는 스스로 자신을 통제해야 하는 무서운 책임이 있습니다. 그것이 안 되면 심판을 받는 것입니다.
 하나님의 말씀이 살아있을 때 우리는 진심으로 자신의 행복에 만족하게 됩니다. 그때 다른 사람의 행복을 다치게 할 필요가 없고 특히 하나님의 축복을 잃지 않기 위하여 자기 욕망을 죽이게 됩니다. 하나님의 말씀이 살아있고 상식이 통하는 사회가 좋은 사회입니다. 우리는 꼭 이런 좋은 공동체 좋은 사회를 만들어서 상처 없이 죄짓지 않고 남에게 상처를 주지 않고 아름다운 인생을 살아야 하겠습니다.

27

하나님의 백성의 자격
신 23:1-25

몇 년 전에 어떤 한국 사람이 뉴욕 어느 지하철에서 흑인에게 행패를 당하는 여성을 도우려고 하다가 떠밀려서 지하철로에 떨어지게 되었는데, 거기서 올라오려고 애쓰는 것을 사람들은 스마트폰으로 찍으면서 구조해주지 않아서 열차에 치어 죽고 말았습니다. 그때 사람들은 사진 찍을 시간에 그 사람의 손만 잡아주면 살 수 있는데 왜 그대로 내버려두었느냐 비난하는 것입니다.

또 한 번은 몇 년 전 아프리카 수단에서는 한 어린이가 굶주리고 지쳐서 쓰러져 있는데 그 옆 나뭇가지에는 독수리가 아이가 죽으면 뜯어 먹으려고 기다리고 있었습니다. 한 사진 기자는 이 모습을 사진으로 찍은 후 아이를 내버려두고 갔는데 이 기자는 상을 탔지만 그 사진을 본 사람들은 왜 굶어서 죽어가는 아이를 내버려두고 사진만 찍었느냐고 분노를 터트렸던 것입니다.

하나님이 이 세상에 사람들을 만드실 때 우리 모두를 천사로 만드셨습니다. 그런데 우리 인간이 교만해서 죄를 지었을 때 우리는 이기적이 되고 잔인하게 되고 악하게 되었습니다. 하나님께서 이스라엘 백성을 애굽에서 건져내시면서 간절히 원하셨던 것은 다시 천사 같은 사람들로 만들어지는 것이었습니다. 성경에는 우리는 하나님의 백성으로서 자부심을 가져야 한다고 말씀하고 있습니다.

신명기 23장을 보면 청소년에게는 민망한 내용이 많이 나옵니다. 그러나 우리는 오늘 이 말씀을 새겨들어야 합니다. 왜냐하면 우리는 하나님의 백성들이기 때문입니다. 옛날 명문 고등학교나 명문대학이 있을 때 그 학생들은 상당한 프라이드를 가지고 학교에 다녔습니다. 그들은 그 학교 교복을 입었고 그 학교 배지를 달았으며 그 학교 학생답게 살려고 했습니다. 사도 바울은 에베소서에서 "너희는 부르심을 받은 일에 합당하게 행하라"고 권면했습니다(엡 4:1). 우리는 모두 자랑스러운 하나님의 백성입니다.

1. 하나님의 백성의 모임

하나님께서는 먼저 하나님의 백성의 모임을 아주 중요하게 생각하셨습니다. 그래서 하나님은 하나님의 백성이 하나님의 말씀을 듣기 위해서 모이는 것을 '여호와의 총회'라고 부르셨습니다. 그런데 이 하나님의 백성의 총회에는 아무나 들어올 수 없다고 하셨습니다. 즉 하나님의 백성의 총회에는 옛날에는 할례받은 자만 들어올 수 있었는데 이것은 하나님만 믿고 살겠습니다라는 언약을 맺은 사람인 것입니다. 우리는 성찬을 행할 때 세례받은 자만 성찬에 참여하도록 권하고 있습니다. 그런데 하나님은 먼저 하나님의 백성이 될 수 없는 자를 말씀하셨습니다.

23:1-2, "고환이 상한 자나 음경이 잘린 자는 여호와의 총회에 들어오지 못하리라 사생자는 여호와의 총회에 들어오지 못하니 십 대에 이르기

까지도 여호와의 총회에 들어오지 못하리라"

　우리가 알아야 할 것은 애굽을 탈출해서 광야에 있는 사람들이 모두 여호와의 총회는 아니라는 것입니다. 왜냐하면 거기에는 이스라엘 백성이 아닌 수많은 이방인 잡족들도 섞여 함께 있었기 때문입니다. 그래서 여기서 '여호와의 총회'라는 것은 하나님의 말씀을 믿고 하나님의 말씀에 순종하는 모든 사람을 말합니다. 하나님은 이 사람들의 이름이 하나님의 생명책에 기록되어 있다고 말씀하셨습니다.
　그런데 중요한 것은 이렇게 구원받은 사람들의 전체 모임을 '여호와의 총회'라고 부르는 이유는, 그들의 모임에는 하나님이 함께 계시고 눈에 보이지 않는 수많은 천사가 그곳에 함께 하기 때문입니다. 그래서 우리가 진정한 하나님의 백성으로 모일 때 우리만 모이는 것이 아니라 그 모임에는 전능하신 하나님과 수많은 천사가 함께 합니다. 그래서 우리 믿는 사람들이 교회에서나 혹은 사회에서 성도들이 예배를 드리는 것이나 드리지 않는 것, 또는 수련회를 하는 것과 하지 않는 것 사이에는 엄청난 차이가 있다는 것을 알아야 합니다. 그 예배 집회는 하나님의 이름으로 모이는 여호와의 총회이기 때문입니다. 그래서 우리는 여호와의 총회에는 빠지지 않는 것이 좋습니다. 내가 빠진 동안 하나님은 위대한 일을 행하시고 선포하시는데 내가 거기서 소외되고 빠지기 때문입니다.
　그런데 본문에서 하나님은 결코 여호와의 총회에 참석할 수 없는 사람들을 말씀하셨습니다. 좀 민망한 내용이지만 참으시기 바랍니다.

첫째가 성기에 손상을 입은 사람입니다.

　"고환이 상한 자나 음경이 잘린 자"는 남성으로서 모두 성기에 이상이 있는 사람을 말합니다. 우리가 알아야 할 것은 하나님의 백성에게 있어서 올바른 성이라는 것이 굉장히 중요하다는 것입니다. 누구든지 여호와의 백성이 되어서 은혜를 받으려고 하면 결혼생활이 깨끗하고 흠이 없어야 합니다. 성생활을 바르지 못하게 하는 자는 여호와의 성회에 있을 자격이 없게 됩니다.

특히 하나님은 이스라엘 백성에게 하나님의 백성의 표시를 남자의 성기에 할례로 하게 하셨습니다. 그러니까 성기가 손상된 사람은 할례도 받을 수 없는 것입니다. 그러나 더 중요한 것은 성기가 손상된 사람들은 대개 궁중의 내시나 이방신에게 바쳐진 자들이었습니다. 요즘은 성기가 손상된 자들 중에서 스스로 성 전환을 하는 '트랜스젠더'가 있습니다. 얼마 전에 대법원에서는 트랜스젠더의 성 전환을 합법적으로 인정해주기로 결정내렸습니다. 아마 본인으로서는 원래 성보다는 현재의 성이 더 편하고 좋을지 모르겠습니다. 그러나 듣기에는 좀 비인간적으로 들릴지 모르겠지만 인간의 모든 것을 행복만으로 따질 수는 없습니다. 우리는 때로는 하나님께서 주신 모습을 가지고 사는 것이 더 아름다울 수 있습니다.

오늘 많은 사람은 예배가 여호와의 총회라는 생각을 하지 못하고 내가 은혜 받고 설교에서 인간적인 위로를 받으려고 하는 것입니다. 그러나 우리의 예배는 여호와의 총회이며 거룩한 천사들과 하나님이 임하시는 예배입니다. 여기서 모든 중요한 일들이 다 결정될 것입니다.

또 여기에 보면 "사생자"도 여호와의 총회에 '십대'까지는 들어오지 못한다고 했습니다. 사생자는 부모나 합법적이지 않은 방법으로 아이를 낳은 경우에 속합니다. 어떻게 보면 본인으로는 참 억울할 수 있습니다. 이 세상에서 다른 사람들로부터 미움을 받고 제대로 사람 취급받지 못한 것도 억울한데 하나님께서도 여호와의 총회에 들어오지 못하게 하시면 어떻게 하라는 말입니까? 그러나 하나님은 진정으로 하나님의 은혜를 사모하는 자에게 들어오지 못하게 하는 것이 아닙니다. 단지 자기 안에 있는 음란한 성향을 인정하지 않고 거짓되게 하나님의 백성이 되려고 하는 자를 인정하지 않는 것입니다. 그러나 누구든지 철저하게 하나님의 자녀로 거듭나면 이런 나쁜 성향을 끊고 새 사람으로 태어날 수 있습니다. 이런 사람은 얼마든지 하나님의 백성이 될 수 있습니다. 사사기에 보면 입다는 아버지가 바람을 피워서 창녀와 관계해서 낳은 사람입니다. 그러나 입다는 아버지의 모든 정신적 물질적 유산을 거부하고 집에서 쫓겨나서 인생 밑바닥에서부터 믿음으로 철저하게 다시 시작했기 때문에 다시 이스라엘의 지도자가 될 수 있었습니다. 오늘날도 많은 사람이 부모의 좋지 못한 정신적인 유산을 물려받는 경우가 많이 있습니다. 그러나 예수 안에서 얼마든지 새사람이 될 수 있습니다.

둘째로 모압 족속과 암몬 족속 그리고 에돔 족속은 여호와의 총회에 들어오지 못한다고 하셨습니다.

모압 족속과 암몬 족속 그리고 에돔 족속은 모두 이스라엘의 형제나 친척 족속들입니다. 이 사람들은 인간적으로는 이스라엘 사람에게 가장 가까운 사람들이었지만 영적으로는 이스라엘에게서 가장 먼 자들이었습니다. 이들은 자기들이 마음만 먹으면 이스라엘 백성으로부터 얼마든지 신앙적인 감화를 받을 수 있었지만 시기심 때문에 오히려 더 반발하고 더 훼방했습니다.

23:3, "암몬 사람과 모압 사람은 여호와의 총회에 들어오지 못하리니 그들에게 속한 자는 십 대뿐 아니라 영원히 여호와의 총회에 들어오지 못하리라"

암몬 족속과 모압 족속은 모두 아브라함의 조카 롯과 그 딸들의 후손입니다. 이들은 모두 소돔과 고모라의 심판에서 살아난 자들의 후손입니다. 그들은 인류 역사상 가장 무서운 심판 중 하나인 소돔과 고

모라에서 살아남았습니다. 그러나 그들은 이 무서운 심판에서 살아 났음에도 불구하고 믿음으로 살지 못하고 불륜의 자식을 낳아서 모압 족속과 암몬 족속이 되었습니다. 즉 하나님의 구원을 받았으면 조금이라도 구원받은 자의 믿음이 있어야 하는데 그들은 믿음이 더 없었습니다. 이들은 차라리 구원받지 못한 자보다 믿음이 더 없었습니다. 특히 이스라엘 백성이 애굽에서 나와서 광야에서 40년 동안 고생하다가 가나안 땅에 들어가기 위하여 모압 땅을 통과하려고 했을 때 영접하기는커녕 뇌물을 주어서 이스라엘을 저주하려고 했습니다.

우리는 주위에 아주 가까운 친척이고 형제들인데도 불구하고 신앙적인 영향은 거부하고 어떻게 해서든지 시기하고 훼방한다면 그들을 불쌍히 여기시기 바랍니다. 그들의 마음에는 시기의 피가 흐르고 있기 때문입니다. 그러나 그들이 제사를 예배로 바꾸고 믿는 자들을 불러서 기도 받으면 얼마든지 복을 받을 수 있습니다. 그러나 모압 자손이라고 해서 완전히 하나님의 백성이 못 되는 것은 아닙니다. 룻 같은 여자는 모압 여자였지만 이스라엘의 최고의 복을 받았습니다.

2. 거룩을 위한 노력

하나님의 백성은 예배나 큰 집회만 여호와의 총회가 아니라 일상생활 가운데서도 하나님이 언제나 함께하시기 때문에 깨끗한 생활을 하도록 노력해야 합니다. 왜냐하면 하나님의 백성은 예배 시간만이 아니라 일상생활 가운데서도 언제어디든지 하나님의 축복과 능력이 나타날 수 있기 때문입니다.

그 첫째가 생각이 건전하지 못한 것에 대한 것입니다.

23:9-11, "네가 적군을 치러 출진할 때에 모든 악한 일을 스스로 삼갈지

니 너희 중에 누가 밤에 몽설함으로 부정하거든 진영 밖으로 나가고 진영 안에 들어오지 아니하다가 해 질 때에 목욕하고 해 진 후에 진에 들어올 것이요"

사람이 전쟁하러 나간다는 것은 대단히 긴장되는 일입니다. 옛날이나 지금이나 어떤 중요한 일을 앞두고 너무나도 긴장한 나머지 긴장을 풀기 위해서 술집에 가서 진탕 술을 마시거나 음란한 짓을 하려고 합니다. 이것이 하나님의 백성에게는 용납되지 않습니다. 하나님은 결코 자포자기하는 자들을 돕지 않으십니다. 저희 교회 청년 중에는 입대하기 전에 안수 기도를 받고 입대하는 청년들이 많습니다. 꼭 그렇게 하시기 바랍니다. 또 하나님께서 이스라엘 백성이 잠깐이라 할지라도 음란한 생각에 빠졌을 때는 진영 밖에 나가서 하루 동안 자숙하고 반성하게 하셨습니다.

그리고 놀라운 것은 그 옛날에 이미 화장실을 만들 것을 말씀하신 것입니다.

23:12-13, "네 진영 밖에 변소를 마련하고 그리로 나가되 네 기구에 작은 삽을 더하여 밖에 나가서 대변을 볼 때에 그것으로 땅을 팔 것이요 몸을 돌려 그 배설물을 덮을지니"

옛날 사람에게는 위생 관념이라는 것이 별로 없었습니다. 그래도 옛날 우리나라 시골에서는 변소가 너무 넓어서 외양간과 겸하는 경우도 많았습니다. 그러나 서양의 대도시도 백 년 전만 해도 파리나 런던 같은 도시에서 대변을 보고 그냥 길에 버리는 바람에 길거리를 제대로 다닐 수 없었다고 합니다. 지금은 문명의 척도를 나타내는 곳이 바로 화장실 문화입니다.

그러나 하나님은 지금부터 삼천오백 년 전에 이스라엘 백성이 들판에 있을 때 이미 화장실을 만들라고 하셨습니다. 사실 광야는 굳이 화장실을 만들 필요가 없을 것 같은데 역시 사람이 많으면 배설물이 진영 안에 버려질 수 있었습니다. 그래서 하나님은 이스라엘 백성에게 반드시 화장실을 만들고 삽을 두어서 각자가 변을 보고 난 후에 흙으로 덮도록 했습니다.

3. 사랑이 넘치는 공동체

우리가 농촌에 가서 곡식이 잘 자라는 밭이나 논을 보면 농수로가 잘 만들어져 있는 것을 보게 됩니다. 논이나 밭마다 물이 풍족하게 공급될 때 식물들은 아주 잘 자라게 되는 것입니다. 마찬가지로 하나님의 백성이 축복이 넘치는 생활을 하려면 두 가지가 풍성하게 공급되어야 합니다. 하나는 말씀의 공급이 잘되어야 합니다. 하나님의 말씀이 어느 곳에서도 막히지 아니하고 강물처럼 철철 넘치게 될 때 분명히 성도들은 복을 받을 수 있습니다. 그리고 또 다른 하나는 공의나 사랑이 넘치게 흘러야 합니다. 사랑이 넘친다는 것은 누구에게나 어려운 사람을 도울 수 있고 또 도움을 받을 수 있는 것을 말합니다. 그리고 교회는 공평해야 합니다. 사회적인 지위가 높다거나 교회에서 직분자라고 해서 불의해도 그냥 내버려 두고 가난하고 무식한 자들을 매일 들볶는다면 부흥의 불이 꺼지게 됩니다.

본문 말씀은 어떻게 하면 사랑이 넘치는 사회가 될 수 있는지 몇 가지 예를 들어서 말씀하셨습니다.

첫째는 도망친 노예가 있을 때 주인에게 돌려주지 말라는 것입니다.

23:15-16, "종이 그의 주인을 피하여 네게로 도망하거든 너는 그의 주인

에게 돌려주지 말고 그가 네 성읍 중에서 원하는 곳을 택하는 대로 너와 함께 네 가운데에 거주하게 하고 그를 압제하지 말지니라"

옛날에 종이 주인에게서 도망치는 것은 가장 무서운 처벌을 내렸습니다. 대개 종이 주인에게서 도망을 칠 때는 너무 학대받거나 도저히 견딜 수 없어서 살기 위해서 도망치는 경우가 많았습니다. 그럴 때는 몰래 숨겨주어서 새로운 삶을 살게 해주라는 것입니다. 물론 이것이 법을 어기는 것이 되어서는 안 됩니다.

그러나 예를 들어서 부인이 남편에게 매맞다가 견디지 못해 도망쳐 와서 도와달라고 할 때는 숨겨주어야 합니다. 부인을 때리는 남편은 이미 남편의 자격을 잃은 것이기 때문입니다. 이럴 때는 숨겨두어서 새로운 생활을 할 수 있도록 도와주어야 합니다. 어떤 경우에는 아들이나 딸이 의붓아버지나 친족에게 매를 맞다가 견디지 못해 도망쳐서 도와달라고 하면 숨겨주어야 할 것입니다. 이것도 마찬가지입니다. 부모가 자식을 죽도록 때리거나 혹은 딸을 성추행할 때는 이미 부모로서의 자격을 상실한 것입니다. 그래서 그런 아이들을 부모에게 다시 돌려보내는 것은 죽으라는 것밖에 되지 않을 것입니다.

지금 많은 북한 사람들이 국경을 넘어서 중국으로 탈출해서 떠돌아다니다가 붙들리면 중국 공안은 이들을 잡아서 북한으로 도로 넘겨주고 있습니다. 이것은 전 세계에서 비난을 받아야 할 일입니다. 어서 속히 탈북자들이 다시 북한으로 끌려가지 않도록 하는 인권법이 마련되어야 합니다.

둘째로 하나님의 백성은 더러운 수입을 좋아해서는 안 됩니다.

23:17-18, "이스라엘 여자 중에 창기가 있지 못할 것이요 이스라엘 남자 중에 남창이 있지 못할지니 창기가 번 돈과 개 같은 자의 소득은 어떤 서원하는 일로든지 네 하나님 여호와의 전에 가져오지 말라 이 둘은 다

네 하나님 여호와께 가증한 것임이니라"

이스라엘에 창기나 남창이 있어서는 안 됩니다. 일본이나 우리나라 일부 지역에도 보면 호스트라고 해서 남자 접대부가 있는데 그런 사람을 개 같은 사람이라고 부르고 있습니다. 물론 이런 사람도 예수 믿고 구원받을 수 있습니다. 그러나 이런 사람이 예수를 믿고 구원을 받으려고 하면 그런 직업을 버려야 하고 철저하게 새 출발을 해야 합니다. 또 개 같은 자가 번 돈은 하나님께 바칠 수 없었습니다. 개 같은 자가 번 돈은 노름한다든지 고리채를 한다든지 혹은 사기나 협박으로 번 것이므로 헌금을 해서는 안 되는 것입니다.

지금까지 많은 교인이 무조건 복을 많이 받는 것을 좋아했는데 그것은 옳은 것이 아닙니다. 하나님의 말씀대로 바르게 복을 받아야 이것이 진정한 복이 될 수 있는 것입니다. 그래서 교회는 교인들로 하여금 불로소득을 좋아하지 못하도록 가르쳐야 합니다. 우리는 깨끗하지 못한 수입은 개 먹이로 생각해서 버려야 합니다. 그런 것을 부러워해서 같이 먹으면 개가 되어버리는 것입니다.

세 번째로 하나님의 백성은 돈을 꾸어주고 이자를 받아서는 안 됩니다.

23:19, "네가 형제에게 꾸어주거든 이자를 받지 말지니 곧 돈의 이자, 식물의 이자, 이자를 낼 만한 모든 것의 이자를 받지 말 것이라"

돈을 빌리는 사람에게는 이자라는 것이 얼마나 무서운 것인지 모릅니다. 돈을 빌릴 때는 좋은 것 같지만 이자까지 갚으려고 하면 그것이 너무 무거운 짐이 됩니다. 특히 고리채의 경우에는 자칫 잘못하면 이자가 눈덩이처럼 커져서 나중에는 이자가 원금보다 더 커지게 됩니다.

그래서 하나님의 백성은 너무 무리하게 돈을 빌려서는 안 됩니다. 하나님의 백성은 형편이 어렵더라도 자기에게 주어진 수입 안에서 사는 훈련을 받아야 합니다. 그래서 아무리 수입이 적어도 십일조, 주일헌금, 감사헌금을 미리 떼놓고 그 나머지로 살 생각을 해야 합니다. 그렇게 하지 않으면 결국 허영 때문에 망하게 되는 것입니다. 그러나 형제나 자매가 가난해서 먹을 것이 없어서 돈이나 식물을 빌려야 할 경우에는 이자를 받지 말고 도와주라는 것입니다. 이렇게 할 때 하나님의 사랑이 온 이스라엘 안에 넘치게 될 것입니다. 그러나 이방인에게는 이런 규정을 적용할 필요는 없다고 했습니다.

그리고 하나님 앞에 서원한 것에 대해서는 서원을 하지 않는 것이 좋고 서원을 했을 때는 먼저 갚으라고 말씀하고 있습니다.

왜냐하면 우리 인간은 이기적이어서 시간이 지날수록 마음이 변하기 때문입니다. 그러나 일단 하나님 앞에서 약속하고 지키지 않으면 그것도 허물이 되고 죄가 되기 때문에 회개해야 합니다. 그래서 무슨 약속을 했을 때는 마음 변하기 전에 실천에 옮겨버리는 것이 좋습니다.

그런데 이스라엘의 가장 놀라운 것은 마지막에 나타납니다. 그것은 이스라엘 백성 중에서 배가 고픈 사람은 같은 이스라엘 백성의 포도원에 들어가서 포도를 따 먹을 수 있다는 것입니다.

일단 배가 고파서 포도를 따 먹는 것은 도둑질이 되지 않습니다. 그러나 포도를 따서 그릇에 담는 것은 허락되지 않습니다. 또 배가 고파서 다른 사람의 밀밭에 들어가서 손으로 밀을 따서 비벼 먹는 것은 도둑질이 되지 않습니다. 그러나 낫을 대어서 자를 때는 도둑질이 되는 것입니다.

23:24-25, "네 이웃의 포도원에 들어갈 때에는 마음대로 그 포도를 배불리 먹어도 가하니라. 그러나 그릇에 담지는 말 것이요 네 이웃의 곡식 밭에 들어갈 때에는 네가 손으로 그 이삭을 따도 가하니라 그러나 네 이웃의 곡식 밭에 낫을 대지는 말지니라"

《대지》라는 책을 쓴 펄벅 여사가 한국 농촌에 와서 나뭇가지 위에 있는 감을 까치밥이라고 해서 따지 않는 것을 보고 이것이야말로 한국의 아름다움이라고 극찬한 적이 있습니다.

이스라엘 백성은 포도 농사나 밀 농사를 지을 때 그것이 전부 자기 것이라고 생각하지 않았습니다. 그중의 일부는 가난한 사람의 것도 포함되어 있다고 생각했습니다. 그래서 배고픈 사람들이 포도원이나 밀밭에 들어와서 그릇에 담지 않고 먹는 것 정도는 얼마든지 사랑으로 용납하였던 것입니다.

오늘 하나님 백성의 모임은 영광스러운 모임이라는 사실을 알아야 하겠습니다. 우리 가운데는 하나님의 거룩하신 임재가 있습니다. 우리 가운데 하나님의 말씀과 사랑이 강같이 흘러서 모두 풍성한 축복을 거두시기를 바랍니다.

28

약한 자의 문제
신 24:1-22

요즘 경영학에서는 〈깨어진 유리창〉 이론이라는 것이 있습니다. 이것은 어떤 사람이 장사하는데 어느 날 보니까 밤에 누군가가 돌을 던져서 유리창을 깨어버린 것입니다. 그런데 물건은 크게 손해 본 것이 없었습니다. 그래서 이 사람은 깨어진 유리창을 새것으로 바꾸는 것이 아까워서 종이로 때우고 그냥 지냈습니다. 그런데 그 깨어진 한 장의 유리창 때문에 그 가게에 대한 고객의 이미지가 나빠지게 되고 나중에는 그 거리에 대한 이미지까지 나빠져서 나중에는 그 거리 전체가 좋은 손님은 오지 않고 불량배들이 우글거리는 동네가 되고 말았다는 것입니다.

하나님은 유다 사회에 세상에서의 이미지도 중요하지만 하나님에 대한 이미지가 더 중요하다고 생각하셨습니다. 하나님의 백성이 하나님 앞에서 사랑받는 집단이 되려면 사회적인 약자에 대하여 파격적인 조치를 해야 합니다. 그 일차적인 대상이 여성이었고 그다음이 가난한 자들에 대한 배려였습니다. 우리는 사회에서 여성이나 장애인이나 어린이를 멸시하거나 학대하거나 못살게 구는 자들은 절대로 용납하지 못하게 해야 합니다.

하나님은 이스라엘 사회에서 여성이나 가난한 자에 대해서는 얼마든지 예외를 인정하셔서 보호해주기를 원하셨습니다. 여성과 약자를 보호하고 사랑하는 사회가 하나님이 축복하시는 사회입니다.

1. 사회적인 약자인 여성

어떤 사회든지 여성은 사회적인 약자였습니다. 그러나 하나님께서는 이스라엘에서는 여성의 행복을 상당히 중요하게 생각하도록 하셨습니다.

그중에 두 가지를 말씀하고 있는데, 먼저 일단 **군대를 면제**시킨 것부터 살펴보겠습니다.

> 24:5, "사람이 새로이 아내를 맞이하였으면 그를 군대로 내보내지 말 것이요 아무 직무도 그에게 맡기지 말 것이며 그는 일 년 동안 한가하게 집에 있으면서 그가 맞이한 아내를 즐겁게 할지니라"

여자가 결혼하게 되면 옛날에는 시집살이의 스트레스가 얼마나 심했는지 모릅니다. 옛날 우리나라에서는 새색시가 시집을 오면 예쁜 한복을 입고 처음 하루 이틀 동안만 일을 시키지 않았습니다. 그리고 난 후부터는 무지막지한 시집살이가 시작되는데 남편의 사랑도 제대로 받지 못하고 시집 식구의 모든 일을 다 도맡아서 하게 되는 것입니다. 거기에다가 시어머니나 시누이들의 미움까지 받으면 정신적인 스트레스까지 엄청나게 받게 됩니다.

그러나 하나님께서는 이스라엘에서는 여자가 결혼하면 1년 동안 가장 행복하게 보내게 하셨습니다. 이스라엘은 결혼한 남자에게는 1

년 동안 아무 일도 맡기지 아니하고 오직 신부만 행복하게 해주는 것이 의무였습니다. 하나님께서 얼마나 여성의 신혼의 행복을 중요하게 생각하셨는지 전쟁이 터져도 막 결혼한 신랑은 전쟁터에 보내지 못하게 하셨습니다. 결혼하자마자 신랑이 전쟁터에 나가서 죽으면 신부가 한평생 남편을 생각하면서 울게 되기 때문에 하나님은 어떤 일이 있어도 신부의 신혼 일 년의 행복은 지켜주도록 하셨습니다.

여기서 우리가 알 수 있는 것은 이스라엘에서는 적어도 남자가 결혼하려면 1년 이상 아무 일도 하지 않고 아내를 먹여 살릴 수 있는 준비를 해 놓아야 한다는 것입니다. 하나님께서는 이스라엘 남자가 결혼했을 때 1년 동안은 다른 일은 아무것도 하지 않고 오직 자기 아내를 위해서만 헌신하게 하신 것입니다. 그렇다면 이 1년은 신부에게 얼마나 행복한 시간이 되겠습니까? 신혼여행이 일주일이나 3박 4일이 아니고 1년 내내인 것입니다. 그리고 나서 아내는 이 1년의 행복을 가지고 나머지 한평생을 힘을 내어서 가족을 위해서나 다른 가족을 위해서 살아가게 되는 것입니다. 사실 1년 동안 남편이 자기만을 위해서 사랑하고 헌신했는데 불만을 가질 여자는 없을 것입니다. 그만큼 이스라엘 여자는 복 받은 여자들이었습니다.

하나님의 백성들은 사랑을 위해서 존재합니다. 그러나 어렸을 때의 사랑은 주로 받는 사랑이지, 주는 사랑이 아닙니다. 사람이 처음으로 다른 사람에게 사랑을 주는 것이 결혼 배우자입니다. 하나님께서는 자기 아내에게 사랑을 조금 주지 말고 실컷 주라는 교훈입니다. 그러면 그것이 버릇되어서 그다음부터는 다른 사람을 사랑하기도 쉬워지게 되는 것입니다.

그리고 여성을 위한 또 하나의 배려가 **여성의 이혼을 허용**하신 것입니다. 사실 하나님께서 이스라엘에 이혼을 허용했다는 것은 엄청난 양보가 아닐 수 없습니다. 나중에 예수님께서 이 사실을 확인하셨는데, 하나님께서 이혼을 허용하신 것이 좋아서 하신 것이 아니라는 것입니다(마 19:3-12). 하나님의 입장에서 생각해 보면 "무슨 일이 있어도 절대로 이혼은 안 된다. 너희들은 한 번 결혼하면 무조건 죽을 때까지 같이 살아야 한다"고 하시는 것이 옳습니다. 그러나 하나님께서는 인간의 일은 법으로 무 자르듯이 할 수만은 없다는 것을 아시고 예외를 허용하셨습니다. 바로 이것이 율법이 가지는 엄청난 매력입니다.

하나님께서는 아무리 옳고 좋은 것이라 하더라도 도저히 사람들이 그것을 받아들일 수 없을 때는 아무리 강요해도 소용이 없다는 것을 알고 계셨습니다. 결혼이라는 것은 자신의 몸과 마음과 한평생을 상대방에게 맡기는 것입니다. 그럼에도 불구하고 인간은 너무나도 불완전하고 죄로 인하여 비틀어져 있기 때문에 결혼에 문제가 없을 수 없습니다. 특히 남자나 여자가 상대방을 사랑하지 않을 경우 미워해서 정신적으로 죽이려고 하기 쉽습니다. 그래서 하나님이 절대로 이혼을 허락하시지 않을 경우 이미 마음이 변한 남자는 여자를 피를 말려서 죽이려고 할지도 모릅니다. 그래서 하나님은 여성의 목숨을 지키기 위해서 양보하셔서 이혼을 허락하셨던 것입니다. 이것은 남자들이 자기 부인이 싫증나면 이혼해도 된다는 뜻이 아닙니다. 서로가 결혼하기는 했지만 성격이나 모든 것이 너무 맞지 않아서 함께 사는 것이 너무 심한 고통일 때 특히 여자를 보호하는 차원에서 허용하신 것입니다.

24:1-2, "사람이 아내를 맞이하여 데려온 후에 그에게 수치되는 일이 있음을 발견하고 그를 기뻐하지 아니하면 이혼 증서를 써서 그의 손에 주고 그를 자기 집에서 내보낼 것이요 그 여자는 그의 집에서 나가서 다른 사람의 아내가 되려니와"

여기서 나중에 발견한 "수치되는 일"이 도대체 무엇입니까? 이것은 도저히 성생활을 할 수 없는 것을 말하느냐, 아니면 음식을 하지 못하는 것이냐, 자면서 코를 골거나, 몽유병 증세가 있는 것이냐, 성격적으로 도저히 맞지 않는 것이냐, 도대체 무엇을 말하는 것입니까. 우리는 이것을 잘라서 말할 수는 없습니다.

그런데 대개 보면 성격상의 차이라든지 혹은 경제적인 무능이나 파산이나 불륜 같은 것으로 이혼을 많이 하는 것 같습니다. 사실 20년이나 30년 가까이 서로 다른 환경에서 살아온 사람이 서로 잘 맞는다는 것은 보통 어려운 일이 아닐 것입니다. 그러나 결혼은 서로가 한 몸이 되는 것이기 때문에 서로 맞추어야 합니다. 그러나 무엇인가 '수치되는 일'이 있어서 도저히 같이 살 수 없을 때는 이혼해서 여자를 더 이상 괴롭히지 말고 내보내라고 말씀하고 있습니다. 아마 옛날에는 가장 많았던 경우가 질병인 것 같습니다. 혹은 정신질환이라든지 아니면 도저히 고쳐지지 않은 도벽 같은 것일지도 모릅니다. 그래서 정신적인 병이 있는 경우에는 미리 알려야 하고 할 수 있으면 부모가 책임지는 것이 좋을 것입니다. 그러나 그런 상태가 경미하고 서로 사랑해서 결혼한다면 주위에서 도와주어서 얼마든지 잘 살 수 있도록 해주어야 할 것입니다. 그러나 장애가 이혼의 사유가 되지 않습니다. 장애를 가지고 있다 하더라도 얼마든지 서로 사랑하며 자녀들을 낳을 수 있기 때문입니다.

옛날 우리나라 같은 경우에는 불임이 문제가 되었습니다. 요즘 같으면 불임이라 하더라도 얼마든지 서로 사랑하면서 살 수 있고 또 입양도 하지만, 옛날에는 워낙 핏줄을 중요하게 생각했기 때문에 다른 여자를 들여서 대를 잇는 경우들이 많이 있었습니다.

요즘 일어나는 이혼의 가장 높은 비율은 불륜인 것 같습니다. 요즘은 직장에서 다른 남녀와 만나는 시간이 길고 또 함께 술을 마시기도 하고 또 영화나 문화가 사람들의 감정을 중요시하기 때문에 잘못된 사랑에 빠지는 경우가 많이 있습니다. 그런 것은 행복한 것이 아니고 불행한 것입니다.

결혼은 일생에 가장 중요한 것인데 이 중요한 것을 잘 모르는 상태에서 하기 때문에 결혼생활에 많은 어려움이 있을 수 있습니다. 그래서 하나님은 신혼부부는 1년 동안에는 다른 일은 일체 하지 말고 서로 사랑하는 일만 열심히 하게 하신 것입니다. 그럼에도 불구하고 결혼이 실패할 때도 있습니다. 그래서 결혼하기 전에 충분히 사귀고 알아본 후에 확신을 가지고 결혼해야 실패하지 않습니다.

그러나 하나님께서는 예외는 허용하지만 재혼해서 다른 사람과 사는 아내를 도로 찾아가지 못하게 하셨습니다. 이것은 사회질서를 위한 이유도 있지만 다시 행복을 찾아서 사는 여성에게 자기 권리를 주장한다면 이것은 또다시 새로운 불행이 될 수 있기 때문입니다.

그러나 신약 성경에서 예수님은 이혼과 재혼에 대하여 더 보수적인 입장을 취하시는 것을 볼 수 있습니다. 예수님은 하나님이 하나 되게 하신 것을 사람이 나눌 수 없다고 하시고, 이혼한 사람에게 장가드는 자는 간음하는 자라고 말씀하셨습니다. 이것은 다시 한번 성경적인 결혼을 회복시키시려는 것입니다. 결혼에 있어서 여성은 약자입니다. 그래서 남자는 결혼하기 전에 어떤 일이 있어도 절대로 아내를 책임지겠다는 결심이 서 있어야 합니다.

2. 가난한 자에 대한 배려

여성 다음으로 사회적인 약자는 가난한 사람입니다. 사람이 가난한데 먹을 것이 없으면 굶어 죽지 않기 위해서 세 가지 중의 하나를 하게 됩니다. 남의 것을 훔치든지 아니면 빌리든지 구걸하든지 중의 하나입니다. 그러나 남의 것을 훔치면 죄가 되고, 구걸하는 것은 자존심이 허락지 아니하니까 결국 어쩔 수 없어서 빌리게 되는 것입니다. 그리고 빌린 후에 갚지 못하면 그때부터는 빚쟁이들에게 쪼들리게 됩니다. 그러나 하나님은 어느 사회든지 가난한 자들이 없을 수는 없지만 어느 이상은 비참해지지 못하도록 최소한의 생존은 지켜주도록 하셨습니다.

그 첫째가 생활필수품을 차압하지 못하게 하신 것입니다.

그중의 하나가 맷돌입니다.

24:6, "사람이 맷돌이나 그 위짝을 전당 잡지 말지니 이는 그 생명을 전당 잡음이니라"

옛날에는 집집마다 맷돌이 있어서 밀이나 보리 등을 직접 집에서 맷돌로 갈아서 껍질을 벗겨서 식사를 준비했습니다. 그런데 가난한 사람으로 하여금 빚을 갚도록 하기 위해서 맷돌을 가져가버리면 이 사람은 아예 식사를 준비할 수 없게 됩니다. 그래서 아무리 빚을 갚지 못한 사람이라 하더라도 맷돌은 가져갈 수 없게 하셨습니다. 즉 아무리 빚을 갚지 못해도 먹을 것은 먹도록 하면서 빚을 갚게 하라는 것입니다. 그래서 요즘도 어려운 사람의 최소 생계는 해쳐서는 안 되는 것입니다.

그리고 입은 옷도 저당 잡히지 못하게 하셨습니다.

24:13, "해 질 때에 그 전당물을 반드시 그에게 돌려줄 것이라 그리하면 그가 그 옷을 입고 자며 너를 위하여 축복하리니 그 일이 네 하나님 여호와 앞에서 네 공의로움이 되리라"

팔레스타인 사람들은 겉옷이 이불을 대신했습니다. 그래서 밤에 잘 때는 겉옷을 덮고 잘 때가 많은데 그 겉옷을 저당으로 가져가버리면 밤에 자면서 추위에 떨게 됩니다. 그래서 내가 그 사람의 옷을 가져가는 것이 옳다고 하여도 옷은 그날 저녁에 돌려주어서 아무리 빚을 갖지 않은 사람이라 하더라도 추위에 떨면서 자지는 않게 하라고 하신 것입니다.

또한 하나님은 이웃의 집에 저당을 가지러 갈 때 집 안에 들어가지 말라고 하셨습니다. 단지 그 집 밖에 서서 그가 가지고 나오는 것만 저당으로 받으라고 하셨습니다.

24:10-11, "네 이웃에게 무엇을 꾸어줄 때에 너는 그의 집에 들어가서 전당물을 취하지 말고 너는 밖에 서 있고 네게 꾸는 자가 전당물을 밖으로 가지고 나와서 네게 줄 것이며"

요즘 우리나라에서는 집달리가 집 안에 들어가서 차압 딱지를 붙이게 되면 인정사정없이 모든 것에 다 붙입니다. 그러나 이스라엘에서는 집 안에 들어가지 말고 그 사람이 들고 나오는 것만 차압하고 그 사람의 말을 믿어주라고 했습니다.

여기서 중요한 것은 다시 서로 믿고 신뢰할 수 있도록 만드는 것입니다. 그렇게 하려면 얼마나 또 오랜 희생과 시간과 수고가 있어야 하는지 모릅니다. 그러나 그렇게 하지 않으면 우리는 서로 미워하고 의심하다가 망할 수밖에 없을 것입니다.

또 하나님은 가난한 품꾼을 학대하지 말고 품삯을 연기하지 말라고 하셨습니다.

24:14-15, "곤궁하고 빈한한 품꾼은 너희 형제든지 네 땅 성문 안에 우거하는 객이든지 그를 학대하지 말며 그 품삯을 당일에 주고 해 진 후까지 미루지 말라 이는 그가 가난하므로 그 품삯을 간절히 바람이라 그가 너를 여호와께 호소하지 않게 하라 그렇지 않으면 그것이 네게 죄가 될 것임이라"

부자가 가난한 자들에게 일을 시켜 놓고 품꾼의 품삯을 빨리 주지 않으면 가난한 자는 일을 해 놓고도 돈을 받지 못해서 굶주리게 됩니다. 이때 가난한 자들이 하나님께 호소하면 부자는 망하게 됩니다. 그런데 아직 우리 사회에도 갑과 을의 관계라는 것이 있어서 모든 것을 갑이 마음대로 결정하는 것을 볼 수 있습니다. 그러나 하나님은 품삯은 그날 안으로 반드시 주라고 하셨습니다. 하루하루 먹고 사는 자는 하루 품삯이 생명줄이기 때문입니다. 그리고 다른 임금도 1년 이상은 끌지 못하도록 했습니다.

3. 다른 지켜야 할 여러 사항들

하나님께서는 이스라엘 사회가 아름다운 사회가 되도록 하기 위해서 지켜야 할 사소한 것들을 말씀하셨습니다.

첫째가 유괴에 대한 것입니다.

24:7, "사람이 자기 형제 곧 이스라엘 자손 중 한 사람을 유인하여 종으로 삼거나 판 것이 발견되면 그 유인한 자를 죽일지니 이같이 하여 너희 중에서 악을 제할지니라"

대개 유괴를 당하는 사람들은 순진하고 남의 말을 잘 믿는 사람들입니다. 어떤 나쁜 사람들은 순진한 아이에게 길을 가르쳐 달라고 하고서 유괴를 하기도 합니다. 그 당시 이런 식으로 사람들을 유괴한 것은 주로 노예로 팔아먹기 위해서입니다. 그런데 주로 어린아이라든지 젊은 여자들을 유괴했습니다. 하나님께서는 사람을 유괴하거나 인신매매하는 사람들은 모두 처형하게 하셨습니다. 지금도 어린아이를 유괴해서 돈을 받아내려 하거나 젊은 여자들을 납치해서 못된 짓을 하는 사람들이 있는데 이것은 사형에 해당하는 죄입니다.

두 번째가 한센병에 대한 주의입니다.

24:8-9, "너는 나병에 대하여 삼가서 레위 사람 제사장들이 너희에게 가르치는 대로 네가 힘써 다 지켜 행하되 너희는 내가 그들에게 명령한 대로 지켜 행하라 너희는 애굽에서 나오는 길에서 네 하나님 여호와께서 미리암에게 행하신 일을 기억할지니라"

요즘은 문둥병을 한센병이라고 합니다. 이런 명칭의 변경이 중요한 이유는 과거에 나환자들이 문둥병으로 너무나도 많은 정신적인 고통을 받았고 이제는 이 병에 대한 치료약이 나왔으므로 하나님이 저주하신 병도 아니고 얼마든지 치료가 가능한 병이라는 뜻입니다.

그래서 한번은 한센병과 관계하는 분들에게 왜 이런 병이 생기게 되었느냐고 물어보니까 너무 못살고 가난한데 영양이 결핍되거나 자신의 몸의 청결을 너무 관리하지 못해서 걸린다는 것입니다. 그런데 한센병의 무서운 것은 감각이 없어진다는 것입니다. 그래서 하나님께서 더 주의를 주신 것 같습니다. 요즘도 조금만 자기 관리를 소홀히 하면 여러 가지 성인병에 걸릴 수 있습니다. 이런 것을 특별히 신경을 써서 관리해서 많은 사람이 걸리지 않게 해야 합니다.

사실 아무리 믿음이 좋은 자라 하더라도 환자는 자기가 죄를 많이 지어서 하나님이 자기를 치신 것으로 생각할 때가 많습니다. 그래서 그렇지 않아도 병 때문에 고통을 많이 받고 있는데 또 하나님이 나를 치셨다고 생각하면 육체적으로만이 아니라 정신적으로까지 고통을 받게 되는 것입니다.

영화 〈벤허〉에 보면 벤허가 친구의 배반으로 노예로 팔려간 후에 어머니와 여동생이 지하 굴속에 갇혀서 나환자가 됩니다. 그런데 나중에 벤허는 끝까지 어머니와 누이를 찾아내서 데리고 예수님께 가는

데 예수님은 십자가에 못 박혀 돌아가십니다. 이때 예수님이 죽으실 때 내리는 비를 맞고 벤허의 어머니와 누이동생의 나병이 치료받게 됩니다. 그 장면은 너무나 감동적인 모습이었습니다.

옛날에는 암에 걸리면 거의 죽은 사람 취급하든지 만나주지도 않아서 본인은 나름대로 수술과 항암치료의 후유증으로 고통을 많이 받았습니다. 그러나 이제는 암은 완치가 가능한 병 중의 하나가 되었습니다. 이제는 암 환자도 두려워하지 말고 더 자주 찾아가서 정신적으로 외롭지 않도록 힘이 되어주어야 하겠습니다.

세 번째로 미움의 감정을 절제하게 하셨습니다.

24:16, "아버지는 그 자식들로 말미암아 죽임을 당하지 않을 것이요 자식들은 그 아버지로 말미암아 죽임을 당하지 않을 것이니 각 사람은 자기 죄로 말미암아 죽임을 당할 것이니라"

사람의 미움의 감정은 만일 아버지가 죄를 지어서 미우면 그 집 식구들 모두 다 밉게 마련입니다. 또 자식이 죄를 지어서 미우면 그 집 아버지나 형제 모두 다 밉게 되어 있습니다. 그러나 그 집의 처지에서 본다면 자식이 죄를 지어서 처벌받는 것만 해도 엄청난 희생이고 고통인데 그 자식 때문에 죽임을 당한다면 그것은 너무나도 가혹한 처사가 되는 것입니다. 그래서 하나님은 연좌제를 하지 못하게 하셨습니다. 물론 자식이 그런 죄를 짓게 된 것에 대해서는 도의적인 책임은 있겠지만 도의적인 것과 실제적인 처벌은 또 다른 것입니다. 그리고 재판을 할 때도 고아나 과부라든지 외국인들은 아무런 권리가 없는 사람들입니다. 그런데 이런 권리가 없는 사람들이 억울하게 고통당하지 않도록 그들의 목소리를 충분하게 들어주는 판단을 하라고 하셨습니다.

그런데 하나님의 사랑의 극치는 역시 이스라엘 백성이 **추수하는 데** 나타나게 됩니다. 하나님께서는 이스라엘 백성이 곡식을 추수하다가 한 뭉치를 잊어버렸으면 찾으러 가지 말라고 하셨습니다.

24:19, "네가 밭에서 곡식을 벨 때에 그 한 뭇을 밭에 잊어버렸거든 다시 가서 가져오지 말고 나그네와 고아와 과부를 위하여 남겨두라 그리하면 네 하나님 여호와께서 네 손으로 하는 모든 일에 복을 내리시리라"

예를 들어서 곡식을 추수해서 운반하다가 중간에 한 부분을 떨어트리고 오게 되었다면 그것을 도로 찾으러 가지 말라는 것입니다. 사실 곡식 한두 단을 떨어뜨린 것이 부자에게는 별것이 아닐지 몰라도 가난한 자들에게는 온 식구가 한두 끼를 배불리 먹을 수 있는 양이기 때문입니다. 그래서 룻기에 보면 보아스가 일하는 사람들에게 추수하면서 자꾸 곡식을 뽑아서 버리라고 합니다. 보아스는 룻이나 다른 여자들이 이삭을 주울 수 있도록 많이 흘리라고 했습니다. 이것이 이스라엘의 멋이었습니다.

또 하나님께서는 감람나무를 추수한 뒤에 다시 남은 것이 있는지 살피지 말라고 하셨습니다. 남은 것이 있다면 그것은 가난한 자의 몫이기 때문입니다. 포도원에서 포도를 딴 후에 남은 것을 다시 따지 말라고 하셨습니다. 남은 포도들은 가난한 자들의 몫이기 때문입니다. 그래서 이스라엘 백성의 포도에는 가난한 자의 몫이 항상 같이 들어 있었습니다.

이스라엘에서는 가난한 자들이 남의 밭이나 포도원에 얼마든지 들어올 수 있었고 또 남은 것은 허락받지 않고도 딸 수 있었습니다. 나중에 외국 사람들이 이스라엘이나 예루살렘에 왔을 때 이런 모습을 보고 완전히 매료되었습니다. 이스라엘에는 낯선 사람이라고 해서 왕따를 당하거나 배척당하는 일이 없었습니다. 어린아이나 젊은 여자라고 해서 납치당하는 일이 없었습니다. 누구든지 주인이 추수한 뒤에는 밭이나 포도원에 들어가서 자기 것처럼 남은 것을 따더라도 뭐라고 하는 사람이 없었습니다. 그러니 누구든지 여기에 한 번 오고 난 후에는 다시 오고 싶고, 할 수 있으면 여생을 보내고 싶은 곳이 바로 이스라엘이고 예루살렘이었습니다.

우리는 먼저 교회 안에서 이런 이스라엘과 예루살렘을 만들어야 합니다. 교회는 아무리 못나고 약해도 무시당하지 않고 공격당하지 않고 얼마든지 자신의 행복을 누릴 수 있는 곳이 되어야 합니다. 하나님께서 한번 오신 후에 너무 기분이 좋으셔서 자꾸 오시고 나중에는 완전히 하나님께서 우리 가운데 계시도록 하나님의 마음에 쏙 드는 교회가 되어야 할 것입니다.

24:22, "너는 애굽 땅에서 종 되었던 것을 기억하라 이러므로 내가 네게 이 일을 행하라 명령하노라"

하나님은 우리를 먼저 사랑하셨고 먼저 축복을 부어주셨습니다. 이제는 우리가 다른 사람들을 행복하게 할 때입니다. 특히 먼저 조금이라도 가진 자나 건강한 자나 좋은 위치에 있는 사람들이 양보하고 희생해서 어려운 사람들의 작은 목소리를 듣고 받아들일 때 하나님은 우리 가운데 함께 하실 것입니다.

29

가치있는 태도
신 25:1-19

하나님께서는 이스라엘 백성이 가나안 땅에 들어가기도 전에 그들이 가나안 땅에서 복 받는 비결에 대하여 아주 길게 말씀하셨습니다. 이것은 마치 고3학생들이 수능도 치기 전에 네가 서울대에 들어가면 이러이러하게 생활하라고 가르쳐주는 것과 같습니다. 그런데 사실 고3학생들에게는 좋은 대학에 들어가는 것이 중요하지, 들어가고 난 뒤에 이렇게 저렇게 하라고 가르치는 것은 쓸데없는 말인 것 같습니다. 아직 들어갈지, 들어가지 않을지도 모르는데 대학생활에 대하여 이야기하는 것은 그들에게는 너무 먼 이야기처럼 들리는 것입니다. 그러나 하나님이 이스라엘 백성에게 너희가 가나안 땅에 들어가서 이러이러하게 행동하라고 말씀하시는 이유는 이 말씀을 듣는 이스라엘 백성은 틀림없이 가나안 땅에 들어가게 되기 때문입니다. 그래서 우리가 이 하나님의 말씀을 듣는 것이 아주 중요합니다. 오늘 우리가 신명기의 이 말씀을 듣는 이유는 하나님이 우리에게 가나안의 복을 주실 것이 틀림없기 때문입니다. 그러므로 오늘 이 말씀을 들을 때 나에게 하시는 말씀으로 들으셔야 합니다.

얼마 전에 어떤 분들이 함께 식당에서 맛있게 식사했는데 그만 상한 음식을 모르고 먹는 바람에 밤새 토하고 설사하고 전부 거의 죽다가 살아났다고 했습니다. 그들이 먹은 음식은 아마 생선회나 조개류이거나 돼지고기였을 것입니다. 음식 중에도 빨리 상하는 것이 있는데 이런 것을 잘못 먹으면 죽는 사람도 있습니다. 그런데 이런 생선이나 조개류보다 더 빨리 상하는 것이 사람의 살입니다. 그래서 사람의 살이 베이거나 다치면 빨리 소독하고 약을 발라주어야 합니다. 그렇지만 사람의 살보다 더 빨리 썩는 것이 인간의 마음이고 양심입니다. 그런데 사람의 마음은 한번 상하면 잘 고쳐지지 않습니다. 나중에는 이것이 열등감이나 피해의식이나 우울증으로 심해져 한평생 고통받게 됩니다. 또 한번 썩은 인간의 마음은 그 뒤에는 무감각해져서 아무리 죄를 지으면서도 부끄러운 줄 모르고 더 뻔뻔스러워지게 되는 것입니다. 하나님께서는 이스라엘 백성이 가나안 땅을 차지하게 되었을 때 참으로 가치 있는 사람들이 되기를 원하셨습니다.

이 세상에서는 성공한 사람들을 우대하지만 하나님은 아름다운 사람들을 우대하십니다. 그런데 하나님이 우대하시는 아름다운 사람은 외모가 아니라 마음이 아름다운 사람입니다.

사람은 성형 수술을 하거나 다이어트를 하면 외모는 아름답게 할 수 있지만 사람의 내면은 너무 빨리 썩고 상하기 때문에 잘 고쳐지지 않습니다. 제가 서울에서 만난 한 여학생은 과학고와 서울대를 나온 수재였습니다. 그런데 그 자매는 어느 날부터 정신분열증 증세를 일으키기 시작했습니다. 그런데 다행스럽게도 그 자매는 저를 깊이 신뢰했습니다. 나중에 이야기하면서 알아보니까 그 자매는 자기 스스로 너무 아름답지 못하다고 생각하고 있었던 것입니다. 그 자매에게는 부모에 대한 불신과 공부에 대한 스트레스가 많은 것을 알게 되었습니다. 그러나 이것을 깨닫고 상처를 고친 후에 하나님의 말씀이 그 자매를 아름답게 만들었습니다. 우리를 아름답게 만드는 것은 하나님의 말씀밖에 없습니다. 우리가 짧은 인생을 살아갈 때는 머리 좋고 순발력이 있는 사람이 행복한 것 같지만, 긴 인생을 살고 보면 하나님의 말씀을 붙든 사람이 가장 아름다운 인생을 사는 것을 볼 수 있습니다.

1. 정의를 사랑하는 사람

얼마 전에 TV에서 〈외로운 생존자〉라는 영화를 보게 되었습니다. 그런데 그 내용은 하버드대학의 마이클 샌들 교수가 쓴 책 《정의는 무엇인가》에서 인용한 것이었습니다. 즉 미군 수색대가 아프가니스탄에서 작전하다가 염소를 모는 목동 가족을 만나게 되었을 때 이들을 죽이는 것이 정의인가, 아니면 살려주는 것이 정의인가 하는 내용입니다. 그 수색대는 격론을 벌이다가 살려주기로 했습니다. 그런데 그 목동 가족은 얼마 후 탈레반에게 가서 미군이 있다는 것을 알려주고 결국 탈레반과 싸우다가 미군들이 다 죽고 한 명만 기적적으로 살아나게 됩니다. 그때 과연 정의는 무엇이냐 하는 것입니다. 또 허리케인이 몰려와서 큰 피해를 주었을 때 물이나 숙소나 공사에서 바가지 요금을 받는 것이 정의냐, 아니면 바가지를 씌운 사람을 처벌하는 것이 정의냐 하는 내용입니다. 우리가 이런 극단적인 예를 보면 정의의 기준이 흔들리게 됩니다. 그러나 정의는 우리가 생각해서 옳은 것이 아니라 하나님의 뜻에 맞는 것이 정의입니다.

그래서 우리는 먼저 정의가 무엇이냐 하는 것을 논리적으로 따지기 전에 정의를 사랑하는 마음을 가지는 것이 더 중요합니다.

25:1, "사람들 사이에 시비가 생겨 재판을 청하면 재판장은 그들을 재판하여 의인은 의롭다 하고 악인은 정죄할 것이며"

우리가 생각하기에 재판장은 법에 따라서 옳고 그른 것을 판단해 주면 모든 것이 간단하게 해결될 것 같지만 사실 이것은 그렇게 간단한 문제가 아닙니다. 대개 재판하는 액수나 금액이 적으면 재판장의 양심에 따라서 판단이 가능하지만, 액수가 너무 크거나 사회에 미치는 파장이 크다면 사실 제대로 판단하기 어렵습니다.

성경에 나타난 가장 불의한 재판은 바로 아합 왕 때 나봇의 포도원 강탈 사건이었습니다. 아합이 왕궁 옆에 있는 나봇의 포도원이 탐이 나는데 그가 주지 않으니까 왕비 이세벨이 그 도시의 장로와 유지들에게 편지를 보내었습니다. 나봇이 왕을 모독했다는 고발이었습니다. 그래서 깡패 둘을 거짓 증인으로 내세워서 나봇을 정죄하고 돌로 쳐 죽였습니다. 그러면 사람들이 그 사실을 몰랐을까요? 절대로 모르지 않습니다. 단지 그들은 권력 가진 사람의 눈치를 보아서 자기가 살기 위해서 알아서 모르는 척 행동했던 것입니다. 결국 이런 나라는 백성도 애착을 가지지 않고 나라가 어려울 때 목숨을 걸고 지키는 사람도 없게 되는 것입니다.

권력을 가진 사람들이 다른 사람이 뭐라고 하기 전에 자기 스스로가 법을 지킬 때 사람들의 마음속에는 나라에 대한 애착이 생기게 되고 미래에 대한 소망이 생기게 됩니다. 그런데 왜 높은 자리에 있는 사람들은 정의를 지키지 않을까요? 그 이유는 높은 자리에 있으면 정의가 필요 없기 때문입니다. 권력이 있는 사람은 말만 하면 시키는 대로 할 부하들이 수두룩하기 때문에 정의 같은 것은 생각할 필요가 없는 것입니다. 그래서 권력을 가진 사람들에게 정의라는 것은 아주 귀찮은 것이기 때문에 지키려고 하지 않습니다. 그 대신 힘이 없는 사람들은 답답하고 어렵고 절망하게 됩니다.

결국은 이스라엘이 하나님 앞에 가치 있게 되는 방법은 권력을 가진 자 스스로가 법에 자기 자신을 복종시키는 것입니다. 그렇게 할 때 당장은 내 마음대로 모든 것을 하지 못해서 손해 보는 것 같지만 결국 많은 사람의 신뢰를 얻게 되고 사랑을 얻게 됩니다.

  요즘 우리나라에는 정의 자체에 대하여 큰 혼선이 있습니다. 그것은 지금 우리나라에는 두 가지 정의의 개념이 정면으로 부딪치고 있기 때문입니다. 그 하나는 무조건적으로 성공하는 것이 정의입니다. 그리고 이 성공을 위해서라면 부정이나 불의도 얼마든지 용납되는 것입니다. 그래서 거짓이나 부정을 용납하면서 엄청난 경제적인 성장을 이루어왔습니다. 그러나 정의의 개념에 또 다른 강한 움직임이 생겼습니다. 그것은 바로 이런 무조건적 성공을 죄악시하고 모두 때려 부수는 것이 정의라는 것입니다. 그래서 모든 기성세대나 부자를 불의한 자로 생각하고 모든 것을 다 파괴하고 있는 정의가 있는 것입니다. 지금 우리나라는 바로 이 두 부류의 정의가 치열하게 싸우고 있습니다. 즉 '옳든 틀리든 잘 살고 봐야 한다'는 지금까지의 보수적인 세력과 '지금까지 성공한 것은 전부 다 틀렸다. 이것을 심판해야 한다'는 진보 세력이 격돌하고 있는 중입니다.

  그러면 과연 어느 길이 옳은 길입니까? 우리가 알아야 할 것은 정의는 우리 생각에 옳다 틀리다 하는 것으로 판단할 것이 아니라, 하나님이 정의의 기준이 되어야 한다는 것입니다. 또 하나님께서는 모든 사람의 마음에 건전한 이성과 양심의 판단력이 있게 하셔서 정의가 무엇인지 알게 하셨습니다. 우리는 무엇보다 정의를 사랑하는 사람이 되어야 합니다. 정의는 아주 아름다운 것입니다. 사람들이 정의를 지키면 그 사회가 아름다워지며 정의를 물 같이 흐르게 하면서 가슴이 시원해지는 사회가 되는 것입니다.

25:2, "악인에게 태형이 합당하면 재판장은 그를 엎드리게 하고 그 앞에서 그의 죄에 따라 수를 맞추어 때리게 하라"

  물론 좀도둑을 붙잡아서 태형을 가하는 것은 조금도 어려운 일이 아닙니다. 그러나 어떤 지역에서 권세가 있고 돈이 많은 부자가 죄를 지었다고 해서 엎드리게 해서 매질 한다는 것은 상상하기 어려울 것입니다. 그런데 재판장이 아무리 권세 있는 사람이라 해도 엎드리게 하고 매를 때릴 때 사람들이 얼마나 하나님을 두려워하며 그 재판장을 존경하겠습니까? 그러나 그 재판장에게도 그것은 쉬운 일이 아닐 것입니다. 중국의 판관 포청천이 인기가 있었던 것은 아무리 높은 관리라 하더라도 죄를 지은 사람은 불러서 태형을 때리고 심지어 큰 죄를 지은 사람은 작두로 머리를 잘랐기 때문입니다.

그러나 재판하는 사람이 소신 없이 권력 있는 사람을 한번 건드려 놓으면 두고두고 어려움을 당하게 될지도 모릅니다. 그럼에도 불구하고 재판장은 하나님을 대신해서 틀린 것은 틀렸다고 하고 옳은 것은 옳다고 해야 합니다. 그런 정의로운 재판장이 되려고 하면 인생 밑바닥까지 내려가서 인생이 무엇인지 철저하게 배워야 하고 그런 가운데서 신앙적인 인생관을 세운 사람만이 사람을 무서워하지 아니하고 바른 결정을 내리게 되는 것입니다.

25:3, "사십까지는 때리려니와 그것을 넘기지는 못할지니 만일 그것을 넘겨 매를 지나치게 때리면 네가 네 형제를 경히 여기는 것이 될까 하노라"

사람이 누군가를 때리기 시작하면 자기도 모르게 흥분되어서 과도하게 때리기 쉽습니다. 그래서 이스라엘의 형 집행에는 절대로 감정적인 흥분이 들어가지 못하도록 한계를 두었습니다. 그것은 태형을 때릴 때 사십 대를 넘지 못하게 한 것입니다. 사십 대를 넘게 때리면 사람이 죽을 수도 있고 불구가 되기도 하기 때문입니다. 아무리 태형으로 때려도 죽을 정도나 불구가 될 정도로 때려서는 안 되는 것입니다.

2. 주위 사람에 대한 배려

우리가 하나님 앞에서 가치 있는 사람이 되려고 하면 너무 냉정하거나 몰인정한 사람이 되어서는 안 됩니다. 물론 하나님께서는 우리에게 천사처럼 내가 가진 모든 것을 불살라 다른 사람에게 주라고 말씀하시지 않습니다. 그러나 우리는 매일의 생활 가운데서 비록 작은 부분이지만 다른 사람이나 아니면 짐승에 대해서라도 따뜻한 마음을 가져야 합니다.

25:4, "곡식 떠는 소에게 망을 씌우지 말지니라"

하나님께서는 우리가 먼데 있는 사람을 구제하거나 도와주기 전에 자기 집에 있는 소에게 먼저 자비로울 것을 말씀하십니다.

곡식을 추수할 때 곡식을 떠는 소가 자꾸 입으로 곡식을 주워 먹는다면 주인의 입장에서는 그 소가 먹는 것이 아까울지 모릅니다. 그래서 대부분 소의 주인은 곡식을 떨 때 소가 먹지 못하도록 입에 망을 씌어 놓고 일을 시킵니다. 그러나 그 소의 입장에서 보면 지금 눈앞에 먹을 것이 산더미처럼 쌓여 있는데 이것을 조금도 먹지 못하고 일만 죽으라 시키면 너무나도 억울할 것입니다. 그래서 하나님께서는 '말을 못하는 짐승이 눈앞에 곡식을 산더미처럼 두고서 못 먹으면 얼마나 원통하겠느냐? 소가 먹으면 얼마나 먹겠느냐?' 하시면서 추수하는 소의 입에 망을 씌우지 못하게 하셨습니다. 하나님은 소에게 일 년에 이때 한 번만이라도 실컷 한번 먹어보라는 것입니다. 이것은 하나님께서 소에게 주시는 축복이었습니다.

사람은 자기가 일을 시키는 사람에게 너무나도 인색하지 않는 것이 좋습니다. 할 수만 있으면 도와주려고 하고 어려운 사정을 이해해 주려고 할 때 진심으로 그 주인에게 고마워하게 되고 마음으로 충성하게 되는 것입니다.

　이 교훈의 말씀이 나중에 주의 일을 하는 자들에게 아주 중요한 말씀으로 사용되게 됩니다. 주님은 마치 '일하는 소에게 망을 씌우지 않는 것' 처럼 복음을 전하는 자들에게 너무 인색하게 하지 말라고 교회에 당부하신 것입니다(고전 9:9). 즉 복음의 역사가 풍성하게 나타나는 이 추수의 시기에 교회에 너무 헌금을 인색하게 하거나 주의 종들이 궁핍하지 않게 하라고 당부한 것입니다. 결국 복음을 전하는 사람은 먹고 사는 것은 걱정하지 않고 오직 하나님의 말씀만 연구하고 전하도록 교회가 해주어야 하는 것이 사랑입니다.

　특히 하나님께서는 형제 중에서 자식이 없는 과부를 동생이 도와줄 것을 말씀하셨습니다. 이것이 이스라엘에는 형이 죽었을 때 동생이 형수와 결혼해서 형의 아이를 남기는 제도였습니다. 물론 오늘 우리가 이 제도를 따를 수는 없습니다. 그러나 하나님께서는 신앙 때문에 박해당하는 여인들이나 어머니들을 특별히 사랑하여 주십니다.

　옛날 우리나라에는 신앙이 전혀 없는 집안에 신앙을 가진 여자가 시집와서 생활할 때 제사 문제나 신앙의 문제로 많은 핍박을 받고 따돌림을 당한 적이 많았습니다. 이런 여인들은 남편이 있지만 교회에 나간다고 남편으로부터 사랑도 받지 못하고 시집에서도 따돌림을 많이 당하게 됩니다. 그러나 그런 가운데서도 자식만큼은 철저하게 신앙으로 키우게 되고, 이런 어머니 밑에서 큰 자식들이 오히려 모태 신앙을 가진 자들보다 더 신앙적인 경우도 많이 있습니다. 이렇게 자란 자식이 온 집안을 전도해서 예수 믿게 하는 경우도 많이 있습니다. 사실 신앙을 가진 과부를 하나님께서 이만큼 축복하시는 것입니다.

　그래서 오늘 우리가 하나님 앞에서 가치 있는 자가 되려고 한다면 무조건 다른 사람들이나 교회의 성공한 모습을 따라갈 것이 아니라 우리 나름대로 성경적인 아름다운 것을 지키는 것이 중요합니다.

3. 아름다운 것을 지키라

본문 말씀 후반부에 나오는 것은 세 가지 내용입니다. 하나는 이스라엘 여인이 남자들 싸움에 끼어들어서 해서는 안 되는 것과 두 번째는 상거래에서 거짓된 방법을 쓰지 말라는 것과 세 번째는 아말렉을 용서하지 말라는 내용입니다.

25:11-12, "두 사람이 서로 싸울 때에 한 사람의 아내가 그 치는 자의 손에서 그의 남편을 구하려 하여 가까이 가서 손을 벌려 그 사람의 음낭을 잡거든 너는 그 여인의 손을 찍어버릴 것이고 네 눈이 그를 불쌍히 여기지 말지니라"

우리가 생각하기에 남자가 서로 싸우면 부인들은 무서워서 말리거나 피할 것 같은데 아마 적극적인 여인은 남편들이 싸우는데 가세해서 상대방의 급소를 잡는 여인이 있었던 것 같습니다. 그때 하나님은 남자의 음낭을 잡은 그 여인의 손목을 자르라고 한 것입니다. 그런데 이것은 오늘날에는 적용하기 좀 어려운 부분이 있습니다.

그러나 이 세상에서 가장 존귀한 것이 이스라엘 여인입니다. 이 세상에 다 변하더라도 이스라엘 여인만 신앙을 지키면 세상은 다시 가망이 있습니다. 그래서 이스라엘 여인의 손은 귀한 데 사용되어야지 손톱을 길러서 남을 할퀴거나 다른 사람의 급소를 공격하는 일에 사용되어서는 안 되는 것입니다. 예수 믿는 여인에게 가장 아름다운 것은 기도하며 찬송 부르면서 흘리는 눈물입니다. 로이 리히텐슈타인이라는 화가는 여인이 기뻐하면서 눈물 흘리는 것을 그렸는데 그 그림이 무려 백억 원에 팔렸다고 합니다. 그런데 우리 믿음의 여성들이 흘리는 눈물은 백억 원 이상의 가치가 있습니다.

하나님께서는 이스라엘이 싸워서 이기는 것보다 훨씬 가치 있는 사람으로 보셨습니다. 즉 우리는 다른 사람을 이기는 사람이 아니라 하나님의 축복이 오게 하는 사람인 것입니다. 우리는 스스로 죄나 음란이나 혈기에 빠지지 않도록 해야 하는 이유가 무엇입니까. 그래야 우리의 축복이 이루어지기 때문입니다.

또 하나님께서는 이스라엘 백성이 장사할 때 두 가지 저울추를 사용하지 못하게 하셨습니다. 왜냐하면 이스라엘 사람은 언제나 깨끗한 양심을 지켜야 하기 때문입니다.

25:13-14, "너는 네 주머니에 두 종류의 저울추 곧 큰 것과 작은 것을 넣지 말 것이며 네 집에 두 종류의 되 곧 큰 것과 작은 것을 두지 말 것이요"

옛날에는 장사하는 사람은 무거운 추와 덜 나가는 추를 두 개 두어서 보통 때에는 엉터리 저울로 물건을 팔다가 감사가 나오거나 하면 정직한 저울을 내어놓는 식이었습니다. 되도 크기가 같은 것이 아니고 큰 것과 작은 것을 두어서 보통 때는 엉터리로 적게 내어주다가 감사가 나오면 제대로 된 것으로 파는 척하는 것입니다. 이런 사회에서는 공무원의 부정과 비리가 없으려야 없을 수가 없는 것입니다.

하나님의 백성은 돈 버는 것보다 더 중요한 것이 자기 양심을 지키는 것입니다. 오늘 사람들은 양심이 얼마나 귀한 것인지 몰라도 얼마 되지 않는 이익을 더 보려고 거짓말을 하는데 이것은 자기 보석을 포기하는 행위입니다. 우리는 깨끗한 양심이 수백억짜리 보석이라는 것을 알아야 합니다.

그래서 우리 크리스천은 남들이 행복하고 잘 산다는 것과 자신을 비교해서는 안 됩니다. 우리는 자기 나름대로 아름다운 삶을 생각해야 하고 아무리 다른 사람들이 인정해주지 않고 출세의 길이 더디더라도 자신의 아름다운 것을 지켜나가야 하나님의 축복의 자녀가 될 수 있는 것입니다. 하나님의 모든 좋은 것은 우리의 것입니다.

오늘 참으로 가치 있는 사람들은 어떤 사람일까요? 우리 사회에 꼭 있어야만 하는 가치 있는 사람은 마음이 깨끗한 믿음의 사람입니다. 우리는 단지 다른 사람과 비교하면서 자신의 가치를 평가절하하지 마시기 바랍니다. 오늘 많은 사람은 더 아름다워지기 위해 비싼 미용실에서 머리를 하고 어떤 사람은 성형수술도 하고 좋은 학교를 나오려고 애를 많이 쓰지만, 우리를 아름답게 할 수 있는 것은 하나님의 말씀밖에 없습니다.

우리가 하나님 앞에서 아름다운 마음을 가지면 하나님은 이 모든 것을 더하여 주실 것입니다. 우리가 하나님 앞에서 깨끗한 마음을 가지고 있으면 살아있는 것 자체가 다른 사람들에게 복이 되고 하나님은 우리의 인생을 더 아름답게 만들어주실 것입니다. 우리가 하나님의 말씀을 들으면 하나님은 틀림없이 우리에게 가나안의 복을 주실 것입니다. 너무 불안해하지 마시고 초조해하지 마시고 하나님 앞에서 더 아름다워지는 여러분이 되시기 바랍니다.

30

목표를 이루었을 때

신 26:1-19

사람들은 모두 보다 나은 행복을 위하여 보다 안정된 삶을 위해서 많은 노력을 하고 있습니다. 어떤 사람은 사람들의 인정과 칭찬을 받기 위해서 다른 사람들은 감히 흉내 낼 수도 없는 목표를 가지고 이루어내는 사람도 있습니다. 사람들은 할 수만 있으면 모두 정상에 오르기 위해서 열심히 산을 기어 올라가는데 막상 정상에 올라가보면 내가 산을 정복했다는 성취감과 또 온 세상이 내 발아래 있다는 만족감에 기뻐하지만, 사실 산꼭대기는 사람이 오래 머물러 있을 곳이 되지 못합니다. 춥고 바람이 불고 다른 사람은 없는 외로운 곳이기 때문에 빨리 서둘러서 산 아래로 내려와야 합니다. 이와 마찬가지로 우리나라 많은 사람은 젊은 시절에 성공이나 출세를 위해서 거창한 목표를 세워 죽도록 공부하거나 노력을 합니다. 그러나 막상 목표를 달성하고 나면 드디어 성공했다는 만족감에 기뻐하지만 또 다른 목표를 찾아서 죽도록 공부하거나 일을 해야만 합니다. 결국 사람은 목표를 세우고 죽도록 노력할 때는 목표가 그를 잡아주는 것 같지만, 그 목표를 달성하거나 목표가 없어지면 정신적으로 방황하게 되고 잘못하면 추락해서 실패하게 됩니다. 그 이유는 그들은 한평생 신기루와 같은 잘못된 꿈을 좇았기 때문입니다.

그러나 하나님의 백성은 예수를 믿고 나면 옛날의 꿈이 없어져 버립니다. 우리도 예수 믿기 전에는 다른 사람들과 똑같은 성공의 꿈이 있었고 목표가 있었습니다. 그러나 예수를 믿으면서 하나님의 영광이 너무 찬란해서 세상의 목표가 아무것도 아닌 것이 되어버립니다. 그러고 난 후에 우리는 이 세상에서 목표가 없는 사람이 되어서 정신적으로 방황할 때가 종종 있습니다. 그러나 그것이 우리에게 아주 중요한 것입니다.

예수 믿는 사람에게는 또 다른 꿈이 있고 또 다른 목표가 있습니다. 그것은 하나님이 나를 붙드시고 하나님이 나를 사용하셔서 작품을 완성시키시는 것입니다. 오늘 많은 사람은 자기가 자기 인생에 그림을 그리지만 하나님은 하나님께서 친히 우리 인생에 그림을 그리시려는 것입니다.

본문 말씀은 이스라엘 백성이 드디어 가나안 땅에 들어가서 가나안 땅을 차지했을 때 해야 할 내용입니다. 이스라엘 백성의 꿈은 가나안 땅에서 안정된 삶을 사는 것이었습니다. 그러나 하나님의 꿈은 이스라엘 백성이 절대적으로 하나님의 말씀에 순종하는 능력의 백성이 되는 것이었습니다.

1. 이스라엘 백성의 선포

광야에 있는 이스라엘 백성의 꿈은 젖과 꿀이 흐르는 가나안 땅에 들어가서 그 땅을 차지하는 것이었습니다. 이스라엘 백성은 광야 40년을 돌아다니면서 문명의 혜택을 받아 본 적이 없었습니다. 그들은 학교의 문턱에도 들어가 보지 못했습니다. 그들은 농사라는 것을 지어본 적이 없었고 옷 한 벌로 40년을 살아야만 했습니다. 그러던 그들이 가나안 땅에 들어가서 농사도 짓고 문명 생활을 하니까 얼마나 좋겠습니까? 그러나 하나님은 이스라엘 백성이 가나안 땅에 들어가서 할 일이 있다고 말씀하셨습니다.

26:1, "네 하나님 여호와께서 네게 기업으로 주어 차지하게 하실 땅에 네가 들어가서 거기에 거주할 때에"

이스라엘 백성이 가나안 땅을 차지하는 꿈은 이제 드디어 이루어지려고 하고 있습니다. 그때 하나님은 그들이 가나안 땅에서 가장 먼저 해야 할 것을 가르쳐주셨습니다.

우리는 이 세상에서 우리가 생각했던 아주 중요한 목표를 이루게 되었을 때 가까운 사람들을 초청해서 함께 잔치 하면서 그 기쁨을 함께 나누려고 할 것입니다. 예를 들어서 자녀가 어려운 시험에 합격했거나 혹은 큰 성공을 거두게 되었을 때 친척이나 가까운 사람들을 불러서 잔치를 베풀면서 함께 기쁨을 나누려고 할 것입니다. 그런데 이스라엘 백성은 드디어 가나안 땅에 들어가서 땅을 차지하고 안정된 삶을 살게 되었을 때 그들이 해야 할 것은 가나안 땅에서 농사지은 첫 열매를 광주리에 담아서 하나님께 바치는 것이었습니다.

26:2, "네 하나님 여호와께서 네게 주신 땅에서 그 토지의 모든 소산의 맏물을 거둔 후에 그것을 가져다가 광주리에 담고 네 하나님 여호와께서 그의 이름을 두시려고 택하신 곳으로 그것을 가지고 가서"

하나님께서는 이스라엘 백성이 가나안 땅에 들어갔을 때 농사지은 것 중에서 처음 거둔 열매는 하나도 자기를 위하여 먹거나 사용하지 말고 모두 하나님께 가지고 와서 바치라고 하셨습니다. 사실 농사짓는 사람들에게 첫 열매의 수확은 너무나도 중요합니다. 농부는 자기가 농사를 지었기 때문에 첫 열매는 당연히 자기가 먹어야 한다고 생각할 것입니다.

우리가 생각하기에 이스라엘 백성이 가나안 땅에 들어가서 처음 거둔 열매로 떡을 만들거나 음식을 만들어서 잔치하고 기뻐하면 좋을 것 같습니다. 그러나 하나님은 이스라엘 백성이 가나안 땅에서 농사짓고 성공을 기뻐하기 전에 하나님의 말씀을 기억하게 하셨습니다. 그 이유는 이스라엘 백성에게는 꿈이 이루어지는 것이 가나안 땅에서 안정되게 사는 것이었지만 하나님에게는 꿈이 이스라엘 백성이 하나님의 말씀에 순종함으로 능력의 백성이 되는 것이었기 때문입니다. 그래서 하나님은 그들의 꿈이 이루어졌을 때 기뻐하고 자랑하기 이전에 더욱더 하나님의 말씀을 기억하게 하시고 그 성공의 열매를 하나님께 바치게 하셨습니다.

저는 아버지로부터 무조건 일류가 되라는 요구를 받고 자랐습니다. 그런데 나중에 보니까 일류라는 세계가 너무 편협하고 자기도취적이며, 사람이 평범한 가운데 순수하고 소중한 것이 얼마나 많이 있는지 나중에야 깨닫게 되었습니다. 하나님은 이스라엘 백성에게 엘리트가 최고 좋은 것이 아니라 평범한 것 가운데 있는 보물을 볼 수 있기를 원하신 것입니다.

이스라엘 백성에게 처음 얻은 첫 열매를 하나님께 바치는 것은 자기 인생에 제일 좋은 것은 하나님께 바치고 자기들은 두 번째나 세 번째 좋은 것으로 살아야 한다는 것입니다. 이것은 이스라엘 백성이 가나안 땅에서 그 풍성한 것들과 무한한 자유를 가지고 자기 위주로 살지 못하고 철저하게 부족한 가운데 사는 것을 의미하는 것입니다.

옛날에 집안에 아들이나 딸이 많이 있을 때 언제나 새 옷은 큰 형이나 언니가 입었습니다. 그리고 동생들은 언제나 형이나 언니가 쓰던 것을 물려서 입었습니다. 그러면 동생들은 언제나 불만을 가집니다. 즉 '나는 언제나 부모님에게 두 번째 아니면 세 번째밖에 안 되는 구나' 라는 생각을 가지게 되는 것입니다. 그리고 어떤 집에서는 부모님이 아예 노골적으로 장남을 위해서 다른 아이들의 희생을 요구하기도 합니다. '너희 형은 우리 집안을 일으킬 사람이다. 그러니까 너의 형이 성공하기 위해서 너희들은 모든 것을 포기하고 형을 밀어주어야 한다' 는 식인 것입니다.

그런데 하나님께서는 이스라엘 백성이 가나안 땅에 들어갔을 때 절대로 어느 집안의 장남처럼 모든 복을 독차지하려고 하지 말고, 두 번째나 세 번째 아이처럼 모든 좋은 것은 하나님께 다 바치고 그다음 부스러기를 가지고 사는 생활을 하라고 말씀하셨습니다.

이것은 오늘 우리에게도 대단히 중요한 의미를 가집니다.

우선 오늘 우리가 이 세상을 살아가는 모든 사람의 자세를 보면 철저하게 자기중심적으로 살아갑니다. 여기서 자기중심적이라는 것은 자기가 최고가 되어야 한다는 것입니다. 최고가 되기 위해서는 다른 사람들의 경쟁을 다 물리쳐야 하고 그리고 나서는 자기가 모든 좋은 것을 다 차지하려고 합니다. 그러나 이것은 자기 꿈이 이루어지는 것이지, 하나님의 꿈이 이루어지는 것이 아닙니다. 이런 꿈은 애굽 공주의 아들 모세이지, 하나님의 종 모세는 아닙니다. 자기가 가장 좋은 자리에 앉아야 하고 자기가 최고로 높은 사람이 되어야 하고 자기가 가장 좋은 대접을 받아야 한다고 생각할 때 아직 하나님의 꿈은 전혀 이루어지지 않은 것입니다.

오늘 많은 사람이 생각하는 '꿈' 은 자기가 최고의 자리에 올라가는 것입니다. 그리고 꿈이 이루어지고 난 뒤에는 최고로 좋은 것을 다 누리면서 사는 것입니다. 그러나 하나님 앞에서 진정으로 보배로운 사람은 자기가 원하는 작은 목표가 이루어졌을 때 태도가 달라집니다. 하나님의 백성은 첫 열매를 모두 하나님께 가지고 와서 바칩니다. 그리고 이렇게 고백하게 됩니다.

26:3, "그 때의 제사장에게 나아가 그에게 이르기를 내가 오늘 당신의 하나님 여호와께 아뢰나이다 내가 여호와께서 우리에게 주시겠다고 우리 조상들에게 맹세하신 땅에 이르렀나이다 할 것이요"

우리가 먼저 생각해야 할 것은 왜 하나님은 이스라엘 백성에게 가나안 땅을 주시는데 이렇게 오랜 세월이 걸리게 하셨을까 하는 것입니다. 그것은 하나님께서는 이스라엘 백성이 애굽에서 종살이도 하고 광야에서 떠돌아다니기도 하면서 그들 자신이 하나님의 사람으로 변하기를 원하셨기 때문입니다.

하나님께서는 이스라엘 백성을 애굽과 광야 여기저기를 데리고 다니면서 말씀의 기적과 기도의 능력을 체험하게 하시며, 자신들의 죄성과 하나님의 능력을 배워서 하나님을 바로 알게 하시고, 하나님 말씀의 능력을 믿는 자가 되기를 원하셨던 것입니다.

결국 하나님께서는 우리 인생을 주장하셔서 우리 인생의 그림을 그리려고 하시는 것입니다. 그래서 이스라엘 백성이 40년 훈련을 마친 후에는 그 원망하고 불평하는 입은 다물어지고 하나님의 말씀에 요단강으로 들어가라고 하니까 들어가면서 요단강이 갈라지고, 가나안 땅에서 할례를 하라고 하니까 도저히 상식적으로 이해되지 않았지만 모두 순종해서 할례를 받았고, 여리고 성을 돌라고 하니까 하루에 한 바퀴씩 돌고 마지막 날에 일곱 바퀴를 도니까 저절로 여리고 성이 무너졌던 것입니다.

그래서 이스라엘 백성이 가나안 땅에 와서 고백해야 할 것은 내 꿈이나 소원이 이루어졌다는 것이 아니었습니다. 이스라엘 백성은 '우리가 하나님의 말씀에 순종하니까 하나님의 약속이 이루어졌습니다. 그래서 우리는 더 하나님의 말씀대로 살겠습니다' 라는 고백을 하라는 것입니다. 우리에게 꿈이 이루어지는 것은 중요합니다. 그러나 우리는 하나님의 꿈을 이루어드리는 사람이 되어야 합니다.

2. 누구의 복이냐?

이스라엘 백성이 가나안 땅에 들어간 후에 첫 열매를 가지고 하나님께 나아온 후 그것을 제사장 앞에 두고 하나님께 선포해야만 했습니다.

26:5-7상, "너는 또 네 하나님 여호와 앞에 아뢰기를 내 조상은 방랑하는 아람 사람으로서 애굽에 내려가 거기에서 소수로 거류하였더니 거기에서 크고 강하고 번성한 민족이 되었는데 애굽 사람이 우리를 학대하며 우리를 괴롭히며 우리에게 중노동을 시키므로 우리가 우리 조상의 하나님 여호와께 부르짖었더니"

여기에 보면 이스라엘 백성의 모든 비참한 과거가 다 나옵니다. 이스라엘 백성의 뿌리는 정처 없이 돌아다니는 아람 사람 아브라함이었습니다. 아브라함은 원래 아람 사람인데 메소포타미아에 살다가 가나안 땅으로 와서 돌아다니면서 살았습니다. 그리고 이 후손이 애굽에 내려가서 노예로 있던 자들이었습니다. 그런데 이스라엘 백성은 오직 하나님의 도우심으로 애굽에서 나왔고, 오직 하나님의 도우심으로 광야에서 살아남았으며, 오직 하나님의 도우심으로 가나안 땅에 들어오게 되었습니다.

여기서 중요한 것은 '오직 하나님의 도우심'이라는 말입니다. 즉 이스라엘 백성이 가나안 땅을 차지하게 된 것은 자기 힘은 한 방울도 없었다는 것입니다. 그런데 우리가 이스라엘 백성을 보면 애굽을 나올 때 하나님의 기적이 있었던 것은 사실이지만 그 후에는 자기들끼리 광야를 돌아다니다가 자기들이 가나안에 들어가서 원주민을 쫓아낸 것 같습니다. 그러나 하나님은 이스라엘 백성이 이렇게 성공하고 복을 받게 된 것은 자기들의 공로나 힘은 한 방울도 없고 전부 오직 하나님의 도우심이고 능력이라고 말씀하고 있습니다.

우리는 대개 병이 들거나 먹을 것이 없을 때 기도해서 기적으로 병이 낫거나 돈이 생기면 하나님이 도와주신 것이라는 것을 인정하지만, 내가 직장생활을 하고 내가 공부를 죽도록 하고 내가 사업을 해서 돈 번 것이라고 생각하기 쉽습니다. 사실 우리는 이것이 참 구별하기 어렵습니다. 왜냐하면 이것은 분명히 하나님이 하신 것이 아니라 내가 한 것이기 때문입니다.

우리가 알아야 할 것은 기적만 하나님이 일하시는 것이 아니라 나의 정상적인 생활도 하나님이 행하신다는 사실입니다. 사실 우리 생애에 있어서 정상적이라는 것이 얼마나 중요하고 어려운 일인지 모릅니다. 그래서 우리는 성공하고 난 후 내 인생 전체가 하나님의 기적이며 하나님의 작품이라는 것을 고백해야 합니다. 그리고 우리가 가난하고 무식했을 때 하나님의 말씀으로 복을 받았다면, 성공하고 안정되고 난 후에는 더 하나님의 말씀을 붙들고 나타내는 자가 되어야 합니다. 그래서 하나님은 사랑하는 자들을 고난의 수렁에 집어넣으셔서 내 모든 인생을 하나님이 이끄신 것을 깨닫게 하십니다.

우리는 빈손이었을 때가 있었을 것입니다. 그런데 우리가 지금 많은 것을 가지고 있다면 전부 하나님이 주신 것입니다. 왜냐하면 우리 인생은 하나님의 것이기 때문입니다. 그래서 우리는 성공하고 난 후에 더 믿음의 확신을 가지고 더 뜨겁게 하나님을 사랑하는 자가 되어야 합니다.

지금 우리가 사는 것은 백 퍼센트 하나님의 은혜이고 하나님의 능력입니다. 아무리 젖과 꿀이 흐르는 땅이라 하더라도 하나님께서 우리에게 복을 주셔야 더 복된 삶을 살 수 있습니다. 우리가 지속적으로 하나님의 복을 받기 위하여 필요한 것은 하나님의 말씀을 존중하고 무시하지 않는 것입니다. 지금까지 훈련받은 대로 살아가기만 하면 앞으로도 얼마든지 하나님께서 복을 주시고 지켜주실 것입니다.

3. 하나님의 보배로운 백성

우리가 진정으로 복을 받는 자들이 되려면 하늘에 있는 복을 가지고 와야 합니다. 이것이 근본적이고 영원히 부패하지 않고 빼앗기지 않는 복입니다. 우리가 하늘의 복을 가져오게 할 수 있는 방법은 하나님의 말씀을 붙드는 것입니다.

26:16-17, "오늘 네 하나님 여호와께서 이 규례와 법도를 행하라고 네게 명령하시나니 그런즉 너는 마음을 다하고 뜻을 다하여 지켜 행하라 네가 오늘 여호와를 네 하나님으로 인정하고 또 그 도를 행하고 그의 규례와 명령과 법도를 지키며 그의 소리를 들으라"

우리에게 진정한 복은 모두 하나님의 말씀 안에 있습니다. 그러나 우리가 보기에는 하나님의 말씀은 전혀 복인 것 같지 않고 모든 좋은 것은 이 세상에 다 있는 것 같습니다. 그런데 감사하게도 사람들은 성경 안에 하나님의 모든 복이 다 들어있는 줄 꿈에도 모르고 있습니다. 그래서 얼마나 다행인지 모릅니다. 세상 사람들이 캐서 자랑하고 있는 복은 진짜 복이 아니라 가짜 복입니다.

마치 인디언들이 백인들로부터 구슬 한 상자가 보물인 줄 알고 그것을 받고 뉴욕 섬을 팔았다는데 인간은 가짜 복을 잔뜩 가지고 자랑하고 있습니다. 어렸을 때 어떤 아이는 딱지와 구슬을 엄청나게 따서 서랍 안에 가득 넣어 놓고 학교를 갔다 왔는데 어머니가 다 버린 것을 안다면 눈이 뒤집어질 것입니다. 그런데 학생은 공부하는 것이 복이지, 딱지나 구슬이 진짜 복이 아닐 것입니다.

태평양 어느 섬은 갈매기 똥으로 이루어진 섬인데 그것을 뜯어서 팔면 비료원료가 되어서 돈을 많이 벌 수 있었습니다. 그래서 그 나라 사람들은 아무도 일하지 않고 모두 갈매기 똥으로 된 비료원료를 팔아서 잘 살았습니다, 그들은 고기도 잡지 않고 농사도 짓지 않았습니다. 그 대신 국민의 90퍼센트가 비만이고 당뇨 환자들이 되었습니다. 얼마 후 그 원료가 떨어지면서 그 섬은 극빈자의 섬나라로 전락하고 말았습니다.

우리가 성경 속에 하나님의 보물이 다 있다는 것을 안다면 여기에 마음과 성품을 다 쏟을 것입니다. 우리는 그렇게 해야 합니다. 다른 모든 세상적인 걱정이나 욕심을 내려놓고 오직 하나님의 말씀을 내 것으로 만드는데 온 열정을 다 쏟아야 합니다. 그러면서 나에게 주어진 세상일을 최선을 다해서 할 때 그 모든 것들이 모두 금덩이로 변하게 되는 것입니다.

우리는 금덩이를 모으는 사람들이 아니라 모든 것을 금으로 변화시키는 자들입니다. 그래서 우리는 이 세상의 일들도 중요합니다. 우리가 우리 스스로를 하나님의 말씀에 복종시킬 때 하나님께서는 우리를 가장 '보배로운' 하나님의 백성으로 만들어주실 것입니다.

26:18상, "여호와께서도 네게 말씀하신 대로 오늘 너를 그의 보배로운 백성이 되게 하시고"

모든 부모에게는 자식들이 모두 다 소중하고 특별하겠지만 그럼에도 불구하고 집안에서 특별히 귀하고 보배로운 자식들이 있습니다. 놀라운 것은 하나님에게도 그렇게 특별히 보배로운 사람들이 있다는 사실입니다. 우리가 하나님만 내 하나님으로 인정하고 그 말씀을 붙들 때 하나님은 우리를 하나님의 '보배로운 백성'으로 만들어주시겠다고 약속하셨습니다. 우리는 전 세계에서 가장 하나님이 사랑하시고 복 주시는 백성이 되는 것입니다.

하나님이 우리를 보배로운 백성이 되게 하시면 모든 것이 다 달라지게 됩니다. 하나님께서 우리로 하여금 모든 좋은 것을 다 누리며 이 세상에서 모든 명예와 존귀와 칭찬을 다 받도록 만들어주실 것입니다. 또한 하나님의 성민으로 삼으셔서 아무도 건드리지 못하게 하실 것입니다. 마귀가 아무리 저주하고 미워한다고 해도 그런 것들이 먹혀들지 않을 것입니다. 또한 하나님께서 함께 하셔서 하는 일마다 신적인 능력이 나타나게 하실 것입니다.

우리는 모두 좀 더 나은 미래 안정된 삶을 찾아서 열심히 노력하고 있습니다. 그런데 우리는 왜 하나님이 이런 행복을 빨리 주시지 않는지 의심할 때가 많습니다. 그러나 우리는 광야 길을 통해서 연단 받아야 하고, 절대로 세상에서 정상에 서는 것이 꿈이 되지 않아야 합니다. 하나님의 손에 붙들려서 성공하는 능력의 종이 다 되시기 바랍니다.

31

가나안의 맹세
신 27:1-26

언젠가 어느 신문 칼럼을 보니까 '한국 사람들이 모르는 것'이라는 제목이었습니다. 한국 사람들은 세 가지를 모르고 있다고 하면서, 첫째 우리 한국 사람들은 자신들이 얼마나 잘 사는지 모른다고 했습니다. 두 번째는 한국 사람들은 자신들이 얼마나 위험한 가운데 사는지 모른다고 했습니다. 북한은 남한을 향해서 수천 개가 넘는 대포를 겨누고 있고 핵무기까지 가지고 있습니다. 그런데 한국 사람들은 너무 걱정 없이 잘 살고 있다는 것입니다. 그리고 세 번째로 한국 사람들은 주위에 있는 나라들이 얼마나 강대국인지 모른다고 했습니다.

무슨 일을 할 때 무턱대고 닥치는 대로 해서 성공하는 사람이 있는가 하면 처음부터 철저하게 계획을 세워서 성공하는 사람이 있습니다. 대개 경험과 지식이 없는 사람들은 무슨 일을 할 때 무턱대고 할 수밖에 없습니다. 그러나 전문 기술이 있는 사람들은 절대로 그렇게 무턱대고 일을 하지 않고 철저하게 준비하고 계획을 세워서 합니다. 그래야 실패하지 않습니다. 그런데 우리가 인생을 살아가는 것을 보면 전문 지식이 없기 때문에 무턱대고 살아갈 때가 많습니다.

하나님께서는 이스라엘 백성이 가나안 땅에 들어가기 전에 가나안에 대한 설계도를 가지고 들어가게 하셨습니다. 그것은 이스라엘 백성이 가나안 땅 어디에는 어떤 건물을 짓고 어디에는 무엇을 개발하고 하는 계획이 아니었습니다. 이스라엘 백성은 가나안 땅에서 철저하게 하나님의 말씀에 순종하겠다는 계획을 가지고 시작하게 하신 것입니다. 그렇게 하면 하나님은 그들이 가나안 땅에서 성공할 것이라고 약속하셨습니다.

1. 이스라엘이 걸어온 길

이제 이스라엘 백성은 40년 동안 광야를 돌아다니다가 이제 겨우 가나안 땅에 가장 가까운 모압 평지까지 이르게 되었습니다. 그들은 아직 가나안 땅에 한 발도 들여놓지 못했습니다. 그런데 지금 그들이 가나안 땅에 들어가서 성공할 수 있는 밑천이 무엇이 있을까요? 인간의 눈으로 보면 이스라엘 백성은 가나안 땅에 들어가서 성공할 밑천이나 무기가 하나도 없었습니다. 그들은 광야에 있으면서 학교 문턱에도 가본 적이 없고, 농사를 지어본 적도, 무역을 한 적도, 제대로 된 군사 훈련을 받은 적도 없었습니다.

그런데 그들이 가나안 땅에 들어가서 그들보다 우수한 재주를 가진 수많은 사람을 몰아내고 성공할 수 있는 무기가 어디에 있었을까요? 이스라엘 백성에게 가장 중요한 무기는 그들이 광야 40년을 하나님의 말씀만 붙들고 살아남았다는 것이었습니다. 그들에게 이것보다 더 중요한 무기는 없었습니다. 만약 이스라엘 백성이 광야 40년을 하나님의 말씀으로 살아남았다면 그들은 세상 어디에 던져 놓아도 살수 있는 비결을 가진 백성이었던 것입니다.

넬슨 만델라는 남아프리카 공화국에서 최초의 흑인 대통령이 된 사람입니다. 그는 처음에 백인에 대항해서 무력 혁명을 일으키려고 했다가 무려 27년 동안을 루손섬 감옥에서 보내게 됩니다. 그가 처음 감옥에 들어왔을 때 백인 간수는 그에게 "너는 이제 살아서 여기서 나가지 못할 것이라"고 했습니다. 그러나 만델라는 언제나 희망을 가졌고 낙관적인 생각을 했습니다. 그리고 그는 감옥 안에서 공부했고 마음을 넓혔으며 열심히 운동했습니다. 한번은 어느 죄수가 만델라에게 같이 탈옥하자고 제안했습니다. 그러나 그는 그런 식으로 탈옥하고 싶지 않아서 거절했는데, 알고 보니까 백인들이 그가 탈옥하면 총으로 쏘아 죽이려고 함정을 파놓은 것이었습니다. 결국 그는 감옥 안에서 세계인권의 상징적인 인물이 되었습니다. 그는 결국 백인을 용서하기로 결심하고 평화 협정을 맺었는데, 그가 대통령이 된 후 흑인들을 고문하고 죽인 백인들을 용서했습니다. 만델라는 남아프리카에서 4백 년 동안 계속된 백인과 흑인 사이의 원한을 종식했습니다.

이스라엘 백성은 앞으로 자기 앞에 놓인 미래를 보기 전에 지금까지 살아온 광야를 보아야 했습니다. 왜냐하면 그들이 40년 동안 걸어왔던 광야는 다른 사람들의 눈에는 아무것도 없는 불모의 땅이었지만, 거기서 하나님의 살아계심과 하나님 말씀의 능력을 체험한 훈련장이었기 때문입니다. 하나님께서는 이스라엘 백성이야말로 이 세상에서 가장 강력한 체험을 가진 자들인데 이 믿음 가지고 나가면 얼마든지 가나안 땅의 모든 족속을 다 이길 수 있다고 약속하셨습니다. 우리는 우리 앞에 놓인 불확실한 미래를 보지 말고 지금까지 내가 걸어온 길을 보시기 바랍니다. 우리가 이런 험한 길에서 살아남았다면 앞으로도 얼마든지 살아남을 수 있을 것입니다.

단지 하나님은 이스라엘 백성이 이 세상에 사는 목적을 분명히 하셨습니다. 이스라엘 백성이 이 세상에 사는 목적은 부자가 되는 것도, 사업에 큰 성공을 하는 것도 아니고, 오직 하나님의 율법에 순종하는 것이 목적이었던 것입니다.

27:1, "모세와 이스라엘 장로들이 백성에게 명령하여 이르되 내가 오늘 너희에게 명령하는 이 명령을 너희는 다 지킬지니라"

아마 이 세상에서 하나님을 모르는 사람들이 사는 목적은 기왕 이 세상에 태어난 김에 사는 동안에 좀 더 행복하고, 좀 더 유복하고, 좀 더 다른 사람들의 인정을 받으면서 사는 것으로 생각할 것입니다. 물론 하나님의 백성도 인간이기 때문에 행복하고 잘 사는 것이 중요하지만 그것이 일차적인 목적이 아닙니다. 하나님은 이스라엘 백성을 가난하게 하시거나 비참하게 하시겠다는 것이 아니었습니다. 하나님은 이스라엘 백성도 얼마든지 행복하고 부요하게 하실 계획을 가지고 계셨습니다.

이스라엘 백성이 이 세상에 사는 목적은 하나님이 계신 것을 나타내는 것이었습니다. 그런데 무슨 재주로 눈에 보이지 않는 하나님을 나타내겠습니까? 우리가 하나님을 나타내는 가장 강력한 방법은 하나님의 말씀대로 사는 것입니다. 우리가 하나님의 말씀을 앞세우고 사는 것은 마치 군인이 탱크를 앞세우고 전진하는 것과 같습니다. 즉 하나님이 우리 앞서 행하시게 되는 것입니다. 그래서 하나님께서는 이스라엘 백성이 이 세상에 존재하는 목적을 분명히 밝히셨습니다. 그들이 이 세상에 사는 목적은 자신이 하고 싶은 목적을 달성하는 것이나 자신의 행복을 위해서가 아니라 오직 하나님의 말씀에 순종하는 것이었습니다.

오늘 이 세상에 하나님을 믿는 많은 사람이 하나님을 믿으면 행복해지고 모든 것이 다 잘 된다고 해서 믿는다고 합니다. 물론 하나님은 우리에게 많은 복을 주실 계획을 가지고 계시지만 신앙이라는 것이 내가 원하는 대로 다 되는 것이 아닙니다. 모든 일이 잘되든 못되든, 하나님의 말씀대로 살 때 우리는 바른 목표를 가지고 살아가고 있는 것입니다.

그래서 하나님께서는 이스라엘 백성이 요단을 건너 가나안 땅에 들어갔을 때 아주 중요한 한 가지 일을 하라고 하셨습니다.

27:2-3, "너희가 요단을 건너 네 하나님 여호와께서 네게 주시는 땅에 들어가는 날에 큰 돌들을 세우고 석회를 바르라 요단을 건넌 후에 이 율법의 모든 말씀을 그 위에 기록하라 그리하면 네 하나님 여호와께서 네게 주시는 땅 곧 젖과 꿀이 흐르는 땅에 네가 들어가기를 네 조상들의 하나님 여호와께서 네게 말씀하신 대로 하리라"

이스라엘 백성이 가나안 땅에 들어가면 가장 먼저 할 일이 큰 돌을 세우고 그 위에 석회를 바르고 율법의 말씀을 기록하는 것입니다. 그러면 모든 사람이 이 율법이 기록된 돌을 보게 될 것입니다. 율법이 기록된 이 돌이 의미하는 것은 무엇입니까? 바로 이스라엘 백성의 정체성을 나타내는 것입니다. 즉 그들은 바로 이 말씀을 지키기 위해서 사는 사람들이고, 이 세상에서 어떤 유혹이나 시련이 있어도 이 말씀대로 살리라는 것을 선포하는 것입니다.

하나님께서는 이스라엘 백성이 이 돌들을 세울 때 이미 젖과 꿀이 흐르는 가나안 땅을 주실 것이라고 약속하셨습니다. 하나님은 이스라엘 백성에게 이 돌을 세우고 스스로 결심하라고 명령하신 것입니다. 즉 우리가 이 하나님 율법의 말씀대로 살기만 하면 하나님은 가나안 땅을 주실 뿐 아니라 모든 적을 막으시고 병을 막으시고 복을 주실 줄 믿는다는 결심을 하라는 것입니다.

이스라엘 백성이 하나님의 말씀만 붙들고 가나안 땅에서 살면 배나 고생할 것입니다. 그런데 이상한 것은 하나씩 하나씩 어려움이 정복되면서 나중에 성공하게 되고 하나님이 모든 불행까지 막아주셔서 정말 젖과 꿀이 흐르는 놀라운 복을 누리게 하시는 것입니다.

한번 생각해 보시기 바랍니다. 꿀이 흐른다는 것은 벌이 그만큼 많다는 것입니다. 이것은 농사가 엄청나게 잘된다는 것입니다. 젖이 흐른다는 것은 소나 양이나 염소 키우는 것이 잘 된다는 것입니다. 결국 하나님은 우리 성도들을 하나님의 재산으로 삼으시고 그 후에 복이란 복은 다 주시는 것입니다. 그러나 우리가 이런 각오를 할 때 고생할 생각을 해야 합니다. 우리가 하나님의 말씀을 지키려면 전부 자기 욕심이나 정욕과 싸워야 합니다. 이것은 세상 사람처럼 쉽게 성공하는 길로 가지 않는 것입니다. 이런 사람이 나중에 모든 어려움을 다 이기게 되어 있습니다.

2. 예배를 통한 선포

하나님은 하나님의 말씀을 지키는 것이 내 힘으로 되지 않는다는 것을 보여주셨습니다. 이것은 우리가 하나님을 사랑할 때 자연스럽게 이루어지는 것입니다.

> 27:5-6, "또 거기서 네 하나님 여호와를 위하여 제단 곧 돌단을 쌓되 그것에 쇠 연장을 대지 말지니라 너는 다듬지 않은 돌로 네 하나님 여호와의 제단을 쌓고 그 위에 네 하나님 여호와께 번제를 드릴 것이며"

우리 신앙에서 가장 중요한 것은 우리 신앙이 화석화되지 않는 것입니다. 우리가 하나님의 말씀을 보면 겉으로는 모두 하지 말라는 부정적인 말씀으로 되어 있지만 그 안에는 전부 따뜻한 사랑이 들어 있습니다. 그래서 하나님께서는 이스라엘 백성이 가나안 땅에서 맹세하기 전에 먼저 하나님 앞에 예배를 드리게 하셨습니다. 이것은 우리가 하나님의 말씀에 순종하는 힘이 모두 하나님으로부터 나온다는 것을 보여주기 위한 것입니다.

그런데 하나님께서는 먼저 돌단을 쌓게 하셨는데, 그 돌을 자연석으로 쌓게 하셨고 절대로 정으로 다듬지 못하게 하셨습니다. 왜냐하면 우리는 하나님 앞에서 모두 성격이 삐죽삐죽하고 울퉁불퉁한 볼품없는 돌이기 때문입니다. 그래서 하나님은 우리가 하나님 앞에서 있는 모습 그대로 예배드리게 하셨습니다. 하나님은 우리가 정으로 쪼아서 멋진 모습으로 단을 만들지 못하게 하셨습니다. 있는 모습 그대로 하나님께 예배를 드릴 때 우리를 사랑하시는 하나님의 사랑이 우리로 하여금 죄나 유혹을 물리치고 하나님의 말씀에 순종할 힘을 주시는 것입니다.

우리가 하나님 앞에 있는 모습 그대로 나가면 하나님이 우리 마음을 편하게 하시고 이상하게 은혜를 주시는데 그때 죄가 별것 아닌 것이 됩니다. 그래서 우리가 죄를 이기고 유혹을 이기는 것은 하나님이 우리를 사랑하시기 때문입니다. 그래서 하나님은 이스라엘 백성에게 하나님 앞에서 번제와 화목제를 드리고 거기서 네 하나님을 기뻐하라고 명하셨습니다.

우리는 완전하기 때문에 하나님의 말씀대로 사는 것이 아닙니다. 우리가 하나님의 말씀대로 사는 것은 우리가 형편없지만 하나님이 우리를 사랑하시기 때문입니다. 또 하나님이 우리에게 말씀을 지킬 힘을 주시기 때문입니다. 그래서 내가 하나님의 말씀대로 살지 못하는 것만 생각하지 말고 이런 나를 사랑하시고 축복하시는 하나님을 생각하면 신이 날 것입니다. 그래서 하나님의 백성은 하나님의 사랑으로 신이 나야 합니다.

3. 가나안 땅에서의 맹세

이스라엘 백성이 가나안 땅에 들어가게 되면 두 개의 산이 마주 보고 있는데, 거기서 "우리는 하나님의 말씀대로 살겠습니다"라는 맹세를 하게 하셨습니다. 이스라엘 백성이 가나안 땅에 들어가면 광야에서 살았던 때와는 완전히 다른 상황에 처하게 됩니다. 그들은 이제부터 자기들보다 월등하게 실력이 나은 가나안 사람들과 싸워야 하고 경쟁해야 합니다. 또 외부에서 오는 적들과도 싸워야 하는데 이스라엘 백성은 바로 앞도 내다볼 수 없었습니다. 이때 하나님은 그들로 하여금 "무조건 우리는 하나님의 말씀에 순종해서 산다"는 것을 선포하게 하셨습니다. 그들이 가나안 땅을 정복하기도 전에 이것을 선포하게 하신 것입니다.

이스라엘 백성은 정상적으로는 절대로 가나안 사람들을 이길 수 없습니다. 오히려 이스라엘 백성은 많은 것을 가나안 사람들에게서 배워야 할 것입니다. 그러나 이스라엘 백성에게 가장 중요한 것은 그들의 삶의 원리입니다. 그들의 양식은 하나님의 말씀을 먹는 것입니다.

오늘 하나님의 백성도 이 세상에서 가진 것이나 기술도, 권력도 없어서 발붙이기가 매우 어렵습니다. 그러나 우리의 모든 삶이 하나님의 것임을 믿어야 합니다. 하나님이 고생하게 하시면 고생하고 우리를 비참하게 하시면 비참한 것을 견디어내야 합니다. 그러면 하나님은 세상을 이길 능력을 주십니다.

이스라엘 백성이 가나안 땅에 들어가게 되면 가장 먼저 보게 되는 것이 두 개의 산이었습니다. 하나는 그리심 산이고, 다른 하나는 에발 산이었습니다. 이 두 산은 작은 골짜기를 사이에 두고 마주 서 있었습니다. 하나님께서는 이스라엘 백성을 두 그룹으로 나누어서 한 그룹은 그리심 산 쪽에 서고, 다른 한 그룹은 에발 산 쪽에 서게 하셨습니다. 그리고 레위인 제사장들이 축복의 말씀을 선포하면 그리심 산 쪽에 있는 이스라엘 백성이 '아멘'이라고 화답하고, 저주의 말씀을 선포하면 에발 산 쪽에 있는 이스라엘 백성이 '아멘'이라고 화답하게 하셨습니다.

이것은 이스라엘 백성이 가나안 땅에 들어가 살기 전에 그들에게 축복과 저주가 함께 기다리고 있다는 사실을 가르쳐주신 것입니다. 그런데 가나안 땅의 축복과 저주는 다른 데 있는 것이 아니라 오직 하나님의 말씀에 순종하는 여부에 달려 있다는 뜻입니다. 즉 이스라엘 백성이 하나님의 말씀대로 살면 가나안 땅은 축복의 땅이 될 것입니다. 다른 나라들이 아무리 이스라엘을 공격해서 멸망시키려고 해도 되지 않을 것입니다. 하나님께서 지켜주시기 때문입니다. 그러나 이스라엘 백성이 하나님의 말씀을 멀리하고 우상을 섬기고 세상 사람들의 방식을 따라가게 되면 그들은 저주를 받게 되고 망하게 될 것입니다. 이스라엘 자손은 하나님이 도와주시지 않으면 망할 수밖에 없기 때문입니다.

우리가 생각하기에 이스라엘 백성이 복을 받는 방법은 이 얼마나 쉽습니까? 이스라엘이 복을 받는 방법은 오로지 하나님의 말씀대로 살기만 하면 복을 받는데 그것이 어려운 것입니다. 이스라엘 백성에게 가장 어려운 것이 하나님의 말씀을 믿는 것이었습니다. 하나님의 말씀은 아무것도 아닌 것 같았기 때문입니다. 이스라엘 백성이 생각하기에 사람의 생각이 하나님의 생각보다 훨씬 나아 보였기 때문입니다.

오늘 레위인들이 서론적으로 선포하는 말씀은 열두 개의 저주의 말씀입니다.

우선 가장 먼저 나오는 것이 우상숭배를 하지 말라는 것입니다.

27:15, "장색의 손으로 조각하였거나 부어 만든 우상은 여호와께 가증하니 그것을 만들어 은밀히 세우는 자는 저주를 받을 것이라 할 것이요 모든 백성은 응답하여 말하되 아멘 할지니라"

사람들이 우상을 만드는 이유는 자신의 소원이나 종교적인 감정을 표현하기 위한 것입니다. 그러나 인간은 자신의 정성이나 감정을 믿으면 안 되고 하나님의 말씀을 믿어야 합니다. 우상은 아무것도 아닌 것 같지만 이스라엘의 암적인 존재입니다. 결국 이스라엘은 이 암으로 죽고 맙니다.

그런데 왜 이스라엘 백성이 이 우상을 버리지 못했습니까? 다른 나라 사람들이 다 우상을 섬겼고 또 우상을 섬겨서 잘 사는 것 같았기 때문입니다. 하나님의 백성은 잘살고 못사는 것이 중요한 것이 아닙니다. 그들에게 주신 믿음을 지켜야 하는 것입니다. 이것을 지키지 못하면 스스로 망하는 것은 당연합니다. 오늘 교회도 말씀과 기도를 지키지 못하고 다른 세상의 화려한 것을 따라가면 결국 이 축복을 빼앗기고 맛 잃은 소금이 되고 맙니다.

또 두 번째는 경계표를 옮기지 말라고 하셨습니다.

27:17, "그의 이웃의 경계표를 옮기는 자는 저주를 받을 것이라 할 것이요 모든 백성은 아멘 할지니라"

여기서 경계표를 옮긴다는 것은 땅을 넓히는 것을 말합니다. 하나님은 이스라엘 백성에게 분수를 넘어서 욕심을 내지 못하게 땅의 경계표를 정해주셨습니다. 그래서 모든 이스라엘 사람들은 남의 땅에 욕심을 내면 안 됩니다. 우리나라도 부자 중에 땅 부자가 많은데 우리는 그런 것을 좋아해서는 안 됩니다. 우리는 우리의 삶 자체가 복입니다.

그리고 세 번째는 성적인 죄에 대한 저주입니다.
20절부터 23절까지의 말씀은 차마 입에 담을 수도 없는 성적인 죄들에 대한 내용입니다. 결국 가나안이 망한 것은 바로 이런 말로 표현할 수 없는 성적인 죄들을 버젓이 저질렀기 때문입니다. 여기에 보면 계모, 근친, 짐승이나 장모라든지 말로 표현할 수 없는 성적인 죄들이 나옵니다. 사람은 정욕을 절제해야 합니다.

그리고 하나님의 백성은 마땅히 선한 일을 해야 합니다.

27:16, "그의 부모를 경홀히 여기는 자는 저주를 받을 것이라 할 것이요 모든 백성은 아멘 할지니라"

부모는 우리 생명의 은인입니다. 우리는 아무리 잘나고 성공해도 부모에게 사랑의 빚진 자입니다. 성공한 사람들은 빚이 더 많습니다. 이것은 잘 난 체하라고 성공한 것이 아닙니다.

27:18, "맹인에게 길을 잃게 하는 자는 저주를 받을 것이라 할 것이요 모든 백성은 아멘 할지니라"

맹인은 연약한 자입니다. 건강한 자는 마땅히 장애인들을 도와서 바른길을 가게 해야 합니다. 그렇지 않은 자는 저주를 받습니다. 왜냐하면 그 사람에게 장애를 주신 분은 하나님이시기 때문입니다. 세상적으로 힘이 없는 자는 돌보아 주라고 있는 것이지, 학대하라고 있는 것이 아닙니다. 힘이 센 사람은 약한 자를 도와주라고 그 힘을 주신 것입니다. 왕따나 시키고 괴롭히라고 권력을 주시고 힘을 주신 것이 아닙니다.

우리가 알아야 할 것은 하나님의 백성의 모습은 다른 사람들이 보기에도 참 아름답다는 것입니다. 세상 사람들은 하나님의 백성이 자기 잘난 맛에 빠져서 잘난 체하는 것을 굉장히 싫어합니다. 하나님의 백성은 겸손하고 사랑이 넘칠 때 세상은 그들을 존경하게 되는 것입니다.

믿지 않는 사람들이 보기에도 칭찬하는 하나님의 백성이 진짜 하나님의 백성입니다. 사도행전에 보면, 초대 교회가 한창 부흥될 때 사람들로부터 칭송을 받았다는 말이 여러 번 나오고 있습니다. 이것은 신앙이라는 것이 독선과 아집에 가득 찬 것이 아니라 누가 보아도 아름답고 멋있고 매력적인 것이라는 뜻입니다.

여기서 우리가 알 수 있는 것은 이스라엘 백성은 이미 축복의 자리에 서 있다는 것입니다. 즉 하나님의 말씀을 받았다는 것 자체가 이미 축복의 자리에 서 있는 것입니다. 이제 그들이 해야 할 일은 교만에 빠지지 않고 죄만 짓지 않으면 됩니다. 그러면 하나님의 축복은 자동적으로 오게 되어 있는 것입니다.

하나님께서는 이스라엘 백성에게 이것을 속으로 생각만 하게 하신 것이 아니라 직접 두 산 사이에서 큰 소리로 '아멘'을 외치게 하셨습니다.

모두 이런 놀라운 축복받는 성도들이 되시리라 믿습니다.

32

축복의 인생
신 28:1-24

세계적으로 성공한 분 중에는 아주 훌륭한 선생님을 만난다거나 혹은 어떤 의미 있는 책을 읽은 후에 인생이 변하게 되었다고 말하는 사람들이 있습니다. 대개 그런 선생님이나 책들은 그가 가지고 있는 문제에 대하여 통찰력을 주었을 것입니다.

저도 대학원 시절에 자신의 진로에 대하여 '도대체 어떻게 하면 내 인생을 쓸데없는 데 망치지 않고 바른길로 갈 수 있을까?' 생각을 많이 했습니다. 저는 아무래도 공부가 제 길일 것이라 생각해서 계속 공부하려고 마음을 먹고 있었습니다. 그런데 그때 이미 제 마음속에는 다른 가치 있는 것이 들어와 있었습니다. 그것은 바로 한 영혼이 온 천하보다 더 귀하다는 것이었습니다. 그래서 처음에는 공부와 영적인 일 사이에서 어느 것을 택해야 할지 고민을 참 많이 했습니다. 결국 저는 일단 '무엇을 먹을까 무엇을 입을까 염려하지 말고 오직 그 나라와 그 의를 구하라'는 말씀에 도전을 받고 직장에 사표를 내고 대학원 학위도 포기해버렸습니다. 그리고는 저는 길이 보이지 않았고 점점 가난하게 되고 현실에서 멀어지게 되었습니다. 그런데 그

때 전혀 생각하지 못한 것을 발견하게 되었습니다. 그때 제가 읽을 수 있는 것은 성경밖에 없었는데 성경이 살아있다는 것이었습니다. 결국 이것이 제 인생을 완전히 바꾸게 되었습니다.

1. 하나님의 복을 받는 방법

28:1, "네가 네 하나님 여호와의 말씀을 삼가 듣고 내가 오늘 네게 명령하는 그의 모든 명령을 지켜 행하면 네 하나님 여호와께서 너를 세계 모든 민족 위에 뛰어나게 하실 것이라"

우리는 보통 신앙을 하나님께 더 가까이 나아가는 것이라고 생각합니다. 이것은 맞습니다. 신앙은 하나님께 가까이 나아가는 것입니다. 만일 우리가 모든 복의 근원이신 하나님께 가까이 나아가서 하나님과 하나 될 수만 있다면 얼마나 좋겠습니까? 그러나 이스라엘 백성이 시내 산에서 경험했던 것은 인간이 하나님께 나아가는 것은 불가능하다는 것이었습니다. 하나님이 임재하실 때 시내 산은 용광로같이 불붙고 있었는데, 이스라엘 백성은 도저히 하나님께 접근하는 것이 불가능했습니다.

오늘 우리나라 사람들만큼 하나님의 은혜를 사모하며 복 받기를 원하는 사람들도 많지 않을 것입니다. 우리는 모두 나름대로 하나님의 복을 받는 방법이 있다고 생각합니다. 어떤 분은 개인적인 뜨거운 체험을 통해서 하나님을 만나고 하나님의 세계 속으로 들어가려고 합니다. 또 어떤 분은 봉사를 많이 하는 것을 통해서 하나님의 복을 받을 수 있다고 생각합니다. 또 어떤 분은 대규모 집회를 기획하고 성공적으로 치름으로써 하나님께 가까이 갈 수 있다고 생각합니다. 물론 이 모든 것이 다 귀한 것이고 하나님의 축복인 것은 사실이지만 하나님의 복의 핵심으로 들어가는 방법은 아닙니다. 우리가 하나님의 복의 핵심으로 들어가는 방법은 하나님의 말씀을 아는 것밖에 없습니다.

본문 말씀은 이스라엘 백성이 하나님의 말씀을 지킬 때 하나님께서 주실 놀라운 복들에 대하여 열거하고 있습니다. 이 모든 하나님의 복을 받는 방법은 놀랍게도 우리가 생각하기에 가장 아닐 것 같은 방법, 즉 여호와의 말씀을 듣고 그대로 순종해서 사는 길입니다. 하나님께서는 이스라엘 백성이 이렇게 하기만 하면 이스라엘 민족을 '세계 모든 민족 위에 뛰어난 민족이 되게 할 것'이라고 약속하셨습니다.

우리는 이것이 너무나도 믿기지 않습니다. 우선 하나님의 말씀을 듣는 것을 가장 중요하게 생각한다면 이것은 아무것도 하지 않는 것을 의미합니다. 실제로 신앙생활을 해 보면 알겠지만 하나님의 말씀을 듣노라면 다른 일들을 제대로 할 수가 없습니다. 우리가 다른 일을 하다가 하나님의 말씀을 들으려고 하면 이미 머릿속을 채우고 있는 일들이 많아서 하나님의 말씀이 들어가지 않습니다. 그래서 하나님의 말씀을 마음속에 담으려고 하면 많은 일을 포기하고 마음을 준비해야 합니다. 그리고 우리 생활을 단순화시켜야 합니다. 결국 우리 마음속에 하나님의 말씀을 담으려고 하면 세상의 많은 일을 하지 말아야 합니다. 그런데 어떻게 세상에서 가장 뛰어날 수 있으며 어떻게 이 모든 복을 받을 수 있을까요?

그리고 또 다른 하나는 이 세상의 지식이나 세상의 일들은 열심히 하면 할수록 그때그때 눈에 나타나는 결과가 있습니다. 학교 성적이 올라간다거나 아니면 사회에서 인정을 받는다든지 하는 것이 있는데, 하나님의 말씀을 듣는 것은 눈으로 나타나는 결과가 아무것도 없고 그 누구도 알아주지 않습니다. 오히려 나중에는 점점 더 세상에서 멀어지게 되어 세상에 더 적응하기도 어려워지게 됩니다.

그러니까 우리가 생각하기에 여호와 하나님의 말씀을 듣고 그대로 순종해서 산다는 것이 쉬울 것 같지만 결코 쉬운 일이 아닙니다.

이 일 자체가 어려워서 그렇다기보다는 우리 인간적인 생각으로는 도저히 이것만 가지고는 안 될 것 같은 것입니다.

하나님의 말씀만 듣고 가만히 있을 때 도대체 이것이 어떻게 우리에게 복을 임하게 하며, 우리로 하여금 세계에서 가장 뛰어난 사람들이 되게 할 수 있습니까? 그러나 이것이 하나님께서 우리에게 복을 주시는 방법이며 이것이 우리가 하나님의 복의 핵심으로 들어가는 방법입니다.

우리는 모두 하나님께 나아가려는 열정을 가지고 있고 모두 주님의 일을 열심히 하려고 합니다. 그러나 이상하게도 하나님께서는 그 모든 일보다도 그 많은 사업보다도 하나님의 말씀 듣는 것을 더 좋아하십니다. 이것은 우리가 이상하다고 말할 수밖에 없는 일이지만 사실입니다. 쉽게 말해서 하나님께서는 우리가 하고 있는 많은 일을 다 내려놓고 아무것도 하지 말고 하나님의 말씀을 듣는 것을 가장 좋아하신다는 것입니다.

그리고 우리가 하나님의 말씀대로 산다고 하지만 실제로 하나님의 말씀을 들어도 우리는 그대로 살지 못합니다. 그런데도 하나님은 그것을 가장 기뻐하시고 좋아하십니다. 왜 우리는 하나님께서 말씀을 듣는 것만을 그렇게 강조하시는지 잘 이해할 수 없지만, 깊이 생각하면 알 수 있습니다. 왜냐하면 다른 방법들은 하나님을 사랑한다고 하지만 역시 자기 자신을 사랑하는 것이 들어 있기 때문입니다. 우리가 진정으로 복을 받으려면 하나님만을 사랑해야 하는데 하나님은 눈에 보이시지 않기 때문에 결국 자기를 사랑하면서 자기도취에 빠지면서 하나님을 사랑한다고 생각하기 쉽습니다. 우리가 순수하게 하나님만 사랑하는 것은 하나님의 말씀을 사랑하고 그 말씀에 내 인생을 다 거는 것입니다.

오늘 이 세상에서 임하는 하나님의 축복 중에서 가장 중요한 복은 성령이 충만하게 임하는 것입니다. 이 복은 놀랍게도 우리가 하나님의 말씀을 붙들고 기도할 때 나타나게 됩니다. 우리가 사는 이 세상이 점점 더 살기 어려워지는 이유는 성령의 은혜가 고갈되어 가기 때문입니다. 사람들의 마음이 점점 더 이기적이 되고 뻔뻔스러워지며 난폭해지는 이유도 바로 성령의 역사가 없어지기 때문입니다. 그런데 하나님께서 성령을 부어주시는 사람들은 다른 사람들이 아니라 하나님의 말씀을 붙들고 자기 인생을 하나님께 맡긴 사람들입니다. 이 사람들은 주님을 위해서 많은 봉사를 한 것도 아니고 큰 사업을 한 것도 아니지만 하나님은 이 사람들에게 성령을 부으셔서 복이 임하게 하시는 것입니다.

2. 하나님의 복이 미치는 범위

하나님께서는 하나님의 말씀을 사랑하고 그것을 붙드는 자의 생활 전부를 가장 아름답게 축복하시겠다고 약속하셨습니다.

> 28:2-6, "네가 네 하나님 여호와의 말씀을 청종하면 이 모든 복이 네게 임하며 네게 이르리니 성읍에서도 복을 받고 들에서도 복을 받을 것이며 네 몸의 자녀와 네 토지의 소산과 네 짐승의 새끼와 소와 양의 새끼가 복을 받을 것이며 네 광주리와 떡 반죽 그릇이 복을 받을 것이며 네가 들어와도 복을 받고 나가도 복을 받을 것이니라"

본문을 보면, 하나님의 말씀에 순종해서 사는 자에게 임하는 복은 그야말로 어마어마한 것입니다. 하나님은 그의 삶 전체를 복 주셔서 아름답고 풍성하게 하실 것이라고 약속하셨습니다. 그는 성읍에서도 복을 받고 들에서도 복을 받을 것입니다. 즉 도시 전체에 경제적인 부흥이 일어나게 되는 것입니다. 하나님의 말씀을 붙들면 도시 전체에 부흥이 일어나게 됩니다. 또 집안에서 일어나는 모든 일이 복이 될 것입니다. 자녀들이 복을 받을 것이며 그의 식구들이 하는 모든 일이 형통할 것입니다. 들에서 하는 일도 복을 받을 것입니다. 들에서 농사짓는다든지 목축한다든지 직장생활이나 하는 사업에도 복을 주신다고 하셨습니다.

"네 광주리와 떡 반죽 그릇이 복을 받는다"는 말은 하나님께서 먹을 것을 풍성하게 주셔서 광주리와 떡 반죽 그릇이 비지 않게 될 뿐 아니라 모든 식구가 건강의 복을 누리게 되는 것을 말합니다. 옛날에는 집안의 밥솥이 복을 받는 것을 아주 중요하게 생각했습니다. 밥솥이 복을 받지 못하면 집안이 궁핍해진다고 생각했기 때문입니다. 하나님께서는 이 사람의 생활 전체를 축복하셔서 모든 부분을 아름답게 하시겠다고 약속하셨습니다. 이 사람들은 들어가도 복을 받고 나가도 복을 받습니다. 집 안에 들어가도 기쁜 일밖에 없습니다. 그리고 밖에 나가도 모든 일이 잘되니까 기쁜 것입니다.

그러나 우리 믿는 사람 중에 이 말씀을 들을 때 '아닌 것 같다'는 생각이 들지도 모르겠습니다. 왜냐하면 아무리 하나님의 말씀을 붙들고 살아도 성읍에서도 복을 받지 못하고 들에서도 복을 받지 못하며 아직 광주리나 떡 반죽그릇이 모두 비어 있는 분들도 있기 때문입니다. '들어와도 복을 받고 나가도 복을 받는다'고 하셨지만, 집에 들어와도 답답하고 밖으로 돌아다녀도 취직이 되지 않는 것입니다. 어떻게 이것을 복 받았다고 말할 수 있겠습니까? 그러나 우리는 이것을 믿어야 합니다.

오늘 하나님께서는 우리에게 물질적 복을 주시는 것보다 우리의 속사람을 먼저 치료하십니다. 모든 사람에게 가장 심각한 문제는 눈에 보이는 외적인 축복보다는 그들의 내면이 죄로 인하여 눈뜨고 볼 수 없을 정도로 일그러져 있고 망가져 있다는 것입니다. 이렇게 자신들의 내면이 심하게 일그러지고 변형되고 망가졌는지 모르고 오직 돈과 편안한 생활만을 위해서 몸부림치고 있습니다. 그러나 하나님께서는 우리에게 그런 것들을 먼저 주시지 않고 오직 말씀과 성령으로 우리의 내면을 치료하십니다. 하나님은 우리에게 떡 반죽 그릇이나 광주리에 복만 주시는 것이 아니라 우리를 정말 멋있는 사람으로 만들어주시는 것입니다.

우리 속사람이 치료되고 나면 무엇을 해도 기쁘고 재미가 있습니다. 우리는 이 세상에서 오직 사랑으로 일을 하기 때문에 좋을 수밖에 없는 것입니다. 하나님은 우리의 삶 전체를 결국 최고로 아름답게 하십니다. 나중에 보면 나의 삶 가운데 아름답지 않은 부분이 없고 나의 걸어온 삶들까지도 모두 다 바로 잡아 주셨기 때문에 부끄럽거나 수치스러운 부분이 없습니다. 그래서 하나님을 찬양하게 됩니다. '사랑의 예수님, 내 모든 삶을 참 아름답게 만드셨네요.'

그리고 하나님께서는 우리를 축복하시기 전에 미리 연단하십니다. 왜냐하면 구약 시대 이스라엘 백성을 먼저 복을 주셨더니 모두 복을 떼먹어버리고 세상 길로 가버렸기 때문입니다. 우리 생각으로는 하나님께서 복을 주시면 더 감사하고 더 잘 순종할 것 같은데 사람의 마음은 절대로 그렇지 않습니다. 사람의 마음이 얼마나 간사한지 지위가 높아지고 먹고 살만 하면 하나님의 말씀을 제쳐놓고 사람들을 만나서 우쭐거리려고 하게 됩니다. 교만해지고 거짓말도 하고 몰래 죄도 짓게 되는 것입니다.

그래서 하나님께서는 우리를 영원히 빼앗기지 않으시려고 많은 고난을 통해서 우리를 먼저 참 신자가 되게 하십니다. 그래서 '내가 하나님 앞에서 정말 아무것도 아니구나. 나는 하나님의 말씀을 놓치고 교만하거나 죄에 빠지면 그 즉시 망하는 것이구나' 하는 것을 깨닫고 회개하게 하십니다. 그리고 난 후에 복을 주셔도 때로 우리 마음이 흔들릴 때가 있습니다. 그만큼 세상의 복은 위험합니다. 그러므로 우리가 지금 하나님의 손에 연단 받고 있다면 반드시 복은 임하게 되어 있습니다. 그것을 기대하셔야 합니다. 하나님은 먼저 우리를 연단하신 후에 복을 주심으로 나중에 아무리 복을 주셔도 하나님만 붙들게 하시는 것입니다.

3. 위기 때의 축복

우리 인간에게 현재의 복도 중요하지만 미래의 복이 더 중요합니다. 우리 주위에서 한창 잘 살다가 어느 날 갑자기 사업이 망하거나 어려운 일이 닥치면서 불행해지는 사람들을 많이 봅니다. 특히 우리나라는 미래 자체가 다른 어떤 나라보다 예측할 수 없는 불안한 상태에 있습니다. 우리가 어떻게 하면 미래의 이런 위기를 피하거나 극복하고 계속적으로 복된 생활을 할 수 있을까요? 그것도 하나님의 말씀을 붙드는 수밖에 없습니다.

> 28:7, "여호와께서 너를 대적하기 위해 일어난 적군들을 네 앞에서 패하게 하시리라 그들이 한 길로 너를 치러 들어왔으나 네 앞에서 일곱 길로 도망하리라"

옛날에 전쟁은 정말 예측할 수 없었습니다. 욥 같은 경우에도 보면 하루아침에 폭풍이 불어서 자식들이 다 죽고 또 적들이 쳐들어와서 소와 양을 다 빼앗아 가버렸습니다. 특히 우리 인간은 미래를 전혀 예측할 수 없기 때문에 지금은 아무리 행복하고 좋아도 언제 불행이 닥칠지 모르는 형편에서 살아가야 합니다.

그러나 이런 미래의 위기나 불안을 이기는 방법이 있습니다. 우리가 하나님의 말씀을 붙잡고 내 마음대로 살고 싶은 욕심을 죽이면 하나님께서 반드시 미래를 지켜주십니다.

적이 한 길로 처서 왔다가 일곱 길로 도망을 간다는 것은 그야말로 정신을 차리지 못하고 달아나게 된다는 뜻입니다. 적이 이스라엘 백성은 아무것도 없고 힘도 약하기 때문에 업신여기고 왔다가 무엇인가 알 수 없는 엄청난 능력을 보고는 정신없이 달아나게 된다는 것입니다.

하나님이 우리에게 원하시는 것은 오직 하나님의 말씀만 내 생명처럼 붙드는 것입니다. 그러면 하나님도 우리를 능력의 손으로 붙잡으십니다. 그래서 창고와 손으로 하는 일을 다 지켜주셔서 아무것도 손해 보지 않게 하십니다. 하나님이 우리를 지켜주셔야지, 우리 자신이 지키려고 하면 스물네 시간 자지 않고 지켜도 지키지 못할 것입니다.

하나님은 우리의 미래를 지켜주실 것입니다.

28:11, "여호와께서 네게 주리라고 네 조상들에게 맹세하신 땅에서 네게 복을 주사 네 몸의 소생과 가축의 새끼와 토지의 소산을 많게 하시며"

"네 몸의 소생과 가축의 새끼와 토지의 소산"은 미래의 복을 말합니다. 하나님만이 우리의 미래를 지켜주실 수 있습니다.

28:12-14, "여호와께서 너를 위하여 하늘의 아름다운 보고를 여시사 네 땅에 때를 따라 비를 내리시고 네 손으로 하는 모든 일에 복을 주시리니 네가 많은 민족에게 꾸어줄지라도 너는 꾸지 아니할 것이요 여호와께서 너를 머리가 되고 꼬리가 되지 않게 하시며 위에만 있고 아래에 있지 않게 하시리니 오직 너는 내가 오늘 네게 명령하는 네 하나님 여호와의 명령을 듣고 지켜 행하며 내가 오늘 너희에게 명령하는 그 말씀을 떠나 좌로나 우로나 치우치지 아니하고 다른 신을 따라 섬기지 아니하면 이와 같으리라"

하나님은 우리가 끝까지 신실하게 하나님의 말씀을 붙들 때 너무나도 좋은 복을 부어주십니다. 이스라엘 백성이 세계 최고가 되게 하시고 양식도 꾸어주되 빌리지 않고 꼬리가 되지 않고 머리가 될 것이라고 하셨습니다.

이스라엘 백성이 주의해야 할 부분은 바로 이 저주의 말씀에 있습니다. 왜냐하면 이스라엘 백성이 하나님의 말씀을 버리고 다른 것으로 대신하거나 세상의 신들을 따라갈 때는 이 복들이 모두 그대로 변해서 저주가 되어버리기 때문입니다. 하나님께서는 이스라엘 백성에게 결코 좋은 것만 주시지 않습니다.

우리가 늘 빠지는 함정은 도대체 나 같은 것이 대단하다고 하나님께서 일일이 내가 하는 일에 신경을 쓰시겠느냐 하는 것입니다. 욥이 고난 가운데 한 말이 바로 이것입니다. 내가 죄를 짓는다고 해도 그것이 하나님께 무슨 영향이 있다고 하나님이 나를 주목하시며 상대를 하시느냐는 것입니다(욥 7:12 참조).

그러나 하나님은 우리를 상대하시는 분이십니다. 오히려 세상에 있는 모든 것을 다 버리시는 한이 있어도 우리를 포기하지 아니하시고 우리만 사랑하십니다. 그래서 이스라엘 백성은 다른 백성이 세상적으로 아무리 복을 받고 잘 산다 하더라도 절대로 그것을 따라가서는 안 되는 것입니다. 우리는 오직 하나님이 모든 것이 되어야 하며, 하나님이 주신 것만으로 만족해야 합니다.

이스라엘 백성이 하나님의 말씀을 붙잡지 아니하고 다른 것을 잡을 때 그것이 아무리 유익하고 좋은 것이라 하더라도 그들의 모든 복은 저주로 변하게 될 것입니다. 하나님의 말씀 대신에 종교적인 체험이나 세상에서 성공하는 것이나 유명해지는 것이나 다른 어떤 것을 붙잡는다 하더라도 복은 저주로 변하게 됩니다.

그러면 이스라엘 백성은 성읍에서도 저주를 받고 들에서도 저주를 받고 광주리와 떡 반죽 그릇도 저주를 받고 자식과 토지 소산과 우양의 새끼가 다 저주를 받게 되는 것입니다. 들어와도 복을 받지 못하고 나가도 복을 받지 못하고 하는 일마다 되는 일이 없게 되는 것입니다. 그 이유가 무엇입니까? 하나님 백성의 지위가 얼마나 대단한지 모르고 세상을 사랑했기 때문입니다. 그리고 온 천지를 창조하신 하나님의 말씀의 가치를 모르고 부스러기 같은 세상의 인기나 사람들의 인정을 사랑했기 때문입니다. 그러므로 하나님 백성의 가장 큰 죄는 하나님께서 주신 가장 소중한 것을 지키지 않고 무시하고 버리는 것입니다.

그러면 처음부터 이스라엘이 하나님의 말씀을 멀리했다고 저주가 옵니까? 결코 그렇지 않습니다. 처음에는 축복에도 관성의 법칙이 작용하기 때문에 계속 축복이 오는 것 같습니다. 그러다가 어느 순간 추락해버리고 마는 것입니다. 이것이 더 무서운 것입니다. 결국 하나님의 백성이 하나님의 말씀을 사랑하지 않으면 철저하게 저주를 받게 됩니다.

그런데 과연 하나님의 말씀만 듣고 가만히 있다고 해서 복이 오겠습니까? 다른 사람이나 교회를 보면 다른 것들을 많이 해서 유명해지기도 하고 복을 받는 것 같은데 이렇게 무력하게 가만히 있기만 해서 되겠습니까? 그러나 하나님께서는 그것이 하나님을 가장 사랑하는 것이며 가장 복 받는 길이라고 약속하셨습니다. 우리가 하나님의 말씀만을 붙잡을 때 우리의 미래를 가장 확실한 미래에 투자하는 것이 됩니다. 이 원리를 붙잡고 나아가 하나님의 복을 받는 성도들이 다 되시기 바랍니다.

33

이스라엘의 아킬레스건
신 28:25-68

트로이 전쟁의 영웅 아킬레스는 태어났을 때 엄마가 그 아기의 두 발을 잡고 스틱스강에 거꾸로 넣어서 불사의 사람으로 만들었는데, 엄마가 그 아기의 발을 잡았던 발꿈치는 강에 넣지 못해서 그것이 약점이 됩니다. 트로이 용사 중에서 아킬레스를 이길 수 있는 사람이 없었는데, 트로이의 왕자 파리스가 쏜 화살이 아킬레스의 발꿈치에 박히는 바람에 아킬레스는 죽게 됩니다. 이것이 바로 '아킬레스건'입니다.

우리가 이 세상에서 성공적으로 살기 위해서는 빨리 성공하는 것보다는 실패하지 않는 것이 중요합니다. 우리가 실패하지 않으려면 자신의 약한 부분을 잘 알고 있어야 합니다. 그러나 모든 하나님의 백성이 공통적으로 가지고 있는 약점이 있는데, 그것은 바로 하나님의 말씀을 듣지 못하면 모두 병이 들게 된다는 사실입니다.

1. 하나님의 도움이 없는 이스라엘

제가 어렸을 때 잠수부들은 지금처럼 산소통을 매고 바다에 들어가는 것이 아니라 호스를 달고 들어가는데 배 위에서 펌프질을 계속해야 했습니다. 그때 잠수부의 가장 큰 위기는 호스가 끊어지는 것입니다. 마찬가지로 하나님의 백성에게 가장 큰 위기는 예배를 드리지 않고 말씀을 듣지 못해서 하나님과의 관계가 끊어지는 것입니다.

예수님께서 요한에게 세례받으신 후 40일을 금식하셨습니다. 이때 마귀는 예수님에게 자꾸 자신의 처지를 불평하게 하고 하나님의 사랑을 의심하게 만들기 위해 "네가 만일 하나님의 아들이라면" 하는 방식으로 시험을 했습니다. 그러나 예수님은 절대로 마귀에게 틈을 주지 않았습니다. 우리가 마귀에게 넘어지지 않으려고 하면 틈을 주지 말아야 합니다. 그런데 이스라엘 백성은 마귀에게 틈을 주고 그때마다 그들은 망하고 실패했습니다.

28:25-26, "여호와께서 네 적군 앞에서 너를 패하게 하시리니 네가 그들을 치러 한 길로 나가서 그들 앞에서 일곱 길로 도망할 것이며 네가 또 땅의 모든 나라 중에 흩어지고 네 시체가 공중의 모든 새와 땅의 짐승들의 밥이 될 것이나 그것들을 쫓아줄 자가 없을 것이며"

하나님의 백성이 이 세상에 사는 것은 마치 사람들이 달에 착륙한 것과 같다고 보아야 합니다. 사람이 달에 착륙했을 때 가장 중요한 것은 우주복을 반드시 입고 있어야 한다는 것입니다. 우주 공간에는 인체에 유해한 방사선들이 많고 기온의 차이가 심한 데다가 특히 그곳에는 산소가 없기 때문입니다. 사람이 우주에서 우주복을 벗으면 바로 죽습니다. 이와 마찬가지로 하나님의 백성은 이 세상에 살 때 항상 은혜의 우주복을 입고 언제나 하나님의 은혜가 공급되는 범위 내에서 살아야 합니다.

그러니까 어떤 의미에서 하나님의 백성은 이 세상에 사는 것이 너무나도 불리하게 보입니다. 다른 사람들은 우주복도 필요 없고 산소 호스도 필요 없이 마음대로 돌아다니는데, 하나님의 백성은 언제나 하나님의 은혜의 옷을 입고 있어야 하고 또 하나님의 은혜가 공급되는 범위 안에서만 활동해야 하니까 답답한 것입니다. 그러나 우리는 이 세상에서 다른 사람들이 하는 것처럼 모든 것을 다 하면서 살 수는 없습니다.

여기서 하나님의 백성에게는 두 가지 큰 시험이 있습니다.

하나는 하나님을 믿지 않는 자들은 이 세상에서 신앙적인 제약을 아무것도 받지 않고 마음껏 활개 치면서 사는데 그것이 너무나도 자유로워 보인다는 것입니다. 그러나 하나님의 백성은 절대로 세상 사람들이 자유롭게 성공적으로 사는 것을 부러워해서는 안 됩니다. 우리는 이 세상에서 마음대로 살 수 없는 사람들입니다. 오히려 우리는 이 세상에서 굶어 죽지 않고 살아 존재하는 것만 해도 대단한 것입니다. 그럼에도 불구하고 우리가 이 세상에서 조금이라도 성공한 것이 있다면 그것은 모두 기적입니다.

또 다른 무서운 시험은 하나님의 백성이 하나님을 버려도 잠깐 동안은 별 일없이 살 수 있다는 것입니다. 그러나 이스라엘 백성은 자기도 모르는 사이에 점점 하나님의 은혜가 없어지게 되다가 어느 한 순간에 몰락하게 됩니다. 그러므로 하나님의 백성에게 좋지 않은 결과가 나타나기 시작했을 때는 너무 늦은 것입니다. 어떤 증세나 징조가 나타나기 전에 말씀으로 깨달아야지, 너무 늦게 깨달으면 돌이킬 수 없습니다.

하나님께서는 이스라엘 백성이 적과 싸울 때도 자기 힘으로 싸우는 것이 아니라고 말씀하셨습니다. 하나님께서 이스라엘의 적과 싸우셔야 이길 수 있습니다. 그러나 이스라엘 백성이 자기 힘으로 전쟁하려고 할 때는 이상하게 힘을 쓸 수 없습니다. 그들의 모든 전략과 무기가 소용없게 됩니다. 결국 이스라엘 백성은 한 길로 치러 왔다가 완패해서 일곱 길로 도망치게 됩니다. 그것으로 끝나는 것이 아니라 포로가 되어서 전 세계에 팔리게 되고 죽은 사람들은 시체를 치워 줄 사람들이 없어서 공중의 새가 뜯어 먹고 들짐승이 뜯어 먹게 된다는 것입니다.

그래서 이스라엘 백성은 전쟁이 터지기 전에 항상 우리가 지금 하나님의 말씀만 바로 붙들고 있는지, 지금 우리에게 부흥의 역사가 일어나고 있는지 확인해야 합니다. 그것이 되어 있지 않은 상태에서 전쟁이 터진 후에 회개하고 바로 잡으려고 하면 이미 상당한 피해를 볼 수밖에 없습니다. 그래서 우리는 언제나 부흥의 상태가 지속되어야 하고 하나님에 대한 열정이 뜨거워야 합니다. 하나님과 우리 사이에는 어떤 작은 이물질이라도 끼이지 못하도록 눈을 부릅뜨고 지켜야 하는 것입니다.

지금 우리나라에는 좋지 않은 많은 악의 태풍들이 밀어닥치고 있습니다. 이때 우리가 절대적으로 하나님을 붙잡고 있으면 다른 사람들까지 살게 될 것입니다. 그러나 우리가 하나님을 붙잡지 않으면 다른 사람들을 도와줄 수 없습니다.

2. 이스라엘에게 닥치는 재앙들

하나님의 백성에게 무서운 것은 그들이 하나님의 말씀을 결사적으로 붙들지 않으면 모든 축복이 저주로 변하게 된다는 사실입니다. 늘 우리 마음속에 드는 유혹이 있습니다. 이 세상에 사람들이 이렇게 많은데 나 한 사람이 신앙 생활하지 않는 것을 하나님이 아실까 하는 것입니다. 그리고 내가 신앙생활 해도 고난이 오고 하지 않아도 고생하게 된다면 일단 신앙 없이 한번 내 능력이라도 발휘를 해보자는 유혹입니다. 그런데 하나님은 우리를 알고 계시고 절대로 우리 마음대로 되지 않게 하십니다. 그래서 우리가 성공하는 비결은 신앙이 좋아지는 것밖에 없는 것입니다. 세상 사람을 따라가면 절대로 성공할 수 없고 그러다가 어느 순간부터 여러 가지 재앙이 생기게 됩니다. 그중의 하나가 질병입니다.

28:27, "여호와께서 애굽의 종기와 치질과 괴혈병과 피부병으로 너를 치시리니 네가 치유 받지 못할 것이며"

물론 우리가 알아야 할 것은 모든 질병이 하나님의 심판은 아니라는 것입니다. 또 하나님은 사랑하는 자녀들에게 무서운 질병을 주셔서 기도하게 하십니다. 그러나 이스라엘 백성이 하나님을 떠나면 하나님이 병으로 치실 것입니다. 종기와 치질과 괴혈병과 피부병이 생긴다고 했습니다.

그러나 대개 하나님께서는 먼저 마음을 치십니다. 그래서 은혜가 없는 이스라엘 백성은 자기 마음이 이미 편하지 않습니다. 특히 하나님의 백성이 하나님의 말씀을 듣지 못하면 우울증이 오게 되고 냉소적이 됩니다. 또 남의 결점만 보고 시기심으로 대하고 정신적인 질병이 생기게 됩니다.

28:28-29, "여호와께서 또 너를 미치는 것과 눈 머는 것과 정신병으로 치시리니 맹인이 어두운 데에서 더듬는 것과 같이 네가 백주에도 더듬고 네 길이 형통하지 못하여 항상 압제와 노략을 당할 뿐이리니 너를 구원할 자가 없을 것이며"

하나님의 은혜가 없고 우상을 많이 섬기는 곳의 특징은 정신적인 고통을 받는 사람들이 많다는 것입니다. 언제나 마귀와 사탄의 눌림을 받고 있으므로 사람들의 생각이나 감정이 억눌려 있을 때가 많기 때문입니다. 그래서 이런 분위기에서 사는 사람 중에는 자살이나 정신병이 많고 이혼과 가출이 많게 됩니다. 그런데 하나님을 믿던 자들이 하나님을 버렸을 때는 더 미치게 된다고 말씀하셨습니다. 하나님의 은혜가 있다가 없어졌을 때는 너무나도 정신적인 갈급함이 심해서 미치지 않고는 견디지 못하는 것입니다. 그래서 이스라엘 백성은 낮에도 더듬고 길이 형통하지 못해서 항상 압제와 노략을 당하게 되는 것입니다.

오늘 사람들이 술을 많이 마시는 이유도 사실 미칠 것 같아서 마실 때가 많다고 합니다. 그러나 하나님의 백성이 술을 자꾸 마시면 마음 속에 계시는 성령이 근심하게 됩니다. 또 음란이라든지 분노를 자주 하는 것도 모두 성격을 망치게 합니다. 그러면 결국 하나님이 주신 모든 복을 다 잃어버리게 됩니다.

28:30, "네가 여자와 약혼하였으나 다른 사람이 그 여자와 같이 동침할 것이요 집을 건축하였으나 거기에 거주하지 못할 것이요 포도원을 심었으나 네가 그 열매를 따지 못할 것이며"

사랑하지만 전쟁이 나거나 정신적인 문제가 있어서 결혼하지 못하면 결국 다른 사람에게 사랑하는 사람을 빼앗길 수밖에 없습니다. 이스라엘 백성이 하나님을 버리면 약혼을 해도 여자를 빼앗기고 남자를 빼앗기기 때문에 같이 자지 못합니다. 집을 건축해도 빼앗겨버려서 거기에 살지 못하게 됩니다. 포도원을 만들어도 포도를 따지 못할 것이고 소를 잡아도 먹지도 못하고 다 빼앗겨 버리게 되는 것입니다.

그러니까 하나님의 백성은 하나님의 말씀에 따라서 해야 열매가 있습니다. 그러나 세상 사람들을 따라가면 나중에는 성공의 문턱에서 주저앉게 될 것입니다. 그래서 죽도록 고생만 하고 열매를 먹지 못하게 됩니다.

예수님의 제자들은 예수님 없이 밤이 새도록 그물을 던졌지만 고기를 한 마리도 잡지 못했습니다. 그러나 예수님이 오셔서 말씀 한마디를 하셨을 때 그 말씀에 따라 그물을 던지니까 그물이 찢어질 정도로 많은 고기를 잡았습니다.

3. 이스라엘의 미래

이스라엘 백성은 하나님의 특별한 선택을 받은 민족이고 하나님께서 축복의 약속을 주신 민족입니다. 그러나 하나님께서는 놀랍게도 이렇게 축복받은 민족도 망할 수 있다는 것을 분명히 말씀하셨습니다.

이스라엘 백성에게 가장 무서운 것은 우상이 들어오는 것입니다. 우상은 하나님의 백성을 망하게 하는 암적인 존재였습니다. 이스라엘의 위기는 바로 여기에 있습니다. 아무리 하나님이 이스라엘 백성을 축복하려고 해도 그들이 우상을 섬기는 순간 하나님의 능력은 즉시 차단되어버립니다. 이스라엘 백성의 모든 축복은 율법의 말씀을 기초로 주어진 것인데 그들이 우상을 섬기게 되면 이 가나안 땅에서 쫓겨나게 되는 것입니다. 그것도 아주 비참하게 망해서 쫓겨나기 때문에 포로로 잡혀간 곳에서도 비웃음과 조롱거리가 되는 것입니다.

그런데 왜 이스라엘 백성은 결국 우상을 섬기고 말았을까요?

그중 한 가지 이유가 이스라엘 백성은 우상을 섬기는 나라들의 축복에 대한 부러움이 있었기 때문입니다. 하나님의 말씀대로 사는 이스라엘 백성은 바로 축복이 오지 않는 데 비하여 우상을 섬기고 자기 욕심대로 사는 이방 나라들은 잘 살고 성공했기 때문입니다. 여기서 이스라엘 백성의 마음속에 '나도 저들처럼 잘 되고 성공하고 싶다'는 욕망이 생겼던 것입니다. 결국 하나님의 백성이 고난당하고 연단받는 것은 성장하는 과정입니다. 그러나 이스라엘 백성은 말씀과 함께 고난받는 것을 부끄러워했던 것입니다.

그리고 또 다른 하나는 우상을 받아들이지 않으면 무역이나 외교 관계가 성립되지 않았기 때문입니다. 특히 고대에도 문화 교류를 하지 않고 외교관계를 맺지 않으면 고립되어서 도저히 살 수 없었습니다. 그런데 하나님께서는 물물 교류나 외교관계를 가지지 말라고 하시지는 않았습니다. 그러나 교류를 하더라도 우상을 받아들여야 한다면 하지 말라고 하셨습니다. 그런데 현실적으로는 율법 그대로 하면 고립될 수밖에 없었습니다. 이스라엘 백성은 그것을 너무나도 두려워했습니다. 그러나 우상을 받아들이니까 결국은 숭배하게 되었습니다.

이스라엘 백성이 세상을 따라가면 이상하게 힘을 자꾸 잃게 됩니다. 그들이 하나님을 의지하지 않고 아무리 성공하고 출세하려고 해도 이상하게 남는 열매가 없습니다. 자녀들이 아무리 공부하고 열심 내어도 병에 걸리거나 죄에 빠지면 절대로 머리가 될 수 없습니다. 왜냐하면 하나님께서 그 믿음 없이 공부하는 그 머리를 내리 누르시기 때문입니다.

결국 이 모든 이유가 하나님의 말씀에 있습니다.

28:45, "네가 네 하나님 여호와의 말씀을 청종하지 아니하고 네게 명령하신 그의 명령과 규례를 지키지 아니하므로 이 모든 저주가 네게 와서 너를 따르고 네게 이르러 마침내 너를 멸하리니 이 모든 저주가 너와 네 자손에게 영원히 있어서 표징과 훈계가 되리라"

하나님의 백성에게는 하나님의 말씀 자체가 복입니다. 이것은 잠수부에게 산소통과 같은 것입니다. 잠수부가 아무리 잠수를 잘한다

하더라도 산소가 공급되지 않으면 죽을 수밖에 없습니다. 그러니까 하나님의 말씀 없이도 잘 견디는 것으로는 축복의 삶을 살 수 없습니다.

이스라엘 자손이 멸망하는 것은 하나님의 백성으로서 하나님을 온전히 믿지 못했기 때문입니다. 이스라엘 백성이 이해할 수 없는 것은 세상적으로는 성공했는데 이상하게 나라가 망하는 것입니다. 그런데 이들이 하나님을 의지하면 세상적으로는 별로 똑똑하지 않은 것 같은데 망하지는 않습니다. 오히려 부흥이 일어나며 자꾸 복을 받고 절대로 망하지 않습니다. 하나님의 백성은 약한 것 같지만 다른 나라들이 잘 공격도 하지 못합니다. 그 이유는 눈에 보이지 않는 힘이 지키고 있기 때문입니다.

그래서 하나님의 백성은 이 세상에 사는 것 자체가 하나의 테스트입니다. 하나님께서는 마치 이 세상에 보석을 깔아 놓으시고 우리를 보고 이 보석을 줍지 말고 하나님만 보고 따라오라고 하시는 것입니다. 여기에 합격할 사람들이 얼마나 있겠습니까? 그러니까 우리는 아예 결심해야 합니다. 세상에 아무리 좋은 것이 깔려 있다 하더라도 하나님이 주시는 것만 가지겠고 그 외의 것은 아무리 좋은 것이라 하더라도 받지 않겠다고 결심해야 합니다.

본문 66절에서는 아주 의미심장한 말씀을 하십니다.

28:66, "네 생명이 위험에 처하고 주야로 두려워하며 네 생명을 확신할 수 없을 것이라"

이것이 개역한글 번역에는 재미있게 번역되어 있습니다.

"네 생명이 의심나는 곳에 달린 것 같아서 주야로 두려워하며 네 생명을 확신할 수 없을 것이라"

'네 생명이 의심나는 곳에 달렸다'는 것은 생명이 제대로 붙어 있어야 하는데 붙어 있지 않고 엉뚱한데 붙어 있다는 뜻입니다. 만약 우리 몸에 심장이 가슴에 붙어 있지 않고 엉덩이나 발에 붙어 있다면 제대로 살 수 없을 것입니다. 마찬가지로 이스라엘 백성이 살려면 그들의 생명이 바른 곳에 붙어 있어야 합니다. 즉 우리의 생명은 하나님의 말씀에 깊이 뿌리를 내릴 때 가장 안전합니다. 그러면 어느 누구도 우리를 하나님으로부터 떼어내지 못할 것입니다. 그러나 우리의 생명이 돈이나 명예나 이 세상의 권력에 뿌리를 내리고 있다면 이것은 의심이 나는 곳에 붙어 있기 때문에 언제나 불안할 수밖에 없습니다. 더욱이 이스라엘 백성의 생명이 우상에 붙어 있다면 그것은 결국 죽은 나무나 돌에 자기 생명을 맡겨 놓는 것과 같은 것입니다.

28:67, "네 마음의 두려움과 눈이 보는 것으로 말미암아 아침에는 이르기를 아하 저녁이 되었으면 좋겠다 할 것이요 저녁에는 이르기를 아하 아침이 되었으면 좋겠다 하리라"

사람이 병원에 입원해 있거나 혹은 감옥에 갇혀서 아무 일도 못하면 하루하루가 그렇게 지겨울 수 없을 것입니다. 이들은 아침이 되어도 반갑지 않고 어떻게 하면 하루를 때우는가 하는 것만 생각합니다. 사람이 할 일이 없으면 내일 아침이 오지 않고 그냥 이렇게 자면서 죽었으면 좋겠다고 생각하게 됩니다. 그런데 어김없이 아침이 찾아오면 아침이 반갑지 않고 도대체 무엇을 해야 할지 알 수 없는 것입니다.

그리고 마지막으로 하나님이 함께 하시지 않으면 무가치해집니다.

28:68, "여호와께서 너를 배에 싣고 전에 네게 말씀하여 이르시기를 네가 다시는 그 길을 보지 아니하리라 하시던 그 길로 너를 애굽으로 끌어 가실 것이라 거기서 너희가 너희 몸을 적군에게 남녀 종으로 팔려 하나 너희를 살 자가 없으리라"

이스라엘 백성들이 기가 막힌 것은 배에 실려서 노예로 팔려갔는데 팔려고 하지만 아무도 사지 않는다는 것입니다. 왜냐하면 노예 중에서도 질이 떨어지기 때문입니다. 그들은 영양 상태가 좋은 것도 아니고 일도 잘하지 못하는 데다가 고집까지 세니까 누가 이런 노예를 돈을 주고 사겠습니까? 결국 이런 노예는 아무도 사려고 하지 않는다는 것입니다.

이스라엘 백성은 이 세상에서 다른 재주가 없습니다. 다른 사람에게 싹싹한 것도 아니고 그렇다고 일을 잘하는 것도 아니고 재주가 많은 것도 아니었습니다. 그들이 할 수 있는 것은 하나님의 말씀을 지키는 것뿐이었습니다. 이것을 하지 않는 이스라엘 백성은 이 세상 아무데도 쓸모가 없는 것입니다. 완전히 맛을 잃은 소금이 되어버리는 것입니다.

제 자신만 생각해도 이 세상에 어디 다른데 쓸데가 없습니다. 싹싹한 것도 아니고 재주가 많은 것도 아니고 일을 잘하는 것도 아닙니다. 재주라고 해 봐야 하나님을 섬기며 성경을 연구하는 것뿐인데 만약 하나님 앞에서 쓸모가 없으면 어디에 쓰겠습니까? 그러니까 하나님 앞에서는 고개를 숙여야 하고 겸손해야 하며 고분고분해야 버림을 받지 않는 것입니다.

우리나라 백성이 하나님의 복을 잃어버리면 이 세상 어디에 가서 살겠습니까? 우리는 도망칠 곳도 없고 우리를 받아 줄 곳도 없습니다. 하나님께서 우리나라 사람들에게 어려움을 주시는 것은 정신을 차리라는 경고입니다. 우리에게 도대체 무엇을 믿고 살려고 하느냐고 질문하시는 것입니다. 이때 우리가 다시 한번 하나님의 말씀을 붙들고 어떤 고난도 기뻐하고 감사할 때 하나님의 축복이 이 땅에 나타나게 될 것입니다.

34

새 시대의 언약

신 29:1-29

하나님은 이스라엘 백성에게 두 번 약속의 말씀을 주셨습니다. 한 번은 이스라엘 백성이 출애굽하자 말자 시내 산에서 주신 말씀입니다. 이것을 '시내 산 언약'이라고 하는데, 출애굽기와 레위기에 있는 말씀입니다. 그리고 하나님은 이스라엘 백성이 가나안 땅에 들어가기 전에 또다시 말씀을 주셨습니다. 이것을 '모압 언약'이라고 하는데, 신명기 대부분을 차지하고 있습니다. 이스라엘 백성이 처음 출애굽 했을 때와 가나안 땅에 들어가기 전의 상황은 너무나도 달라져 있었습니다. 그래서 하나님의 말씀도 더 깊어지고 더 풍성해졌습니다. 그러나 하나님의 말씀의 핵심은 똑같습니다. 단지 그 적용이 좀 달라졌을 뿐입니다.

오늘 말씀을 보면 지금 가나안 땅에 들어가려고 하는 이스라엘 백성은 그야말로 세상에서 교육도 받지 못하고 기술도 없는 무식한 사람들이었습니다. 그런데 하나님은 그들에게 이 세상 어느 누구도 가지지 못한 재주를 주시겠다고 말씀하셨습니다. 그것은 하나님의 말씀을 이해할 수 있는 능력이었습니다.

저는 오늘 이 말씀을 보면서 얼마나 기쁘고 감사했는지 모릅니다. 왜냐하면 제가 어렸을 때부터 살아온 것을 생각해보면 정말로 헐벗었고 무식했으며 결코 평탄하지 않은 가시밭길 같은 삶이었기 때문입니다. 그러나 저는 그러면서도 성경의 의미와 하나님께서 행하신 의미를 알려고 무지무지하게 몸부림쳤습니다. 이제 돌아보니까 저와 우리 성도들은 하나님의 말씀을 아는데 엄청나게 발전하게 되었습니다. 우리가 오늘 말씀을 보니까 그것이 진짜 복이고 그것이 진정한 성공이라고 말씀하시는 것입니다.

1. 하나님의 말씀을 깨닫는 마음

하나님께서는 광야에서 나고 자란 출애굽 2세들에게 최고의 복을 주시겠다고 약속하셨습니다. 그것은 바로 하나님의 말씀을 이해할 수 있는 능력이었습니다. 하나님이 그들에게 하나님의 말씀을 깨닫는 마음을 주셨다고 했습니다. 이것이 그 어떤 체험이나 어떤 재산보다 큰 재산이요 축복입니다.

> 29:1-4, "호렙에서 이스라엘 자손과 세우신 언약 외에 여호와께서 모세에게 명령하여 모압 땅에서 그들과 세우신 언약의 말씀은 이러하니라 모세가 온 이스라엘을 소집하고 그들에게 이르되 여호와께서 애굽 땅에서 너희의 목전에 바로와 그의 모든 신하와 그의 온 땅에 행하신 모든 일을 너희가 보았나니 곧 그 큰 시험과 이적과 큰 기사를 네 눈으로 보았느니라 그러나 깨닫는 마음과 보는 눈과 듣는 귀는 오늘 여호와께서 너희에게 주지 아니하셨느니라"

출애굽한 이스라엘 백성은 애굽에서 모든 초태생이 죽는 재앙과 홍해가 갈라지는 체험을 그들 눈으로 직접 보고 겪었습니다. 또 그들이 시내 산에서 언약을 받을 때는 시내 산 전체가 불이 붙었고 빽빽한 구름이 있었으며 하나님의 나팔 소리가 울려 퍼지는 가운데 하나님의 말씀을 받았습니다. 그리고 이스라엘 백성이 언약을 맺을 때는 모세가 모든 이스라엘 백성이 보는 앞에서 짐승의 피를 뿌리는 의식을 행했습니다. 그러나 40년이 지난 후 그 후손들이 모압 평지에서 하나님과 언약을 맺을 때는 출애굽의 기적도 없었고 홍해가 갈라지는 기적도 없었습니다. 그리고 산에서 불이 붙는 것이나 나팔 소리 같은 체험도 없었습니다.

그러나 하나님은 이런 체험이나 기적도 중요하지만 더 중요한 것은 하나님의 말씀을 깨닫고 그것을 이해하는 믿음이라고 강조하셨습니다. 하나님은 출애굽한 사람에게는 깨닫는 마음과 볼 수 있는 눈과 들을 수 있는 귀를 주시지 않으셨다고 했습니다. 그들은 아무리 눈앞에서 열 가지 재앙이 일어나고 홍해가 갈라지고 시내 산에서 불이 붙어도 깨닫지 못했습니다. 결국 출애굽한 이스라엘 백성은 그 엄청난 기적과 능력을 체험하고서도 그것을 깨닫는 믿음이 없었기 때문에 광야에서 다 죽고 가나안 땅을 차지하지도 못했습니다.

그러면 왜 하나님은 출애굽한 이스라엘 백성에게 이 중요한 '깨닫는 마음과 보는 눈과 듣는 귀'를 주시지 아니하셨을까요? 이것은 아주 중요한 문제입니다. 하나님께서 이것을 주시지 않은 이유는 무엇입니까? 하나님이 주시기 싫어서가 아닙니다. 오히려 하나님께서는 너무나도 이스라엘 백성에게 이런 마음과 믿음을 주시기를 원하셨습니다. 그러나 그들은 이것을 사모하지 않았습니다. 왜냐하면 그들은 하나님의 말씀과 기적의 의미보다는 어떻게 하면 이 세상에서 좀 더 잘 먹고 잘 사느냐 하는 것만 생각했기 때문입니다

하나님의 말씀을 깨닫고 그것을 자신의 것으로 적용하는 믿음을 얻으려면 그것을 간절히 사모해야 합니다. 우리가 하나님의 말씀을 깨닫고 그것을 내 것으로 만들려면 그것만을 위하여 아주 오랜 시간

몸부림쳐야 합니다.

우리가 처음 하나님의 말씀을 들을 때 알아듣지 못하는 것이 대부분입니다. 그러나 지혜로운 자는 그것을 이해하기 위해서 시간을 내어서 열심히 듣기 시작하는데 처음에는 겨우 어린아이 수준에서 이해하게 됩니다. 그러나 이것이 그야말로 보배를 찾은 것입니다. 왜냐하면 계속 하나님의 말씀을 캐서 들어가는 가운데 어느 한순간 말씀이 더 명료해지게 되고 더 많아지게 되고 나중에는 하나님의 말씀이 덩어리로 쏟아지게 되기 때문입니다.

하나님께서는 출애굽한 세대 사람에게는 열 가지 기적도 체험하게 하시고 불붙는 산에서 말씀도 받게 하셨지만 그 자식들에게는 그야말로 아무것도 주시지 아니하셨습니다. 그 이유는 바로 하나님의 말씀 속을 파고 들어가라는 뜻이었습니다. 하나님의 말씀을 사모하는 마음으로 하나님의 말씀 속을 파고 들어가면 열 가지 기적이나 불붙는 시내 산보다 더 큰 능력을 얻게 되기 때문입니다. 우리가 이 세상에서 아무리 좋은 것을 많이 가져도 하나님을 가지는 것보다는 못할 것입니다. 왜냐하면 하나님은 이 모든 것을 창조하신 창조자이시니까요.

하나님께서 광야 세대의 이스라엘 백성에게 주신 체험은 정말 비참하고 참혹한 것이었습니다.

> 29:5-6, "주께서 사십 년 동안 너희를 광야에서 인도하게 하셨거니와 너희 몸의 옷이 낡아지지 아니하였고 너희 발의 신이 해어지지 아니하였으며 너희에게 떡도 먹지 못하며 포도주나 독주를 마시지 못하게 하셨음은 주는 너희의 하나님 여호와이신 줄을 알게 하려 하심이니라"

출애굽 후 세대의 사람들이 40년 동안 했던 체험은 어떤 것이었습니까? 40년 동안 옷이 떨어지지 않아서 계속 그 옷을 입었고, 신발이 해어지지 않아서 40년 내내 신었고, 더욱이 떡이나 포도주라고는 입에 대어보지도 못한 것이었습니다. 왜냐하면 하나님께서 만나를 주셨기 때문입니다. 우리가 어렸을 때 새 옷을 입고 새 신을 신는 것이 얼마나 대단한 일이었는지 모릅니다. 그런데 하나님께서 광야세대에 주신 기적은 홍해가 갈라지는 그런 멋진 기적이 아니라 계속 헌 옷을 입는 체험과 헌 신을 신는 체험과 40년 내내 떡이나 포도주를 먹지 못하는 체험이었습니다.

어떻게 생각하면 정말 하나님도 너무 하셨고 이스라엘 백성도 원망할 수밖에 없는 형편이었지만 그것은 엄청난 것이었습니다. 즉 이백만 명이 넘는 이스라엘 백성이 무려 40년 동안 전혀 먹을 것이나 마실 것이 없는 광야에서 살아남았다는 것입니다. 그렇다고 해서 옷이 다 떨어져서 벌거벗은 것도 아니고 신발이 떨어져서 맨발이 된 것도 아니었습니다. 그들은 40년 동안 다른 나라 사람의 원조 없이 살아남았다는 것입니다. 40년 동안 광야에서 살아남은 이스라엘 백성은 이 세상에서 두려워할 것이 없습니다.

우리가 하나님 말씀의 눈으로 보면, 이 세상에서 양식과 물이 없이 세상적인 도움 없이 최대 인원이 최장 시간 살아남은 것이었습니다. 그러니까 이 사람들의 눈으로 보면, 이 사람들 자체가 기적이었습니다. 그리고 이 사람들 자체가 이 세상에서 하나님의 말씀으로 능치 못한 것이 없다는 것을 보여주는 산 증거였습니다.

광야 세대 사람들이 놀랐던 것이 무엇인가 하면, 자기들이 그 믿음을 가지고 현실에 부딪쳤을 때 놀랍게도 하나님의 능력이 나타났다는 것입니다.

29:7-8, "너희가 이 곳에 올 때에 헤스본 왕 시혼과 바산 왕 옥이 우리와 싸우러 나왔으므로 우리가 그들을 치고 그 땅을 차지하여 르우벤과 갓과 므낫세 반 지파에게 기업으로 주었나니"

아무것도 가진 것 없고 경험한 것도 없는 이 백성이 요단 동편의 가장 강한 두 왕 헤스본 왕 시혼과 바산 왕 옥과 싸웠을 때 철저하게 이길 수 있었습니다. 헤스본 왕과 바산 왕은 거인들이었고 철기를 무기로 사용하는 자들이었습니다. 그러나 아무것도 가진 것이 없는 이 광야 세대 사람들이 자기들이 배운 믿음을 가지고 나가 싸워 놀라운 승리를 거두었던 것입니다.

이것이 바로 무엇이 진정한 우리의 재산이며 능력인지 보여주는 것입니다. 써먹지도 못하는 세상의 자랑들을 주렁주렁 걸치는 것이 복이 아니라 써먹을 수 있고 능력을 나타낼 수 있는 믿음이 진짜 우리의 복이요 재산입니다.

2. 불신앙의 쓴 뿌리

하나님께서는 앞으로 이스라엘 백성이 이 세상에서 살아남는 데 가장 중요한 것은 오직 하나님의 말씀을 지키는 데 있다는 것을 다시 강조하셨습니다.

> 29:9, "그런즉 너희는 이 언약의 말씀을 지켜 행하라 그리하면 너희가 하는 모든 일이 형통하리라"

지금 광야에 있는 이스라엘 백성은 이 세상적인 기준으로 본다면 완전 빈털터리였고 써먹을 수 있는 지식이나 기술이나 자본이 전무한 상태였습니다. 이때 하나님께서는 그들에게 다른 어떤 것도 요구하시지 않고 오직 하나님의 말씀만 지키라고 말씀하신 것입니다. 여기서 "이 언약의 말씀을 지켜 행하라"는 것은 하나님의 말씀을 생명처럼 붙잡으라는 뜻입니다.

여기서 생기는 의문이 있습니다. '과연 하나님의 말씀만 믿으면 미래가 해결될까?' 하는 것입니다. 이스라엘 백성이 가나안 땅에 들어간 후에도 말씀만 붙잡으면 먹을 것이 생기고 입을 것이 생길까요? 또 온종일 율법의 말씀만 읽고 있으면 저절로 농사가 풍년이 될까요? 결코 아닙니다. 아무리 하나님의 말씀을 읽어도 가나안 족속과 전쟁은 해야 하고 또 농사도 자기 손으로 지어야 합니다. 그러나 놀라운 것은 우리가 하나님의 말씀을 믿을 때 하나님이 우리와 함께하신다는 사실입니다. 또 하나님께서 우리를 사용하셔서 놀라운 일을 행하신다는 것입니다. 우리는 하나님의 말씀을 믿어도 모든 것을 우리가 해야 합니다. 그러나 놀라운 것은 모든 것을 하나님과 함께하게 된다는 것입니다. 이것이 엄청난 기적입니다.

하나님께서는 무엇보다 이스라엘 백성이 애굽을 떠났던 이유를 알아야 한다고 말씀하셨습니다.

29:16-17, "우리가 애굽 땅에서 살았던 것과 너희가 여러 나라를 통과한 것을 너희가 알며 너희가 또 그들 중에 있는 가증한 것과 목석과 은금의 우상을 보았느니라"

애굽은 그 당시 세계 최고의 문명국이었습니다. 애굽 사람은 이스라엘 사람을 천민으로 생각했습니다. 그러나 이스라엘 백성이 애굽에 도저히 더 이상 살 수 없었던 것은 그들의 우상숭배 때문이었습니다. 그래서 하나님은 이스라엘 백성을 애굽에서 불러내셔서 광야에서 마음껏 하나님의 말씀을 들으며 예배할 수 있도록 하셨던 것입니다. 이 세상 최고의 축복은 하나님을 예배하는 축복입니다. 거기서 우리는 자신을 찾게 되고 하나님의 사랑을 받게 됩니다.

하나님께서 이스라엘 백성에게 가나안 땅을 주신 것은 광야에서도 하나님을 잘 섬겼듯이 가나안 땅의 좋은 환경에서도 하나님을 잘 섬겨서 열매를 많이 맺으라고 주신 것입니다. 그러니까 이스라엘 백성이 가나안 땅에서 해야 할 일은 광야에서 피웠던 그 신앙의 꽃을 가나안 땅에서 30배, 60배, 100배로 피우는 것입니다.

그러나 하나님은 이스라엘 자손에게 속으셨습니다. 하나님이 속으셨다는 것은 이스라엘 백성이 겉으로는 좋은 열매를 맺는 것처럼 해 놓고 실제로는 세상의 열매를 맺었다는 것입니다.

29:18, "너희 중에 남자나 여자나 가족이나 지파나 오늘 그 마음이 우리 하나님 여호와를 떠나서 그 모든 민족의 신들에게 가서 섬길까 염려하며 독초와 쑥의 뿌리가 너희 중에 생겨서"

이스라엘 자손에게 가장 무서운 것은 외적인 시련이나 어려움이 아니라 내부에서 자라는 불신앙의 독초와 쓴 뿌리였습니다. 결국 이것이 열매인 줄 알고 먹는 사람은 그 독 때문에 배가 아플 수밖에 없습니다. 겉으로는 하나님을 믿는 것 같은데 실제로는 세상을 따라가면 어떻게 됩니까? 하나님이 원하시고 기뻐하시는 좋은 열매는 맺히지 않고 들포도나 돌감람 열매만 맺히게 되는 것입니다.

일단 이스라엘 백성이 가나안 땅에 들어온 이상 아무리 못산다고 하더라도 광야보다는 몇십 배 나은 환경이었습니다. 그렇다면 이스라엘 백성이 이 가나안 땅에서 생각해야 할 것은 '왜 하나님께서 우리를 이 좋은 환경에 심으셨을까?' 하는 것입니다. 그것은 오직 나의 행복이나 평안을 위해서가 아니라 광야보다 더 많은 말씀의 열매와 신앙의 열매를 맺으라는 의미입니다.

그러나 우리는 그렇게 되지 않습니다. 우리가 원하는 것이 이루어지면 그 상태에서 그동안 누리지 못했던 모든 쾌락과 행복과 즐거움을 더 누리기 위해서 하나님을 더 멀리하게 되는 것입니다. 이렇게 되면 나도 모르게 내 안에 독초와 쓴 뿌리가 생겨서 먹을 수 없는 나무가 되어버리는 것입니다.

> 29:19, "이 저주의 말을 듣고도 심중에 스스로 복을 빌어 이르기를 내가 내 마음이 완악하여 젖은 것과 마른 것이 멸망할지라도 내게는 평안이 있으리라 할까 함이라"

이스라엘 자손이 가나안 땅에 복을 받으며 살다 보니까 너무 좋아서 하나님이 아무리 경고하시고 저주의 말씀을 하셔도 믿지를 않습니다. 여기에 보면 "젖은 것과 마른 것이 멸망할지라도"라는 말이 나옵니다. 나무에 불을 붙일 때 마른 나무는 잘 타지만 젖은 나무는 잘 타지 않습니다. 그래서 대개 이스라엘 백성은 자신들을 불에 잘 타지 않는 젖은 나무로 생각했습니다. 여기서 한 걸음 더 나아가서 그들은 하나님이 복을 주시지 않아도 잘 살 자신이 있었던 것입니다. 그러나 워낙 불이 세면 젖은 것이나 마른 것이나 다 타버리고 말 것입니다. 우리는 하나님을 섬기고 나타내기 위해서 존재하는 사람들입니다. 우리는 이 세상에서 잘 사는 것이 좋아도 거기에 파묻히면 안 되고 그곳을 박차고 나와서 신앙의 열매를 맺어야 합니다.

그래서 우리는 복을 받고 평안할 때 더 정신을 차려야 합니다. 절대로 그 평안한 생활에서 모든 것을 다 누리려 하지 말고 오히려 모든 것을 다 뒤에 내려놓고 하나님께 나와야 합니다.

3. 질투하시는 하나님

하나님께서는 우리에 대해서 분노하고 질투하신다고 말씀하셨습니다.

29:20, "여호와는 이런 자를 사하지 않으실 뿐 아니라 그 위에 여호와의 분노와 질투의 불을 부으시며 또 이 책에 기록된 모든 저주를 그에게 더하실 것이라 여호와께서 그의 이름을 천하에서 지워버리시되"

어떤 남녀가 서로 사랑하다가 상대방이 자기를 버리고 다른 사람을 더 좋아하면 질투의 마음이 생기게 됩니다. 왜냐하면 남녀 간의 사랑은 상대방을 완전히 내 것으로 만들고 소유하려고 하는 사랑이기 때문입니다. 그래서 빼앗기지 않으려 하고 빼앗기면 분노가 일어나는 것입니다. 그런데 사실 우리는 하나님께서 질투할만한 가치가 없는 자들입니다. 그러나 하나님은 우리를 너무 사랑하셔서 절대로 포기하지 않으시는 것입니다. 하나님은 절대로 우리를 세상에 빼앗기지 않으려고 하십니다. 그래서 하나님은 내 마음대로 잘 되게 하시지 않고 말씀으로 묶어 놓으시는 것입니다.

이스라엘 백성은 이 말씀을 믿지 않았습니다. 왜냐하면 그들이 죄를 지어도 하나님은 그들을 버리지 아니하시고 늘 사랑하시며 용서해 주셨기 때문입니다. 오늘도 많은 사람이 자기 한 사람쯤이야 하나님께서 기억하시겠나 하는 생각을 많이 합니다. 그러나 하나님은 우리를 언제나 보고 계십니다.

우리의 마음속에는 언제나 내 마음대로 하고 싶고 내 고집대로 하고 싶은데 하나님은 언제나 우리를 보고 계시는 것입니다. 그러나 우리는 아무 데도 하나님을 피하여 숨을 곳이 없습니다. 그래서 우리가 할 수 있는 것은 언제나 하나님 앞에서 솔직하고 정직한 것밖에 없습니다. 그렇게 하기만 하면 하나님은 우리를 안아주시고 씻어주시고 모든 부족한 것을 다 책임져주십니다.

29:23, "그 온 땅이 유황이 되며 소금이 되며 또 불에 타서 심지도 못하며 결실함도 없으며 거기에는 아무 풀도 나지 아니함이 옛적에 여호와

께서 진노와 격분으로 멸하신 소돔과 고모라와 아드마와 스보임의 무너짐과 같음을 보고 물을 것이요"

우리가 이 세상에서 덜 타락하는 방법은 늘 하나님 앞에서 긴장하면서 사는 것입니다. 그러나 하나님을 믿지 않는 사람들은 하나님 앞에서 긴장할 필요가 없기 때문에 안심하고 마음대로 죄를 지을 수 있습니다. 그 결과 소돔과 고모라와 같이 되는 것입니다. 이것은 이스라엘 백성도 마찬가지였습니다. 그들이 늘 하나님 앞에서 긴장하기 싫어서 '하나님은 안 보신다'고 생각했을 때 마음 놓고 죄는 지을 수 있었지만 결과는 소돔과 고모라 사람들처럼 음란하고 더러운 사람들이 된 것입니다.

하나님께서는 이스라엘 백성이 하나님을 버릴 때 그냥 두시는 것이 아니라 가나안 땅을 소돔처럼 만들어버리겠다고 경고하셨습니다. 그리고 그들을 이 세상에 그냥 버려두시는 것이 아니라 뽑아서 다른 나라에 던져버리겠다고 하셨습니다.

오늘 우리 기독교의 외적인 성장과 부흥이 오히려 최대의 위기를 가져왔다고 생각합니다. 그 화려한 건물과 많은 교인 사이에 파묻혀서 설마 하나님께서 '젖은 것과 마른 것을 함께 태우실까?' 하며 안심하고 있다는 것입니다. 하나님께서 이렇게 믿는 사람들이 많은데 믿지 않는 사람들과 같이 멸망을 시키시겠느냐 생각할지 모릅니다. 그러나 하나님은 믿는 젖은 나무와 같은 우리를 먼저 태우실 것입니다. 즉 하나님은 믿는 자들을 먼저 심판하시는 분이십니다. 왜냐하면 우리를 향하여 질투하시기 때문입니다.

하나님은 우리를 너무나도 사랑하셔서 주야로 잊지 아니하십니다. 우리도 하나님을 붙들고 이 세상에서 불가능한 것들을 많이 만들어내는 축복의 성도들이 다 되시기 바랍니다.

35

돌이키시는 하나님
신 30:1-20

우리는 때때로 이 세상을 살면서 도저히 빠져나올 수 없는 가난이나 실업의 구렁텅이에 빠질 때가 있습니다. 특히 하나님께서는 사랑하는 하나님의 백성에게도 이런 시련을 주실 때가 있습니다. 이때 우리의 심정은 마치 사람이 전혀 다니지 않는 깊은 웅덩이에 빠진 것 같아서 도무지 살아날 가능성이 없을 것 같습니다.

다윗은 시편에서 하나님께서 나를 "기가 막힐 웅덩이에서 건져내셨다" 했는데(시 40:2), 우리는 그 말이 실감 날 때가 있습니다. 즉 내 힘으로는 도저히 인생에서 재기할 수 없었고 또 기가 막힐 어려움에 빠져 있었는데, 하나님이 우리를 일으켜 세우신 것입니다.

본문 말씀을 보면 이스라엘 백성이 하나님을 버리고 세상을 따라가면 그들이 처음에는 잘 되고 성공하는 것 같지만 나중에는 도저히 회복할 수 없는 삶의 구덩이에 빠지게 될 것이라고 경고하고 계십니다. 그런데 이스라엘 백성이 만약 다시 하나님을 찾고 붙들기만 한다면 하나님은 다시 오셔서 그들을 위기에서 건져주시겠다고 약속하셨습니다.

1. 인생 밑바닥에서 만난 하나님

이 세상을 살면서 어릴 때부터 늙어 죽을 때까지 언제나 성공하고 잘 살기만 하는 사람은 아무도 없습니다. 즉 사람은 누구든지 인생의 굴곡을 만나게 됩니다. 그런데 우리가 인생의 굴곡을 만났을 때 가장 중요한 것은 내가 몸부림을 친다고 해서 거기서 빠져나올 수 있는 것이 아니라는 것입니다. 우리가 인생의 위기에서 가장 먼저 해야 할 일은 진지하게 하나님을 만나고 하나님을 체험하는 일입니다.

30:1-3, "내가 네게 진술한 모든 복과 저주가 네게 임하므로 네가 네 하나님 여호와로부터 쫓겨간 모든 나라 가운데서 이 일이 마음에서 기억이 나거든 너와 네 자손이 네 하나님 여호와께로 돌아와 내가 오늘 네게 명령한 것을 온전히 따라 마음을 다하고 뜻을 다하여 여호와의 말씀을 청종하면 네 하나님 여호와께서 마음을 돌이키시고 너를 긍휼히 여기사 포로에서 돌아오게 하시되 네 하나님 여호와께서 흩으신 그 모든 백성 중에서 너를 모으시리니"

하나님께서는 이스라엘 백성이라고 해서 무조건 복을 빌는 것은 아니라고 말씀하셨습니다. 물론 이스라엘 백성은 하나님의 말씀이 그들에게 있기 때문에 복을 받을 수 있는 아주 유리한 입장에 있는 것은 사실입니다. 그러나 이스라엘 백성이 하나님의 복의 가치를 모르고 하나님의 말씀을 멀리하고 버리면 그들은 망하게 되는 것입니다.

이 세상에는 두 가지 복이 있는데, 하나는 하늘의 복이고 다른 하나는 땅의 복입니다. 그런데 우리가 이 세상에서 그렇게 잡으려고 하는 땅의 복은 모래의 복이기 때문에 영원히 자기 것으로 만들 수 없습니다. 결국 모래성은 큰 파도가 오거나 바람이 불면 다 없어지기 때문입니다. 우리에게 영원히 없어지지 않는 복은 하나님 말씀의 복인데 이 복은 눈에 보이는 복이 아니기 때문에 사람들은 그 가치를 알지 못합니다. 그래서 하나님의 백성이 세상의 모래를 잡으려고 하면 망하게 됩니다.

세상 복은 등산할 때 갖고 가는 비상식량과 같습니다. 높은 산에 올라갔다가 조난 때 사는 방법은 길을 찾는 것이지, 비상식량을 많이 가지고 있는 것이 아닙니다. 어떤 사람이 높은 산에서 실종되었을 때 그가 비상식량을 많이 가지고 있다고 해서 사는 것은 아닙니다. 아무리 하나님의 택함을 받은 축복의 백성이라 하더라도 하나님의 말씀을 버리면 망할 수 있습니다. 그런데 하나님의 백성은 어떤 처지 어떤 형편에 있더라도 다시 하나님의 말씀을 듣고 회개하면 하나님이 돌이키신다고 했습니다.

우리 같은 이방인에게 있어서 가장 놀라운 점은 우리가 바른 하나님을 알게 되고 믿게 되었다는 것입니다. 우리가 바른 하나님을 안다는 것 자체가 우리가 영생을 얻고 하나님의 축복을 독차지하는 것을 의미하기 때문입니다.

그러나 사람의 마음은 한결같지 않다는 것이 늘 문제입니다. 우리가 하나님을 믿게 될 때는 정말 인생의 구렁텅이에서 아무 소망이 없을 때 그곳까지 찾아온 하나님의 말씀을 듣고 은혜를 받으면서 믿게 됩니다. 그러나 우리는 일단 성공하고 나면 하나님을 믿는다고 하면서도 자기 능력을 믿을 때가 많습니다. 하나님을 믿는다고 하면서도 하나님의 말씀을 믿기보다는 습관에 따라서 혹은 자기 열심에 따라서 믿는 경우가 너무나 많습니다. 이것이 바로 하나님으로부터 멀어지는 것입니다.

하나님의 백성이 습관적으로 믿으면 자꾸 하나님으로부터 멀어지면서도 그 사실을 느끼지 못합니다. 그러다가 어느 날 갑자기 인생 밑바닥으로 굴러떨어지게 됩니다. 이스라엘 백성이 하나님을 멀리 한 결과는 너무나도 끔찍했는데 그것은 먼 나라로 포로로 붙들려가는 것이었습니다. 하나님께서는 먼 훗날에 벌어질 일을 그들에게 말씀하십니다. 만일 그들이 하나님의 말씀을 믿지 않고 엉터리로 믿다가 결국 망하게 되었다고 합시다. 그런데 어느 날 그들에게 놀라운 깨달음이 생기게 된 것입니다. 그것은 바로 우리가 이렇게 망해서 포로로 붙들려오게 된 것은 우리가 하나님의 말씀을 믿지 않았기 때문이라는 깨달음이 생긴 것입니다. 그리고 기왕 이렇게 되었다면 지금이라도 제대로 하나님을 한번 믿어보자는 생각이 들게 되는 것입니다. 바로 이런 생각이 드는 자체가 하나님의 은혜요 성령의 역사입니다.

우리는 열심 자체나 종교적인 행위를 믿음으로 생각하는 경우가 많습니다. 그래서 우리에게 어려운 환난이 닥치고 하나님의 심판이 오게 되면 도무지 이렇게 된 이유를 알지 못합니다. 그러나 하나님이 원하신 것은 나의 열심이나 일을 많이 하는 것이 아니라 하나님의 말씀을 듣는 것이었던 것입니다.

우리가 하나님의 말씀이 얼마나 중요하고 능력이 있는 줄 알게 된다면 이 세상에서 망할 이유가 없습니다. 그러나 사람의 마음은 절대로 그렇게 되지 않습니다. 사람은 어느 정도 성공하고 나면 마음이 우쭐해져서 그때부터는 자기 생각과 자기 판단을 믿고 살게 됩니다. 그러다가 어떤 사람은 완전히 망해서 인간적으로는 회복이 불가능할 때가 있습니다. 더욱이 하늘 끝까지 붙들려갔다면 어디로 갔는지조차 찾아내지 못할 것입니다.

그런데 사람은 어디에 있는지도 모르고 찾아갈 수도 없는 그곳에 하나님의 말씀이 찾아가고 은혜가 찾아가는 것입니다. 어떻게 찾아갑니까? 그렇게 팔려간 곳에서 누군가가 하나님의 말씀을 가지고 전해줄 때 인생 밑바닥 거기서 바른 하나님을 만나게 되는 것입니다. 그때 나타나는 현상이 무엇입니까? 이상하게 눈에서 눈물이 나면서 하나님이 다시 나를 사랑하신다는 확신이 드는 것입니다. 그리고 이상하게 일상생활 가운데 하나님이 함께 하시는 것을 느끼게 됩니다. 그리고 누군가 옆에서 아픈 사람이 있어서 그 사람을 위해서 간절히 기도

하면 그 병든 사람의 열이 떨어지면서 기적적으로 병이 낫는 일이 일어나는 것입니다.

그때 이 사람이 깨닫는 것이 무엇입니까? 지금까지 많이 믿는다고 했지만 실제로는 엉터리로 믿었다는 것입니다. 하나님의 말씀을 붙드니까 이렇게 하나님이 가까이 계시고 이렇게 하나님이 나를 사랑하고 지켜주시는데 그동안 너무나도 교만하게 엉터리로 믿었다는 것입니다. 그런데 이 사람이 어떻게 됩니까? 포로에서 해방되어 본국으로 돌아오게 되는 것입니다.

하나님께서는 무엇이라고 말씀하십니까?

30:4하, "거기서부터 너를 이끄실 것이라"

그래서 우리가 이 세상에서 많은 것을 잃어버리고 때로는 사업에 실패하기도 하고 결혼에 실패하기도 하고 직장을 잃어버리기도 했다 하더라도 바른 말씀을 듣고 바른 하나님을 믿는다면 다시 새로운 삶을 시작할 수 있습니다.

저도 젊은 시절에 이 세상에서 성공하기를 원했습니다. 그래서 열심히 성공의 사다리를 찾아서 올라가려고 했는데 하나님은 저를 고난의 구렁텅이에 밀어 넣으셨습니다. 거기서 우리 부부는 살 소망이 없는 시간을 많이 보냈습니다. 그러다가 어느 날 정말 굶어서 죽게 되었을 때 생각을 했습니다. 지금이라도 하나님의 말씀을 팽개치고 내 실력으로 세상에서 무엇인가를 해 볼까, 아니면 죽을 각오를 하고 끝까지 하나님의 말씀을 한번 믿어 볼까 하는 것이었습니다. 그때 저는 세상에서 성공하는 것보다 하나님을 바로 믿다가 굶어 죽는 것이 훨씬 낫다고 생각했습니다. 그리고 그 길을 갔더니 하나님은 제 인생을 인도하시기 시작하셨습니다. 그때 비로소 저는 하나님의 손에 붙들리게 되었던 것입니다. 그리고 하나님은 제게 많은 복을 주셨습니다.

우리가 하나님을 바로 믿으면 우리 생각으로는 회복이 불가능한 사람들이 다 살아나게 됩니다. 그러므로 이 세상에서 가장 중요한 것이 바른 말씀을 듣고 바른 하나님을 믿는 것입니다. 그렇지 않은 성공이나 축복은 모두 모래 위에 세운 집과 같아서 한순간에 사라져버리게 됩니다. 그래서 내가 바른 말씀을 듣고 바른 하나님을 알고 믿게 되었다면 그 어떤 어려움이 와도 이 신앙만 붙들고 있으면 됩니다. 우리는 이 세상에서 예수를 믿는 과정에서 많은 것을 잃어버리게 됩니다. 그러나 하나님께서는 바른 신앙을 붙잡는 사람을 너무나도 사랑하셔서 그 잃어버린 것을 모두 도로 찾게 해 주십니다. 그중에서도 영원히 다시 빼앗기지 않을 기업이 바로 영생의 복입니다.

2. 마음의 할례

우리가 이 세상에서 내 마음대로 안 되는 것이 내게 믿음이 생기는 것입니다. 전에 어떤 분은 자기는 아무리 노력해도 믿음이 생기지 않는다고 하소연을 했습니다. 우리 마음에 믿음이 생기느냐 생기지 않느냐 하는 것은 사람의 힘으로 억지로 할 수 없는 신비로운 일입니다. 그런데 하나님이 택하신 사람은 하나님의 말씀을 들을 때 어느 순간부터 하나님의 말씀이 믿어지고 믿음이 생기게 됩니다. 즉 우리 모든 인간은 고장 난 TV와 같아서 아무리 방송국에서 드라마나 영화를 보내어도 수신호가 하나도 잡히지 않는 것과 같습니다. 그런데 하나님의 말씀이 그 고장 난 부분을 고쳐서 믿음이 생기게 합니다. 그것이 바로 마음에 할례를 받는 것입니다.

30:6, "네 하나님 여호와께서 네 마음과 네 자손의 마음에 할례를 베푸사 너로 마음을 다하며 뜻을 다하여 네 하나님 여호와를 사랑하게 하사

너로 생명을 얻게 하실 것이며"

하나님은 모든 이스라엘 자녀들에게 할례를 받게 하셨습니다. 이 할례라고 하는 것은 하나님의 백성이라는 표시입니다. 그러나 할례를 행한다고 해서 믿음이 생기는 것은 아니었습니다. 단지 하나님의 말씀에 순종하기 때문에 믿음이 생기는 것입니다.

이스라엘 백성이 하나님으로부터 받았던 축복이나 축복의 약속은 그야말로 어마어마한 것들이었고 이 세상에서 그보다 더 좋은 복은 없었습니다. 그러나 문제는 이스라엘 백성에게 이것이 복으로 생각되지 않았고 이것이 믿어지지 않았다는 것입니다. 하나님의 복은 전부 눈에 보이지 않는 것이기 때문입니다. 이 세상에서 아무리 좋은 보물을 준다 하여도 그것의 가치를 모르는 사람에게는 쓰레기더미나 귀찮은 물건밖에 되지 않는 것입니다. 이스라엘 백성은 하나님의 말씀을 쓰레기처럼 생각했고 하나님을 아주 귀찮고 성가신 분으로 생각했습니다. 그러니까 그들은 이 복을 빼앗기게 되었습니다.

하나님께서는 이 복을 빼앗긴 가장 중요한 이유가 그들이 육체로는 할례를 받지만 마음의 할례를 받지 못했기 때문이라고 하셨습니다. 마음의 할례라는 것은 그들이 하나님의 말씀을 듣기 싫어해서 믿음이 들어가지 않은 것입니다.

우리가 하나님을 믿으려고 하면 우리는 피조물이고 하나님은 나의 주인이 되어야 하는데, 우리 인간이 얼마나 교만한지 하나님과 같아지려고 합니다. 그래서 하나님을 연구의 대상으로 생각하거나 혹은 복만 받고 생활은 내 마음대로 하려고 합니다. 그러나 하나님이 우리에게 원하시는 것은 완전한 복종입니다.

그렇다면 이스라엘 백성이 어떻게 마음의 할례를 행할 수 있습니까? 이것은 옷을 찢는다고 해도 되지 않고 가슴을 칼로 찢어도 되지 않는 것입니다. 이것은 오직 고난 가운데서 한번 크게 실패하고 난 후 하나님의 말씀과 은혜 없이는 소망이 없다는 것을 깨달아야만 합니다.

왜 이스라엘 백성이 마음과 뜻과 성품을 다하여 하나님을 사랑하는 것이 되지 않았을까요? 그것은 자신들이 변하지 않는 상태에서 신앙생활을 했기 때문입니다. 또 그들이 실제로 하나님을 체험하지 못했기 때문입니다. 우리가 하나님을 믿는 것이 어려운 이유는 바로 이것 때문입니다. 그러나 우리는 고난 가운데 실제로 하나님을 체험하면서 나의 하나님을 만나게 됩니다. 그때부터 우리의 신앙은 살아있는 신앙이 되는 것입니다.

결국 우리가 하나님을 제대로 사랑하려고 하면 말씀에 의해서 계속 변화되는 수밖에 없습니다. 우리가 말씀을 들으면 약해지게 되고 바보가 되고 혈기나 다른 모든 야망을 다 버리게 되어 있습니다. 이렇게 될 때 우리는 하나님 외에는 의지할 분이 없고 하나님이 죽으라고 하시면 죽을 수밖에 없는 처지가 됩니다. 이때 우리는 마음과 정성을 다하여 하나님을 사랑하게 됩니다.

우리가 이렇게 하나님을 붙잡을 때 우리는 이 세상에서 자기 자신도 지킬 수 없는 약한 자가 되고 맙니다. 그런데 하나님은 우리를 지켜주시겠다고 약속하셨습니다. 그러나 이상한 것은 하나님의 백성이 이 세상에서 강한 자가 되려고 했을 때는 그들을 미워하고 핍박하던 자들이 더 많이 생겼고 결국에는 그들은 망하고 말았지만, 하나님의 백성이 스스로 하나님 앞에서 약한 자가 되었을 때 그 모든 저주의 굴레가 벗겨지면서 그들은 망하지 않았다는 것입니다.

우리가 하나님 앞에 한 마리 양이 되면 우리 주위에 있는 많은 이리들이 이상하게 돌아다니기만 하지 우리를 물지는 못합니다. 왜냐하면 하나님께서는 눈에 보이지 않는 줄을 쳐 놓으셔서 그 안으로 들어오지 못하도록 막으시기 때문입니다. 그래서 우리가 이 세상에서 가장 안전하게 사는 방법은 하나님 앞에서 스스로 약한 자가 되는 것입니다. 그리고 우리는 다시 하나님께 돌아와서 계속 하나님의 말씀을 순종하면서 살게 됩니다.

　이것이 무엇을 의미합니까? 이 세상의 어떤 환난이나 전쟁도 우리에게서 말씀과 예배의 축복을 빼앗아가지 못한다는 것입니다. 이 세상에서 최고의 자유가 예배의 자유이고 말씀의 자유입니다. 이 자유가 유지되는 한 어느 누구도 우리의 복을 빼앗아가지 못할 것입니다. 그래서 우리는 이 세상에서 돈이나 명예나 다른 것을 잡아서는 안 되고 하나님의 말씀을 마음껏 듣고 예배하는 이 복을 잡아야 계속 평화가 지속되는 것입니다.

3. 하나님의 복은 멀리 있지 않다

　옛날에 사람들은 복이 아주 바다 건너 먼 곳에 있다고 생각했습니다. 그래서 선원이 되어서 배를 타고 바다를 건너는 것이 꿈인 사람이 많았습니다. 제가 어렸을 때만 해도 마도로스가 되어서 배를 타면 돈을 많이 번다고 해서 선원이 되는 것이 인기가 높았습니다. 또 복이 외국에서 공부하는 데 있다고 생각해서 전세금을 빼내어 외국으로 공부하러 가는 젊은이들이 많았습니다. 그러나 이제는 워낙 공부한 사람들이 많아서 유학이 옛날처럼 그렇게 미래가 보장된 복은 아닌 것 같습니다. 도대체 우리의 복은 어디에 있는 것일까요?

　본문 말씀에 의하면 우리의 복은 결코 먼 데 있지 않다고 말씀하십니다. 아주 가까운 곳에 우리의 복이 있다는 것입니다.

　30:11-12, "내가 오늘 네게 명령한 이 명령은 네게 어려운 것도 아니요 먼 것도 아니라 하늘에 있는 것이 아니니 네가 이르기를 누가 우리를 위하여 하늘에 올라가 그의 명령을 우리에게로 가지고 와서 우리에게 들

려 행하게 하라 할 것이 아니요"

하나님께서는 우리의 복이 하늘 꼭대기에 있거나 배를 타고 바다를 건너가거나 미지의 세계를 항해하면서 모험을 해야 겨우 얻을 수 있는 것이 아니라고 했습니다. 이미 하나님께서는 이스라엘 백성에게 말씀을 주셨습니다. 이스라엘 백성은 이 말씀을 늘 입에 달고 다니고 있고 늘 암송하고 있었습니다. 그들에게 그 흔한 하나님의 말씀이 실제로는 이 세상의 어떤 보석이나 재물보다 더 큰 복인 것입니다. 이스라엘 백성이 복 받는 비결은 그저 하나님이 주신 말씀을 믿고 그대로 살면 되는데 결코 어려운 것이 아니었습니다.

그런데 왜 이스라엘 백성은 이 복을 놓쳤을까요? 이 복이 너무 평범하고 시시하게 보였기 때문입니다. 우리가 하나님의 복을 놓치지 않으려면 이 따분하고 시시한 것 같은 하나님의 말씀을 사랑할 수 있어야 합니다. 세상의 학문은 사람을 똑똑하게 만들고 유명하게 만들지만, 우리가 성경을 사랑한다고 해서 똑똑해지거나 유명해지지는 않습니다. 율법은 단지 우리가 죄짓지 않고 평범하게 살게 할 뿐이지요. 그런데 복이 바로 거기에 다 들어 있는 것입니다.

이스라엘 백성이 이 세상에서 똑똑해지고 유명해지려고 하니까 하나님의 말씀은 너무나 시대에 뒤떨어지고 아무 유익이 없는 것 같았습니다. 그래서 그들은 하나님의 말씀을 버렸습니다. 이것은 오늘도 마찬가지입니다. 조금만 인간적인 방법이나 세상적인 방법을 쓰면 얼마든지 똑똑해질 수 있고 유명해질 수 있고 성공을 거둘 수 있는데 왜 바보같이 미련하게 말씀만 붙잡겠습니까? 그러나 하나님의 복은 바로 이 바보들이 받는 것입니다.

30:15-16, "보라 내가 오늘 생명과 복과 사망과 화를 네 앞에 두었나니 곧 내가 오늘 네게 명령하여 네 하나님 여호와를 사랑하고 그 모든 길로

행하며 그의 명령과 규례와 법도를 지키라 하는 것이라 그리하면 네가 생존하며 번성할 것이요 또 네 하나님 여호와께서 네가 가서 차지할 땅에서 네게 복을 주실 것임이니라"

오늘 우리의 미래에는 사는 것과 죽는 것이 같이 기다리고 있습니다. 여기서 사는 것은 그냥 사는 것이 아닙니다. 하나님의 은혜로 사는 것이고 하나님의 축복을 누리면서 사는 것입니다. 지금 우리나라는 사는 쪽보다는 망하는 쪽으로 더 치우치고 있는 것이 사실입니다. 우리나라 사람들은 모두 너무 똑똑해서 축복의 길을 버리고 망하는 길로 찾아서 가고 있습니다. 이것을 돌이킬 수 있으려면 우리는 바보가 되어야 합니다. 하나님의 말씀을 생명으로 붙들고 다른 모든 욕심을 다 포기해야 합니다. 그러면 하나님께서 우리 때문에 다른 사람들까지 살려주실 것입니다.

우리는 우리의 미래가 어떻게 될지 알지 못합니다. 단지 우리는 바른 하나님을 알고 믿게 되었다는 것이 신기할 뿐입니다. 우리는 세상 아무리 좋은 것을 준다고 하여도 이 신앙과는 바꾸지 않을 것입니다. 그리고 이 세상 사람들이 자꾸 악한 길로 가는 것을 우리는 막을 힘이 없습니다. 그러나 우리는 하나님의 말씀을 다른 것과 바꿀 수 없습니다. 하나님의 말씀은 생명의 말씀이며 우리는 이 말씀으로 새사람이 되었기 때문입니다.

본문 20절에 보면 "네 하나님 여호와를 사랑하고 그의 말씀을 청종하며 또 그를 의지하라 그는 네 생명이시요 네 장수이시니"라고 했습니다. 하나님은 우리의 생명이며 우리의 축복입니다. 우리는 이 축복의 길을 잡았습니다. 절대로 놓치지 않을 것입니다. 끝까지 이 축복의 길을 갈 것입니다.

36

새 시대의 사명

신 31:1-30

우리는 흔히 "로마는 하루에 세워지지 않았다"는 말을 합니다. 로마가 카르타고의 한니발 장군을 이기고 지중해를 제패하는 대국이 되었을 때 사람들은 로마가 갑자기 나타난 줄 알았지만, 그때 이미 로마는 오백 년에 걸쳐서 차근차근하게 만들어져 오고 있었던 것입니다.

대개 부모는 자식에게 무엇인가를 물려주려고 합니다. 그런데 부모가 자식에게 물려주는 것 중에서 가장 나쁜 것이 돈이나 회사입니다. 왜냐하면 자식이 그 돈을 다 써버리면 결국 거지가 될 수밖에 없고 아무리 회사를 물려주어도 자식이 정신 상태가 썩어 있으면 얼마든지 그 회사를 말아먹을 수 있기 때문입니다. 그러나 자식 처지에서 가장 원하는 것은 돈이나 회사를 물려받는 것입니다. 왜냐하면 이것이야말로 가장 수고를 덜하고 잘 사는 길이기 때문입니다. 그러나 부모가 자식에게 돈이나 회사를 물려주는 것보다는 가난하지만 정신을 물려주는 것이 좋고 그중에서도 최고의 유산은 신앙을 물려주는 것입니다. 그러나 본인은 그것이 유산이라고 생각하지도 않을 것입니다.

우리는 젊었을 때 이 세상을 무한정으로 살 수 있을 것 같지만 사실 우리는 너무 빨리 인생이 흘러간다는 것을 알게 될 때가 옵니다. 처음에는 이 세상에서 굉장한 업적을 남길 것 같이 덤벼들었지만, 아무것도 하지 못하고 물러나는 경우가 대부분입니다. 그래서 우리는 아직 시간이 있을 때 이것도 해보고 저것도 해보는 식으로 일을 벌이게 되는데 그러면 실패하게 됩니다. 하나님 앞에서 내 길을 찾아서 끝까지 그 길을 가야 실패하지 않게 됩니다.

모세는 이스라엘의 가장 위대한 지도자였지만 하나님은 모세로 하여금 가나안 땅까지는 정복하지 못하게 하셨습니다. 왜냐하면 가나안 땅을 정복하는 것은 다른 사람이 할 사명이었기 때문입니다. 이제 모세도 나이가 많이 들어서 죽게 되었습니다. 모세는 여호수아와 이스라엘 백성을 불러 놓고 이제는 자기가 죽어야 할 때가 다 되었다는 것을 이야기합니다. 즉 모세는 모세로서의 사명을 다했다는 것입니다.

모세는 애굽에서 종살이하던 이스라엘 백성을 끌어내서 광야를 거쳐서 가나안 입구까지 데리고 왔습니다. 모세의 사명은 이스라엘 백성을 가나안 땅 입구까지 데리고 오는 것이지, 가나안 땅을 정복하는 것은 다른 사람의 몫이었습니다. 이제 이스라엘 백성이 여호수아의 지도하에 가나안 땅으로 진격해 들어가서 가나안 땅을 차지해야 합니다.

우리는 각 시대나 각 사람에게 주어진 사명이 다 다른 것을 알 수 있습니다 우리는 그것을 잘 알아서 엉뚱한 짓을 하지 말고 최선을 다해서 하나님의 뜻을 이루어드려야 할 것입니다.

1. 모세의 사명

모세는 지팡이 하나로 애굽의 바로를 굴복시키고 이스라엘을 애굽의 노예 상태에서 해방시킨 가장 위대한 하나님의 종이었습니다.

그러나 모세는 그가 가진 그 엄청난 능력으로도 할 수 없었던 것이 있었습니다.

> 31:1-3, "또 모세가 가서 온 이스라엘에게 이 말씀을 전하여 그들에게 이르되 이제 내 나이 백이십 세라 내가 더 이상 출입하지 못하겠고 여호와께서도 내게 이르시기를 너는 이 요단을 건너지 못하리라 하셨느니라 여호와께서 이미 말씀하신 것과 같이 네 하나님 여호와께서 너보다 먼저 건너가사 이 민족들을 네 앞에서 멸하시고 네가 그 땅을 차지하게 할 것이며 여호수아는 네 앞에서 건너갈지라"

이스라엘 역사상 모세보다 더 큰 능력을 행한 사람은 없을 것입니다. 이스라엘이 출애굽할 당시 애굽은 전 세계에서 가장 강한 나라였습니다. 그러나 모세는 지팡이 하나만 가지고 맨손으로 바로와 대항해서 애굽을 굴복시키는 능력을 보여주었습니다. 모세의 손에서는 사람의 힘으로는 불가능한 신적인 기적이 무려 열 가지나 나타나서 애굽을 폐허로 만들어버렸습니다. 결국 애굽의 모든 장자를 다 죽게 하고 홍해를 갈라서 이스라엘 백성을 애굽에서 건져내었습니다. 또 모세는 이스라엘 백성이 하나님의 말씀을 받을 때 시내 산이 불붙는 가운데 올라가서 죽지 않고 사십일 밤낮 금식하면서 하나님의 말씀을 받아가지고 내려왔습니다. 이때 위대한 민족 이스라엘이 탄생하게 됩니다. 나아가 모세는 이스라엘 백성에게 40년 동안 일용할 양식과 마실 물이 나오게 했습니다. 이 정도의 능력이라면 모세가 할 수 없는 것은 아무것도 없을 것 같았습니다.

그러나 모세도 할 수 없는 것이 있었습니다. 그것은 이스라엘 백성의 마음을 변화시키는 것이었습니다. 이스라엘 백성은 모세가 시내 산에 돌비를 받으러 올라가 있는 동안 모세가 죽었다고 하면서 금송아지를 만들어서 섬기며 먹고 마시고 뛰놀았습니다. 이스라엘 백성은 홍해가 갈라지고 불붙는 산에서 하나님의 말씀을 들으면서도 그 마음이 변하지 않았습니다. 바로 이것이 모세의 한계였습니다.

모세의 한계는 므리바 반석을 쳐서 물이 나오게 하는 기적을 행할 때 나타나게 됩니다. 이스라엘 백성이 물이 없다고 하나님을 원망했을 때, 모세는 화를 내면서 "내가 너희들을 위해 이 반석에서 물을 내랴?"고 하면서 두 번 반석을 쳤습니다(민 20:10). 결국 반석에서는 물이 솟아 나와서 이스라엘 백성이 물을 마셨지만 그들의 마음은 변화되지 못했습니다. 모세는 지팡이를 들어서 반석을 깰 수는 있었지만 돌보다 더 단단한 이스라엘 백성의 마음은 깰 수 없어서 결국 화를 내었습니다. 하나님께서는 이런 모세에게 네가 하나님의 영광을 나타내지 못하였기 때문에 결국 가나안 땅에 들어가지 못할 것이라고 말씀하셨습니다.

결국 여기서 알 수 있는 것은 모세의 한계는 율법의 한계라는 것입니다. 율법에는 대단한 영광이 있습니다. 즉 불붙는 산의 기적이 있었고 모세의 얼굴에 빛이 나는 기적이 있었고 모세의 지팡이에서는 능력의 기적이 있었습니다. 그러나 모세는 이스라엘 백성을 이끌고 가나안 땅을 정복하지는 못했습니다. 왜냐하면 이스라엘 백성의 마음은 늘 어린아이와 같아서 하나의 기적이 끝나면 또 다른 기적이 있어야만 했기 때문입니다. 그러다가 자기들 마음에 들지 않으면 원망하고 불평하다가 하나님의 징계를 받곤 했습니다. 결국 하나님의 말씀으로 온전히 변화되지 못한 자들은 가나안 땅으로 들어갈 수 없었습니다.

하나님께서 진정으로 이스라엘 백성에게 원하셨던 것은 이런 기적과 능력 없이도 하나님의 말씀 자체만 믿고 무조건 순종하는 신앙이었습니다. 이것은 말씀으로 중심이 변화된 자들만 할 수 있는 것입니다. 여호수아는 모세와 정반대였습니다. 여호수아는 모세가 가진 능력과 표적을 하나도 가지지 않았음에도 불구하고 가나안 땅을 공격해서 정복했습니다.

여기서 우리가 알아야 할 것이 무엇입니까? 하나님의 말씀 자체가 가지는 무한한 능력입니다. 모세가 출애굽할 때 행했던 여러 재앙이 결코 수준이 높은 능력이 아니라는 것을 알 필요가 있습니다. 가장 높은 수준의 능력은 하나님의 말씀으로 마음이 변화되어서 눈앞에 어떤 어려움이 있어도 말씀의 능력을 믿고 순종하는 것입니다.

2. 여호수아의 사명

하나님께서는 여호수아에게 모세가 해내지 못했던 가나안 정복의 사명을 주셨습니다.

> 31:6, "너희는 강하고 담대하라 두려워하지 말라 그들 앞에서 떨지 말라 이는 네 하나님 여호와 그가 너와 함께 가시며 결코 너를 떠나지 아니하시며 버리지 아니하실 것임이라 하고"

여호수아는 불행하게도 모세가 가지고 있었던 능력이나 카리스마 중 어느 하나도 가진 것이 없었습니다. 여호수아는 모세가 행했던 열 가지 재앙을 행할 능력이나 홍해를 가른 경험도 없었습니다. 그리고 여호수아는 모세가 가지고 있었던 능력의 지팡이도 없었고, 그의 얼굴은 모세처럼 빛이 나지도 않았습니다. 그럼에도 불구하고 하나님께서는 여호수아에게 모세가 해내지 못했던 가나안 정복의 사명을 주셨습니다.

여호수아가 가지고 있는 능력이나 카리스마는 모세와 비교할 수 없을 정도로 작은데 그에게 주어진 사명은 모세가 해내지 못했던 일이었습니다. 어떻게 여호수아가 이것을 행할 수 있겠습니까? 아마 요즘 사람들 같으면 사사건건 모세와 비교하면서 여호수아의 말을 들으려고 하지 않았을 것입니다. 그러면 여호수아는 굉장히 어려움을 겪었을 것입니다.

그러나 여호수아가 믿는 것이 하나 있었습니다. 그것은 오직 하나님의 말씀 자체를 믿고 나갈 때 하나님의 더 큰 능력이 나타난다는 믿음이었습니다. 여호수아는 다른 것은 아무것도 없이 하나님의 말씀만 믿었습니다. 하나님께서는 모세도 있어 봐야 걸림돌밖에 되지 않는다고 해서 데려가 버리셨습니다. 그래서 여호수아는 아무것도 없이 하나님의 말씀만 믿었더니 하나님의 사자가 먼저 가서 가나안 족속들을 치셨던 것입니다.

중요한 것은 모세의 여러 가지 능력이 아니라 하나님의 말씀 자체의 능력이라는 것입니다. 여호수아는 그런 것 하나 없이도 모세가 해내지 못했던 일을 해내었던 것입니다. 하나님의 말씀은 그 자체가 능력입니다. 우리가 하나님의 말씀을 붙잡을 때 이미 전능하신 하나님의 능력을 붙들고 있는 것입니다. 그리고 여호수아가 믿음으로 나갈 때 하나님의 사자가 적들을 쳐서 도저히 이길 수 없도록 만들어 놓으신다고 약속하셨습니다.

사실 여호수아가 가나안 땅을 공격했을 때 이미 가나안 족속들이 용기를 다 잃고 도망치려고 했습니다. 이것은 하나님의 사자가 그렇게 한 것입니다. 그러나 모세는 여호수아에게 여러 번 "너는 마음을 강하게 하고 담대히 하라"는 격려의 말을 하고 있습니다. 그 이유가 무엇입니까? 그것은 인간적인 생각으로는 이스라엘 군대가 가나안 사람들을 쳐서 이긴다는 것은 불가능한 것이었기 때문입니다. 이스라엘 백성은 정식 무기도 없고 정식으로 군사 훈련을 받은 사람도 아니었습니다. 거기에 비하여 가나안 사람들은 철기로 된 무기가 있었고, 성은 돌로 아주 높이 쌓았으며, 또 사람들 자체도 거인이었습니다.

그런데 이스라엘 백성은 오직 하나님 율법의 말씀 하나로 이 모든 것을 이겨내어야만 했던 것입니다. 그렇게 하려면 방법은 하나밖에 없었습니다. 그것은 오직 하나님의 말씀을 죽도록 붙드는 것입니다. 즉 하나님의 말씀만 붙들고 죽으면 죽으리라 결단하고 나가는 것입니다. 그렇지 않고 하나님의 말씀을 목숨 걸고 붙들지 않고 느슨하게 믿고 나간다면 가나안 땅은 수백 년이 지나도 차지할 수 없을 것입니다. 그러나 여호수아나 이스라엘 백성이 매 순간 하나님의 말씀에 의지해서 가서 부딪쳐보니까 그때마다 새로운 방법이 있고 길이 열렸던 것입니다. 결국 여호수아는 모세의 능력과 카리스마가 없이도 여리고 성이 저절로 무너지게 했으며 나중에는 태양과 달이 제 자리에 머무는 기적을 행할 수 있었습니다.

여호수아 때 이스라엘 백성은 광야에서 태어나서 자란 사람들이었습니다. 이들은 애굽 생활을 해보지도 못했고 출애굽의 기적도 보지 못했습니다. 그러나 매일 만나의 기적을 체험했던 사람들이었습니다. 이들은 바다가 갈라지는 것을 보지 못했지만 매일매일 채워지는 일용할 양식을 통해서 하나님의 능력을 믿었습니다. 결국 이 사람들이 요단강을 건너가서 가나안 족속들을 몰아내었습니다. 이것을 보면 매일매일 일용할 양식을 통해서 하나님을 믿는 신앙이 훨씬 더 세고 강하다는 것을 알 수 있습니다. 그래서 우리 주님도 제자들에게 "오늘 우리에게 일용할 양식을 주시옵고"(마 6:11)라고 기도하라고 가르치셨습니다.

우리는 많은 경우 세상에서 돈이나 권력이나 안정된 지위 없이 하나님의 말씀만 가지고 있습니다. 우리는 이것이 얼마나 엄청난 것이고 대단한 것인지 믿지 못할 때가 많이 있습니다. 우리에게 중요한 것은 하나님의 말씀을 믿는 것입니다. 이것은 반석으로 쳐서 생수가 솟는 것보다 더 큰 능력으로 나타나게 됩니다. 하나님의 말씀을 그대로 믿는다는 것은 결국 이 세상의 어떤 악의 세력도 이길 수 있는 능력이 되는 것입니다. 단지 우리에게는 눈에 보이는 것이 아무것도 없기 때문에 불안해하고 두려워하기 쉽습니다. 그래서 모세는 여호수아에게 자꾸 강하고 담대하라는 말을 했던 것입니다.

물론 하나님께서는 우리가 믿음을 가지고 있다고 해서 쉽게 모든 것을 성공하게 하시지 않습니다. 믿음만 가지고 있다고 해서 쉽게 좋은 대학에 입학하거나 쉽게 돈을 많이 벌게 하시지도 않습니다. 단지 하나님께서는 우리에게 가장 먼저 중요한 것을 가지게 하십니다. 우리가 이 세상에서 가져야 할 최고의 보물은 하나님의 말씀이고, 하나님을 믿는 믿음입니다. 우리가 이 두 가지를 가지고 있다면 이 세상에서 가장 복된 자라는 것을 알아야 합니다.

하나님의 백성은 가진 것이 없어도 하나님을 믿는 믿음으로 최선을 다할 때 세상의 뛰어난 사람들도 이길 수 있습니다. 그래서 하나님의 백성은 세상 사람들에게 인정받으려고 하기 전에 하나님의 인정을 받아야 합니다. 우리는 없다고 불평하기 전에 나에게 주어진 작은 일에 최선을 다하는 법을 배워야 합니다.

3. 가나안 세대의 사명

우리가 생각하기에 가나안 땅에서 태어난 사람들은 가장 복된 사람들인 것 같습니다. 그들은 조상들이 꿈에 생각하기만 했던 젖과 꿀이 흐르는 땅을 차지했을 뿐 아니라 어느 누구보다도 많은 복을 받은 세대이기 때문입니다.

그러나 하나님은 가나안 땅에서 태어난 세대라고 해서 반드시 더 복된 것은 아니라고 하셨습니다. 왜냐하면 이들은 고생하지 않고 복만 받아서 그 하나님의 복의 소중함을 알지 못했기 때문입니다.

31:16, "또 여호와께서 모세에게 이르시되 너는 네 조상과 함께 누우려니와 이 백성은 그 땅으로 들어가 음란히 그 땅의 이방 신들을 따르며

일어날 것이요 나를 버리고 내가 그들과 맺은 언약을 어길 것이라"

사람이란 누구나 가난할 때는 기가 죽어 있고 자신이 부족한 줄 압니다. 그러나 어느 정도 성공하게 되면 굉장히 자신감이 생기면서 오만해지고 욕망이 폭발하게 됩니다. 그리고 자기 자신의 능력을 신뢰하게 되고 하나님의 말씀은 귀찮은 잔소리로 생각하게 됩니다. 그러면서 더 욕망이 폭발하고 불만이 엄청 많아지게 됩니다.

종살이하던 이스라엘 사람이나 광야 세대 이스라엘 사람은 모두 가난했습니다. 그들은 때로는 학대도 받았고 때로는 먹을 것이 없어서 죽을 위기에 처하기도 했습니다. 그래서 그들에게는 하나님 외에는 다른 살길이 없었습니다. 그러나 이스라엘 백성이 가나안 땅에서 잘 살고 난 후에는 반드시 하나님만 믿어야 한다는 법이 없다고 생각했습니다. 사람은 이상하게도 잘살게 되면 하나님을 자기 자신과 대등한 수준에 놓고 생각하려고 합니다. 그래서 이스라엘의 하나님은 과거의 신이며 이스라엘이 못 살 때 믿던 신이며, 지금 이렇게 잘살게 되고 유명하게 된 시대에 이스라엘의 하나님은 자신에게 맞지 않다고 생각하게 되는 것입니다.

이미 세상은 많이 변하고 있으며 이스라엘을 제외한 전 세계는 모두 이방신을 섬기고 이방신으로 하나 되어 있는데 왜 이스라엘만 굳이 이렇게 여호와를 믿어서 고립되려고 하느냐는 것입니다. 그래서 이스라엘 백성은 더 세계화 되고 더 여러 나라와 활발하게 교류를 하기 위해서 이방신들을 열심히 받아들이게 되는 것입니다. 그러면 하나님께서 이스라엘에 진노하셔서 징계를 내리십니다. 그러면 이스라엘 백성은 하나님이 자기들과 함께하시지 않는 것이라고 불평하면서 더 하나님을 멀리하고 이방신으로 달려가게 되는 악순환이 반복되는 것입니다.

가나안 세대의 비극은 하나님께서 자신들에게 주신 것이 얼마나 어마어마한 것인지 생각하지 않는다는 것입니다. 이 말씀의 가치는 이 세상의 어떤 좋은 것과 비교할 수 없는데 이스라엘 백성은 하나님의 말씀을 골동품으로 생각했기 때문에 세상의 싸구려 축복과 쉽게 바꿔치기를 해버렸습니다.

하나님께서 이스라엘 백성에게 가나안 땅을 주신 이유가 어디에 있습니까? 그들이 애굽과 광야에서 신앙의 열매를 맺던 것보다 이 비옥한 땅에서 열매를 수백 배 더 많이 맺도록 하기 위함이었습니다. 예를 들어 내가 독신으로 있을 때 좋은 신앙의 열매를 맺었다면 아름다운 가정을 이룬 뒤에는 몇십 배 더 많은 좋은 열매를 맺어야 할 것입니다. 작은 교회 때 부흥이 일어났다면 교회가 크게 되었으면 똑같은 방법을 써서 더 큰 부흥을 일으키라는 것입니다. 그러나 많은 경우 성공하고 나면 자기 이름을 내려고 하고 자기 얼굴을 내기 위해서 자꾸 인기 끄는 일만 하려고 합니다. 정치로 치면 포퓰리즘에 빠지는 것입니다. 이것은 결국 하나님의 축복을 잃게 되고 나라도 망치게 됩니다.

그래서 하나님께서는 가나안 세대 이스라엘 백성에게 이렇게 하라고 명령하셨습니다. 가나안 세대 이스라엘 백성에게 가장 중요한 것은 가나안 땅 자체가 아니라 하나님에 대한 신앙을 가지는 것이었습니다. 그들이 이 세상에서 복을 받으며 잘 사는 비결은 가나안 땅을 차지하는 것이 아니라 하나님께 대한 믿음인 것입니다. 그리고 이 믿음은 이스라엘 백성이 율법을 배우는 데 달려 있습니다.

그동안 우리나라 기독교는 일제 강점기 때는 이 민족의 미래를 밝혀주는 등불의 역할을 했습니다. 그리고 해방 된 후 경제가 부흥되면서 기독교는 부흥과 축복의 신앙을 가르쳐주었습니다. 그러나 이제 나라도 변하고 세계정세도 많이 변하게 되었습니다. 이제 우리나라 기독교가 갈등하고 혼란을 겪는 이 민족에게 줄 수 있는 것이 무엇이겠습니까? 저는 마치 가나안 세대 사람들이 겪었던 문제를 우리 세대가 똑같이 겪고 있는 것 같습니다. 우리나라 사람들은 한 사람 한 사람이 너무 똑똑해지고 대단해져서 말 한마디도 다른 사람에게 지려고 하지 않습니다. 그래서 모두 다 자기 목소리를 높이고 자기주장을 부르짖고 있습니다. 마치 그렇게 할 때 진정한 자기 자신을 되찾을 수 있을 것처럼 생각하는 것입니다.

그러나 진정한 능력은 하나님께서 여호수아와 그 시대 사람들에게 주신 것을 통해서 나타났습니다. 여호수아는 눈에 보이는 능력은 없었지만 하나님의 말씀만을 믿고 요단강을 건넜습니다. 그들은 아무 소리도 내지 말고 여리고 성을 돌라는 말을 듣고 그 말에 순종해서 돌았더니 성이 무너져 내렸습니다.

우리는 다시 광야로 돌아가야 합니다. 아무것도 가지지 않은 맨손으로 가나안 정복의 기적을 일구어내야 이 민족이 결국 하나님 앞에 무릎을 꿇게 될 것입니다. 오늘 우리에게는 이미 신적인 능력이 주어져 있습니다. 이제 우리가 할 일은 아무 소리도 내지 않고 조용히 이 말씀대로 진격하면 되는 것입니다. 하나님께서 요단강을 건너라 하시면 건너고 여리고 성을 돌라고 하면 도는 것입니다.

우리는 잘살고 못사는 것이 모두 하나님께 달려 있음을 믿습니다. 최고의 복은 우리가 이 말씀으로 변화되어서 하나님을 믿는 것이며, 하나님을 믿는 믿음으로 하루하루를 최선을 다해서 사는 것입니다. 믿음으로 이 세상을 정복하는 성도들이 다 되시기를 바랍니다.

37

이스라엘의 변심

신 32:1-25

오늘 우리에게 가장 필요한 것이 있다면 바로 우리의 미래를 꿰뚫어 보는 지혜를 가진 선생님의 감추어진 편지입니다. '요즘과 같은 때는 과연 어떻게 하는 것이 과연 망하지 않고 사는 길일까?' 하는 지혜가 필요합니다. 바로 그것을 위해서 하나님께서 이스라엘 백성에게 주신 명령이 오늘 본문 말씀입니다. 이스라엘 백성에게 위기가 생기는 것은 광야에서 고생하면서 못살 때가 아니라 가나안 땅에서 성공하고 풍족한 가운데 있을 때라고 말씀하고 있습니다. 그래서 하나님께서는 이스라엘 백성이 실패하지 않으려면 젖과 꿀이 흐르는 가나안 땅에 들어간 후에 더 조심해야 한다고 가르치셨습니다.

그래서 본문 말씀은 하나님께서 이스라엘 백성이 광야의 훈련을 다 마치고 가나안 땅에 들어가기 전에 그들이 나중에 가나안 땅에서 큰 위기를 당하게 되었을 때 기억할 수 있도록 지어주신 노래의 말씀입니다.

하나님께서는 이스라엘 백성이 가나안 땅에 들어간 후에 교만해져서 망할 것을 알고 계셨습니다. 즉 그들은 가난하고 집이 없어서 망하는 것이 아니라 성공하고 잘 살면서 망하게 되는 것입니다. 그래서 성공한 후에 더 겸손이 필요하고, 또 성공한 후에 더 자기 일에 최선을 다해야 망하지 않습니다.

1. 하나님은 어떤 분이신가?

모세는 장차 이스라엘 백성이 하나님을 버리고 딴 길로 갈 것을 노래로 가르쳐 주었습니다. 이것이야말로 위기에 꺼내서 읽어야 하는 비밀 가르침입니다.

> 32:1-2, "하늘이여 귀를 기울이라 내가 말하리라 땅은 내 입의 말을 들을지어다 내 교훈은 비처럼 내리고 내 말은 이슬처럼 맺히나니 연한 풀 위의 가는 비 같고 채소 위의 단비 같도다"

"하늘이여 귀를 기울이라 내가 말하리라 땅은 내 입의 말을 들을지어다"라고 하는 것은 하나님의 이 말씀이 아무리 세월이 많이 흘러도 효력이 그대로 남아 있는 살아있는 말씀인 것을 보여주는 것입니다. 하나님의 말씀은 아무리 시간이 지나더라도 효력이 줄어들지 않는 영원히 살아있는 말씀입니다. 그러나 우리가 자칫 잘못 생각하면 이 말씀을 저주의 말씀으로 오해하기 쉽습니다.

그러나 하나님의 이 말씀은 재앙의 상자가 아닙니다. 오히려 "내리는 비요 맺히는 이슬"이라고 했습니다. 특히 팔레스타인에서 농사를 짓는 사람들에게 내리는 비와 맺히는 이슬은 밭에 있는 식물이 사는 데 얼마나 중요한지 모릅니다. 하나님의 말씀은 완전히 생명 그 자체입니다. 즉 누군가가 오랫동안 물을 마시지 못해서 죽게 되었을 때 이 모세의 노래를 기억하고 부르거나 이것을 가지고 기도하면 하늘에서는 단비가 내리고 땅에서는 이슬이 맺히는 기적이 일어나게 된다는 것입니다. 이것이 오늘 우리에게도 나타날 것입니다. 이제는 도저히 살길이 없다고 절망하고 있는 사람이 오늘 말씀을 들으면 마치 반석을 쳐서 생수가 터져 나오는 것처럼 살길이 열리게 되는 것입니다.

> 32:4, "그는 반석이시니 그가 하신 일이 완전하고 그의 모든 길이 정의롭고 진실하고 거짓이 없으신 하나님이시니 공의로우시고 바르시도다"

여기에 보면 하나님을 '반석'이라고 소개하고 있습니다. 다윗의 시에도 보면 하나님을 '나의 반석'이라고 부르는 것을 볼 수 있습니다. 보통 '반석'이라는 것에서 어떤 이미지를 느끼게 됩니까? 아마 과묵하고 잘 놀라지도 아니하고 감정 표현도 별로 없으신 그야말로 무거운 느낌을 주는 아버지일 것입니다. 이스라엘 백성이 느낀 하나님의 이미지는 그야말로 큰 바위 같은 분이셨습니다. 이스라엘 백성은 늘 변덕을 부리지만 하나님은 변덕을 부리지도 아니하시고 언제나 묵묵하게 그들을 지켜주시고 보호해주시는 하나님이신 것입니다. 그러나 '반석'에는 든든하고 안정된 좋은 의미도 있지만 무엇인가 좀 오래되고 케케묵은 것 같은 느낌이 드는 것도 사실입니다.

이것이 이스라엘 백성이 극복해야 할 문제였던 것입니다. 사실 우리가 믿는 이 신앙은 아주 오래된 반석과 같은 것입니다. 성경은 오래된 것입니다. 우리가 믿는 하나님은 이 세상보다 더 오래된 분이십니다. 그러나 그것은 겉보기만 그런 것이지 조금만 안에 들어가면 절대로 무뚝뚝하거나 시대에 뒤떨어지거나 케케묵은 신앙이 아닙니다. 오늘 많은 사람이 하나님이나 우리 기독교에 대하여 생각하기를 '이것은 하나의 반석이다'는 것입니다. 언제나 그 자리를 지키고 있는 요동하지 않는 반석이라고 생각합니다. 그러면서도 오늘 자신의 복잡한 문제를 아마도 성경이나 하나님을 믿는 것만으로는 해결되지 않는 것으로 생각합니다. 그러나 우리는 이 반석 안을 깨고 들어와야 합니다. 이 안을 깨고 들어오면 그렇게 휘황찬란할 수 없습니다. 겉은 반석이지만 안은 보물 창고입니다. 안에는 사면이 완전히 금으로 되어 있고 온갖 지혜와 능력으로 가득 차 있는 창고가 바로 이 반석입니다.

그러나 하나님께서는 이 반석을 대하는 이스라엘 백성의 두 가지 태도에 대하여 말씀하고 계십니다. 하나는 자녀의 자세이고, 다른 하나는 종의 자세입니다.

32:5, "그들이 여호와를 향하여 악을 행하니 하나님의 자녀가 아니요 흠이 있고 삐뚤어진 세대로다"

어느 집이든지 아들과 노예는 차이가 있습니다. 자녀는 핏줄이 통하기 때문에 부모와 자식 사이에 끈끈한 신뢰의 줄이 있습니다. 때로는 자식이 말을 듣지 않기도 하지만 그래도 남들이 자기 아버지를 욕하거나 자기 집을 망하게 하려고 할 때는 앞장서서 못하게 할 것입니다. 그러나 노예는 겉으로는 싹싹하고 시키는 일을 너무나도 잘하지만 결국은 남이기 때문에 한계가 있습니다. 그래서 종이나 노예는 죽을 때까지 충성된 사람도 있지만 배반하는 사람들도 있는 것입니다.

하나님께서 이스라엘 백성에게 기대하셨던 것은 자녀의 모습이었습니다. 때로는 하나님을 믿는 것이 자기에게 도움이 되지 않고 불리할 때가 있어도 하나님 자체를 좋아하고 신뢰하는 것입니다. 그러나 그들은 언제나 이해관계를 따졌습니다. 그래서 하나님을 믿는 것이 유익할 때는 하나님을 따르지만 세상을 따라가는 것이 유리할 때는 세상의 길을 택했습니다. 결국 이스라엘이 위기를 자초한 것은 하나님의 자녀가 되지 못했기 때문입니다. 하나님의 자녀가 되려면 말씀으로 은혜를 받아서 살든지 죽든지 하나님만 의지하고 믿어야 하는데 그들은 그렇게 되지 못했습니다. 그래서 하나님의 축복을 받으려고 하면서도 세상의 줄은 포기하지 못했던 것입니다.

그래서 하나님께서는 이스라엘 백성의 이런 자세를 책망하십니다.

> 32:6, "어리석고 지혜 없는 백성아 여호와께 이같이 보답하느냐 그는 네 아버지시요 너를 지으신 이가 아니시냐 그가 너를 만드시고 너를 세우셨도다"

우리가 구원을 받은 후에는 하나님이 우리의 아버지이십니다. 우리가 구원을 받고 난 후에는 모든 것을 하나님 믿는 믿음으로 살아야 합니다. 형편이 좋든지 나쁘든지 모든 것에 하나님의 뜻이 있다고 믿고 열심히 감사하면서 살아가는 것이 우리가 하나님께 해 드릴 수 있는 보답입니다. 그러나 이스라엘 백성은 구원받고 난 후에도 조건이 많았습니다. 세상 사람들보다 못살아서는 안 되고 조금이라도 뒤떨어져서도 안 되고 남들이 하는 것만큼은 다 하고 살아야 된다고 생각했습니다. 이것이 바로 우매무지한 백성이 한 짓입니다.

지금 우리는 하나님이 지으시고 세우신 존재입니다. 그래서 나의 인생을 설계해서는 안 되고 하나님의 인생을 설계해야 합니다. 우리가 예수를 믿고 난 후에는 나의 인생이라는 것이 없습니다. 오직 하나님이 원하는 인생만 있습니다. 나에게 너무나도 맞으면서도 하나님을 전적으로 섬길 수 있는 길이 있는 것입니다. 이 길을 찾으려면 가장 중요한 것이 세상적인 욕심을 버려야 한다는 것입니다. 그래야 하나님의 길이 보입니다.

2. 하나님은 어떻게 이스라엘을 훈련시키시는가?

이스라엘 백성에 대한 하나님의 사랑은 특별한 것이었습니다. 얼마나 이것이 특별한가 하면 이들에 대한 계획이 아주 태초부터 만들어져 있었다는 것입니다.

32:7-8, "옛날을 기억하라 역대의 연대를 생각하라 네 아버지에게 물으라 그가 네게 설명할 것이요 네 어른들에게 물으라 그들이 네게 말하리로다 지극히 높으신 자가 민족들에게 기업을 주실 때에, 인종을 나누실 때에 이스라엘 자손의 수효대로 백성들의 경계를 정하셨도다"

우리는 이 세상에 두 개의 나라가 있다는 것을 알아야 합니다. 하나는 눈에 보이는 나라입니다. 이 나라에서는 권력이 가장 중요합니다. 그리고 정치에 따라 나라가 왔다 갔다 합니다. 바로 이것이 종의 나라입니다. 종들은 서로 높은 자리를 차지하고 자기 마음대로 권력을 휘둘러보기 위하여 서로 싸웁니다.

그러나 또 다른 하나의 나라가 있습니다. 이 나라는 눈에 보이지 않는 나라이고 말씀으로 이루어지는 하나님의 나라입니다. 세상 사람들의 눈으로 보기에는 이 나라는 아무것도 아닌 것 같습니다. 세상적인 힘이 있는 것도 아니고 돈이 많은 것도 아닙니다. 그러나 하나님은 바로 이 나라를 오래전부터 계획하셨습니다. 오히려 이 세상 나라가 존재하는 이유는 바로 이 하나님의 나라를 위해서입니다. 즉 이 세상 나라는 하나님 나라의 들러리로서 존재하는 것입니다.

애굽의 바로는 얼마나 대단한 권세를 가진 왕이었습니까? 그러나 바로는 모세의 출애굽 시 들러리밖에 되지 못했습니다. 그래서 하나님께서는 이스라엘 백성에게 자신들의 정체성에 대하여 알고 싶으면 어른들에게 물어보라고 말씀하십니다. 왜냐하면 이스라엘의 역사 자체가 하나님의 말씀이기 때문입니다.

하나님께서는 열국의 기업을 주시고 인종을 나누실 때도 이스라엘 자손의 수효대로 하셨다고 말씀하셨습니다. 이것은 결국 이스라엘이 이 세상 축복의 중심이 될 뿐 아니라 모든 축복이 이스라엘의 복 안에 다 들어 있는 것을 의미합니다. 즉 이스라엘의 복이 따로 있고 세상의 복이 따로 있는 것이 아니라 이스라엘의 복이 넘쳐서 세상이 복을 받는다는 것입니다. 우리 믿는 자들에게도 복이 넘쳐야 세상으로 흘러갈 복이 있습니다. 그러므로 교회에는 하나님의 말씀과 은혜와 성령의 역사가 차고 넘쳐야 합니다.

32:9, "여호와의 분깃은 자기 백성이라 야곱은 그가 택하신 기업이로다"

물론 하늘에 있는 것이나 땅에 있는 것이 모두 다 하나님의 것이지만 이스라엘은 하나님의 가장 중요한 주력 기업이요 재산이었습니다. 이 세상에서 하나님이 가장 중요하게 생각하시는 기업이 있다면 하나님의 백성이 은혜받고 부흥이 일어나는 것입니다. 오늘 하나님의 백성은 하나님에게 가장 중요한 공장이요 재산이었습니다.

본문 말씀을 보면 하나님께서 이스라엘을 두 가지 방법으로 경영하신 것을 볼 수 있습니다. 하나는 사나운 맹수들로부터 보호하신 것입니다.

32:10, "여호와께서 그를 황무지에서, 짐승이 부르짖는 광야에서 만나시고 호위하시며 보호하시며 자기의 눈동자 같이 지키셨도다"

사실 이스라엘 백성이 통과했던 광야는 밤에는 맹수 천지였습니다. 광야에서는 여기저기서 맹수의 우는 소리가 들렸을 것입니다. 하나님은 이런 맹수로부터 이스라엘을 지켜주셨습니다. 그러나 또 주위에 있는 모든 민족이나 나라들은 이스라엘에게 맹수들과 같았습니다. 그들은 여차하면 이스라엘을 공격해서 물어뜯으려고 노리고 있었습니다. 이것은 이스라엘 백성이 가나안 땅에 들어간 후에도 마찬가지였습니다. 그러나 이런 나라들이 이스라엘을 잡아먹지 못했던 것은 하나님께서 그들을 불철주야 지켜주셨기 때문입니다. 예수님께서는 제자들을 세상에 보내시면서 "양을 이리 가운데로 보내는 것과 같다"고 하셨습니다(마 10:16). 우리 주위에는 맹수들이 언제나 우리를 잡아먹으려고 어슬렁거리고 있는데 우리가 물려 죽지 않는 것은 주님께서 밤낮으로 눈을 부릅뜨고 지켜주시기 때문입니다.

또 하나님은 독수리같이 이스라엘을 경영하셨다고 말씀하셨습니다.

32:11-12, "마치 독수리가 자기의 보금자리를 어지럽게 하며 자기의 새끼 위에 너풀거리며 그의 날개를 펴서 새끼를 받으며 그의 날개 위에 그것을 업는 것 같이 여호와께서 홀로 그를 인도하셨고 그와 함께 한 다른 신이 없었도다"

독수리는 절벽 끝에 아주 높은 곳에 둥지를 만든다고 합니다. 그래서 알을 부화해서 새끼가 어느 정도 자란 후에는 새끼들을 단련시킵니다. 어미는 독수리 둥지에 있는 나무들을 하나씩 하나씩 다 빼어버리고 보금자리를 어지럽게 하는 것입니다. 그래서 결국 새끼 독수리는 가지 하나에 서 있을 수밖에 없습니다. 그러다가 바람에 흔들려서 나무에서 떨어지면 살려고 죽으라고 날갯짓을 합니다. 어미는 새끼가 거의 땅에 부딪혀서 죽기 직전에 쏜살같이 내려가서 새끼를 받아서 올라갑니다. 그러면 새끼는 어미 등에 업혀서 절벽 꼭대기에 있는 둥지로 가면 어미는 또 이 일을 하는 것입니다. 이런 훈련을 수없이 반복하다가 나중에는 자기 힘으로 공중 꼭대기까지 올라가는 힘을 얻게 되는 것입니다. 이것이 하나님께서 우리를 단련시키시는 방법입니다. 하나님은 언제나 우리를 온실 안에 가두어서 과잉보호만 하시는 것이 아닙니다. 어느 정도 자란 후에는 나뭇가지들을 다 빼어서 공중에서 떨어뜨리는 훈련을 하십니다. 이때 우리가 살 수 있는 길은 기도와 말씀밖에 없습니다.

사실 우리는 이 세상에 불시착할 때가 많이 있습니다. 분명히 하나님은 알았고 신앙은 가졌는데 이 세상에서 할 수 있는 것이 아무것도 없습니다. 바로 이것이 아직 날개가 덜 자란 새끼 독수리의 슬픔입니다. 그러나 우리는 하나님의 훈련을 믿어야 하며 하나님의 능력을 믿어야 멋진 독수리가 될 수 있습니다.

하나님은 결국 우리에게 두 가지 양식을 먹이십니다. 하나는 하늘의 양식이고, 다른 하나는 세상의 양식입니다.

32:13, "여호와께서 그가 땅의 높은 곳을 타고 다니게 하시며 밭의 소산을 먹게 하시며 반석에서 꿀을, 굳은 반석에서 기름을 빨게 하시며"

하나님께서는 이스라엘 백성을 세상 음식으로 먹이시기 전에 하늘의 음식을 먼저 먹게 하셨습니다. 그것은 하나님의 말씀으로 자라면서 하나님의 공급하시는 힘으로 사는 훈련입니다. 즉 반석의 꿀을 먹고 굳은 반석의 기름을 빠는 것입니다. 물론 잘 사는 것은 아니지만 그렇다고 해서 굶어 죽지도 않습니다. 세상적인 모든 수단은 다 끊어지게 하시고 오직 하나님만 붙잡고 살게 하시는 것입니다. 그리고 난 후에 세상의 음식도 먹게 하십니다.

32:14, "소의 엉긴 젖과 양의 젖과 어린 양의 기름과 바산에서 난 숫양과 염소와 지극히 아름다운 밀을 먹이시며 또 포도즙의 붉은 술을 마시게 하셨도다"

하나님께서는 우리를 고생만 시키시는 것이 목적이 아닙니다. 하나님은 얼마든지 이 세상의 풍성한 것을 우리에게 주십니다. 왜냐하면 우리는 하나님의 사랑하는 자녀들이니까요? 이 세상에서 두 가지 음식에 대하여 아는 사람이 있는가 물어 보십시오. 그들은 오직 하나님의 백성밖에 없습니다.

"사람이 떡으로만 살 것이 아니요 하나님의 입으로부터 나오는 모든 말씀으로 살 것이라 하였느니라"(마 4:4, 신 8:3). 바로 이것이 두 가지 음식을 가르쳐주시는 것입니다. 우리는 이 세상 것으로 살지 않고 하나님의 말씀을 먹음으로 삽니다. 이 하나님의 말씀은 반석의 꿀이요 굳은 반석의 기름이어서 한 방울만 먹어도 눈이 뜨입니다. 그러나 하나님은 또 우리를 세상의 가장 좋은 것으로 다 먹이십니다.

그러나 이때 조심해야 합니다. 왜냐하면 우리가 세상의 복을 받으면 하나님에 대하여 간절한 마음이 없어지고 세상의 것을 자꾸 즐기려고 하기 때문입니다.

3. 이스라엘은 언제 하나님을 배반하게 되는가?

하나님께서 이스라엘 백성이 광야의 그 어려울 때는 하나님을 의지하다가 가나안 땅의 풍족한 생활을 하면서 하나님을 버릴 줄 알고 계셨습니다.

32:15, "그런데 여수룬이 기름지매 발로 찼도다 네가 살찌고 비대하고 윤택하매 자기를 지으신 하나님을 버리고 자기를 구원하신 반석을 업신여겼도다"

여기서 "여수룬"은 이스라엘에 대한 애칭입니다. 하나님께서 이스라엘을 너무 사랑하실 때 부르시는 말이 바로 '여수룬'인데 뜻은 분명치 않지만, '의로운 자' 혹은 '사랑받는 자'라는 뜻으로 알려져 있습니다. 그런데 하나님이 그렇게 사랑하신 여수룬이 살이 찌면서 달라지기 시작했습니다. 이제는 더 이상 순한 양이 아니라 발로 차는 소처럼 되어버렸습니다. 하나님께서 만져주시려고 가까이 가면 발로 하나님을 차버리는 것입니다.

왜 이렇게 될 수밖에 없을까요? 이것은 어떤 의미에서는 당연합니다. 우리가 하나님 앞에 은혜를 받는 방법은 하나님 앞에서 지극히 낮은 자가 되는 수밖에 없습니다. 오직 눈앞에 하나님밖에 없어야 하고 하나님이 아니면 죽을 수밖에 없는 그 간절한 마음이 하나님 앞에서는 가장 복 받는 마음입니다. 그러나 사람은 축복을 받고 난 후에는 그렇게 간절하고 싶어도 간절할 것이 없습니다. 이제는 하나님 말고도 너무나도 좋은 것이 많기 때문에 굳이 광야에 있을 때처럼 가난하고 주린 마음이 될 필요가 없다는 것입니다. 그래서 그들은 광야 생활을 발로 차버렸던 것입니다. 그러면서 하나님까지 발로 차버렸습니다. 이것을 하나님은 알고 계셨습니다. 결국 이것은 그들이 하나님을 배반한 것입니다.

그러면 하나님께서 이스라엘 백성에게 가나안 땅을 안 주시면 되지 않겠습니까? 그러나 그것도 옳은 것이 아니었습니다. 왜냐하면 하나님께서는 가나안의 복을 주시겠다고 맹세하셨기 때문입니다.

오늘 우리는 이미 가나안 땅에 들어와 살고 있습니다. 우리에게는 하나님의 말씀보다는 다른 것이 훨씬 더 좋은 결과를 가져오고 인정을 받는 가나안 땅에 살고 있습니다. 여기서 우리가 끝까지 복을 받는 비결은 다시 한번 하나님 앞에 가난한 사람이 되는 것입니다. 옛날 어려웠을 때처럼 은혜에 주리고 목마른 자가 되는 것입니다. 즉 끝까지 하나님의 말씀만 잡고 늘어지는 것입니다. 그렇다고 해서 이 세상의 모든 생활을 다 거부할 필요는 없습니다. 그러나 이 세상의 편하고 화려한 생활이 우리 눈을 멀지 못하게 만들어야 합니다.

이스라엘은 결국 가나안에서 더 성공하려고 하다가 우상에 빠지고 말았습니다.

32:16-18, "그들이 다른 신으로 그의 질투를 일으키며 가증한 것으로 그의 진노를 격발하였도다 그들은 하나님께 제사하지 아니하고 귀신들에게 하였으니 곧 그들이 알지 못하던 신들, 근래에 들어온 새로운 신들 너희의 조상들이 두려워하지 아니하던 것들이로다 너를 낳은 반석을 네가 상관하지 아니하고 너를 내신 하나님을 네가 잊었도다"

이스라엘 백성이 가나안 땅에서 좀 늦게 성공하고 따돌림당하는 것을 각오하였더라면 우상을 섬길 이유가 없었습니다. 그러나 가나안 족속들이나 다른 나라의 도움으로 빨리 성공하려고 하니까 그들의 신도 받아들이고 그들과 연합할 수밖에 없었던 것입니다. 반석이신 하나님이 이스라엘을 낳으셨다면 그들도 반석 같은 신앙이 되어야 하는데 반석이 되지 못하고 불에 타서 없어지는 지푸라기 신앙이 되고 말았습니다.

이스라엘이 하나님의 모든 것이었습니다. 하나님께서 이스라엘을 잃으시는 날에는 모든 것을 다 잃어버리시는 것입니다. 하나님께서 이스라엘을 가나안에 심으셨을 때는 변할 줄 알았지만 그래도 믿고 기회를 주셨습니다. 그럼에도 불구하고 이스라엘이 하나님을 버렸을 때 하나님은 모든 것을 다 잃으셨습니다. 그래서 그들에게 얼굴을 가리고 은혜를 거두어가셨습니다. 그때 이스라엘은 아무것도 없었습니다. 하나님의 은혜가 없으니까 이스라엘은 이 세상에서 가장 불쌍하고 비참한 나라가 되고 말았습니다.

하나님이 얼굴을 가리시는 것은 말씀을 거두어 가시는 것입니다. 그리고 말씀을 거두어 가시면 기도의 응답이 없습니다. 결국 이것이 망하는 길이었습니다. 결정적인 순간에 하나님께서 지켜주시지 않으니까 이리떼들이 우글거리는 이 세상에 살 수 없는 것입니다. 그 대신 이스라엘은 자꾸 힘이 없어집니다. 몸에 병이 생겼습니다. 많은 문제가 터지기 시작했습니다.

> 32:23-24, "내가 재앙을 그들 위에 쌓으며 내 화살이 다할 때까지 그들을 쏘리로다 그들이 주리므로 쇠약하며 불 같은 더위와 독한 질병에 삼켜질 것이라 내가 들짐승의 이와 티끌에 기는 것의 독을 그들에게 보내리로다"

하나님이 불화살을 쏘시며 짐승의 기생충과 벌레를 보내어 이스라엘을 병들게 하실 것입니다. 결국 이스라엘은 하나님으로 만족하지 못하고 더 욕심을 내다가 모든 것을 다 잃어버렸습니다. 놀라운 것은 그 사랑이 지금 하나님의 백성도 아닌 우리에게 이 복을 주셨다는 것입니다. 그래서 우리는 이스라엘이 망한 전철을 밟지 말아야 합니다.

지금 우리는 가나안 땅에 살고 있습니다. 우상과 음란이 가득하며 인간적인 방법이 훨씬 빠르고 성공하는 세상에 살고 있습니다. 많은 믿는 자들과 교회는 하나님을 배신하려고 하고 있습니다. 즉 인간적인 방법으로 성공하고 출세하고 자기가 스스로 영광을 거두려는 것입니다. 이때 우리는 다시 가난한 마음이 되어서 오직 하나님만으로 만족하고 죽도록 하나님의 말씀만 붙잡아서 하나님의 마음을 기쁘시게 하고 진정한 축복을 만들어내는 성도들이 다 되시기를 바랍니다.

38

세상의 열매
신 32:26-52

우리는 모두 이 세상에서 성공하기를 원합니다. 이때 우리 믿는 사람들은 신앙이 성공에 도움이 될까 아니면 마이너스가 될까 고민을 많이 하게 됩니다. 그리고 이런 고민은 우리가 반드시 해야 하는 고민 중의 하나입니다. 하나님의 백성에게는 두 가지 욕구가 있습니다. 하나는 영적인 욕구입니다. 거기에 비해 우리에게는 세상적인 욕구가 또 있습니다. 즉 우리는 이 세상에서도 학교를 다녀야 하고 좋은 직장에서 돈을 벌어야 하고 또 결혼해서 살아야 합니다. 그런데 우리는 이런 영적인 욕구와 육적인 욕구 중에 육적인 욕구가 더 우선이라고 생각하게 됩니다. 왜냐하면 영적인 필요는 지속적으로 채워져야 하는 것이지만 세상적인 것은 모두 때가 있기 때문입니다.

그런데 우리는 때때로 이 세상에서는 성공의 길이 보이지 않을 때가 많습니다. 그 이유는 우리 성공의 길은 하늘로 올라가는 것이기 때문입니다. 세상 사람들은 이 세상에서 직장이나 사업에 유리한 고지를 차지하면 되지만 우리는 하나님을 향해서 파고 올라가서 하나님의 복을 가져올 수 있어야 성공할 수 있기 때문입니다. 그렇게 하려고 하면 우리는 성경과 기도로 살아남는 훈련을 받아야 합니다.

신명기 32장은 하나님께서 이스라엘 백성이 위기에 빠지게 되었을 때 다시 펴볼 수 있는 비밀 편지로 주신 내용입니다. 지혜로운 선생이나 부모는 제자나 자녀들이 앞으로 위기에 빠지게 될 것을 내다보고 미리 비밀 편지를 적어 봉해서 주는데, 위기 때 그것을 펴보면 살아갈 지혜를 얻게 되는 것입니다. 그래서 오늘과 같은 때를 대비해서 하나님은 이스라엘 백성에게 이 신명기 32장을 주신 것입니다. 우리가 이 말씀을 읽으면 다시 한번 위기를 이길 수 있을 것입니다.

1. 하나님은 언제나 축복의 여지를 남겨두신다

우리 한국 사람들의 장점은 감을 따더라도 까치가 먹을 수 있는 것을 남겨두는 것입니다. 그리고 거지가 와서 밥을 달라고 하면 구박하지 않고 식은 밥이지만 후하게 주는 인심을 가지고 있습니다. 하나님은 가난한 마음을 가진 자들에게 은혜를 부어주시며 교만한 자들에게서는 축복을 빼앗아 가시는 분이십니다. 그래서 지속적으로 하나님의 축복을 받으려면 언제나 가난한 마음이 되어야 하는데, 사람의 마음은 결코 그렇지 않습니다.

이스라엘 백성은 가나안 땅에서 물질적인 복에 도취해서 하나님의 복을 빼앗겨버리고 그 땅에서도 완전히 쫓겨나게 됩니다. 그때 하나님께서는 얼마든지 이스라엘이 완전히 망하게 하실 수 있지만 그렇게 하시지 않겠다고 하셨습니다.

32:26-27, "내가 그들을 흩어서 사람들 사이에서 그들에 대한 기억이 끊어지게 하리라 하였으나 혹시 내가 원수를 자극하여 그들의 원수가 잘못 생각할까 걱정하였으니 원수들이 말하기를 우리의 수단이 높으며 여

호와가 이 모든 것을 행함이 아니라 할까 염려함이라"

하나님은 불순종하는 이스라엘 백성을 완전히 버리셔서 아예 이 세상에서 기억조차 할 필요가 없는 사람들로 만드실 수 있습니다. 그럼에도 불구하고 하나님께서는 그렇게 하시지 않고 이스라엘에 축복의 불씨를 남겨 놓으십니다. 하나님께서 그렇게 하시는 이유는 대적들이 너무 자만에 빠지지 못하도록 하시기 위해서라고 말씀하십니다. 그러나 더 중요한 이유는 하나님께서 이스라엘 백성을 사랑하시기 때문입니다. 하나님은 이스라엘이 만일 조금이라도 회개하고 조금이라도 하나님께 돌아올 가능성이 있으면 그들을 완전히 멸망시키지 아니하십니다. 그래서 하나님은 이스라엘을 치시는 중에도 말씀은 남겨 놓으시는 것입니다. 그리고 아무리 이스라엘 백성이 절망 가운데 있다 하더라도 하나님의 말씀을 붙들고 하나님의 축복으로 돌아올 수 있도록 여지를 남겨놓으시는 것입니다. 그래서 우리가 기억해야 할 것은 아무리 세상에서 실패했고 궁핍한 가운데 있고 미래의 가능성이 전혀 보이지 않는다 하더라도 우리에게 주실 하나님의 복은 남아있다는 것입니다. 단지 우리가 목숨을 걸고 하나님을 붙잡고 늘어지지 않아서 그런 것입니다.

원래 이스라엘은 기름밭이었습니다. 우리 눈에 보이는 시커먼 기름밭이 아니라 그것과 비교되지 않는 가치 있는 성령의 기름이 나오는 밭이었습니다. 그런데 그들이 그 가치를 모르고 세상을 따라갔을 때 그 유전은 땅에 파묻혀버렸습니다. 그러나 누구든지 하나님 말씀의 가치를 알고 그것을 파기만 하면 하나님은 다시 축복이 터져 나오도록 해 놓으신 것입니다. 그것이 오늘 우리에게 주어지게 되었습니다. 우리나라에서 기름 한 방울 나지 않는다고 불행하다고 생각하지 마시기 바랍니다. 우리가 하나님의 말씀과 하나님의 은혜에 목숨을 걸면 이 기름이 터져 나오게 되어 있습니다.

하나님께서는 먼저 이방인이나 이스라엘 백성 모두의 무지함에 대하여 말씀하십니다. 우선 하나님께서는 이방인들의 어리석음을 책망하시면서 이방인들에게 한번 생각해보라고 하십니다. 이방인들이 옛날에 이스라엘에 대해 상당히 강하다고 들었는데, 실제로 한번 붙어보니까 이방인 한 명이 이스라엘 사람 천 명을 쫓아내고 두 명이 만 명을 쫓아내게 된 것입니다. 이방인들은 거의 공짜로 줍다시피 이스라엘 백성을 이겼고 그들을 쫓아낼 수 있었습니다. 이것에 대하여 하나님은 "너희가 조금이라도 지각이 있으면 생각할 수 있었을 것이라"고 말씀하시는 것입니다. 즉 이것은 이방인들이 강해서 이스라엘을 쫓아낸 것이 아니라는 것입니다. 이방인들이 이스라엘을 이렇게 쉽게 이길 수 있는 이유는 하나님이 이스라엘을 버리셨기 때문입니다.

이스라엘의 반석이 그들을 팔지 않고 하나님이 그들을 내어주시지 아니하셨더라면 이런 일은 불가능한 것입니다. 여기서 '판다'는 말은 도매금으로 처분하는 것을 말합니다. 어떤 회사가 망하게 되었을 때 재고품을 완전히 헐값으로 처분하듯이 하나님은 이스라엘을 그런 싸구려로 처분해버린다는 뜻입니다. 그러나 정상적인 이스라엘이라면 하나님이 그런 식으로 처분하실 리 없고 아무리 강한 적이 와서 공격하더라도 절대로 하나님의 손에서 빼앗아갈 수 없다는 뜻입니다.

그러나 하나님은 정말 모략이 없고 지식도 없는 백성은 이스라엘이라고 말씀하십니다. 이스라엘 백성은 하나님께서 이 세상에서 물질적인 부나 세상 지식이나 군사적인 힘을 주시지 아니하시고 하나님을 아는 지식을 주신 백성입니다. 하나님을 아는 지식은 이 세상에 있는 모든 돈이나 권세나 군사력을 다 합쳐놓아도 도무지 비교할 수 없는 엄청난 가치입니다. 하나님은 이스라엘 백성에게 세상의 기름은 주시지 아니하시고 성령의 기름을 주셨습니다. 이것은 죄를 씻고 인생을 치유하며 하나님의 능력을 무한정 받을 수 있는 은혜입니다. 그런데 이스라엘 백성은 이것을 이 세상의 싸구려 지식이나 돈이나 군사력과 바꾸어버렸던 것입니다.

그러면 이스라엘은 어떤 계획을 가져야 할까요? 그들은 어떻게 하면 이 세상에서 돈을 많이 벌거나 유명해지거나 높은 지위를 얻는 것이 아니라, 어떻게 하면 이 하나님의 말씀을 퍼내고 어떻게 하면 더 뜨거운 성령의 역사가 나타나게 할 것인가를 생각해야 합니다. 위대한 것은 모두 극한적인 가난 가운데 만들어진 것이 많습니다. 우리는 그런 고통을 통해서 위대한 신앙과 위대한 부흥을 만들어내야 합니다.

물론 이스라엘 백성이 하나님의 말씀과 성령의 기름을 퍼낸다고 해서 당장 강대국이 되는 것은 아닙니다. 오히려 이스라엘이 하나님의 말씀을 붙들 때 주위 나라들이 시기해서 더 핍박하고 욕을 할 수도 있습니다. 그러나 놀라운 것은 하나님의 백성이 말씀을 붙들 때 고난은 오지만 이상하게 멸망당하는 일은 일어나지 않는다는 것입니다. 이스라엘의 반석이신 하나님께서 절대로 그들을 싸구려로 처분하시지 않기 때문입니다. 그리고 때가 되었을 때 하나님께서는 모든 복을 다 부어주실 것입니다.

하나님께서는 이스라엘 백성에게 생각해 보라고 하십니다. 한 사람이 천 명을 쫓아내고 두 명이 만 명을 쫓아내는 것은 이스라엘 백성의 전매특허입니다. 그런데 왜 이것이 뒤집히게 되었을까요? 이것은 이스라엘 백성이 하나님을 놓치고 세상을 잡았기 때문입니다. 하나님이 우리와 함께하시면 이상하게 한 명이 천 명을 이기게 되고 두 명이 만 명을 이기게 됩니다. 우리가 하나님의 말씀을 끝까지 붙들 때 우리가 가난할 수도 있고 유명하지는 않을 수 있지만 적어도 싸구려 물건 처분되듯이 처분될 수는 없을 것입니다. 하나님의 백성은 정상적으로는 절대로 망하려고 해도 망할 수 없는 사람들입니다. 모든 복은 이스라엘의 반석 안에 있어서 반석을 폭파하지 않는 이상은 우리의 복은 안전하기 때문입니다.

하나님은 이스라엘 백성을 망하게 하시면서도 돌아올 가능성의 여지를 남겨 놓으셨습니다. 그래서 그들이 다시 하나님의 말씀을 붙들고 회개하기만 하면 살 수 있는 길을 열어 놓으신 것입니다. 우리는 아예 망하기 전에 아직 우리에게 시간이 있고 우리에게 이 말씀이 있을 때, 이 말씀에 목숨을 걸고 모든 열정을 다 쏟아 부어야 합니다. 이것이 우리의 모략이요 우리의 지혜입니다. 우리는 이 비천한 길을 가야만 살 수 있습니다. 이것이 우리가 살 수 있는 길입니다.

2. 세상의 썩은 열매

음식물도 변질되면 식중독에 걸리지만 과일도 썩은 것을 먹으면 식중독에 걸릴 수 있기 때문에 먹지 말아야 합니다. 겉으로 보기에는 너무나 맛있어 보이지만 독이 있는 과일은 절대로 먹으면 안 됩니다. 하나님께서는 왜 세상의 힘이 끝까지 가지 못하며 나중에 망할 수밖에 없는지 설명하십니다.

32:31, "진실로 그들의 반석이 우리의 반석과 같지 아니하니 우리의 원수들이 스스로 판단하도다"

우선 이 세상에는 힘이 있는 것들이 있습니다. 돈이 힘이 있고 권력이 힘이 있고 사람의 수가 많으면 힘이 있습니다. 그런데 하나님께서는 왜 이런 것들이 하나님의 말씀보다 힘이 없느냐 묻고 있는 것입니다. 이것은 반석이 다르기 때문입니다. 하나님의 말씀은 그 힘이 영원한 반석이신 하나님으로부터 옵니다. 그러나 돈이나 권력이나 사람의 인기는 아무 힘이 없는 사람으로부터 오는 것입니다.

우리가 보기에 바벨론의 느부갓네살이나 페르시아의 다리오 같은 왕은 힘이 있습니다. 그들은 군사를 일으키면 수십만 명씩 군사를 만들어서 새카맣게 쳐들어옵니다. 누가 그 엄청난 군대를 막을 수 있으며 그들을 이길 수 있겠습니까? 거기에 비해 하나님의 백성은 성도 없고 무기도 없고 사람 수도 많지 못합니다. 그러나 하나님은 돈이나 권력이나 사람의 수로 가치를 매기시는 분이 아닙니다. 하나님께서 이 세상을 멸망시키려고 마음만 먹으신다면 천사 하나면 이 세상을 모두 멸망시킬 수 있을 것입니다. 그러나 하나님은 이 세상에서 보석을 찾는 분이십니다. 그 보석은 하나님의 말씀으로 정말 변화된 사람이며 믿음으로 살아가는 사람입니다. 이 세상의 많은 군대나 무기는 쓰레기를 청소하는 도구에 불과한 것입니다.

하나님의 진정한 능력은 어디에서 나타납니까? 새카맣게 많은 군대를 일으켜 정복하는 데서 나타나지 않습니다. 오히려 예전에는 아무 가치도 없었는데 하나님의 말씀과 믿음으로 변한 사람에게서 나타납니다.

하나님께서는 왜 세상이 망할 수밖에 없는지 그 이유를 설명하십니다.

32:32-33, "이는 그들의 포도나무는 소돔의 포도나무요 고모라의 밭의 소산이라 그들의 포도는 독이 든 포도이니 그 송이는 쓰며 그들의 포도주는 뱀의 독이요 독사의 맹독이라"

우선 이 세상의 열매는 두 가지 요소로 되어 있습니다. 하나는 겉으로 보기에는 그렇게 좋아 보일 수 없습니다. 그들의 포도 열매는 크고 탐스럽습니다. 그러나 그 안에 들어있는 맛은 쓸개 맛이고 독사의 독이 가득 들어있습니다. 그래서 이상해서 상표를 보니까 '소돔의 포도'라고 되어 있었습니다. 다시 말해서 우리가 이 세상의 진액을 먹고 살았을 때는 소돔의 포도를 맺을 수밖에 없습니다. 소돔의 포도의 특징이 바로 이 두 가지입니다. 겉으로는 너무나도 탐스럽고 맛있어 보이는데 실제로 먹어보면 그 안에는 음란이 가득 들어있고 독사의 독이 들어 있다는 것입니다. 사람들은 바로 이런 소돔의 포도를 극상품의 포도라고 선전하고 자랑하고 있습니다. 그러나 그것을 먹는 사람들은 모두 다 음란해지고 분노가 폭발하고 정신병에 걸리게 되는 것입니다.

우리에게 무서운 것은 바로 이 우리도 이 소돔의 포도를 많이 먹고 살았기 때문에 우리의 피와 뇌 속에는 이 소돔과 고모라의 진액이 흐르고 있다는 것입니다. 우리는 이것을 결코 축복이라고 생각해서는 안 됩니다. 이 소돔의 포도가 자꾸 쌓이면 결국 하나님의 심판이 임하게 되기 때문입니다.

그래서 우리가 하나님 앞에서 가장 먼저 해야 할 일은 우리 혈관을 흐르고 있고 우리의 뇌에 있는 소돔과 고모라의 생각을 씻어내는 것입니다. 그러나 이 소돔의 피와 고모라의 진액은 얼마나 강한지 절대로 씻겨지지 않습니다. 그러나 놀라운 것은 하나님의 말씀으로 씻으면 씻겨지게 된다는 것입니다. 그렇게 강하던 욕망이나 음란한 생각이나 죄의 습관이 하나님의 말씀으로는 씻겨집니다. 이것이 우리가 가장 먼저 해야 할 일입니다. 그리고 우리는 이 세상의 것들을 사용할 수는 있지만 그 진액을 먹으면 안 됩니다. 그 대신 우리의 진액은 하나님으로부터 와야 합니다. 그래서 우리는 소돔의 포도 열매가 아니라 성령의 열매인 믿음의 열매를 맺어야 합니다.

세례 요한은 사람들에게 "회개에 합당한 열매를 맺어야 한다"고 강조했습니다. 그러면서 "이미 도끼가 나무 뿌리에 놓였으니 좋은 열매를 맺지 아니하는 나무마다 찍혀 불에 던져지리라"고 했습니다(마 3:8-10). 우리가 세상의 가치관이나 순간적인 충동에 따라서 하는 것은 모두 소돔의 열매를 맺게 되어 있습니다. 우리는 모든 일에 기도하면서 하나님이 맺게 해주시는 열매만 맺어야 합니다. 그래야 그 열매를 맺는 사람들이 먹고 치료가 됩니다.

하나님의 열매는 농약을 치지 않습니다. 그 안에 성장을 촉진하는 유전자 변형도 시키지 않습니다. 어떨 때는 이 외모조차 멋있지 않습니다. 그러나 그 맛은 정말 기가 찬 맛입니다. 우리는 이런 열매를 맺어야 망하지 않습니다.

3. 믿음의 새로운 열매

그런데 중요한 것은 이스라엘 백성이 고난을 받으니까 다시 열매를 맺기 시작한다는 것입니다. 이스라엘 백성이 가나안 땅에서 잘 먹고 잘살고 호의호식할 때는 소돔의 썩은 열매만 잔뜩 맺었는데, 이상하게 이방 나라에 붙들려가서 실컷 고난받으니까 다시 마음이 겸손해지고 오래전에 잊어버렸던 그 열매를 맺게 된다는 것입니다. 그래서 하나님께서는 이스라엘 백성을 다시 불쌍히 여기시며 그들을 도와주시려고 하시는 것입니다.

하나님께서는 사탄의 세력에 대하여 큰소리를 치십니다. "자, 봐라. 너희가 잘 난 체해서 이스라엘 백성을 압제하고 비참하게 만들었지만 이스라엘은 그런 중에도 아름다운 열매를 맺었다. 이제 너희들은 그런 열매가 어디 있느냐? 너희들은 이제 완전히 가치 없는 자들이 되었다"라고 책망하시는 것입니다.

우리는 원래 돌갈람나무에 붙어 있던 가지들이었습니다. 여기에 기름이 나와 봐야 돌기름이었습니다. 그런데 하나님은 우리 같은 돌감람나무를 이스라엘에 접붙이셔서 성령의 기름이 흐르게 하셨습니다. 그렇게 했더니 원래 이스라엘보다 더 좋은 열매가 맺히고 더 좋은 기름을 얻게 된 것입니다.

이제 우리는 하나님의 백성의 패러독스를 알아야 합니다. 이스라엘 백성은 가나안의 복 받은 때보다 포로 되어 가서 죽도록 고생할 때 더 좋은 열매를 맺고, 참감람나무보다 돌감람나무에 접붙였을 때 더 좋은 열매를 얻게 된다는 것입니다. 그런데 우리나라 기독교도 하나님께서 우리나라를 가나안처럼 젖과 꿀이 흐르는 땅으로 만들어주셨지만 썩은 독 있는 포도를 많이 만들었습니다. 너무나도 겉으로는 번지르르하지만, 그 안에는 독사의 독이 가득 들어있는 것입니다.

이제 우리가 해야 할 일은 이 돌감람나무로 성령의 엄청난 진액을 빨아들여서 최고의 열매를 맺는 것입니다. 이것이 하나님이 하시는 최고의 심판입니다. 하나님께서는 이런 열매들만 얻을 수 있다면 이 세상을 심판하시는 것은 문제도 아닙니다.

하나님께서는 이 세상의 강한 자들을 하나님 백성의 몽둥이로 사용하십니다. 그런데 하나님의 백성이 스스로 겸손해서 열매를 맺기만 하면 이 몽둥이들은 더 이상 쓸모없게 됩니다. 그래서 이 몽둥이들을 모두 다 폐기 처분하실 것입니다. 그러나 우리에게 더 좋은 것은 이런 몽둥이들이 아예 나올 필요가 없게 만드는 것입니다. 불행하게도 우리 민족에게는 이런 몽둥이들이 많이 준비된 것을 볼 수 있습니다. 그 중의 하나가 북한의 핵무기입니다. 우리는 이 몽둥이가 못 쓰는 몽둥이가 되도록 해야 합니다.

하나님은 하나님의 백성이 열매 맺는 데 성공했을 때 하나님께서 악한 몽둥이들을 다 폐기 처분하시는 것입니다. 그럴 때 열방이 주의 백성들로 인하여 기뻐합니다. 왜냐하면 하나님의 백성 때문에 자기들까지 살게 되었기 때문입니다.

하나님께서는 모세로 하여금 이 말씀을 아주 심각하게 이스라엘 백성에게 전하게 하셨습니다.

32:45-47, "모세가 이 모든 말씀을 온 이스라엘에게 말하기를 마치고 그들에게 이르되 내가 오늘 너희에게 증언한 모든 말을 너희의 마음에

두고 너희의 자녀에게 명령하여 이 율법의 모든 말씀을 지켜 행하게 하라 이는 너희에게 헛된 일이 아니라 너희의 생명이니 이 일로 말미암아 너희가 요단을 건너가 차지할 그 땅에서 너희의 날이 장구하리라"

모세는 이 말씀이 절대로 헛된 말씀이 아니라 '생명'이라고 했습니다. 우리가 이 말씀을 믿으면 살게 되고 세상의 죄에서 치유를 받게 됩니다.

오늘 우리는 이 세상의 복에 취해서는 안 됩니다. 사람들은 학벌에 취하고 외모에 취하고 스스로 성공에 취합니다. 그러나 이것은 독사의 독이 가득 든 썩은 소돔의 포도를 맺는 것입니다. 우리의 진액을 확인해보시기 바랍니다. 우리 안에 성령의 진액이 흘러야 성령의 열매를 맺을 수 있습니다. 우리가 많은 좋은 열매를 맺으려면 가지치기를 잘해야 합니다. 그리고 어려움을 당하기 전에 미리 부흥을 일으키고 이 부흥의 열기를 계속 이어가도록 해야 합니다. 이것만이 우리가 살 수 있는 길입니다.

39

축복의 행진
신 33:1-25

운동선수에게 관중의 응원이라고 하는 것은 상상할 수 없는 힘이 될 때가 많습니다. 그래서 선수들이 경기하면서 지쳐서 그만 뛰고 싶을 때도 관중이 열심히 손뼉 쳐주고 응원하면 다시 힘을 내어서 열심히 경기하게 되는 것입니다. 《칭찬은 돌고래도 춤추게 한다》는 책이 한때 베스트셀러가 된 적이 있는데, 누군가가 자기를 인정해주고 격려해주는 사람이 한 명이라도 생기게 되면 완전히 인생 자체가 바뀔 정도로 힘을 내는 것을 볼 수 있습니다. 거기에 비해 아무리 잘 생기고 능력 있다 해도 상사나 부모가 인정해주지 않는다면 그 사람은 진짜 무능해지고 바보가 되는 경우가 많습니다.

교회에서 예배를 마치는 순서에 목사가 교인에게 축도를 합니다. 그것은 교인들을 삼위일체 하나님의 이름으로 축복해서 세상으로 보내는 것을 말하는 것입니다. 즉 삼위 하나님께서 여러분을 기뻐하시고 축복하시니까 담대하게 세상에 나가서 이기고 돌아오라는 뜻인 것입니다.

1. 바른 축복의 말씀

이 세상에서 최고의 축복은 바른 하나님의 말씀입니다. 옛날 이스라엘의 아합 왕은 두 번이나 수리아와의 큰 전쟁에서 이긴 영웅이었습니다. 그런데 아합이 세 번째 전쟁에 나가려고 했을 때, 그 전쟁의 승패가 궁금해서 선지자들의 예언을 듣고자 했습니다. 그때 선지자 사백 명이 나와서 아합을 축복하면서 전쟁에 나가서 승리를 쟁취하라고 아첨의 말을 했습니다. 그때 이스라엘과 동맹관계에 있던 유다의 여호사밧 왕은 너무 하나님의 예언이 가벼운 것을 보고 아합에게 다른 선지자가 없느냐고 물었습니다. 그랬더니 아합이 말하기를, 미가야라는 사람이 있기는 한데 그는 늘 나에게 나쁜 예언만 한다고 했습니다. 그때 여호사밧은 아합에게 그런 말을 하지 말라고 하면서 미가야를 부릅니다. 그때 미가야는 이것은 거짓 영이 이 사백 명 속에 들어와서 거짓 예언을 하는 것이며, 당신은 전쟁에 나가면 죽을 것이라고 예언했습니다. 그러나 아합은 칭찬만 해주는 거짓 선지자들의 말만 듣고 전쟁에 나갔다가 결국 죽어서 돌아오게 됩니다.

우리가 바른 하나님의 말씀을 들으면 이 말씀 자체가 축복이기 때문에 반드시 성공하게 됩니다. 모세는 이스라엘 백성이 가나안 땅에 들어가기 전에 모든 이스라엘 백성을 하나님의 말씀으로 축복했습니다. 그 당시 이스라엘 백성은 숫자는 엄청 많지만 아직 땅도 없고 집도 없고 아무것도 가진 것이 없는 자들이었습니다. 그러니 그들은 복 받은 것이 아니라 고생문이 훤하다고 봐야 할 것입니다. 그러나 모세는 모든 이스라엘 백성을 축복하였습니다. 왜냐하면 그들에게는 하나님이야말로 축복의 근원이며 그들에게는 율법의 말씀이라고 하는 어마어마한 재산이 있었기 때문입니다.

모세는 이스라엘 백성의 축복의 근거를 두 가지로 제시하고 있습니다. 하나는 하나님 자신이고, 다른 하나는 하나님이 주신 율법의 말씀입니다.

> 33:2-3, "그가 일렀으되 여호와께서 시내 산에서 오시고 세일 산에서 일어나시고 바란 산에서 비추시고 일만 성도 가운데에 강림하셨고 그의 오른손에는 그들을 위해 번쩍이는 불이 있도다 여호와께서 백성을 사랑하시나니 모든 성도가 그의 수중에 있으며 주의 발 아래에 앉아서 주의 말씀을 받는도다"

여기에 보면 하나님께서 이스라엘 백성을 찾아오신 장소를 세 곳 말하고 있습니다. 하나는 시내 산이고, 그다음은 세일 산이고, 그다음은 바란 산입니다.

하나님께서는 이스라엘 백성을 풍요의 땅 애굽을 떠나게 하시고 아무것도 없는 돌산인 시내 산에 데리고 오셨습니다. 하나님께서 그렇게 하신 이유가 어디에 있을까요? 그것은 이 세상의 복은 모두 모조품이고 가짜이며 하나님만이 진짜 복이라는 사실을 가르치기 위함이었습니다. 이스라엘 백성이 하나님만 가질 수 있다면 세상 전체를 다 가진 것보다 더 부자가 될 수 있습니다. 그래서 하나님께서 우리를 세상에서 실패하게 하시고 때로는 가난하게 하시고 말씀을 듣는 자리로 오게 하시는 것은 하나님을 가지게 하기 위한 것입니다. 이것은 절대로 망한 것이 아니라 어마어마하게 복을 받는 자리에 와 있는 것입니다.

여기에 보면 세일 산과 바란 산이 나옵니다. 이곳은 에돔에 있는 지명인데, 이스라엘 백성이 광야에서 지낼 때 동쪽에 해당되는 곳입니다. 이스라엘 백성은 낮에는 광야가 더우니까 밤에 진영을 많이 옮겼는데 광야의 밤은 추웠고 무서웠으며 아무것도 보이지 않았습니다. 그들은 우리가 이런 식으로 계속 캄캄한 밤을 걷다가 망하는 것이 아닐까 하는 두려움에 사로잡힐 때도 있었겠지만 시간이 지나서 아침이 되면 어김없이 세일 산과 바란 산에 태양이 떠오르면서 모든 어두움과 추위는 사라지고 찬란한 아침이 왔습니다.

우리는 때때로 캄캄한 어두운 밤길 같은 고난의 길을 통과할 때가 있습니다. 그때 우리 마음에는 영원히 이 추위와 어둠이 계속될 것 같지만 언젠가 반드시 하나님은 우리를 축복의 자리로 인도하실 것입니다. C.S 루이스의 《말과 소년》이라는 작품을 보면, 한 소년이 고아가 되어서 버림을 받았는데 나중에 말을 타고 도망치는 장면이 나옵니다. 그런데 그가 캄캄한 밤에 절벽을 통과하는데 절벽에서 떨어지지 않습니다. 그 이유는 눈에 보이지 않는 하나님의 손이 그를 절벽에서 떨어지지 않도록 안쪽으로 자꾸 밀어붙였기 때문입니다. 이처럼 우리가 자신의 가치도 모르고 캄캄한 길을 방황할 때도 하나님은 내 옆에서 나를 지키고 계십니다.

그래서 우리가 하나님의 사랑이 의심된다면 지금까지 살아온 길을 생각해 보시기 바랍니다. 지금까지 내가 살아오는 중에 하나님이 얼마나 많은 손길로 나를 지켜주셨는지 생각해 보시기 바랍니다. 우리는 자주 하나님의 사랑에 의심을 가집니다. 우리 자신은 세상적으로 잘난 것도 아니고 교양이 많은 것도 아니고 똑똑한 것도 아닌데 무엇 때문에 하나님께서 나 같은 것까지 사랑하시겠습니까? 그러나 지금까지 지난 일들을 생각해보면 하나님이 얼마나 나를 깊이 사랑하시는지 알게 됩니다. 그러므로 지금까지 하나님이 나를 사랑하셨지만 앞으로도 지켜주실 줄 믿으시기 바랍니다.

2. 하나님 말씀의 능력

여기 2절에 보면 "여호와께서 일만 성도 가운데에 강림하셨고 그의 오른손에는 그들을 위해 번쩍이는 불이 있도다"라고 했습니다. 원래 하나님은 어마어마한 에너지를 가진 불이시기 때문에 죄인인 우리는 그 진노의 불 앞에 타버리고 말 것입니다.

천문학자들은 최초 우주에 대폭발이 있었다고 하는데, 그것이 바로 하나님의 에너지의 일부였던 것입니다. 그러나 우리가 하나님의 말씀을 믿을 때 하나님은 그 어마어마한 에너지가 우리의 축복이 되게 하시고 능력이 되게 하십니다. 그런데 우리가 그 말씀을 감당할 방법은 무엇입니까? 우리가 모여야 하는 것입니다. 그래서 하나님의 백성은 자꾸 모여야 합니다. 그냥 모여서는 안 되고 그들 가운데 바로 이 불같은 하나님의 말씀을 꺼내어야 합니다. 때로는 우리가 하나님의 말씀을 들을 때 우리의 속이 다 타버리는 것 같고, 어떤 때는 너무나도 죄로 인하여 고통스러울 때도 있습니다. 그러나 그렇게 할 때 하나님의 진노는 축복으로 변해서 우리도 살리고 세상 사람도 살리는 것입니다. 그래서 이 세상이 복을 받는 비결은 바로 이 두 가지에 달려 있습니다. 하나는 이스라엘이 모이는 것이고, 두 번째는 그 안에 불같은 말씀이 있는 것입니다.

하나님께서는 이스라엘이 복 받는 비결을 다른 데 두지 아니하시고 오직 그들이 하나님의 말씀을 듣는 데 두셨습니다. 그래서 우리는 예수를 믿어도 성경대로 믿어야 제대로 복을 받을 수 있습니다. 요즘 기독교는 사람의 마음에 들게 하려고 애를 쓰는데 그러면 복을 받지 못합니다.

33:3, "여호와께서 백성을 사랑하시나니 모든 성도가 그의 수중에 있으며 주의 발 아래에 앉아서 주의 말씀을 받는도다"

우리가 하나님의 말씀을 듣는 것은 하나님의 축복을 붙잡고 있는 것입니다. 우리가 아무리 가난하다 하더라도 아무도 우리를 하나님의 손에서 빼내지 못할 것입니다. 더욱이 우리는 하나님의 발 바로 앞에서 하나님의 말씀을 듣고 있습니다. 그러니까 우리가 하나님의 말씀을 듣고 기도드릴 때 우리는 하나님 바로 앞에서 말씀을 듣고 있는 것입니다. 하나님께서는 이스라엘 백성이 계속 하나님의 복을 받는 비결을 하나님의 말씀 듣는 것이라고 하셨습니다. 하나님의 복을 계속 받기 위해서 하나님의 말씀을 듣는 것이 얼마나 쉽습니까? 그러나 이스라엘 백성은 결국 이것을 해내지 못했습니다. 그 이유가 어디에 있을까요? 그것은 그들이 하나님의 말씀을 믿지 못했기 때문입니다. 우리가 하나님 말씀의 맛을 모르면 이 말씀을 계속 들을 수 없습니다.

제 아버지는 주사가 있으셨기 때문에 술만 드시면 우리 형제들을 다 불러놓고 길게 옛날이야기를 하셨습니다. 그래서 저는 술 마시고 헛소리하는 것을 아주 싫어하게 되었습니다. 그러나 그런 아버지 때문에 무한한 인내심이 생긴 것도 사실입니다. 그러나 만일 정말 내가 알고 싶어 하고 내가 가장 중요하게 생각하는 것을 누군가가 가르쳐 주는 것을 듣는다면 우리는 시간 가는 줄 모를 것입니다.

그러나 많은 크리스천이 하나님의 말씀 듣는 것을 가치 있게 생각하지 않습니다. 우선 우리가 하나님의 말씀만 듣는다는 것은 사람의 눈으로 보기에 아무것도 하지 않는 것 같아 보이고 너무나도 소극적으로 보입니다. 이스라엘 백성은 가만히 앉아서 말씀을 듣는 것보다는 무엇인가를 하고 싶었습니다. 또 그렇게 했을 때 훨씬 더 좋은 감동과 좋은 효과를 거둘 수 있었습니다.

또 하나님의 말씀은 축복의 내용보다는 죄를 지적하고 책망하는 내용이 훨씬 더 많습니다. 그래서 하나님의 말씀만 자꾸 들으면 전부 다 하지 말라는 내용밖에 없는 것 같습니다. 그러니까 사실 이스라엘 백성이 끝까지 하나님의 말씀을 붙들지는 못했습니다. 세상적인 방법을 쓰면 훨씬 더 적극적이고 좋은 결과를 얻을 수 있기 때문입니다. 그런데 이상한 것은 세상 방법을 쓰면 당장은 잘 되는 것 같은데 마지막에는 망한다는 것입니다. 하나님의 말씀이 없으면 반드시 교만해지고 부패해져서 결국 망하기 때문입니다.

　이것은 우리의 미래 이야기이기도 합니다. 하나님께서는 오늘까지 우리의 걸음을 통해서 하나님이 얼마나 우리를 사랑하시고 축복하시는지 보여주셨습니다. 우리가 계속 살기 위해서는 끝까지 하나님의 말씀만 붙들고 가야 합니다. 여기서 하나님의 말씀만 붙들고 가야 한다는 것은 우리의 가장 중요한 목적이 하나님의 말씀을 전하고 듣고 기도하는 것이 되어야 한다는 것입니다. 그것이 우리와 우리 자녀가 복을 받는 길입니다. 그러나 이것이 너무 소극적이고 케케묵었고 비합리적이기 때문에 버리면 당장은 신나고 좋은 것 같은데 결국은 망하고 맙니다. 이것을 하나님께서는 구약 이스라엘 역사를 통해서 보여주셨습니다.

3. 가장 중요한 축복

　모세는 이스라엘 열두 지파를 그 믿음의 분량에 따라 각기 다른 내용으로 축복했습니다. 이것은 하나님의 복이 얼마나 풍성하고 많은지 보여주는 것입니다. 하나님께서는 이스라엘 모든 지파에게 각기 다른 복을 주셨습니다.

　그런데 그중에서 가장 중요한 복을 받은 지파가 두 지파 있습니다. 그 두 지파 중에서도 복이란 복을 다 쓸어간 지파가 요셉 지파였습니다.

　33:13-17, "요셉에 대하여는 일렀으되 원하건대 그 땅이 여호와께 복을 받아 하늘의 보물인 이슬과 땅 아래에 저장한 물과 태양이 결실하게 하는 선물과 태음이 자라게 하는 선물과 옛 산의 좋은 산물과 영원한 작은 언덕의 선물과 땅의 선물과 거기 충만한 것과 가시떨기나무 가운데

에 계시던 이의 은혜로 말미암아 복이 요셉의 머리에, 그의 형제 중 구별한 자의 정수리에 임할지로다 그는 첫 수송아지 같이 위엄이 있으니 그 뿔이 들소의 뿔 같도다 이것으로 민족들을 받아 땅 끝까지 이르리니 곧 에브라임의 자손은 만만이요 므낫세의 자손은 천천이리로다"

여기 요셉 지파에 대한 복을 보면, 보물이라는 말이 수도 없이 나오고 있습니다. 하늘의 보물과 땅의 보물과 태양의 보물과 달의 보물과 오래된 산의 극상품 보물과 작은 산의 보물 등등 보물이라는 보물은 다 나옵니다. 이 모든 보물을 요셉 지파가 다 받게 되는 것입니다. 그 이유가 어디에 있을까요? 그것은 요셉이 하나님의 복의 핵심을 바로 잡았기 때문입니다.

우선 요셉은 어렸을 때 하나님의 말씀을 잡았습니다. 그리고 한평생 그 말씀 때문에 고난을 겪었습니다. 종으로 팔려가기도 하고 누명을 쓰고 감옥에 들어가기도 했습니다. 그러나 결국은 하나님의 말씀으로 세상 많은 사람을 하나님의 재앙에서 살리는 큰일을 했습니다. 우리 중에는 하나님의 말씀 때문에 연단을 받고 이유도 없이 고생하는 사람들이 많이 있습니다. 우리가 하나님의 말씀으로 은혜를 받았는데도 불구하고 세상일이 잘 풀리지 않고 고난이 찾아온다면 오히려 기뻐하시기 바랍니다. 이것이 바로 제대로 복을 받는 길이기 때문입니다.

그리고 두 번째로 큰 복을 받는 지파는 레위 지파입니다.

33:8-10, "레위에 대하여는 일렀으되 주의 둠밈과 우림이 주의 경건한 자에게 있도다 주께서 그를 맛사에서 시험하시고 므리바 물 가에서 그와 다투셨도다 그는 그의 부모에게 대하여 이르기를 내가 그들을 보지 못하였다 하며 그의 형제들을 인정하지 아니하며 그의 자녀를 알지 아니한 것은 주의 말씀을 준행하고 주의 언약을 지킴으로 말미암음이로다 주의 법도를 야곱에게, 주의 율법을 이스라엘에게 가르치며 주 앞에 분

향하고 온전한 번제를 주의 제단 위에 드리리로다 "

레위 지파는 하나님께 바쳐진 지파였습니다. 레위 지파는 오직 하나님께 제사드리고 율법을 가르치는 일에만 쓰일 수 있지, 이 세상의 일에는 종사할 수 없었습니다. 레위 지파는 세상을 위해서는 할 수 있는 것이 아무것도 없었습니다. 그들이 할 수 있는 것은 오직 하나님께 제사드리고 말씀을 백성에게 가르치는 일뿐이었습니다. 그런데 하나님께서는 이 레위 지파에게 엄청난 복을 부어주셨습니다. 그 복은 이스라엘을 복 주는 일이었습니다. 즉 레위는 다른 사람들에게 복을 줄 수 있는 능력을 가졌던 것입니다.

이 레위인에게 가장 중요한 것은 '우림과 둠밈'이라는 보석이었습니다. 이 보석은 이스라엘 백성의 구체적인 문제에 대하여 하나님의 대답을 들을 수 있는 수단이었습니다. 간단한 결정과 문제에 대하여 하나님은 우림과 둠밈으로 말씀을 하셨습니다. 요즘으로 치면 교인이 어려움을 당했을 때 말씀으로 상담할 수 있는 것입니다. 지금의 우리는 모두 레위인이기 때문에 어느 누구를 통해서도 하나님의 말씀을 들을 수 있습니다. 왜냐하면 우리 모두가 예언의 은사를 받았고 기도하는 사람들이기 때문입니다.

출애굽기 32장에 보면, 이스라엘 백성이 모세가 시내 산에 돌비를 받으러 간 동안에 산 밑에서 금송아지를 만들어 놓고 경배하며 먹고 마시고 뛰놀았을 때, 레위인들은 거기에 동참하지 않고 모세를 기다렸습니다. 모세가 내려와서 돌비를 던져서 깨트리고 하나님 편에 속한 자는 칼을 차고 나오라고 했을 때, 레위인들이 나와서 수많은 자기 동족을 찔러 죽였습니다. 레위인들은 하나님의 거룩을 지키는 열정이 있는 사람들이었습니다.

또 레위인은 이스라엘을 복 받게 하는 힘이 있었습니다. 그들은 부자가 아니지만 다른 사람을 복 받게 할 수 있었습니다. 하나님의 말쓸대로 살도록 가르치면 복을 받기 때문입니다. 이들은 아무 힘이 없었지만 대적하는 원수의 허리를 꺾을 것이라고 했습니다. 하나님의 말씀이 원수를 이기기 때문입니다. 우리에게는 레위인이 아주 많습니다. 이 세상의 다른 어떤 일보다 말씀 듣고 기도하는 일을 가장 중요하게 생각하고 헌신한 이들이 많습니다. 이들이 다 레위인입니다.

이스라엘 여러 지파 중에서 하나님의 사랑을 가장 많이 받은 지파가 또 있습니다. 그 지파는 베냐민 지파입니다.

33:12, "베냐민에 대하여는 일렀으되 여호와의 사랑을 입은 자는 그 곁에 안전히 살리로다 여호와께서 그를 날이 마치도록 보호하시고 그를 자기 어깨 사이에 있게 하시리로다"

우리가 베냐민에게서 받는 이미지는 약한 이미지입니다. 베냐민은 이스라엘 열두 아들 중에서 가장 어리고 약했습니다. 사람들이 보기에는 약하지만 하나님께서는 밤새도록 지켜주시고 어깨 사이에 올려놓고 사랑하신다고 말씀하셨습니다. 옛날에 목자는 새끼 양을 보면 너무 사랑스러워서 어깨 위에 올려놓고 가게 됩니다. 예수님께서는 "먼저 된 자로서 나중 되고 나중 된 자로서 먼저 될 자가 많으니라"(마 19:30)고 하셨습니다. 늦게 예수 믿고 아직 아무것도 잘 모르는 사람을 베냐민 지파라고 할 수 있습니다. 하나님께서는 그들을 특별히 보호해주셔서 길을 잃지 않고 다치지 않게 하시는 것입니다.

한때 방탕했던 지파가 있었습니다. 그 지파는 르우벤 지파와 유다 지파였습니다.

33:6-7, "르우벤은 죽지 아니하고 살기를 원하며 그 사람 수가 적지 아니하기를 원하나이다 유다에 대한 축복은 이러하니라 일렀으되 여호와여 유다의 음성을 들으시고 그의 백성에게로 인도하시오며 그의 손으로 자기를 위하여 싸우게 하시고 주께서 도우사 그가 그 대적을 치게 하시

기를 원하나이다"

르우벤과 유다는 하나님 앞에서 타락한 적이 있었습니다. 그러나 그들이 일단 하나님께 돌아올 때는 확실하게 돌아왔기 때문에 하나님의 복을 받았습니다. 우리가 한평생 살면서 한 번도 방황하지 않고 똑바로 산다는 것은 어렵습니다. 때로는 죄에 빠져서 잘못된 길을 가기도 하고 죄의 구렁텅이에 빠질 때도 있습니다. 그러나 하나님께 돌아올 때는 확실하게 돌아와야 합니다. 그러면 하나님께서 더 귀하게 받으시고 축복해주실 것입니다.

하나님께서는 회개하고 돌아온 르우벤에게 생명의 약속을 주셨습니다. 즉 "그가 살고 죽지 않을 것이라"고 했습니다. 이것은 죄가 다시는 그를 이기지 못한다는 것입니다. 이것은 결국 "그리스도 예수 안에 있는 자에게는 결코 정죄함이 없"기 때문입니다(롬 8:1). 거기서 유다는 한 걸음 더 나아가서 많은 백성을 하나님께로 인도하는 일을 하게 됩니다. 그는 한번 죄에 빠져 보아서 죄에 빠진 자들의 심정을 누구보다 더 잘 이해하기 때문입니다. 그는 대적을 쳐서 이깁니다. 물론 그 대적은 마귀입니다. 유다는 철저하게 하나님 편에 섰기 때문에 마귀를 이기고 죄에 빠진 형제를 건져내는 일을 할 것입니다. 하나님께서는 그의 기도를 들으십니다.

우리는 오늘 모두 하나님의 축복으로 세상을 힘차게 행진하는 성도들이 다 되시기 바랍니다.

40

이스라엘의 비전
신 33:26-34:12

꿈을 가진 사람은 행복한 사람입니다. 꿈은 지금은 가난하고 비참하고 어렵지만 미래에는 더 행복하고 더 완전하고 더 풍성한 삶을 소망하는 것입니다. 꿈을 가진 사람이 행복할 수 있는 것은 이 꿈 때문에 현실의 어려움에 절망하지 아니하고 또 꿈 때문에 눈앞에 있는 죄와 타협하지 아니하고 끝까지 이 꿈을 향하여 나아갈 수 있기 때문입니다.

그러나 꿈에는 여러 가지 종류가 있습니다. 꿈 중에 어떤 것은 현실 도피적인 꿈이 있습니다. 특히 청소년 때는 자신이 가지고 있는 이상과 현실의 차이가 너무 크기 때문에 자꾸 공상의 세계 속으로 도피하려고 합니다. 그러면 나중에는 현실에 적응하지 못하는 사람을 만들 수 있습니다.

그리고 또 다른 꿈은 이 세상에서 자기 욕망을 실현하려는 꿈입니다. 이런 꿈은 정치적으로 크게 성공해서 대통령이 된다든지 혹은 사업에 크게 성공해서 억만 장자 부자가 되는 꿈입니다. 이런 꿈을 사람 중에는 빌 게이츠 같은 사업가도 있고, 오바마 같은 흑인 대통령도 있습니다. 그러나 돈키호테 같은 이상한 사람이 되든지 아니면 세계적인 사기꾼이 되는 경우도 있습니다. 즉 유명해지고 싶은 나머지 파우스트처럼 양심을 팔아먹는 사람도 있는 것입니다. 이런 사람은 자기도 망하지만 자기를 추종하는 사람들도 다 망하게 합니다.

그러나 세 번째 꿈이 있습니다. 이 꿈은 하나님의 손에 붙들려서 하나님의 뜻을 이루어드리고 많은 사람으로 복을 받게 하는데 사용되는 꿈입니다. 이것이 진짜 꿈이고 모든 꿈 중에서 최고의 꿈입니다. 그러나 이 꿈을 이루는 데는 많은 어려움이 따르게 됩니다. 우리가 하나님의 손에 붙들리는 것 자체가 너무나도 어렵고 많은 시간이 걸리기 때문입니다.

모세는 꿈을 가진 사람이었습니다. 모세는 아마도 여러 종류의 꿈을 가졌을 것입니다. 모세는 젊었을 때는 애굽에서 공주의 아들로 정치적으로 성공하는 꿈을 가졌습니다. 그러나 모세의 이 세상적인 꿈은 히브리 민족을 만나면서 휴짓조각이 되고 말았습니다. 모세가 언제 자신이 히브리인이라는 것을 알게 되었는지는 알 수 없지만 그 사실을 알게 된 후부터는 애굽의 성공은 모세에게 아무런 의미를 가질 수 없었습니다. 이것이 바로 하나님이 모세를 부르시는 이유였습니다. 하나님께서 우리를 부르시면 그때는 세상의 성공이나 유명해지는 것은 아무런 의미가 없습니다.

그러나 모세가 정작 하나님의 손에 붙들리는 데는 많은 시간이 걸렸습니다. 모세는 무려 40년 동안이나 도망자 생활을 하다가 80세가 되었을 때 불타는 떨기나무에서 하나님의 말씀을 듣고 비로소 하나님의 꿈을 가진 사람이 되었습니다. 모세의 꿈은 이스라엘 백성을 애굽 바로의 손에서 건져내어 젖과 꿀이 흐르는 축복의 땅으로 인도하는 것이었습니다. 모세는 무려 40년 동안 이스라엘 백성을 광야에서 인도한 후에 모압 땅에 있는 느보산에 올라가서 그들이 건너갈 가나안 땅을 바라보았습니다. 모세는 비록 가나안 땅에 들어가지 못하고 거기서 죽게 되지만 모세는 행복했습니다. 왜냐하면 그에게는 하나님께서 이스라엘 백성을 인도해서서 가나안 족속들을 다 몰아내고 영원한 하나님의 나라를 세울 꿈이 있었기 때문입니다.

1. 복 받은 이스라엘 백성

우리는 하나님의 백성이 되는 자체가 얼마나 엄청난 축복인지 알아야 합니다. 하나님의 백성이 되는 것 자체가 엄청난 축복인 이유는 하나님 자신이 특별하시기 때문입니다.

33:26, "여수룬이여 하나님 같은 이가 없도다 그가 너를 도우시려고 하늘을 타고 궁창에서 위엄을 나타내시는도다"

여기서 '여수룬'은 이스라엘의 애칭입니다. 부모가 자식을 부를 때 정식 이름도 있지만 아무도 없을 때 아이를 너무 사랑해서 부르는 애칭이 있을 것입니다. 이스라엘은 하나님이 너무나도 사랑하는 사람들이었습니다. 우리는 이런 사람들을 눈에 넣어도 아프지 않다고 말합니다. 이스라엘은 하나님 앞에서 그런 존재들이었습니다. 그런데 모세는 우선 이스라엘 백성에게 "하나님 같은 이가 없도다"라고 선언하고 있습니다. 그 이유가 무엇일까요? 이 세상의 다른 신들은 모두 인간의 상상력이 만든 작품에 불과하기 때문입니다.

하나님은 엄청난 우주를 만드신 분입니다. 우리 하나님에게는 온 우주가 모두 자그마한 블록밖에 되지 않습니다. 그러나 하나님은 너무 신기한 것을 많이 만드셨습니다. 이 세상에 새 종류만 해도 수만 가지가 넘습니다. 하나님은 수많은 동물과 곤충을 만드셨습니다. 또 하나님은 바다에 있는 물을 아주 가늘게 만들어서 수증기로 하늘로 끌어 올리시고 그것이 비가 되어서 쏟아지게 하십니다. 하나님은 하늘에 우레와 번개를 만드시고 수많은 풀과 나무와 꽃을 만드셨습니다. 보통 아이들을 키우다보면 다 싫증을 내지만 동물을 보면 싫증을 내지 않습니다. 왜냐하면 모든 동물이 그 하나하나 독특한 개성을 가지고 있고 모두 생존을 위해서 진지하게 노력하고 있기 때문입니다. 그러나 우리 하나님은 좀처럼 자신을 드러내시는 분이 아닙니다. 하나님은 태양 뒤에 숨어계시고 저 웅장한 자연 뒤에 숨어계십니다. 왜냐하면 하나님은 너무 크고 웅장하시고 도저히 우리 같은 인간과는 상대가 되지 않기 때문입니다.

그러나 이스라엘의 복이 무엇입니까? 하나님이 사랑하셨고 하나님의 유일한 사랑의 대상이 되었기 때문입니다. 하나님이 우리를 얼마나 사랑하시는가 하면 하나님은 우리를 질투하실 정도로 사랑하시며, 우리에게 하나님의 모든 행복과 계획을 다 거실 정도로 우리를 사랑하시는 것입니다. 하나님은 하나님의 모든 마음과 모든 미래를 개미보다 못한 우리에게 다 투자하셨습니다.

"여수룬이여 하나님 같은 이가 없도다"라는 말은 우리가 하나님에게 알게 되고 하나님의 사랑을 받는 자 된 것이 너무나 엄청나고 놀라운 일이라는 뜻입니다. 이런 하나님의 사랑받는 자 되었기 때문에 우리는 행복한 것입니다.

그 하나님께서 어떻게 우리를 도우십니까?

"그가 너를 도우시려고 하늘을 타고 궁창에서 위엄을 나타내시는도다"라고 했는데, 하나님은 우리를 도우시려고 '하늘을 타십니다.' 여기서 '하늘을 탄다'는 것은 어떤 지리적이고 시간적인 제한 없이 바로 우리를 도우실 수 있다는 것을 나타냅니다. 하나님이 하늘을 타고 우리를 도우시면 언제 어디서나 무제한으로 우리를 도우실 수 있는 것입니다. 그래서 우리가 알아야 할 것은 하나님의 백성의 모임은 언제든지 기적을 일으킬 수 있다는 사실입니다. 우리가 여수룬으로 모였을 때 시간과 장소를 가리지 않고 하나님은 우리에게 찾아오실 수 있으시며 기적을 행하실 수 있습니다.

그런데 여기서 "궁창에서 위엄을 나타내시는도다"라고 했는데, 이 '궁창의 위엄'이라는 것이 무엇일까요? 이 궁창의 위엄은 태양이나 달이나 별 같은 것을 말합니다. 태양과 달과 별은 하나님이 언제나 우리를 보고 계시며 우리를 축복해주신다는 하나님 약속의 표시입니다. 그래서 태양이 뜨고 달이 뜨고 별이 뜨는 이상 어느 누구도 우리의 복을 막을 수 없습니다.

그러나 우리도 각오해야 할 것이 있습니다. 그것은 하나님을 종이호랑이처럼 적당하게 속이고 넘어갈 생각을 해서는 안 된다는 것입니다. 우리는 하나님을 두려워해야 하며 세상 사람들처럼 적당하게 살 생각을 해서는 안 됩니다. 우리의 인생이 다른 사람들처럼 평범할 수 없는 것은 우리가 믿는 하나님이 평범한 분이 아니시기 때문입니다. 그래서 우리는 우리의 미래를 도저히 예측할 수 없습니다.

33:27, "영원하신 하나님이 네 처소가 되시니 그의 영원하신 팔이 네 아래에 있도다 그가 네 앞에서 대적을 쫓으시며 멸하라 하시도다"

우리는 지금 하나님의 집 안에 있습니다. 하나님의 방들은 신기한 것으로 가득합니다. 이스라엘 백성이 지냈던 광야도 하나님의 방들 중 하나였습니다. 그러나 이스라엘 백성은 그 방을 싫어했습니다. 낮에는 뜨겁고 밤에는 춥고 양식도 없고 물도 없었기 때문입니다. 그러나 광야에 나쁜 것만 있었던 것은 아닙니다. 광야에는 시내 산도 있었고 반석에서 나오는 생수도 있었고 만나의 기적도 있었습니다. 그리고 광야 다음 방이 바로 젖과 꿀이 흐르는 가나안 땅이었습니다.

하나님은 두 팔을 가지고 계십니다. 하나님은 그 한 팔로 우리를 들어서 다른 사람이 해치지 못하게 하십니다. 그리고 나머지 한 팔로 충분히 대적을 쫓으시며 멸하시는 것입니다. 우리는 참으로 복 받은 백성입니다. 왜냐하면 우리 한가운데 하나님 축복의 샘이 있기 때문입니다. 우리는 하나님의 복을 받으러 멀리까지 갈 필요가 없습니다. 우리가 있는 여기가 바로 축복의 샘이기 때문입니다.

> 33:28, "이스라엘이 안전히 거하며 야곱의 샘은 곡식과 새 포도주의 땅에 홀로 있나니 곧 그의 하늘이 이슬을 내리는 곳에로다"

우리 가운데 흘러넘치는 하나님의 은혜가 바로 '야곱의 샘' 입니다. 이 복은 세상 어디에서도 구할 수 없는 복중의 복입니다. 하나님의 말씀이 있고 성령의 역사가 있는 그곳이 바로 야곱의 샘입니다. 그리고 거기에 곡식이 있고 포도주가 있습니다. 하나님의 축복은 이론으로 끝나는 것이 아니라 눈에 보이는 구체적인 축복으로 나타나게 됩니다. 즉 야곱의 샘 옆으로 무성한 포도원과 곡식밭이 만들어지게 됩니다. 그리고 이곳에 하나님의 이슬이 내린다고 했습니다.

> 33:29, "이스라엘이여 너는 행복한 사람이로다 여호와의 구원을 너 같이 얻은 백성이 누구냐 그는 너를 돕는 방패시요 네 영광의 칼이시로다 네 대적이 네게 복종하리니 네가 그들의 높은 곳을 밟으리로다"

이 세상에 복을 받은 많은 민족이 있지만 하나님의 구원을 이런 식으로 체험한 민족은 없었습니다. 그리고 하나님께서 이렇게 노골적으로 사랑을 표현하고 약속하신 민족도 없었습니다. 하나님은 이스라엘의 방패요 영광의 칼이시라고 했습니다. 이 방패는 누구도 뚫을 수 없고 이 칼은 단 한 번도 진 적이 없는 영광의 칼입니다. 결국 이스라엘의 대적은 이스라엘에게 복종하게 되고, 이스라엘은 대적의 가장 높은 곳을 밟게 됩니다. 이것은 완전히 이긴다는 의미입니다. 이스라엘이 이런 복을 받은 것입니다.

이 복을 계속 유지하려면 어떻게 해야 합니까? 하나님의 말씀에 목을 매야 하고 세상의 다른 모든 복이나 방법은 거부해야 합니다. 이스라엘은 이것에 실패했기 때문에 이 어마어마한 복을 놓치고 망했던 것입니다.

2. 모세의 삶

모세는 120세에 가나안 땅에 들어가지 못하고 가나안 땅이 보이는 느보산 위에서 혼자 죽습니다. 모세는 40년 동안 애굽의 교육을 받았고, 40년 동안 하나님의 연단을 받았으며, 40년 동안 광야에서 이스라엘 백성을 인도한 지도자가 되었습니다.

모세의 삶에 대해서는 이렇게 평가하고 있습니다.

> 34:10-12, "그 후에는 이스라엘에 모세와 같은 선지자가 일어나지 못하였나니 모세는 여호와께서 대면하여 아시던 자요 여호와께서 그를 애굽 땅에 보내사 바로와 그의 모든 신하와 그의 온 땅에 모든 이적과 기사와 모든 큰 권능과 위엄을 행하게 하시매 온 이스라엘의 목전에서 그것을 행한 자이더라"

이 세상에서 모세와 같은 능력의 종으로 사용된 사람은 없었습니다. 모세는 지팡이 하나로 이스라엘 백성을 애굽의 노예 상태에서 해방했습니다. 아마 누군가가 군사력으로 이스라엘 백성을 애굽에서 해방하려고 했다면 몇십만의 군대를 동원해서 바로의 군대와 치열하게 싸웠을 것입니다. 그러나 모세는 단 한 사람의 군인도 없이 지팡이 하나와 오직 기도와 하나님의 말씀만으로 무려 열 가지 기적으로 바로를 굴복시켰습니다. 그런데 그 열 가지 기적은 단 하나도 비슷한 것이 없이 모든 것이 다 새로운 것이었습니다. 하나님의 백성은 오직 말씀과 기도로 모든 어려움을 다 이겨낼 수 있어야 합니다.

그리고 모세는 홍해를 갈라서 이스라엘 백성과 함께 통과함으로 바로의 지배를 끝내고 이스라엘 백성과 자신이 하나 되게 했습니다. 그것을 통해서 이스라엘의 운명은 모세와 하나가 되었습니다. 이스라엘 백성은 홍해를 건넌 그 순간부터는 애굽으로 돌아갈 수 없었습니다. 오직 모세가 하자는 대로 하면 살고 모세의 뜻을 거스르면 죽을 수밖에 없습니다. 즉 그들은 홍해를 건넘으로 하나님의 말씀에 자신의 운명을 맡겼습니다.

이제 우리도 세례를 받음으로 예수님과 하나가 되었습니다. 우리의 모든 죄는 예수님이 다 가져가시고 예수님의 의와 능력이 우리에게 다 넘어왔습니다. 이제 우리는 예수님을 떠나서는 아무것도 할 수 없게 되었습니다. 우리는 예수님의 말씀대로 하면 살고 예수님의 말씀을 거스르면 죽게 됩니다.

그리고 모세는 광야에서 이스라엘로 하여금 하나님 말씀의 능력을 체험하게 했습니다. 모세는 시내 산에서 하나님을 얼굴과 얼굴을 대하여 보았습니다. 그리고 그 음성을 직접 들었습니다. 또 이스라엘 백성은 40년 동안 돈 한 푼 벌지 않고 하나님의 말씀으로 살았습니다. 이렇게 산 사람들이 이 세상에서 무엇을 걱정하고 무엇을 염려하겠습니까? 다른 모든 것도 다 하나님의 말씀대로만 하면 광야의 기적은 가나안 땅에서도 계속될 것입니다.

그런데 하나님께서는 모세가 그렇게 가나안 땅을 밟아보기를 원했는데도 가나안 땅을 보기만 하고 들어가지는 못하게 하셨습니다. 그 이유는 가나안 땅을 정복하는 것은 모세의 임무가 아니라 여호수아의 임무였기 때문입니다. 즉 새로운 시대는 새로운 인물이 필요했기 때문입니다. 여호수아는 모세와 같이 얼굴에 광채도 없고 지팡이도 없고 기적도 없었지만 하나님의 말씀으로 가나안 족속들을 다 몰아내고 하나님의 나라를 거기에 세웠습니다. 지팡이 없이 광채 없이 하나님의 말씀만으로 이기는 것이 더 위대한지도 모릅니다.

그리고 모세는 므리바 반석에서 이스라엘 백성이 물이 없다고 원망하고 대적했을 때 "내가 이 반석에서 물을 내랴?"고 화를 내면서 반석을 두 번 쳤습니다. 하나님께서는 모세가 화낸 모습을 보이면서 하나님의 영광을 가렸기 때문에 가나안 땅에 들어갈 수 없다고 하셨습니다. 그러나 이것은 사실 어떤 의미에서 율법의 한계이기도 했습니다. 모세는 당시 사람 중에서 가장 온유한 사람이라고 했습니다. 그럼에도 불구하고 이스라엘 백성이 대적하고 하나님을 원망했을 때 참았던 감정이 폭발했던 것입니다. 그 이유가 율법은 죄를 눌러 놓을 수는 있지만 사람의 깊은 내면을 변화시킬 수는 없기 때문입니다. 그래서 결국 모세는 자기와 함께 홍해를 건넜던 사람들과 운명을 같이 할 수밖에 없었습니다.

사람의 깊은 내면을 변화시킬 수 있는 것은 오직 복음뿐입니다. 사실 누구든지 진정으로 거듭나기 전에 신앙생활 할 때는 내 힘으로 내 속에서 일어나는 모든 욕망과 유혹을 눌러 놓습니다. 여기가 터지려고 하면 여기를 눌러 놓고 저기가 터지려고 하면 저기를 눌러 놓습니다. 그러다가 결국 다 터져버렸을 때 하나님 앞에 두 손 두 발을 다 들게 되는 것입니다.

그러나 성경은 모세가 하나님의 집에서 사환으로 사용되었다고 말씀하고 있습니다(히 3:5). 사환은 주인의 심부름꾼입니다. 즉 모세의 능력은 그의 능력이 아니라 전부 다 하나님의 능력이었습니다. 모세는 하나님의 능력을 가지고 심부름만 했을 뿐입니다.

3. 모세의 비전

이제 모세는 자기가 해야 할 사명을 다 마친 후에 죽기 전에 이스라엘 백성이 들어갈 가나안 땅을 큰 기쁨 가운데 바라보았습니다. 모세가 죽음을 앞두고 기뻐할 수 있었던 것은 그에게 꿈이 있었기 때문입니다. 이것은 단순한 개인적인 꿈이 아니라 이스라엘의 꿈이요 하나님의 꿈이었습니다.

34:1-3, "모세가 모압 평지에서 느보 산에 올라가 여리고 맞은편 비스가 산꼭대기에 이르매 여호와께서 길르앗 온 땅을 단까지 보이시고 또 온 납달리와 에브라임과 므낫세의 땅과 서해까지의 유다 온 땅과 네겝과 종려나무의 성읍 여리고 골짜기 평지를 소알까지 보이시고"

하나님은 모세에게 느보산에 올라가서 가나안 땅을 전부 다 보게 하셨습니다. 물론 이 모든 땅은 육안으로는 보이지 않습니다. 아마 하나님은 모세의 영안으로 이스라엘 전체를 보게 하셨던 것입니다.

모세가 그 수많은 어려움 가운데서도 낙심하지 않았던 것은 하나님을 의지하는 믿음이 있었기 때문입니다. 그래서 모세는 홍해를 앞에 두고 애굽 군대가 추격하는데도 동요하는 이스라엘 백성에게 "가만히 서서 하나님이 행하시는 놀라운 구원을 보라"(출 14:13)고 했던 것입니다. 왜 이스라엘에게는 소망이 있습니까? 그 답은 하나님께서 그들을 사랑하시기 때문입니다. 그래서 이스라엘은 영원히 망하지 않습니다. 물론 이 이스라엘은 오늘 예수를 믿는 우리를 말합니다. 어떤 환난이나 재앙이나 전쟁 같은 어려움이 올지 모르지만 분명한 것은 이스라엘은 없어지지 않는다는 사실입니다.

모세는 하나님께서 이스라엘을 귀하게 사용하실 것을 믿었습니다. 이스라엘은 그냥 가나안 땅에 들어가는 것이 아닙니다. 그들은 가나안 땅을 가득 채우고 있는 우상과 죄와 음란을 몰아내고, 의와 공평의 새로운 세상을 만들게 될 것입니다. 이 지구상에 지금까지 한 번도 존재하지 않았던 가장 깨끗하고 사랑이 넘치는 사회를 만들 것입니다. 그 앞에서 마귀의 세력은 힘을 쓰지도 못하고 도망치게 될 것입니다. 모세는 이 모든 것을 믿음의 눈으로 다 내다보았습니다.

꿈이 있는 사람은 참으로 행복합니다. 꿈이 있는 사람은 어려움에 절망하지 않습니다. 꿈이 있는 사람은 눈앞에 있는 이익 때문에 죄와 타협하지 않습니다. 꿈이 있는 사람은 죽음도 두려워하지 않습니다. 왜냐하면 하나님의 나라를 위해서 땀 흘리고 눈물 흘리고 봉사한 것은 영원히 없어지지 않는다는 것을 알고 있기 때문입니다.

모세는 죽었지만 아무도 그의 무덤을 알지 못했습니다. 그 이유는 아무도 모세를 신격화하지 못하게 하기 위함입니다. 모세도 한 인간이요 형제이지, 절대자는 아니었습니다. 유다서에 보면 모세의 시체를 두고 미가엘과 사탄이 다투었다는 내용이 나옵니다(유 1:9). 아마도 사탄은 모세가 살인자였다고 하면서 그의 시체를 내놓으라고 했던 것 같습니다. 그러나 미가엘 천사는 주께서 너를 꾸짖으신다고 하면서 모세를 훼방하지 못하게 했다고 합니다. 이것은 모세의 그 많은 능력보다도 그가 예수의 보혈로 죄 씻음 받은 것이 더 중요하다는 것을 보여줍니다. 이 세상에서 아무리 능력 있게 사용된 종이라 하더라도 정작 그의 죄가 예수님의 보혈로 씻음 받지 못했다면 사탄이 그를 그냥 두지 않을 것입니다. 그래서 사도 바울이 가장 두려워했던 것은 자기가 다른 사람을 구원하고 자기는 회개치 않아서 지옥에 갈까 봐 두려워했습니다.

오늘 여수룬은 예수 믿는 우리입니다. 하나님의 모든 사랑은 우리에게 있고 하나님의 꿈이 우리를 통해 이루어지게 될 것입니다. 그래서 예수님은 제자들에게 서로 사랑하라고 하셨습니다. 그 이유는 우리에게는 하나님의 놀라운 뜻이 있고 미래가 있고 비전이 있기 때문입니다. 우리가 이 사실을 안다면 절대로 하나님의 진리를 세상의 썩어질 것들과 바꾸거나 섞지 않을 것입니다. 우리는 하나님의 사랑으로 만족해야 하고 하나님의 말씀으로 만족해야 합니다. 그리고 어떤 어려움이나 절망적인 일이 닥치더라도 우리를 향한 하나님의 사랑을 믿어야 합니다.

우리는 오늘 이곳을 잠시 모세가 올라갔던 느보산이라고 생각하고 앞으로 우리가 건너갈 가나안 땅을 바라봅시다. 너무 앞에 있는 땅만 쳐다보지 말고 저 멀리 있는 서해와 헤브론 산과 남방 땅까지 다 바라봅시다. 마귀는 자꾸 정치인들을 충동질해서 우리나라를 망하게 하고 어려움에 빠트리려고 하지만 하나님이 마귀를 책망하실 것입니다. 또 마귀는 과거 우리의 허물을 들추어내서 비참하게 만들려고 하지만 주께서 마귀를 꾸짖으실 것입니다. 우리가 하나님의 말씀을 붙잡고 나가는 이상 하나님의 꿈은 반드시 이루어질 것입니다. 골짜기에 있는 모든 뼈가 살아나고 성전 문지방에서 흘러내린 생수가 온 세상을 향하여 흘러가는 꿈이 이루어질 줄 믿습니다(겔 37, 47장).